汽车服务企业经营与管理

主　编　王振成

副主编　陈晓静　王　欣　张　巍

　　　　李自建　唐文杰

重庆大学出版社

内容提要

全书共分为十一章,详细阐述了汽车整车销售、汽车零配件供应、仓储和营销、汽车售后服务、业务接待、接待礼仪以及汽车服务企业的人事、财务和信息管理的基本知识、现代管理理论、经营理念及科学管理与经营方法。各章配有练习题,并附有全书习题标准答案,供任课教师和读者参考。

本书可作为普通高等院校及成人高校的汽车、机械类专业教材,也可作为汽车经营、管理与营销从业人员入职和资格认定的培训教材,并可供高职高专院校相关专业选用,同时也可供汽车爱好者自学及从事汽车行业管理和技术人员参考。

图书在版编目(CIP)数据

汽车服务企业经营与管理／王振成主编. -- 重庆:
重庆大学出版社,2023.9
ISBN 978-7-5689-4239-3

Ⅰ.①汽… Ⅱ.①王… Ⅲ.①汽车企业—工业企业管理 Ⅳ.①F407.471.6

中国国家版本馆 CIP 数据核字(2023)第 243940 号

汽车服务企业经营与管理

主　编　王振成
副主编　陈晓静　王　欣　张　巍
　　　　李自建　唐文杰
策划编辑:鲁　黎

责任编辑:陈　力　　　版式设计:鲁　黎
责任校对:刘志刚　　　责任印制:张　策

*

重庆大学出版社出版发行
出版人:陈晓阳
社址:重庆市沙坪坝区大学城西路 21 号
邮编:401331
电话:(023)88617190　88617185(中小学)
传真:(023)88617186　88617166
网址:http://www.cqup.com.cn
邮箱:fxk@cqup.com.cn(营销中心)
全国新华书店经销
POD:重庆市圣立印务有限公司

*

开本:787mm×1092mm　1/16　印张:22.5　字数:536 千
2023 年 9 月第 1 版　　2023 年 9 月第 1 次印刷
ISBN 978-7-5689-4239-3　定价:58.00 元

本书如有印刷、装订等质量问题,本社负责调换
版权所有,请勿擅自翻印和用本书
制作各类出版物及配套用书,违者必究

前　言

随着我国汽车工业的迅速崛起和汽车保有量的大幅飙升,急需大量高级汽车经营与管理人才。国家六部委根据劳动力市场人才的紧缺情况和相关行业人力资源需求预测,优先确定汽车应用与维修专业领域为技能型紧缺人才培养领域之一。为此,我们根据多年的教学探索和 ██████ 写了这本《汽车服务企业经营与管理》教材。

本 ██████ 交教材改革的思路和教学基本要求,结合普通高等学校的培养目标 ██████ 业的实际特点,以学生为本,重视理论与实际相结合;坚持以应用为 ██████ 洁"为原则,结合汽车服务企业的成功经营与管理经验,强调理论 ██████ 培养。在编写思路上,本着从汽车服务企业经营与管理的探究,掌握基本 ██████ 深入地阐述专业化、现代化和科学与管理方法。全书内容包括汽车服务企业的整车销售、零配件管理、售后服务和信息管理四个方面,主要涉及汽车服务企业整车销售的先进管理理念与基本方法;汽车配件供应、仓储管理、营销与管理;汽车售后服务、维修接待与管理;汽车服务企业的信息反馈网络构建与管理等汽车服务企业经营与管理的全部知识。本书选题和内容实用性强,体现工学结合,突出汽车服务企业经营与管理特色,并紧跟当前汽车服务企业的发展趋势。本书内容全面、系统、规范,概念阐述清晰,维修技术数据准确,实用性强,图文并茂,通俗易懂。适合汽车服务管理、营销、检测与维修及其他相关专业的从业人员学习,并为国家相关部门对汽车服务从业人员的职业培训提供一定的参考。各章节教学目的明确、重点突出,每章附有大量习题,书后附有全书习题参考答案。通过对本书的学习,学生可以初步掌握汽车经营销售业务、汽车终身服务及其管理方法。

本书由郑州工程技术学院教授、高级工程师王振成担任主编并负责全书的统稿。具体编写分工如下:郑州工程技术学院王振成教授编写绪论、第 11 章、全书练习题、标准答案和制作课件;黄河交通学院讲师陈晓静编写第 9 章和第 10 章;郑州经贸学院讲师张巍编写第 1 章和第 2 章;郑州工程技术学院王欣老师编写第 3 章和第 4 章;郑州经贸学院李自建老师编写第 5 章和第 6 章;黄河交通学院唐文杰老师编写第 7 章和第 8 章。此外,郑州工程技术学院汽车系的凡广生、郑路、狄恩仓、李九宏、宋海军、吴耀宇六位老师对本书所需资料的收集、汽车服务企业数据的搜集与提供及全书的插图、制表等方面给予了大力协助,在此深表谢意! 本书在编写中参阅了很多专家编写的教材和专著,在此一并表示感谢!

　　探索普通高等学校教育在新时期应具有的新教学模式和特色,需要做长期艰苦的工作。目前,许多院校都在进行这方面的探索。如果我们的努力能为这项教学改革尽到微薄之力,这将是我们最大的心愿。

　　由于编者水平有限,书中难免存在疏漏之处,敬请专家和读者批评指正。

编　者

2023 年 1 月

目　录

绪　论

　　汽车服务企业是 1998 年后才逐步由欧洲传入中国的舶来品，是一种以消费者为中心，从售前服务到售后跟踪服务的"一条龙"服务模式。该模式的优点是：有厂家支持、有客户索赔、有配件供应保障。由于这种模式与各个厂家之间建立了紧密的产销关系，具有购物环境优美、品牌意识强等优势，一度被国内诸多厂家效仿。

　　自从上海通用和广州本田率先引进汽车服务企业模式之后，在近三十年时间里，发展极为迅速，中国汽车服务企业的数量已跃居全球前列。到 2023 年上半年，全国汽车服务企业已达到 1.3 万家，且在以每年 20% 的数量递增。汽车服务企业是一种以"四位一体"为核心的汽车特许经营模式，包括整车销售(sale)、零配件供应(spare part)、售后服务(service)、信息反馈(survey)等，是汽车厂家为了满足客户在服务方面的需求而推出的一种业务模式，含义是"汽车终身服务解决方案"。有评论家这样评价该模式："汽车服务企业模式其实是汽车市场激烈竞争下的产物。随着市场逐渐成熟，用户的消费心理也逐渐成熟，用户需求多样化，对产品、服务的要求也越来越高，越来越严格，原有的代理销售体制已不能满足市场与用户的需求。汽车服务企业的出现，恰好能满足用户的各种需求，它可以提供装备精良、整洁干净的维修区，现代化的设备和服务管理，高度职业化的气氛，保养良好的服务设施，充足的零配件供应，迅速及时的跟踪服务体系。通过汽车服务企业的服务，可以使用户对品牌产生信赖感，从而扩大销售量。"因此，汽车服务企业的关键词是"解决方案"和"服务"。

　　国内市场具有代表性的几个汽车厂商在汽车销售市场上经过多年的激战与磨炼，在吸取国外汽车厂商成熟经验的基础上，纷纷提出了可行的销售服务宗旨和理念。如一汽轿车的"管家式服务"，认为用户是"主人"，厂方、销售服务人员是"管家"，"管家"处处要替"主人"想在前面，做在前面；上海大众实施的"用户满意工程"，提出了"卖产品更卖服务"的口号等；一汽大众提出了"一个中心，六个支撑"的理念，即以客户为中心，以市场为导向，以领先的技术、国际水平的质量、有竞争力的成本、最佳的营销服务网络和最佳的合作与交流为支撑；东风雪铁龙提出坚持一个服务理念："麻烦自己，方便用户"，要求力争做到三个"百分之百"：服务及时 100%，服务彻底 100%，收费合理 100%。从上述汽车厂商的经营理念不难看出，要树立良好的品牌，除对产品技术和质量的严格要求外，在汽车市场竞争日益激烈、应对挑战的今天，"用户至上"将被提到更为重要的位置上来。按汽车服务企业模式，实现四位一体进行销售和售后服务，对于进一步贴近用户，全面服务好用户来说，不失为一项重要举措。

0.1 汽车服务企业的优势

汽车服务企业的优势在于：厂家与经销商的利益是一致的；减少了中间环节与责任冲突；易于实现策略互补；对营销的推展、售后服务维修、配件实现少品种专业化管理极为有利。

1）信誉度和企业形象方面

汽车服务企业在企业形象方面，可以享受特许人的汽车品牌及该品牌所带来的商誉，可以借助特许人的商号、技术和服务等，采用统一的企业识别系统、统一的服务设施、统一的服务标准，使其在汽车营销活动中拥有良好的企业形象，给顾客以亲切感和信任感，提高竞争力。他们为用户营造了一个良好的购车、服务环境。统一的服装，宽敞明亮的展示大厅，整齐划一的维修车间、备件存放，以及用户休息室、儿童游乐区等人性化设施，可以让客户真正地享受到"上帝"的感觉：累了有休息室，渴了有水喝，无聊时可以看杂志、报纸或上网，如果急着用车还有备用车供客户使用；整个流程中有专门的服务人员为客户服务，让客户得到更优质省心的服务，企业也可分享由采购分销规模化、广告宣传规模化、技术发展规模化等所带来的规模效益。

2）品牌忠诚度方面

汽车服务企业在为消费者提供专业服务的同时，还应该维持客户对品牌的忠诚度，引导客户发现和体验品牌价值，并发挥汽车品牌文化传播者和执行者的作用，这是其他营销模式无可替代的。尤其对于很多试图冲击中高端市场的自主企业而言，品牌形象的塑造无疑是很重要的课题，而汽车服务企业则肩负传达消费者品牌理念和内涵的责任。通过看车、买车、交车、修车等销售服务环节，客户可以体验品牌带来的关怀和贴心感，提高客户对品牌的忠诚度。

3）专业方面

由于汽车服务企业只针对一个厂家的系列车型，拥有厂家的系列培训和技术支持，以及先进的维修和检测设备，对汽车的性能、技术参数、使用和维修等都非常专业，做到了"专而精"。而且汽车服务企业可为顾客提供纯正的原厂配件，保证产品的生产技术、产品质量，确保汽车的维修质量，提高其使用安全系数。同时也使服务质量和客户的维修成本得到了双重保障，增加了客户对产品和服务的信赖度和信心。相对于汽车服务企业而言，汽车用品经销商接触的车型虽多，但对每一种车型都不是非常精通，只能做到"杂而博"，在一些技术方面有时是只知其一，不知其二。

4）售后服务保障方面

汽车服务企业员工综合素质高、业务能力强,能为客户提供更专业的销售咨询服务与售后维修服务,以前是以卖车为主业,随着竞争加剧,汽车服务企业商家越来越注重服务品牌的塑造,加之汽车服务企业的后盾是汽车生产厂家,所以在售后服务方面可以得到保障,消除客户的后顾之忧。

0.2　汽车服务企业存在的问题

1）对汽车厂家的依附性强,自主权小

汽车服务企业在参加特许经营系统统一运营时,只能销售特许人的合同产品;只能将合同产品销售给直接用户,不得批发;必须按特许人要求的价格出售;必须从特许人处取得货源;不得跨越特许区域销售;不得自行转让特许经营权;在使用特许人的经营制度、秘诀及与其相关的标记、商标、司标和标牌时,应当积极维护特许人的品牌声誉和商标形象,不得有损害特许人商标形象和统一经营制度的行为。因此,在规避风险、拓展市场方面,汽车服务企业的目标市场随着代理品牌的单一变得狭窄,对汽车制造企业的依赖性较强,其经营的好坏在很大程度上取决于汽车品牌自身和汽车制造商的营销策划和广告力度。在当前市场形势下,汽车经销商没有与厂家的平等对话权,汽车服务企业经营者和投资者处于弱势地位,自主权和主动权较小,自主救市的空间不大。

2）经营成本过高,利润低

汽车服务企业经销商因为需要投入大量的资金,按照生产厂商的要求建造汽车服务企业,每年还要投入大量的经营费用,与同城的竞争对手以降价或其他促销活动(举办促销活动就要有费用发生)的方式争取客户,所以,目前汽车销售已经进入微利时代,而售后维修保养也因为汽车服务企业的价格高昂,许多客户在免费首保之后,转而选择了价格低廉的维修厂进行保养。

3）没有自身的品牌形象

作为厂家的汽车服务企业,其建筑形式及专卖店内外所有的品牌形象均严格按厂家的要求进行装饰和布置,经销商自身的品牌形象则无处体现,厂家也不允许体现。汽车服务企业经营状况的好坏,90%依赖于所经营的品牌,品牌好就赚钱,品牌不好就不赚钱。另外,汽车服务企业的经销商还依赖于厂家的关系。厂家给予的相关资源越多,利润的空间也越大。

4）汽车服务企业的经营重销量、轻售后和美容加装

由于2003年车市需求"井喷"引起的价格"失真",误导了很多企业以销售为中心来开

展企业的各项经营活动。另外,厂家注重销量并制定与完成销量直接相关的返利激励政策,导致许多汽车服务企业的经营有"四位",无"一体"。

5)遵循统一模式难以体现差异化经营

汽车厂家出于自身品牌利益的考虑,对汽车服务企业的经营管理模式、业务流程、岗位的设置等都有明确的规定和要求,对产品价格、促销政策、销售区域、零配件和工时的价格均硬性确定,强硬控制。即便是广告的表现形式,厂家也会参与其中,这反映了汽车服务企业的经营弹性范围狭隘,经营模式和服务同质化。

第1章　汽车服务企业概述

1.1　我国汽车服务企业经营现状

1.1.1　目前中国汽车服务企业的经营模式

就国内汽车服务企业集团化的现状来看,汽车服务企业经营模式基本分为两种:横向发展和纵向发展。

1)横向发展

横向发展即多品牌的经营模式,是目前在同一区域市场中常见的模式。形成这种模式的主要原因是生产厂家在授权经销商时,考虑到同一区域市场的网络安全、经销商实力,以及对区域市场的管控能力等,极少在同一区域市场授予同一经销商开设第二家以上的网络,可以说是担心网络受制于人而不把所有的鸡蛋放在一个篮子里。

该模式的弊端是,经销商在同一区域市场准备开设第二家同品牌的网络时,只好把资金投向其他品牌,甚至是竞争对手。这样的例子很多,如广汽本田的经销商往往也是一汽丰田、上海通用、广汽丰田、长安福特的经销商,这样的后果加剧了品牌的内部竞争,削弱了品牌的影响力和市场份额。这种思路恰恰害了自己,为他人做了嫁衣,并没有得到双赢的结果。

2)纵向发展

纵向发展即做单一品牌的经营,这种情况多出现在不同的区域市场。相对于横向发展来说,这无疑是一种进步,集团化过程中遇到的问题相对较少,对品牌的熟悉程度和管理运作也相对容易些,厂家对网络安全的担心也少些。

该模式唯一的弊端则是,经销商必须从自己熟悉的区域走出去,重新开拓市场。面临陌生的经营环境,原有的地域资源和客户资源就无法充分利用,也无法快速融入当地的市场,本土化问题比较突出。这从另一方面也反映了中国汽车市场发展扩张过程中存在的问题，在这些走出去的汽车服务企业在实际运营中，问题也是非常突出的，关键在于管理团队职业化、本土化的进程是否成功。

1.1.2 我国汽车市场营销发展概况

1)我国汽车工业的发展概况

我国汽车工业经过了 60 多年的发展，从无到有，从小到大；产品从单一的中型载货汽车发展到货车、客车和轿车等多种产品系列，"缺重少轻、轿车空白"的产品结构基本得到缓解，并日趋合理；汽车产品和制造技术水平得以不断提高，上汽、一汽、东风、长安、北汽、广汽、奇瑞、江淮、哈飞、华晨和一大批零部件骨干企业，形成了我国比较完整的汽车产品系列和生产布局，汽车工业的实力明显增强。

截至 2023 年，我国生产汽车 3 000 万辆，同比增长 11.6%，比上年净增 294 万辆，我国汽车产销量在世界各国中的排名已连续 4 年稳居全球第一，已经成为名副其实的世界汽车产销大国。

2)我国汽车市场营销的发展概况

过去，我国的汽车市场营销只是简单卖车，当时的汽车市场营销体系是建立在卖方市场的基础之上的。从 1994 年开始，随着汽车制造业的兴起，汽车市场从原来的卖方市场变成了买方市场，逐步形成了汽车市场营销体系。我国汽车工业营销体系的发展大致经历了两个阶段：

第一阶段是 20 世纪 90 年代以前。这一阶段的主要特点为在计划经济体制下汽车卖到最终用户手中，销售工作即告结束。这一阶段的汽车营销体系为：汽车由专门成立的国营汽车销售公司负责销售，以批发形式为主，从主批发渠道分配到下面各地区级省市公司，由各地区根据用户单位控办指标申请予以具体分配、销售，最后由用户自行办理一切手续。随着经济的发展，供求矛盾日趋突出、渠道过长导致的价格扭曲、政府职能形式的国营主渠道管理方式以及由此带来的服务水平低下，造成了用户人、财、物上的巨大浪费，也制约了我国汽车工业的良性发展。

第二阶段是 20 世纪 90 年代以后。在这一阶段，我国的经济体制开始由计划经济向市场经济过渡，汽车制造厂家开始意识到售后服务的重要性，并开始借鉴国外先进经验摸索着建立自己的一套汽车市场营销体系。生产厂家认识到市场调控的重要性，纷纷与有多年关系的国营汽车销售公司成立合资公司并向社会广泛地提供配件，主要车型的维修站网点逐步铺开，为今后提供更多的售后服务打下了基础。国外厂商不断带来的较先进营销方式，促进了我国汽车工业营销体系的不断调整和进一步完善。自 1998 年以来，各种汽车交易市场以及以汽车服务企业经营模式的汽车服务企业在我国越来越多，尤其是上海别克、广汽本田及一汽奥迪等在短期内创造了优异的销售业绩。除车型新颖、先进外，符合国际潮流的新型营销模式和完善的营销体系也得到了用户和业内人士的普遍认可。

我国汽车市场营销模式的发展趋势主要有以下几种：

①汽车生产厂家极力推行单一品牌专卖店,鼓励经销商建立品牌专卖店,这是目前的一种基本发展趋势。

②国外的厂家十分关注中国的汽车市场,也在千方百计寻找品牌代理商,但是他们更注重的不是三位一体专卖店的形式,而是售后服务的发展模式,或者通过合资企业品牌的专卖店及其销售网络来实现发展目标。

③各大中心城市已经建成或正在建设一大批汽车有形市场或汽车城,基本上有两种方式:一种是集中多家厂商和多种品牌,另一种是独家经营,同一市场多品牌销售。

④以北京规划中的"汽车服务贸易园区"为代表的新型多功能市场全面发展模式。

⑤有的地方已经开始筹建类似于国外的汽车大道,集中、集合品牌专卖店销售模式。

另外,国内已经建成或正在建成的一大批汽车有形市场,有形市场集办理各种手续于一体,为消费者办理手续提供了方便,适应了当今私人购车迅速发展以及轿车进入家庭这样一种发展趋势。

1.1.3　《十四五规划和2035年远景目标纲要》对我国汽车市场营销产生的影响

《中华人民共和国国民经济和社会发展第十四个五年规划和2035年远景目标纲要》(以下简称《纲要》)正式发布。这一纲颖性文件的发布必将对我国汽车工业 5～15 年的发展起到巨大引领和带动作用。当今,我国汽车市场营销体系中的服务水平和服务质量都有所提高,但对于汽车生产经营者来说,竞争更加激烈,原有的经销模式和经销体制受到了巨大冲击,无论汽车的生产、销售和维修、服务等领域都面临着严峻的挑战。

1)给汽车市场营销带来了新的契机

汽车市场的开放,国外有名的汽车公司纷纷到我国投资建厂或设销售网和维修服务站,也带来了其较高的品牌知名度、精良的制造工艺,这有利于中国汽车生产企业在更广的范围内学习、借鉴国外先进的技术和丰富的经验。另外,放开汽车市场,创造了一个公平竞争的营销环境,给汽车工业带来了新的契机,同时也给汽车工业发展带来了新的动力。

必须指出,汽车企业的经营者应以市场为导向,根据市场调查、了解市场需求、自主制订生产计划,生产出高品质、高质量的汽车,参与市场竞争。其中,汽车的性能、质量、价格、售后服务,是在竞争中站稳脚跟、发展壮大的重要因素。

2)我国汽车市场营销面临着残酷的竞争和挑战

而今,国外先进的汽车制造技术、品牌产品及营销方式大举进入中国市场。近年来,跨国汽车集团已通过合资、合作等形式,参与了我国的汽车销售服务体系,国际厂商一方面物色国内的汽车零售商,使入选者成为他们的品牌经营代理人;加强自身营销网络对中国市场的渗透力,这无疑是对国内汽车企业严峻的挑战。因此,我国汽车工业要振兴和发展,必须做到以下几点:

①树立品牌意识,构建品牌经营营销体系。

②树立服务意识,构建"四位一体"的专营店网络体系。

③树立商业信誉,构建完整的服务贸易体系。

④树立效率意识,加快建设电子商务体系。

⑤树立"保姆"意识,建立健全相关的售后服务体系。

1.1.4　经营对策及思路

1)树立以服务为中心的经营理念,建立以服务为中心的企业经营管理模式

只有服务才是汽车服务企业真正的产品。选择汽车品牌由汽车厂家的努力决定,但选择在哪家经销商购买则由该汽车服务企业的服务决定。要想打造汽车服务企业的服务品牌,则必须从服务的创造者(即企业员工)开始。

要从企业的经营理念、企业文化、服务意识、服务态度、服务专业水平、专业技术等多方面对员工进行培训,企业应建立完善的服务培训体系,编写相关的教材。营造团队经验分享和共同提高的氛围,可分销售、客服、维修、美容加装等团队小组进行成功案例分享会,要求员工对工作进行总结、交流和提升。

保持服务团队的稳定性。一个优秀服务人员的流失,会将公司的客户带走,这对公司是一个莫大的损失,公司要从员工的待遇、培训晋升、激励制度等方面服务好员工,汽车服务企业要树立"只有公司服务好自身的员工,员工才会服务好本公司的客户"的理念来维持服务团队的稳定性。

2)加强客户关系管理

挖掘客户资源,建立客户关系管理系统和相关的管理制度及执行力,做好客户由销售客户及时转化为售后客户,对客户做到及时有效的"一对一"服务,以及有效的沟通和管理。

3)成本和费用的严格控制

要在全员中树立成本观念,将成本和费用的控制指标化,直接落实到相关责任人,同时建立相应的激励政策,将成本与费用的控制和员工的奖金挂钩。

4)将利润增长的重心放在后市场,增加利润增长点

汽车服务企业整车销售利润会越来越低,这是一个趋势,利润增长将主要集中在售后市场:维修、保养、美容加装,特别是美容加装,原来一直被忽视,基本上是客户想做就做,不想做店员也不主动推销。今后,汽车服务企业要深入挖掘与汽车相关的服务,增加新的服务项目,做到"人无我有,人有我精"。

5)服务顾问团队的建设

服务顾问团队的水平直接关系到汽车服务企业的维修业务量。要从服务态度、专业水平、产值、接车台次等方面制定相关的激励政策,提高服务顾问的积极性和业务水平。

6）打造维修明星工程师

一直以来汽车业界将重心放在汽车销售上，业内新闻媒体针对汽车销售人员的各种评比活动层出不穷，而汽车维修这些年来一直处于冷门地位。近几年针对汽车维修方面的投诉日趋增长。因此，打造汽车服务企业的维修明星工程师，向顾客展示优质的维修技术和服务，有助于企业美誉度的提升，打消客户的顾虑，促进店内维修量的稳步增长。

7）加大维修站相关管理制度的执行力度

对于维修站的管理制度，厂家都有详尽的规定，但制度的执行力度则不尽相同，特别是维修站。要向顾客展现汽车服务企业的服务、技术水平，维修站必须将工艺流程、质量监控、工具及物料管理等方面按要求融入日常经营活动，使之成为维修站的行为习惯，这样顾客才能感受到维修站工作井井有条，自然也就对这家汽车服务企业维修放心了。

8）打造自身的服务品牌

当前单个汽车服务企业要想突破厂家的限制，打造自己的品牌形象确实很难。汽车服务企业必须在汽车后市场方面做文章，从公司发展的战略角度考虑可筹建快修保养美容加装的连锁经营体系，以连锁加盟方式建立连锁店。在整个汽车产业链中，就市场竞争趋势而言，汽车售后服务维修保养是最重要的环节。企业要练就和拥有强大的竞争能力就必须建立自有品牌的快修、保养、美容加装等连锁经营体系。这是汽车服务型企业做大做强的基础，是塑造企业自身形象参与竞争永立于不败之地的关键。

1.2　汽车服务企业形象的塑造

1.2.1　企业形象概述

21世纪的今天，随着社会经济的发展和市场竞争的日益加剧，现代企业的竞争已经由传统的产品竞争向人才竞争、品牌竞争、企业形象竞争转变。企业形象是企业经营的重要资源，企业文化是企业的灵魂，它们已成为企业越来越重要的无形资产。精心塑造良好的企业形象，已成为现代汽车服务企业在日益激烈的市场竞争中求得生存和发展的关键。在现代社会，商品和企业处于相同的条件下，由消费者来选择，即使商品质量和销售能力优于其他企业也不一定能稳操胜券，因为企业竞争能力还包括另一项要素——企业形象。

企业形象（Corporate Image）是企业的综合素质、整体实力和社会表现在社会公众中获得的认知和评价。企业形象并不是简单的企业外在表现，而是企业在产品质量、工业设备、科技进步、管理水平、经济实力、员工素质、服务水准等基本素质上的综合表现。企业形象管理就是通过科学、系统、持续不断的沟通、协调，全面提高企业的内在素质，充实企业形象的内涵。然后再通过科学性与艺术性相结合的信息传播,把企业的良好形象扩散出去。

良好的企业形象是企业潜在性的销售额,是企业最重要的无形资产;良好的企业形象会给企业带来不可估量的社会效益和经济效益。当今市场经济的发展不以人的意志为转移,竞争已超越产品本身,非产品竞争被置于突出地位,因此,良好的企业形象成为企业战胜强手、提高销售额的有力武器。

1.2.2 汽车服务企业形象的塑造

企业形象的塑造,也称为 CIS(Corperate Identity System),即企业形象识别系统设计,它是特定企业进行良好组织形象策划、设计、传播和管理的一种战略、方案和手段。其主要特点是企业在特定的理念和独特的行为活动的基础上,通过对企业一切可视事物的统筹设计、控制和传播,使企业的识别系统统一化、标准化、个性化和专有化。把企业经营管理和企业精神文化传达给社会公众,从而达到塑造企业个性,显示企业精神,使社会公众对企业产生认同感,形成或强化企业在公众心目中的良好形象。

1)CIS 的内涵

CIS 是个整体系统,由 MIS、BIS、VIS 三个子系统组成,这三个子系统的内涵如下。

①MIS(Mind Identity System)即理念识别系统,是指企业在长期的经营实践活动中形成的与其他企业不同的存在价值、经营方式,以及生产经营的战略、宗旨、精神等。它包括企业的经营方向、经营思想、经营作风、进取精神和风险意识等。企业的理念识别系统是 CIS 的灵魂,是最高决策层次,是导入企业识别系统的原动力(图 1-1)。

图 1-1　企业识别系统结构图

②BIS(Behavior Identity System)即行为识别系统,是指本企业有别于其他企业的各种具体活动。它包括对内行为与对外行为。对内行为主要指干部教育、员工培训、生活福利、工作环境、内部修缮、研究发展、环境保持等管理活动。对外行为主要指市场调查、产品开发、公关活动、车市对策、公益性资助、文化性赞助等,表现为动态识别形式。

③VIS(Visual Identity System)即视觉识别系统,是指将企业的一切可视事物进行统一的视觉识别表现和标准化、专有化。通过 VIS 可将企业形象传达给社会公众。其中包括企业的物质设备形象如厂房、办公楼、仓库、设备、企业标志、建筑物式样、外部装修、色彩搭配、环境绿化与美化、内部装饰格调等;企业员工形象、产品质量形象及品牌包装形象等。VIS 表现为静态识别符号,是具体化、视觉化的传达形式,项目最多,层面最广。简单来说,MIS 是CIS 系统的大脑和灵魂,BIS 是 CIS 系统的骨骼和肌肉,VIS 是 CIS 系统的外表形象。三个子系统有机结合在一起,相互作用,共同塑造具有特色的企业形象。

2）企业导入 CIS 的目的

①提高企业的知名度。一个企业的名字在社会大众、消费者心目中有多大份额,它的产品的使用率有多高,很大程度上取决于该企业的知名度。一个企业知名度高,其产品就容易被认可,就有可能在市场竞争中取胜。CIS 战略的实施正是为了提高企业的知名度。

②塑造鲜明、良好的企业形象。

③培养员工的集体精神,强化企业的存在价值,增进内部团结和凝聚力。企业员工是企业构成的基本要素之一,是企业活动的主体和企业行为的承担者,是企业中人的因素的具体体现。CIS 战略通过它的理念识别,导入更加成熟的经营方针和经营理论、思想,经由精神标语、座右铭、企业性格、经营策略传达出去,着重塑造企业员工的理念意识。这样,员工就能明确意识到自己是这个集体中的一员,在心理上会形成一种对群体的"认同感"和"归属感",员工间形成密不可分的群体,强化了企业的存在价值。

④达到使社会公众明确企业的主体个性和同一性的目的。CIS 通过物质环境、时空环境、信息环境及视觉识别的同一性、独特个性传达给公众,使社会公众能了解、识别,从而接受企业及企业的产品,CIS 的最终目的就是实现企业的利润最大化。企业的生存和发展,不管采取何种竞争手段,其最终目的都是获取最佳的经济效益和社会效益。

3）CIS 策划的程序

CIS 策划的程序是指从调查分析到执行实施、反馈评估全过程的先后次序和具体步骤,是企业具有一定规模的一项正式活动。其主要程序可划分为四个阶段,即提案阶段、调研阶段、开发设计阶段和实施管理阶段。这四个阶段的规划囊括了 CIS 策划的主要内容和程序,是一个相互衔接的过程,每个阶段都有其特定任务和工作重点。

4）CIS 策划的基本原则

（1）战略性原则

CIS 战略策划是创造企业优势、产品优势和竞争优势,以便全方位推出形象系统的新战略,是一项科学调控各种有效资源的系统工程。因此,CIS 绝不只是设计上的变更或者企业名称的更改,而应该把它提高到企业存亡、经济兴衰的高度上看待。

（2）民族化原则

CIS 战略策划既是一种经济的产物,又是一种文化的成果。而文化都植根于不同民族的土壤,要想策划设计出具有民族特色的 CIS 战略,必须对中西民族文化有一个比较深入的分析和了解。

美国的 CIS 强调理性、个体性,侧重于制度建设。日本的 CIS 强调情感,强调和谐性,侧重于理念建设。中国在 CIS 策划设计方面刚刚起步,但中国的 CIS 策划设计有 5 000 年民族文化作基础,相信在 21 世纪,一定会有具备中华民族特色的 CIS 优秀之作进入世界 CIS之林。

譬如,在中华人民共和国成立 60 周年庆典上,北京汽车工业控股有限责任公司全新自主开发的第二代75吨级军用越野汽车——"勇士"。在阅兵仪式上被指定为阅兵引导车和礼炮牵引车，获得国家知识产权局颁发的"最佳功能设计奖"，由中国汽车工程学会颁发的"2009中国汽车造型设计大赛——汽车创新设计竞赛"的"金圆点"特别荣誉奖。

（3）个性化原则

日本著名CIS设计专家申西元男说："CIS的要点就是要创造企业个性。"企业形象策划就是企业个性的定位。定位是CIS的出发点，是在消费者的心中寻找空隙和位置，目的是在此位置上建立有个性的优秀企业形象，是塑造企业形象的第一步。企业在理念的设计上应有自己独特的风格，能鲜明地把本企业的理念与其他企业的理念区别开来。

例如，同是汽车企业的丰田公司和日产公司，前者的企业形象口号是"以生产大众喜爱的汽车为目标"，突出迎合大众口味的形象；而后者的企业形象口号是"创造人与汽车的明天"，它强调的是不断技术创新的形象。

又如，早期大众甲壳虫及宝马MINI的推出代表了一种个性时代的开始，将汽车从沉重单调中脱离出来，将各种特色功能加入汽车中，不管是汽车外形还是汽车具备针对性的功能模块开发都开始表现出个性化。

（4）系统化原则

CIS是一个系统工程，是包括MIS、BIS和VIS的整体企业识别系统。三者内聚外化，有机结合，相互作用，共同塑造富有个性的企业形象。也就是说，CIS是将企业的经营理念与企业文化透过具体可感的视觉符号传达到企业外部的各种社会公益活动中，塑造出个性鲜明的优秀企业形象，对内产生凝聚力和激励作用，对外提高企业的知名度和认同感。因此，在CIS的策划设计中一定不能将其进行割裂和肢解，要规避重形式轻内容、重设计轻传播的CIS策划形式。CIS是一个复杂的系统工程，是多种专业知识的融会贯通，需要各类专家和专业人才的通力合作，需要专家与企业决策者的密切配合才能完成这一巨大的系统工程，单凭某一专家或某一广告公司、设计公司的力量是难以胜任的。

（5）创新性原则

CIS的策划、设计有新鲜、奇特、超群、别致的创意，具有新意和独特性。美国设计界有这样一条原则：不允许模仿他人的设计，要不断地创新。有生命力的CIS策划与设计往往和"新"字分不开，只有意境新、形式新、构思新的策划和设计才能打动人、吸引人，使人过目不忘，给人留下深刻的印象。以视觉传达设计为例：吉利熊猫的创意来自我国的国宝大熊猫，吉利熊猫的设计团队充分应用仿生学的原理和中国山水画的写意精神，以传神的线条勾勒出这款车的外形。吉利熊猫能让人一看就联想到大熊猫，进气隔栅是一个大大的椭圆形，很像一张笑呵呵的大嘴；前大灯组被黑边包围，酷似熊猫的黑眼圈；尾灯则是将大熊猫的脚印巧妙地设计成一大四小的灯组，如大熊猫爪子般活灵活现。

（6）可操作性原则

企业理念是一种意识，一种经营战略，即企业的经营宗旨、经营方针和价值观。它是企业的灵魂，是企业运行的依据，具有导向力、凝聚力、激励力、辐射力。它不是一般的抽象思维的哲学，也不是一种宏观的世界观和方法论，它必须切合CIS的实践并便于操作。

CIS的可操作性还体现在企业理念系统应该有行为系统做保障。一些企业虽然拟定了企业理念却没有具体规划行为系统，导致理念成为时髦空洞的口号。CIS 具有极强的可操作性，还表现在它不仅需要内部职工的参与和认同，而且需要通过沟通系统将企业经营理念、企业文化和企业经营活动推向社会，让更多的社会公众认同，否则，企业的 CIS 战略就很难在公众中树立起良好的企业形象。

1.3　汽车服务企业竞争力

随着汽车服务企业面的普及，各品牌间的汽车服务企业竞争逐渐激烈，起步较晚的大型汽车卖场也悄然兴起。2008 年 5 月以来，西方大多国家车市低迷，许多汽车服务企业业绩大幅下滑，有的已经承受不起昂贵的店面维持费用。如果不能扩大自身的竞争优势，固守"坐商"模式，因循守旧，不在发展中求变，那些实力弱小的汽车服务企业必将面临入不敷出的局面，最终落得被其他汽车服务企业或者汽车制造厂商低价收购的下场。提升汽车服务企业竞争力迫在眉睫。那么，汽车服务企业如何才能提升自己的竞争力？如何在车市寒冬中披荆斩棘？可参见以下举措。

1）模式异化

由于国外汽车服务市场已经成熟，汽车服务企业在国外的发展已经进入衰退期，而在我国才刚刚起步，在现有的市场竞争格局中，汽车服务企业逐步形成了具有中国特色的模式。所谓营销无定式，如何选择适合自己的模式，如何将固定的模式异化成合适的模式，对于汽车服务企业来说极为重要。

①4S+2S 模式。这种模式是在某区域先设立一家汽车服务企业店面，再根据当地市场的容量、分布情况在各个划分的小区域或者下级区域建立只有整车销售和维修服务功能的2S 店。当某个 2S 店所在区域的容量达到一定的规模时，2S 店可以升级为汽车服务企业。中国的地大物博给汽车服务企业的市场覆盖能力带来了挑战，受资金的限制，动辄千万元的店面不可能开很多家。对于消费者来说，该模式有利于他们就近购车、修车；而对于厂家来说，2S 店有利于快速提高市场覆盖率，提升品牌形象，提高品牌知名度。便于汽车服务企业通过售后维修服务加快收回成本的步伐。奇瑞、南京菲亚特目前采用的就是该模式。

②汽车超市内设卖点+汽车服务企业。在中国，汽车服务企业最强的竞争对手要算汽车超市，即汽车大卖场。中国人喜欢热闹、人多的地方，也喜欢货比三家。汽车大卖场为购车者搭建了一个容纳各类品牌的平台。在这里，消费者可以比较同一价位不同品牌的汽车，然后做出购车选择，还可以享受保险、办证、上牌的一条龙服务。汽车超市的人气盖过了汽车服务企业的风头。为了增加销售量，汽车服务企业开始进驻汽车超市，摆设摊位，以在超市外的汽车服务企业为支撑，所售汽车还算汽车服务企业的销量。这种模式很灵活，万一在自己店面区域里车卖得不好，还可以通过汽车超市的物流线把车卖到别的区域，这在一定程度上扩大了市场覆盖面。目前，杭州很多汽车品牌都在汽车城设有窗口，奥迪、广汽本田均采

用该模式。

③"汽车大道"上的汽车服务企业。在国外,汽车大道已盛行多年,顾名思义就是汽车服务企业组成的一条大道。汽车服务企业聚集于此,易于消费者集中地进行不同品牌车型的比较,突破了单一品牌汽车服务企业的局限。在北京各汽车大道中,闵庄汽车大道最早推出"汽车大道"概念:东风悦达起亚金佳景专营店、福特汽车北方福瑞专营店、丰田金冠专营店等十几个不同品牌的汽车专营店沿海淀区四季青镇的闵庄路南侧一字排开。现在这里有了另外一个名字——"青泉汽车家园"。与传统的集贸式汽车交易市场,以及零散的汽车服务企业相比,汽车大道有两个特点比较明显:一是具有一定的和传统汽车市场相同的看车选车功能,顾客来一趟就能把各个品牌的店都看一遍,而零散的汽车服务企业不具备这种功能;二是能够提供品牌化的服务,从而吸引人们来买车,传统汽车市场则不具备服务功能。

④4S"品牌"店。2004年7月17日,奥克斯汽车全国首家汽车服务企业在宁波正式成立,其汽车销售采用品牌店模式,也就是在汽车服务企业的基础上,在店内再摆设上空调、手机、电表等奥克斯集团的其他产品。进入品牌店购车或者修车的用户,不仅可以在品牌店享受到汽车服务企业的服务,还可以欣赏或购买奥克斯的其他产品。这种模式的诞生可谓是开创了汽车服务企业的先河,汽车与手机、空调混售的形式能否吸引消费者买单还有待观察,而这种模式也仅适用于像奥克斯这样多元化的生产商。

2)行销制胜

在过去的10年里,中国车市呈现出一片欣欣向荣的景象,只要是辆车就可以卖出去。汽车服务企业所需要做的也就是建好店面,等着顾客来买车。2008年世界金融危机导致整个西方国家车市如遇寒冬,连续3年销量增幅保持50%以上的中国汽车市场也突然增幅下降,各大名牌车型价格相继跳水,却丝毫撬不动消费者的钱袋。经销商大呼:"没有想到车市寒冬来得这么快。"

坐着等于等死,传统的"坐商"理念应从汽车服务企业中清除,"行商"要取代"坐商"。

早在2004年,南京菲亚特所有的汽车服务企业就已推出上门售车服务,提供上门售车、上门介绍和开展试乘试驾等服务;量身定做、协商制订具体购车方案;建立"上门售车"档案。河北唐山红旗汽车服务企业还组织了一次大型的上门维修、试驾活动,让客户深切感受红旗轿车的优越性能,体验驾乘的乐趣。此类举措意在将售前服务提升到与售后服务同等重要的地位,提供人性化的售前服务,不仅为消费者带来了方便,还刺激了消费者,即使不能促成购买行为,也可以形成良好的口碑,发掘潜在的消费者群体。

汽车服务企业的竞争力公认为体现在服务上,可是很多汽车服务企业仅狭隘地理解为售后服务,或者只顾及售后服务,因为售后服务赚钱。其实,售前服务同样提升了汽车服务企业的竞争力,甚至更胜于售后服务,毕竟只有消费者购买汽车后才可以体会到售后服务。

3)建立门户网站

2002年之前,报纸、杂志、电视是消费者了解汽车的主要渠道,厂家的品牌传播主要借助这些传统媒体进行，效果也十分明显。但现在，互联网正扮演着越来越重要的角色，建设与客户之间的交互平台，实时、互动、全面、客观才能为企业带来更多的机会，互联网将成为汽车业中一种主要的竞争手段。

通过互联网，消费者可以查询自己心仪的汽车信息、广告和价位，了解汽车服务企业所提供的所有服务，对车的性能进行咨询，这些均可以促使购买行为的发生。对于那些购买了汽车的消费者来说，通过互联网可以学习到维护、保养汽车的方法，预防汽车可能出现的常见故障，了解汽车服务企业提供维修服务的价格等，对维系顾客的忠诚度和提高购车的满意度起到了很大的作用。通过网站的调查问卷，汽车服务企业还可以掌握消费者的需求信息，评估其满意程度。在论坛上对汽车进行讨论还可以起到广告的作用，对目标市场进行准确的信息传播。此外，增加网上订车功能，也为汽车服务企业的汽车销售增添了新模式。同样，企业可以根据客户对某种产品反馈的意见进行整理，对自己的产品系列进行适当的调整。

4）转换经营重心

众所周知，汽车服务企业的盈利大头不是售车，而是售后服务，汽车服务企业整个获利过程中，整车销售、配件、维修的比例为 2 : 4 : 1。因为维修与销售之间存在着滞后期，这表明，我国的维修业务将迅速发展。目前，汽车服务企业的经营重心基本还停留在销售汽车上，不仅因为我国车市还没有成熟，还因为我国的汽车服务业尚不完善。待汽车服务业进入成熟期时，汽车服务企业的盈利业务就必然会遭到蚕食，4S 的品牌优势也就荡然无存。重视售后服务质量，提高客户售后服务的满意度，说到底是要巩固客户对品牌的忠诚度，维护自己品牌的服务市场。

将经营重心转移到售后服务上来这个说法其实并不准确，确切地说应该是重视说服消费者来店里保养而不是维修汽车。所有的新车售出后，随时都会有玻璃破损、车身划伤和碰撞的情况出现，这些都是固定的维修服务，而汽车的保养将会为汽车服务企业带来更加丰厚的利润。在国外，流行"三分维修，七分保养"；而在国内，保养汽车的观念还没有完全形成，这也要求汽车服务企业在与客户沟通时进行沟通和引导，培养客户的消费习惯，达到拓展市场机会的目的。

5）严格控制零部件的质量和成本

在我国汽车售后服务市场上，尤其是修理、更换配件方面，主要流通着"进口产品"，包括合资企业生产的"国产品"及"仿制品"。在产品质量方面，"仿制品"零配件的价格和费用虽低，但是供应的配件质量较差，实际上是高价供应源，这种劣质产品不但会严重影响修车质量和企业信誉，还可能对社会造成极大的危害，因此，产品质量要考虑的因素除包括产品本身是否符合企业的要求，耐用性、废品率等情况外，如果是生产制造商还要了解供应商是否具有设计和制造产品的经验和资质；如果是批发零售商需要调查有没有提供类似产品的经验，供应商的态度是否积极等。另外，在价格和费用方面，不同来源的汽车零配件价格相差幅度很大，进口件和国产件有时相差几倍，甚至十几倍，因此，在采购之前，采购人员应事先调查市场价格,不可凭供应商片面之词而误入圈套。如果没有相同商品的市价可查,应参考类似商品的市场价。有时候汽车服务企业会放弃与提供极低价格的大批发商的合作,而选择与不愿意提供极低价格的制造商或生产厂商合作,因为制造商通常在产品质量、货源保证、售后服务、促销活动及其他赞助上会有更多的营销费用支持。

6)规范服务标准

目前,市场上的汽车品牌和汽车型号林林总总、种类繁多,加之售后服务本身也有很多种类,造成了汽车售后服务方式千差万别,服务质量难以保证。因此,世界上的汽车生产商和消费大国通常依靠制定国家强制性汽车售后服务标准,或者由该国行业协会出台汽车售后服务行业的行业规则,以此来规范汽车售后服务行业的活动。不仅如此,一些有实力的汽车售后服务企业纷纷选择通过国际 ISO 标准认证,建立起一套对服务量化考核的标准,通过考核逐步提升汽车服务企业的服务水平以吸引消费者。从汽车售后服务的发展态势来看,具有服务标准的服务企业将逐渐壮大,而不规范的服务企业将逐渐退出服务市场。

7)提高服务人员的整体素质

汽车服务企业的竞争力还体现在服务人员的整体素质上。从经营上讲,汽车服务企业不仅要依靠汽车产品的质量,还要依靠人才对产品的有效经营来支撑。4S 中有两个 S 分别是指销售和维修服务。优秀的销售人员在销售中的作用日益明显,他们的专业素质和形象也成为专营店品牌的一部分;而随着科学技术的进步,汽车科技的发展不断深入,各汽车服务企业也都相应地配备了各种先进的诊断仪器、设备和工具,尤其针对品牌车型检验的专用计算机检测设备也都在逐渐引进。但是国内汽车售后服务业的从业人员相当一部分来源于原国有企业车队的维修人员,年龄偏大,知识结构老化,对汽车新技术的掌握,以及先进诊断仪器设备的使用比较困难;另外,来自新建汽车服务企业的服务人员,人员知识结构不合理,制约了汽车售后服务业的快速发展。只有通过对汽车服务企业服务人员的专业技能和提升顾客满意度等方面的全面、系统培训,提高汽车服务工作人员的整体素质,才能在客户心目中留下“我们的服务是专业化水准”的深刻印象。

8)打造自己的品牌

大部分汽车服务企业都被代理品牌的光芒所掩盖,认为自己只是厂商的代理商,厂商的品牌就是自己汽车服务企业的品牌。实际上,在消费者心中自有一个评价标准。同是一个区域的同一品牌的汽车服务企业,可以因为服务做得好,得到比别家店面多的维修机会,其增加的利润将是相当可观的。蛋糕就这么大,要争夺到更多的蛋糕不打造自己的品牌是不行的。北京勤和是上海通用汽车授权的别克系列车型的汽车服务企业,在勤和的展厅里,所有车的标牌上都写有“勤和别克”,这样做的目的主要是给消费者展示自己的品牌形象。除此之外,勤和几乎每周都举办周末派对,上至老总、下至销售顾问都是这个派对的服务者,参加者往往是最近一周内在勤和购买轿车的消费者,他们的疑问都会在这个派对中由老总与工作人员——解答。勤和还要定期组织车主进行植树、慰问孤寡老人、到福利院看望儿童、共同郊游等活动。在勤和看来,这是增强凝聚力的一种方式。通过这种活动,车主会感到勤和是一个充满朝气和活力的集体,从而提高勤和品牌的知名度和美誉度。也正因如此,现在来勤和买车的,有 20% 是勤和的车主介绍的,这种口碑效应使勤和赢得了稳定的客户市场。

9)注重客户关系管理

客户关系管理(Customer Relationship Management,CRM),是一项综合的 IT 技术,也是一种新的运作模式,它源于"以客户为中心"的新型商业模式。

有人评价说中国的汽车服务企业硬件水平在全世界都排得上,可是软件水平不敢恭维。自从上海通用导入 CRM 后,通过客户信息系统管理客户信息、提高服务水准的趋势就在汽车行业蔓延开来。最初汽车制造商引入 CRM 最大的作用莫过于在实行汽车召回时利用详细的客户资料,后来慢慢演变为从信息收集到信息反馈均发挥重要作用。汽车制造商 CRM 的对象不仅包括个体消费者,还包括各个汽车服务企业与各经销商,而汽车服务企业实行 CRM 仅面对消费者即可。

汽车服务企业 CRM 的作用表现在以下 5 个方面。

①获取顾客信息。借助汽车服务企业,可以收集到很多关于潜在消费者的资料,如通过填写问卷赠送礼品、开办汽车会员俱乐部等方式,增加了潜在消费者数量,就等于增加了可能购车的消费者的数量,再通过对这些消费者信息的分析,挖掘最有购买潜力的消费者,利用提供试驾、寄送汽车资料、优惠购车承诺等途径将潜在消费者转化为正式消费者。

②跟踪目标顾客。很多消费者最后购车的店往往不是他们原来咨询的店,由于店面太多,他们记不得在哪里咨询过。实施 CRM 可以帮助企业在收集到客户信息之后,对客户进行分类管理,并向不同层次客户提供不同档次的产品的信息,促成最终的购买行为。

③通过 CRM 系统进行订单管理、顾客信息存储,提高交付过程的效率,降低成本。

④建立客户档案,记录其维护、维修及配件更换历史,帮助公司实施客户忠诚度计划,降低客户更换汽车维护提供商的可能,帮助汽车销售企业保障其整体利润来源。

⑤CRM 还可以帮助企业编制满意度调查问卷,对数据进行自动统计,帮助企业对客户再销售进行挖掘,大大降低营销成本。近两年,电话回访、客户免费服务电话等服务方式正在快速发展,一些知名汽车品牌为自己品牌的汽车服务企业制定了相应的规范化制度和执行标准。但是,目前很多汽车服务企业还是将眼光盯在整车销售上,从根本上忽视了信息反馈这一个重要的"S",其销售模式制约着店面的发展。

1.4 汽车市场与汽车市场营销

1.4.1 汽车市场及汽车市场营销的含义

在现代社会经济条件下,几乎所有的经济现象与经济活动都与市场有关,几乎所有经济方面的学科也都不同程度地涉及市场。

1)汽车市场的含义

市场是商品经济的产物,哪里有商品生产和商品交换,哪里就会有市场。"市场"已成为人们使用最频繁的术语之一。随着商品经济的发展,"市场"这一概念也不断地发展变化,在不同的商品经济发展阶段,市场有着不同的含义。同样,在不同的使用场合,市场的概念也不尽一致。

(1)市场概念

在早期,由于社会生产力比较落后,商品经济尚不发达,因此,人们总是在某个时间聚集到某个地方来进行商品交换,市场也被看作商品交换的场所。现代社会,随着科学技术的进步,社会生产力得到长足的进步,交换商品的品种和范围迅速扩大。商品交换关系已经渗透到社会生活的各个方面,交易方式也更加复杂,尤其是交通、通信事业和金融信用行业的快速发展,可以在任何地方以任意方式来进行商品交换,因此,现代的市场代表着各种商品交换关系的总和,是指商品多边、多向流通的网络体系,是流通渠道的总称。

(2)市场的组成

市场是买方、卖方和中间交易机构(中间商)组成的有机整体。市场的起点是生产者,终点是消费者或最终用户,中间商则包括所有取得商品所有权或协助所有权转移的各类商业性机构。

(3)市场的影响因素

影响市场的主要因素有人口及其购买力和需求欲望。对某种商品具有购买能力的消费者越多则其市场越大。正确把握购买力的变化,激发购买欲望,开拓潜在市场,是一种营销艺术。

(4)汽车市场的概念

汽车市场是将汽车作为商品进行交换的场所,是汽车的买方、卖方和中间商组成的一个有机整体。它将原有市场概念中的商品局限于汽车及与汽车相关的商品,起点是汽车的生产者,终点是汽车的消费者或最终用户。

2)汽车市场营销的含义

(1)市场营销

市场营销既不等于产品销售,也不等于产品推销,而是从市场中来到市场中去的经营活动,包含销售和经营两个方面。其中,企业的经营决策如产品决策、价格决策、渠道决策、促销决策等是决定企业兴衰成败的最为重要的因素。从市场角度看,消费者的需求又是影响企业成败的关键因素。市场营销就是要研究如何去满足买方的需要,生产适销对路的商品;如何组织整体销售活动,如何拓展销路,以达到自己的经营目标。

(2)汽车市场营销

就汽车而言,其质量的高低,不但表现在汽车的功能方面,而且表现在汽车的造型、品牌、定位、价格、分销、促销以及销售服务等策略的运用方面,是汽车实质层面、形式层面和延伸层面的综合反映。人们购买汽车不是为了观赏,而主要是为了得到它所提供的交通服务。

汽车市场营销研究的对象和主要内容是识别目前未满足的需求和欲望,估量和确定需求量的大小,选择和决定企业能最好地为之服务的目标市场,并且决定适当的产品或方案以便为市场服务。

汽车市场营销的目的,在于了解消费者的需要,按照消费者的需要来设计和生产适销对路的产品,同时选择销售渠道,做好定价、促销等工作,从而使这些产品能及时地销售出去。

1.4.2 汽车市场营销观念的发展与变化

汽车市场营销观念是随着汽车市场的形成而产生,随着汽车市场的发展而变化的。它的发展变化大致经历了五个阶段。

1)"生产观念"阶段

生产观念从资本主义工业化初期至20世纪初主导了西方企业的经营策略思想。在这段时间内,西方经济处于一种卖方市场的状态。市场产品供不应求,选择甚少,只要价位合理,消费者就会购买。汽车市场营销的重心在于大量生产,解决市场上供不应求的问题,而很少顾及消费者的需求与欲望。目前许多第三世界国家仍处于这一阶段。

2)"产品观念"阶段

产品观念认为,在市场产品有选择的情况下,质量最优、性能最好和特点最多的产品更能受到消费者的青睐。因此,企业应该致力于制造质量优良的产品,并经常不断地加以改进和提高自己的产品质量。但事实上,消费者只有觉得某种产品或其服务的价值与自己的预期价值相吻合或超过时,才会决定购买。因此,一味追求高质量往往会导致产品质量和功能过剩,高质量多功能往往附带着高成本,消费者的购买力并不是无限的,如果产品质量过高,客户就会拒绝承担这些额外的高质量所增加的成本,从而转向购买其他企业的产品。

3)"推销观念"阶段

推销观念认为,要想在竞争中取胜,就必须卖掉自己生产的每一个产品;要想卖掉自己的产品,就必须引起消费者购买自己产品的兴趣和欲望;要想引起这种兴趣和欲望,公司就必须进行大量的推销活动,因为企业产品的销售量总是和企业所做的促销努力成正比的。

推销观念虽然强调了产品的推销环节,但仍然没有突破"以产定销"的思维模式,在产品的设计和生产过程中,消费者的需求和欲望仍然未被考虑。

4）"市场营销观念"阶段

市场营销观念研究消费者的需求和欲望及其购买行为,认为消费者的需要是市场营销活动的起点和中心。市场营销观念的基本宗旨是:

（1）顾客是中心

生产企业的一切努力在于满足、维持及吸引顾客。

（2）竞争是基础

企业必须不断地分析竞争对手,掌握竞争信息,充分发挥本企业的竞争优势,以最良好的产品或服务来满足顾客的需要。

（3）协调是手段

市场营销的功能主要在于确认消费者的需要及欲望,将与消费者有关的市场信息有效地与企业其他部门共享,并通过与其他部门的有机协作,努力达到满足和服务消费者的目的。

（4）利润是结果

企业运作的目的是极大地满足顾客,而利润则是在满足顾客后所产生的结果。

5）"社会营销观念"阶段

社会营销观念主要有四个组成部分:用户需求、用户利益、企业利益和社会利益。事实上,社会营销观念与市场营销观念并不矛盾。一个以市场营销观念为自己指导思想的企业,在满足自己目标市场需求的同时,应该考虑到自己的长期利益目标和竞争战略,把用户利益和社会利益同时纳入自己的决策系统,只有这样,这个企业才会永久立于不败之地。

必须指出的是,现代市场营销活动不仅涉及商业活动,也涉及非商业活动;不仅涉及个人,也涉及团体;不仅涉及实物产品,也涉及无形产品及思想观念。

1.5　汽车服务企业服务战略

汽车生产厂是"厂家",是在制造"产品"。汽车经销商是商家是商人,是在从事商业贸易,是在从事服务活动,服务的重点是在为客户服务——帮助客户买车;为厂家服务——帮助厂家卖车。经销商在客户买车和厂家卖车的中间所起的作用,就是提供了双方买卖交易的地点与服务,经销商自己可控制和所拥有的就是经销商自己的服务模式和服务品牌。

汽车服务相对于汽车销售来说,汽车销售是一个开始,而汽车服务就是一场马拉松比赛,是一个学车、买车、卖车、租车、修车、验车、换车等完整的汽车销售服务产业链。汽车服务市场按汽车买卖交易过程可以划分为三个过程与阶段:售前服务、售中服务、售后服务。强调"售前服务",并不等于忽视"售中服务"和"售后服务"。汽车"售前服务"是一项挖掘源头的"引水"工作;而汽车"售中服务"是一项"开渠"工作,只有"渠道通畅"了,才能"水到渠成";汽车"售后服务"则是一项让经销商有"细水长流"的终端服务工作。

就汽车而言,一经使用就需要终身服务,售后服务对产品的附加值最大、对品牌价值的贡献度最大、在市场竞争中的权重也越来越大。在汽车业竞争日趋激烈,产品同质化越来越明显的今天,服务日渐成为汽车企业维持品牌忠诚度、获取优势的关键,经济服务化趋势日渐明显。

而服务战略是通过一系列服务来促进顾客关系。其核心是如何把服务融入产品。服务能力越强,市场差异化就越容易实现,它不仅增加了产品的附加值,而且巩固了与顾客的关系,从而可以击败对手。国外在对顾客更换供应商的原因进行调查后发现:68%的客户是由于供应商职员冷淡的服务态度,因为对产品不满意而更换供应商的顾客只占14%。由此可见顾客对服务的重视程度。德国大众有句名言:"第一批车是由销售人员卖出的,而后的车是由良好的服务卖出的。"毋庸置疑,服务已成为21世纪汽车企业的核心竞争力。

1.5.1　经销商的汽车售前服务:开源

1)汽车售前服务的重要性

随着中国汽车工业走向成熟,厂商的服务意识也逐渐加强,售后服务受到的重视程度与以往相比有了显著提高,而作为服务另一部分的售前服务还不尽如人意。

对于汽车销售服务,很多人马上会联想到售后服务,而对汽车售前服务或许还感到陌生。据了解,在国外售前服务已经很普遍,一些厂商开办了类似汽车学校的驾驶课堂,使消费者在购买前对所选车辆就有了系统的认识。在国内,虽说一些厂商已经开展了售前服务方面的工作,但仍缺乏持续性,大多数厂商的售前服务还只停留在基本情况的介绍,好一点的就试乘试驾了。一位业内人士认为,只有微笑服务还远远不够,对于90%以上的初次购车者来说,专业的售前服务对于购车者会起到拨云见日的作用,他们很需要这方面的帮助,并且实施起来也很容易,不需要投入太多的人力、物力,只需要厂家将对经销商的培训扩展到消费者这个层面中来即可。

纵观近两年的车市,竞争越发激烈,但竞争手段单一,除降价、优惠和推新车型外几乎没有什么新的招数,并且这些招数的功效较以往已大打折扣。如何从竞争中脱颖而出,成了众多厂商亟待解决的问题。但售前服务作为销售的一个环节,却往往被厂商忽视。目前车型众多,消费者早已挑花眼了,不知选什么车型好。如何让消费者注意你、认识你、了解你、选择你,这就需要售前服务的支持。售前服务的效果虽然需要很长一段时间才能显现出来,但它却培育着潜在的消费群体,只有潜在的客户多了,关注你的人才能多,其竞争手段才能引起他们的注意。

价格的主导地位虽说还要维持很长一段时间,但品牌在销售方面的影响力正在增加。若厂商能在销售前将车型的特点、如何驾驶、应注意哪些问题、遇到特殊情况如何处理介绍给消费者及听取他们的意见,消费者会感到厂商很重视自己,对他们负责,无形中提升了这一品牌的亲和力,对销售的帮助不言而喻。

同样在售前服务中,消费者会提出各种各样的问题,包括对这款车型的看法、意见、建议,同时厂商也能了解到消费者对其他车型的看法,这些一手资料对于厂家把握市场动向、了解消费者的消费心态尤为重要。虽说在售后服务中也有信息反馈的内容,但这些反馈对消费者来说已经没有任何意义。若能在售前就注意到这些问题,既可以多争取一些消费者,又可以使消费者满意。

2)汽车经销商售前服务的主要内容方式

汽车经销商售前服务的方法与手段有很多,如汽车经销商驾校、经销商品牌营销服务、体验营销服务、网络营销服务等。

(1)汽车经销商驾校:培养潜在消费者

汽车经销商驾校服务主要有两种类型:一是汽车经销商自办驾校,提供消费者学车服务,如上海永达汽车集团创办的上海永达驾校;二是与其他机构创办的驾校组建联盟,提供服务。

汽车经销商创办汽车驾校有双重目的:一是培训潜在客户,让消费者对经销商的公司、产品、服务有全面的了解和认知,如永达驾校"先学车,后买车,享优惠"的目的是为永达集团"卖车""卖服务"与"卖品牌"而服务;二是在培养潜在客户的同时赢得"驾校"服务利润,因为一般汽车驾校的目的是盈利,而由汽车经销商创办的驾校盈利只是一方面,做到自收自支、自给自足就可以了。

与社会汽车驾校联合提供相关支持或服务的主要目的在于:一是获得潜在客户信息;二是培养潜在汽车消费者;三是宣传汽车经销商的公司形象、产品品质、服务内容等。虽然,汽车驾校不一定能立竿见影地销售汽车、赚取利润,但是它对于长期致力于汽车销售、汽车服务的经销商来说是汽车售前服务的一个有效手段。

(2)汽车经销商的品牌塑造和推广

售前服务是在消费者与企业还没有确立买卖关系的情况下进行的。售前服务应对消费者进行意识上的引导,向消费者提供充分的有关企业产品质量、性能、操作方法、适用对象等多方面的信息,使消费者了解企业及其产品,使企业品牌在客户心目中留下深刻的、良好的印象,形成感性认识,以便消费者做出正确决策。因此,售前服务必须高度重视企业和产品的形象,通过广泛宣传企业的品牌树立企业形象,使消费者对企业提供的产品和服务产生兴趣,赢得消费者的信任与支持,从而开拓市场。售前服务方式的创新,要求营销者不仅从消费者需求出发,正确了解、认识、掌握、满足消费者的需求,还适时引导、刺激需求与创造需求,开发新产品,为消费者服务。售前服务方式要从传统的被动式满足需求,转向主动式接受需求并且创造需求。

通过经销商品牌塑造与推广,让汽车潜在购买者认知、了解汽车经销商的公司、汽车经销商的产品、汽车经销商的服务,以便在消费者一旦想要购买汽车时该品牌成为其首选对象。亚运村汽车交易市场经历多年发展,凭借汽车交易量之大、交易品牌之多、信息与品牌营销成为"中国汽车市场的晴雨表"。正是亚运村汽车交易市场的品牌宣传与企业知名度使亚运村成为北京汽车市场上汽车消费者购车的首选之地。

（3）汽车经销商的体验营销与服务

体验是人的需要能否得到满足时所产生的一种对客观事物的态度和内心情感。新经济时代是体验性消费的时代。消费者在产品购买中,不仅追求物质需求、生理需求等较低层次需求的满足,更多的是注重精神需求、心理需求等较高层次需求的满足,如希望获得精神上的愉快、心理上的安宁,享受温情、受到尊重等。汽车消费者通过体验营销服务来体验公司的产品质量、性能、功能,体验公司服务的水平标准与承诺,体验公司的品牌形象与实力。现在很多整车厂开展汽车拉力赛、试乘试驾等售前营销服务,很多经销商也在搞试乘试驾的体验营销等活动,但是功利性太强、销售性太强、服务性太弱,这些严重影响了消费者的购买欲。

1.5.2　经销商的汽车售中服务:"一条龙"服务

1）经销商汽车售中服务的重要性

消费者在购买产品时,不仅要看产品本身好不好,还要看企业服务态度好不好,企业的信誉好不好等。所以,售中服务不仅要进行有形产品展示,让消费者了解新产品的构造、性能、产品质量标准、使用时应注意的事项,以及所达到的效果;更重要的是服务营销策略的定位,如何通过新颖的服务营销方式,赢得顾客、扩大销量、占领市场。首先,企业要强化对新产品的服务宣传。可采取广告、新闻发布、有奖问答及咨询活动等多种形式,加大服务营销的宣传力度,用产品造势,制造轰动效应,展现服务特色,树立企业的服务优势,营造一个良好的营销环境。其次,要视顾客为亲友。营销人员要以微笑的面孔、百倍的热情接待每一位顾客,想顾客所想,认真介绍产品,体察顾客心理,当好顾客参谋,使他们从感情上、资料上进一步熟悉了解新产品的功能和使用方法,引起他们对新产品的兴趣,进而激发购买的欲望,尽快地做出购买决策,成为企业真正意义上的客户。树立"顾客永远是对的"的服务理念,一切以让顾客满意为核心。最后,售中服务要实施营销人员"一条龙"服务,简化客户购买手续,节约客户时间,并从价格上给予客户适当的优惠,给客户"上帝"的感觉,从而赢得客户的信任。

2）经销商汽车售中服务的主要内容方式

经销商汽车售中服务的主要内容方式包括汽车车型产品的资讯与咨询、经销商服务的资讯与咨询、汽车消费信贷、汽车保险、汽车上牌、汽车保养维修使用等服务。

（1）汽车车型产品的资讯与咨询

汽车车型资讯是由汽车销售服务人员向汽车购买客户购车前介绍各车型的性能比较,客户适合的车型,购车在哪里能够得到较好的服务;购车需要注意的问题,购车过程中容易出现的问题,及时地告诉客户各种汽车相关的信息,各种促销和试乘试驾信息等。

汽车车型咨询是指由汽车销售服务人员在向汽车购买客户提供资讯信息的基础上,根据客户的具体情况提供合理的建议,建议客户购买最适合的车型。

汽车车型产品的资讯与咨询服务,不仅显示公司的专业与敬业,更能得到客户信赖,有利于公司形象的塑造,形成良好的口碑。它不仅可以开发大量客户,还可以把潜在客户变成直接购买客户。

（2）汽车经销商服务的资讯与咨询

经销商服务资讯主要是介绍汽车经销商的基本情况、汽车经销商服务的模式内容信息和特定汽车车型品牌的服务内容信息。汽车经销商服务咨询主要是针对公司服务内容、车型品牌特定服务内容等建议汽车消费购买者选择的服务项目。因为，汽车经销商提供的有些服务项目是免费的，对有些服务项目是收费的，购车者对有些服务项目是感兴趣的，对有些服务项目是不感兴趣的。

汽车经销商服务的资讯与咨询就是把汽车经销商的实力、品牌、服务内容项目、价值增值服务、行业地位、信誉度等告诉汽车购买者，目的是让汽车购买者买着放心、修着放心、用着欢心、觉得舒心。例如，一般汽车经销专卖店提供3S、4S服务，而成都精典汽车销售公司推出5S超市，即多品牌汽车展示销售、售后服务基地、配件供应、信息反馈、汽车生活方式即营销汽车文化和汽车生活、附设社区快修美容连锁，提出"卖车先卖汽车生活方式"——创立全新汽车生活增值服务营销理念。

（3）汽车金融服务——消费信贷

目前，在全球汽车销量中，70%是通过融资贷款销售的，当然在各个国家和地区的比例是不同的。如美国最高，达到80%~85%，最低的也有50%~60%。因此，国外汽车公司都非常重视汽车金融服务，一般金融服务公司都是全资子公司。据通用汽车公司和福特汽车公司的资料，汽车金融服务获得的利润要占到整个集团利润的36%左右。

汽车金融服务的范围非常广，可以说是"手托三家"：为厂商提供维护销售体系、整合销售策略、提供市场信息的服务；为经销商提供存货融资、营运资金融资、设备融资、财务咨询及培训等服务；为用户提供消费信贷、大用户的批售融资、租赁融资、维修融资、保险等业务。汽车金融服务机构的优势是以汽车金融服务为核心业务，业务范围非常广泛，在专业产品和服务方面具有经验和良好条件。汽车金融服务第一位的任务并不是本身赚钱，而是促进母公司汽车产品的销售。汽车产品非常复杂，售前、售中、售后都需要专业的服务，如产品咨询、签订购车合同、办理登记手续、零部件供应、维修保养、保修、索赔、新车抵押、旧车处理（因不能继续付款收回的旧车）等。银行由于不熟悉这些业务，因此做起来有较大的困难。目前，银行开展的汽车消费信贷是与厂家或商家联手进行的。如果建立专门的汽车金融服务机构，可以较好地解决这些问题。

目前，我国的汽车消费信贷主要依靠商业银行，汽车消费信贷销售的汽车只占汽车总销量的10%以下；进行资信调查的个人信用体系尚未建立起来，这就使得银行无法准确界定申请消费信贷客户的信用等级，无法去确定其到期偿还贷款的能力，也就无从评估该业务的风险；目前的管理办法对企业财务公司限制过死，无法满足大规模开展汽车金融业务的需要。

汽车经销商从事的消费信贷有很多问题，使银行出现大量不良资产，保险公司退市，严重地影响了汽车市场的销售，加剧了汽车市场的"严寒"。但是在汽车经销商中也有冀东物贸、亚飞连锁等汽车经销商探索出了适合自己、适合中国现状的汽车消费信贷模式。如"冀东模式""亚飞模式"等，有力促进了它们的汽车经销与服务业绩。2004年冀东物贸累计销售各类汽车13.75万辆，实现销售收入98.9亿元，实现利润1.81亿元。

（4）汽车经销商"一条龙"服务

汽车经销商"一条龙"服务是指汽车经销商提供购车、汽车消费信贷、代办保险、免费上牌服务等一站式服务。

原本购车在经销商处办理，消费信贷在经销商或信贷机构办理，保险在保险公司办理，车牌在车管所上牌，这样消费者购买一辆汽车要在不同的地点、单位来回奔波，劳神劳力费时，由汽车经销商提供购车过程的"一条龙"服务免去了汽车购买者的奔波之苦，从进店到出店就能开上属于自己的汽车，省时省力，大受消费者欢迎。

（5）汽车使用—保养—维修服务的资讯与咨询

"销售一辆车并不是业务的结束，而是用户与经销商、厂家协作关系的开始"，汽车经销商不仅要把汽车卖出去，还要教会客户如何使用、如何保养、如何维修。目前在中国绝大部分车主都不是专业司机，而是在驾校学习出来后就急于上路的新手司机。中国汽车市场的"井喷"与增长"钱景"全靠他们。但是，他们对汽车真正如何使用、如何保养、如何维修只有"皮毛"的理解，"能开走""不撞人"就是本事。但就是这种车主最容易让车出"人为毛病"，而车一旦出了"人为毛病"就认为肯定是车的"质量问题"。因此，从整车质量品牌大计、从经销商服务质量品牌大计、从车主使用大计，经销商还必须提供特定汽车车型品牌的使用—保养—维修服务的资讯与咨询，防患未然。

1.5.3 经销商的售后服务：细水长流

1）汽车售后服务的重要性

对于经销商来说，汽车卖掉不等于服务流程结束，一个好经销商的主要利润不是来自销售，而是来自服务。卡尔·休厄尔——世界上最好的汽车经销商，估算出一个标准的汽车购买者在其汽车购买与服务方面的潜在寿命价值超过30万美元。客户没有汽车前需要服务，有了汽车后更需要服务。在拥有汽车便利的同时，也将拥有汽车的麻烦，怎样能在拥有汽车便利的同时而不拥有汽车的麻烦，这就对经销商提出了要求，即进行汽车终身服务、汽车本身以外的服务。

就汽车而言，一经使用就需要终身服务，售后服务对产品的附加值最大、对品牌价值的贡献度最大、在市场竞争中的权重也越来越大。售后服务的好坏直接影响销量及品牌形象，并且这种影响会越来越大。"消费者最关注的依次是服务、质量和价格，把价格放在最后，因为高速行驶中的汽车是很危险的，人们不会为省钱而付出生命的代价。"

与国外汽车厂商相比，我国的汽车售后服务还有许多不尽如人意的地方，汽车产业属弱中之弱。应该说，汽车产品主要的获利并非来自整车销售，而是来自售后服务，两者相比大约是三七开。售后服务好像一夜之间变成了服务企业收入的支柱，此时只顾卖车的经销商猛然惊醒，还有可以赚钱的汽车维修和售后服务。长期忽略维修的经销商此时发现服务企业的维修部若要正常运转，每月的维修量要达到1 000辆以上。可是服务企业的品牌维修价格高于零散的维修点，很多经销商的月平均修理量只有200～300辆。高额的修理费用和低档次的服务，使得很多消费者已经开始抛弃服务企业。经销商也很无奈，后悔早知今日何必当初,已经没有后悔药吃的经销商只能咬牙亏本支撑着售后服务。

与卖车相比,售后服务的周期长,具体事务复杂,还要面对不同要求、不同层次的客户,对于拿售后服务作为"救命稻草"的经销商来说,是一个考验耐力的磨难。

2)汽车售后服务的主要内容方式

从汽车下线进入用户群开始,到整车成为废弃物为止的全过程,都是汽车"后市场"各环节服务所关注的范畴。所谓汽车"后市场",是指汽车销售后围绕消费者在使用过程中所需的各种服务构成的市场。总体而言,汽车后市场可以认为是一个汽车销售后与车主使用相关联的行业群体的总称。

汽车经销商售后服务主要是为汽车购买使用者提供汽车购买后的使用服务。从大的售后服务市场来说,汽车售后服务包括汽车配件供应、维修保养、汽车用品、汽车改装、二手车经营、物流运输、金融服务、汽车租赁、汽车俱乐部、汽车检测、汽车认证、汽车导航、停车场和加油站等。但是对一个具体的汽车经销商来说,它不可能提供百分之百的全方位售后服务,它只能一方面根据客户的需求意向,一方面根据整车厂的要求,一方面根据自己的资金、实力、能力和盈利来考虑自己售后服务的范围和售后服务的盈利,形成具有自我特色的服务模式。

(1)二手车交易服务

科学技术的迅猛发展,新材料、新工艺、新设计理念的不断出现,以及人们对时尚的无止境追求,使得具备更多功能、更安全、更经济、更舒适和更环保的车型不断推出,每款车的生命周期都在缩短,汽车的无形磨损在加快。另外,随着大众生活水平的提高,其消费观念和消费方式的转变,以及消费需求的多层次化,人们多样化的汽车消费需求必将大规模出现,这就为二手车交易提供了广阔的市场。据统计,目前只有30%的车主倾向于将新购买的汽车一直使用到报废,而70%的新车所有者表示将在使用一段时间后将其转让,再买一款新车型。这在无形中扩大了旧机动车市场交易的资源规模,降低了其价格水平,从而在实质上推动了二手汽车的买卖,促进了旧车市场的蓬勃发展。

美国是新、"旧"车一体销售,中国是新、"旧"车分开销售,美国汽车市场中二手车市场特别活跃,而中国的二手车市场还没有完全建立起来。

据统计,美国汽车经销商经销的二手车中有62%是购买新车时置换的车辆,美国在1999年销售的1 700多万辆新车中,有969万辆新车交易是与在用车置换的,由于美国家庭汽车更新换代的速度较快,八九成新的二手车进入市场后,成为最抢手的交易车种,这类车对于消费者来说更物有所值,对经销商来说比一般较老的二手车利润更高。近两年的统计数字表明,美国的二手车交易量是新车交易量的2~3倍,就一个专卖店而言,它的销售收入构成是新车占比60%,二手车占比29%,维修等占比11%,其利润构成约占总销售利润的20%。随着中国汽车保有量的不断增加,新车不断推出,价格也不断降低,二手车的交易量将会越来越大,与旧车交易相关的服务将会有很大的市场。

上海通用把"诚新二手车"作为国内第一个二手车品牌,诚新二手车从2002年开始开展二手车业务,在传统的4S基础上加上二手车服务,主要办理二手车评估、二手车置换、二手车销售等业务。据上海通用北京勤和销售服务店销售人员称,服务企业的二手车服务主要是为了能留住更多的老客户。比如,客户拥有一辆赛欧,使用了两年以后,直接到任何一家上海通用的服务企业,通过专业的二手车评估师评估,折价可以冲抵上海通用任何新车的车价款。服务企业提供的二手车服务吸引了很多上海通用的老用户,也引得同行纷纷效仿,上海大众、一汽大众等主流厂家的经销商都开始加入二手车市场。

(2)汽车维修养护服务

汽车具有科技含量高、技术复杂、使用环境变化大、意外损坏情况多等特点,汽车的维修费用在其使用成本中所占的比例远远高于一般商品维修费用的相应比例,这就在客观上需要一定的维修服务来恢复其损坏或失去的功能。汽车在行驶一定里程后,还需要进行许多保养工作,如定期检查、调整、紧固各系统和部件、更换润滑油、清洁等,以确保车辆上各系统和部件在高速运行时的安全性、可靠性、稳定性,切实保证乘员的安全。汽车售后服务的一个趋势是从售后的修理转向汽车的定期维护保养,注重对用户的技术培训和技术咨询。曾经有业内权威人士指出:"谁能先抓住汽车时代带来的汽车养护、维修商机,谁就能先掘到中国汽车时代蕴藏的最大金矿。"

有人曾形容连锁快修是售后市场最厉害的杀手。快修店以其"汽车在养不在修"的服务保养理念正在向日益庞大的私家车主进行灌输,以培育自己的市场。由这种理念培育的市场在国外已相当成熟,其发展趋势在国外近10年中对维修市场的统计数据中得到体现。近10年来,发达国家的特约维修站数量正在下降,而快修站的数量却迅猛增加。随着欧盟改革、汽车销售业管理办法的出台,这种趋势将有增无减。

(3)汽车配件供应服务

在汽车保养维修中,汽车零部件的销售供应服务是主要内容之一,服务企业本身就包括汽车配件供应。汽车专卖店一般提供的都是汽车原装的零部件,汽车零部件的质量绝对有保障,但是汽车零部件的价格过高,这样必然吓走一部分消费者。因此,"物美价廉""物有所值""物超所值"是汽车经销商拉回人心的最终手段。

20世纪90年代,美国最大的汽配连锁企业NAPA就已进入中国开展业务;全球最大的汽车快修连锁企业——美国AC德科公司计划在华东地区发展200家以上的汽车快修连锁店;博世在中国已拥有150家维修站;日本最大的汽车用品澳德巴克斯计划投资10亿日元在中国开设100家连锁店。

(4)汽车装饰装潢服务

随着汽车的普及,汽车内装饰、外装饰、汽车防盗、内饰件、保养品、车载通信用品甚至汽车改装业务将日益兴旺。

有人说,"汽车是重工业产品中最具艺术性的产品,它的造型、内饰、颜色等无不反映了设计者、生产者、消费者的意念、品位、爱好等个性特征及对美的理解和追求。"许多消费者在购买汽车后,都要花费不少的金钱来按照自己的喜好进行改装或购买汽车饰品进行装饰。

现代的汽车装饰装潢大体上可分为车身美容、内饰美容、漆面处理、汽车防护、汽车通信及娱乐用品几大部分。专业的汽车用品服务在我国出现也不过是近一二十年的事情,以20世纪80年代初期太阳膜、座椅套的出现为萌芽,在90年代初期进口防盗报警器、车载CD机开始进入国内,这被业内视为汽车用品服务业的第一次突变。从1995年开始的两年间,又以真皮座椅、防爆遮阳膜的兴起为端倪,掀起了第二轮汽车美容装饰热潮。汽车通信包括装饰收音机、车载电话、GPS 系统、车载电脑、车上网络等。汽车娱乐用品装饰包括音响系统、CD 系统、电视接收系统、DVD 系统、电子游艺系统。汽车通信娱乐系统的营业额可能超过汽车本身,因为一套高档音响的价值就要超过汽车本身的价值,而人们驾车里程越长就越需要消遣。在有的发达国家,汽车娱乐系统带来的巨大营业利润额甚至超过了汽车本身的生产附加值。

(5)汽车金融服务

汽车金融服务包括汽车分期付款、消费信贷、汽车保险、汽车融资租赁、汽车评估等,汽车金融服务可以说是汽车服务领域的一只金蛋。

目前,美国汽车金融公司的车贷经营业务已经成为超过汽车制造集团的主要利润来源,而通过信贷和租赁服务来购车,也是美国人最普遍使用的购车方式,比例高达 80% ~90%,居世界首位。

通用汽车金融公司的核心业务是购车贷款,这一业务侧重于为通过通用汽车特许经销商出售的汽车提供服务。公司向通用汽车经销商提供他们所需的资金,用以维持一定的汽车库存,并且提供给零售客户多种多样的方式,方便客户购买或租赁各类新、旧汽车。迄今为止,通用汽车金融公司已向全世界超过 1.5 亿辆汽车发放了超过 1 万多亿美元的融资贷款。曾有分析家评论说:"如果从利润构成来看,通用汽车目前更像是一家银行,而不是汽车制造商。"这句话生动地说明了汽车金融在汽车制造业中的重要性,也显示出汽车金融服务在当今的经济环境中拥有巨大的可开发潜力。

在国外,有关汽车生产、销售、消费等方面的融资、信贷已经相当普及和发达,而目前我国这方面的服务还正处在探讨和尝试阶段,随着有关制度规则的建立完善,行业将获得更大的发展空间,银行、企业、消费者一定会达到多赢的局面。

(6)汽车俱乐部服务

汽车俱乐部包括品牌汽车俱乐部、车迷俱乐部、越野俱乐部、维修俱乐部、救援俱乐部等多种形式。汽车俱乐部聚集了来自不同地区、有相同爱好的车迷朋友,为他们相互学习、交流技艺、互相帮助提供了一个平台,大大地丰富了会员个人的生活阅历。近年来,我国国内的汽车俱乐部已经形成了遍地开花的发展态势。大家在不经意间忽然发现身边的人都拥有了汽车,汽车逐渐成了人们之间交流的载体。虽然不同的人购买了不同的车,但对于某车型、某一品牌来说却拥有了一批同样选择它们的车主。有人说车如其人,也许就是因为这一点,拥有同一车型、同一爱好的人们就自然而然地凝聚成了一个又一个汽车俱乐部,车主之间的关系通过俱乐部的"联姻"变得更加亲近。可以说,汽车俱乐部是现代社会中年轻人的又一个摩登聚会。其中,如此集中的潜在的客户将为与汽车有关的各种服务带来商机。

(7)汽车文化生活服务

汽车文化服务主要涉及汽车模型、汽车体育、汽车文艺、汽车知识、汽车报刊、汽车书籍、汽车影视等方面的内容,为车迷、汽车业内人士及其他关注汽车产业发展的人们提供精神上的服务。当前,普通大众、新闻媒体、赛车队、生产厂家在各个方面对汽车文化事业进行了前所未有的关注,中国的汽车消费者开始真正从实物型消费转向文化型消费,逐渐崛起的汽车文化理念正在带动国内一大批相关行业的发展。汽车生活主要是为车主提供汽车郊游、汽车交友、汽车野营、汽车生活等服务。汽车服务不再局限于为消费者提供方便,而是在传统意义上加入了快乐消费、安全消费和文化消费等内容。车主买的不仅是交通工具,还是一种可以无限延伸的生活,让汽车成为办公室、家庭、宾馆之后的第四个工作与生活场所。

3)汽车业的麦当劳——NAPA

NAPA 是"美国汽车配件联盟"的缩写,成立于 1925 年。它随着汽车业的蓬勃发展应运而生,并为了满足广大驾车者对先进汽车零件配送系统和专业化汽车维修保养的需求而不断完善。NAPA 最早是以经营汽车配件起家,后来在丰厚利润的吸引下投入汽修业,从此一发不可收拾。公司运作至今,它不断抓住机遇,逐步奠定了自己在汽车售后服务行业中的地位。20 世纪 80 年代可以说是 NAPA 迅猛发展的一个重要时期。当时,传统的汽修业在经历了大发展和空前繁荣之后开始走上萎缩和衰败之路,而汽车快修养护连锁业猛然兴起,汽车"以养代修""三分修,七分养"的观念开始流行。一些汽车维修厂先后关门,快修养护连锁企业逐渐占到了整个汽车维修行业的80%以上,一举取代了传统汽车维修业的霸主地位。

在美国,NAPA 是一个家喻户晓的品牌,许多人把它形象地比作汽车售后服务行业中的"麦当劳",NAPA 维修店的技术人员都受过专业培训,素质比较高。根据 NAPA 连锁店的加盟条件,维修人员必须拥有各种级别的汽车服务资格证书。NAPA 引以为傲的是,其网络拥有汽车服务资格证书的技术人员比同行业任何对手的都要多得多。加之各维修店的设备先进,采用的零配件都是统一配送的正品,故 NAPA 旗下的维修店维修车辆速度快、质量好、价格公道,深受广大驾车者的青睐。从某种意义上说,美国发展成为当今世界第一汽车大国,除通用、福特和克莱斯勒三大公司在汽车制造方面的巨大贡献外,汽车连锁店的龙头老大 NAPA 也功不可没。目前,NAPA 的实力在同行中无与伦比,它旗下大小规模的连锁维修养护店多达 1.05 万家,在全美国 52 个州星罗棋布,顾客一般都能很方便地在公路沿途和自己居家附近找到 NAPA 连锁店。

1.6　汽车服务企业客户关系管理

客户关系管理是目前企业管理、营销管理、信息化管理的一大热点,但是具体到汽车行业、汽车经销商领域如何进行客户关系管理,目前还是难点。经过多年的研究,由上海索荣公司提出的汽车经销商"三动"客户关系管理模式已得到广泛认可。

1.6.1　汽车经销商的"心动":从产品中心到客户中心

1)汽车行业的客户变化:单位客户到私人客户

(1)客户变化:从单位客户到私人客户

1990 年以前,中国汽车市场处于公务车阶段,需求量非常少,70% 的需求来自政府、事业单位的公务用车,30% 左右是企业单位的商务用车,几乎很少有私人用车。

1990—2000 年,公务用车的份额下降,商务用车的份额加大,私人购车开始起步。2002 年以来,私人购车占整个市场的份额迅速提升,进入私人购车阶段。2002 年私人购车比例首次超过 50%,达到 60% 左右,有人称 2002 年是中国的汽车元年。2003 年私人购车的比例超过 70%,2004 年受车市大气候影响,全年平均私人购车比例占到总市场份额的 62.9%。曾经被视为奢侈品的汽车如今正大步走入寻常百姓家。从 1992—1999 年,我国私人汽车保有量用了 7 年时间从 100 万辆增至 500 万辆。从 2000—2003 年初,仅用了 3 年多的时间,私人汽车保有量就从 500 万辆增加到 1 000 万辆。我国私人购车比例达到 60%,私人汽车占整个民用汽车保有量的近六成,私人汽车增幅超过单位用车 20 多个百分点。

汽车业专家认为,这标志着我国度过公务购车、商务购车阶段,迈入私人购车的新时期——汽车私人客户时代。

(2)客户价值、客户让渡价值与客户关系价值

汽车客户的变化意味着客户需求的变化和客户价值的变化。集团客户与私人客户从产品功能价值、产品价位档次到产品精神价值的追求都不一样。

客户价值是从客户出发的价值(客户让渡价值)和从企业出发的价值(客户关系价值)的综合体。客户让渡价值是指客户购买产品或服务所实现的总价值与客户购买该项产品或服务付出的总成本之间的差额,是客户在购买和消费过程中所得到的全部利益。在一定程度上,客户忠诚和客户满意是可感知效果和期望值之间的函数,客户让渡价值在某种意义上等价于可感知效果。客户在购买产品或服务时,总希望把货币、时间、精力和体力等有关成本降到最低限度,而同时又希望从中获得更多的实际利益,以使自己的需要得到最大限度的满足。因此,客户在选购商品或服务时,往往从价值与成本两个方面进行考虑,从中选出价值最高、成本最低,即"客户让渡价值"最大的产品或服务。

影响客户让渡价值的因素包括价值因素(产品价值、服务价值、人员价值和形象价值等)和成本因素(货币成本、时间成本、精力成本、感官负担等)。这些因素应该在一个成熟的CRM(客户关系管理)解决方案中全部涉及。

人们往往习惯于从客户角度出发考虑客户价值。大多数人将客户价值等同于客户让渡价值,但在具体操作上有一定难度。而客户关系价值是指客户为企业所带来的总价值,其在完善的会计体系的支持下是可以计量的。客户关系价值强调的不是"客户单次交易给企业带来的收入",而是通过维持与客户的长期关系来获得最大的客户生命周期价值。所以,在一个完善的 CRM 解决方案中,应该增加客户价值和客户成本的数据录入接口。这样可以清楚地计量客户每一笔交易、每一次活动(或事件)带来的价值,以作为客户决策的重要依据。

汽车经销商决胜战场的不是产品,而更多的是消费者的认知度。你能给消费者带来哪些更独特的价值,哪些更独特的利益是其他汽车经销商无法提供的。特别是在同一城市具有多家同类产品的专卖店或同一品牌多家专卖店的情况下,仅仅靠产品是不够的,更多的是作为汽车经销商能够给消费者带来的价值。

2)汽车行业的经营变化:以产品为中心到以客户为中心

企业发展在经历了从以产品为中心、以销售为中心到以利润为中心几个阶段之后,现在

发展到以客户为中心的商业模式。在市场竞争日趋激烈的今天,谁赢得了客户,谁就赢得了市场。

当今社会,客户资源成为企业最重要的战略资源之一。拥有客户就意味着企业拥有了在市场中继续生存的理由,而拥有并想办法保留住客户是企业获得可持续发展的动力源泉。传统经营模式是以产品为竞争基础。企业关心的更多的是企业内部运作效率和产品质量的提高,以此提高企业的竞争力。随着全球经济一体化和竞争的加剧,产品同质化的趋势越来越明显,产品的价格和质量的差别不再是企业获利的主要手段,客户正决定着企业的一切。经营模式、营销模式、竞争策略,企业认识到满足客户的个性化需求的重要性,甚至能超越客户的需要和期望。以客户为中心、倾听客户呼声和需求、对不断变化的客户期望迅速做出反应的能力成为企业成功的关键。因此,企业的经营运作开始转向完全围绕以"客户"为中心进行,从而满足客户的个性化需求。

"以客户为中心"经营理念具有以下特征:①企业将关注的重点由产品转向客户;②企业将仅注重内部业务的管理转向外部业务——客户关系的管理;③在处理客户关系方面,企业从重视如何吸引新的客户转向全客户生命周期的关系管理,其中很重要的一部分工作放在对现有关系的维护上;④企业开始将客户价值作为绩效衡量和评价的标准。企业如何实现企业战略、企业文化、组织结构等的变革,以适应、满足客户不断变化的需求和期望,是"以客户为中心"的经营模式需要解决的最根本问题。在当今的时代背景、市场背景和企业管理背景下,这种需要显得更加迫切和必要。反映在运营层面,企业迫切需要解决如何提高企业的核心竞争力,在管理好当前客户关系的前提下,更快、更好地预测、满足客户多变的需求和期望,从而实现更高的客户占有率。

"以客户为中心"的企业战略管理的核心观点认为,企业的使命就是为客户创造价值,企业应该树立基于企业—客户认知互动过程的企业管理战略观。客户资源逐渐成为企业最重要的资源。客户的需求和期望会影响企业战略管理的整个过程。在当前及以后更长的时间内,企业应该支持以客户为中心的发展战略,以客户为导向组织企业的生产和管理。客户发展战略是企业为有效制定面向客户的长期决策,实现和坚持以客户为中心的经营模式和企业文化、以客户为导向的营销策略所必须参照的指导思想。客户发展战略是对企业战略最具影响力的战略思想,但它并没有超越企业管理发展阶段,而是以战略为中心的发展阶段的延伸,它树立和突出了客户发展战略在企业总体战略中的重要地位,也表述了客户发展战略与其他以市场为导向的发展战略的区别。

3)汽车经销商的经营重点:经营客户资源

汽车是一种高价值的产品,也是耐用商品,它的使用寿命一般都有 10 年甚至更长的时间,对于销售商而言,汽车处于动态过程中的信息比购买信息更为重要,因为这种信息是提供服务的基础,而现在大多数汽车经销商保留的只有客户购买汽车时的数据,包括客户的姓名、地址、电话、所购汽车的型号、车辆的发动机号码等。但是从客户购车开始,至今这辆车的状况如何,汽车有没有进行过修理,如果进行过修理,在哪个维修站修理了哪些内容,甚至具体到是哪个工人维修的数据都没有。缺乏这些汽车动态过程的数据,就无法对车辆进行完整的了解,也无法向客户提供更有针对性的服务。客户在购买汽车时面对的是市场人员、销售人员或是客户服务人员,而完成购车程序后,面对更多的就是维修站,处理维修与服务问题的是维修人员,所以如何能够通过彼此协作、共同处理和完成客户的各种请求、投诉、询问是至关重要的问题。为此,客户的资料要集中化,销售人员的任何变化都不应影响经销商及服务站给客户提供的服务。

汽车的生命周期决定了汽车消费的周期性,统计数据显示,已经从某家经销商购买汽车的客户,再次从这家经销商购买的比例可达到65%,而从竞争对手那里转化过来的客户只占35%。因此,销售及服务人员应不断与客户进行联系与沟通,为客户提供各种服务与关怀,从而使客户在下一次购买汽车时继续选择自己。良好的客户关系管理,是通过对客户信息资源的整合,对客户进行细分,分析客户对汽车产品及服务的反应,分析客户满意度、忠诚度和利润贡献度,以便更为有效地赢得客户和保留客户。

下面不妨来看看一些美国汽车行业的统计数字。

①每隔6年就会买一部新车。

②每卖出100辆汽车,有65辆是经销商的老客户买走的。

③开发一个新客户的成本是保留一个老客户的5~10倍。

④保留客户的比率增加5%,企业获利就可能增加25%。

这充分说明了汽车行业客户资源的重要性。

4)"思路决定出路","心动才能行动"

"以产品为中心"的经销商、生产商会把自己看作上帝,把客户的需求当作"挑剔",把客户的要求当作"刁难",把为客户服务当作"恩赐"。特别是在汽车"井喷"时期,加价、排队、交钱等车等简直是"牛"气冲天,而在车市"寒冬"中,这些经销商大部分则成了亏损、倒闭、关门的对象。

"以客户为中心"就是真正把客户当作上帝。就像解放牌卡车那样,"用户没有想到的,我们能够想到,用户想到的,我们能够做到,用户认为我们已经做得很好的,我们能够做得更好"。"我们能为用户做些什么,直至满意,我们还能为用户做些什么,直至感动"。真正贯彻"用户第一"的核心理念。

对于汽车经销商来说,客户是其最大的一笔财富。以客户为中心的经营理念越来越被汽车经销商重视。占领市场份额的多少,是由拥有客户数量的多少决定的,客户的数量多少就是所占有市场的大小,长期拥有这些客户也就是长期占领了这一部分市场。尤其是随着日益激烈的市场竞争,销售利润在整个汽车利润链条中所占的比例越来越低,售后服务所占的比例却是越来越高。对于售后服务来说,长期拥有一批稳定的客户就是长期拥有了稳定的利润来源,也就是长期占领了这一部分售后服务市场。

汽车销售越来越脱离销售产品本身,许多有品牌意识的汽车经销商用"以客户为中心"的经营理念取代了"以产品为中心"的经营理念,突出客户价值,在使客户得到便利服务的同时,也树立起了汽车经销商的品牌形象。

1.6.2   汽车经销商的行动：坐商与行商

现在汽车销售经理越来越感到一种无形的压力，有的来自领导，但更多的是来自消费者普遍的不信任。面临的信任危机使销售业绩一直徘徊不前。本来很好卖的车型，以前销售时，销售人员根本不用费太多口舌。现在销售时，无论销售人员如何说，客户好像并不感兴趣。公司采取了各种措施，加大了促销力度，但效果不明显。销售人员在接待时真心地给客户提了一些有益的建议，可是客户的目光中总流露出一丝怀疑。许多客户到服务企业展厅看完车后，就到同一品牌的其他专卖店去购车了。

目前有两种汽车经销商。一种是销售人员在客户少时，懒懒散散地聚在一起聊天，他们普遍认为，自己只是在客户来时才进行销售汽车的。而另一种是销售人员在平时客户少时走出展厅，走进企业、写字楼，与大批具有消费潜力的白领取得联系；通过直邮、电子邮件、电话等方式，直接与这些潜在客户联络，寄出充满人情味的贺卡或者汽车海报，提供大量的汽车资讯，积累客户资源。

前一种经销商就是坐商，后一种经销商就是行商。行商就是主动出击，坐商就是坐等、死等。

1）挖掘客户资源

（1）进一步重视"客户资源"的价值

什么是"客户资源"，在过去相当长的一段时间内，人们对"客户资源"的理解往往停留在"客户档案"这个层面。随着市场环境的转换、竞争格局的变化，企业对"客户资源"的理解变得越来越全面而深刻。企业在充分意识到"客户资源"价值的同时，也越来越重视对"客户资源"的有效管理和利用。企业在这方面通常采取的做法有以下几种。

①成立专人或专门的部门，集中管理企业的"客户档案"和"业务数据"。挖掘客户资源、收集客户信息，关注客户需求，研究客户购买行为，调查客户的满意度。

②重视多种渠道（网站、E-mail、电话、市场活动等）的每一条客户请求和需求信息。

③更加重视销售机会（项目）的管理，期望有更高的成功率。

④把"客户资源"作为企业资产来管理，将其"利用率"与业务部门的绩效考核结合起来。

（2）划分客户类型，为不同类型的客户制订有针对性的营销策略

积极实践"精细营销"的策略和方法，针对不同的客户群体提供个性而有效的服务。按照客户的成熟度将客户划分为 A、B、C 三个类别。A 类客户是成熟客户，需要销售人员的直接跟踪管理，确保更快、更多地签单。B 类客户是需要销售人员或专职人员制订一份中长期的关系培育计划，最终实现与客户保持长期的良好关系，部分 B 类客户会随着时间和关系的推进，进化成 C 类客户甚至是 A 类客户。对于 C 类客户而言，需要销售人员或专职人员在公司统一的"C 类客户工作模板"要求下，收集、整理相关客户信息，并最终完成每个个体客户的完整的"C 类客户状态调查表"。上述所有的工作对于营销环节而言，均是一个持续的过程，在这个过程中，由于 A、B、C 三类客户群间会存在动态的、渐变的转换，所以使企业对

于营销环节的有效管理变得尤为重要。

（3）不断收集和研究客户需求

对于大多数企业来说，"以产品为中心"的本质是"有什么吆喝什么"，"以客户为中心"的本质是"客户要什么吆喝什么"。因此，企业要实现中长期的稳定成长和发展，必须不断收集和研究目标客户群的产品和服务需求，并积极而有效地反馈、融入自身的产品和营销策略。只有这样，才能在激烈的竞争中赢得更多客户的青睐和选择。

（4）让客户用好产品（服务）

"让客户用好产品"已经成为企业在营销环节制胜的法宝之一。客户用好产品，能够为企业带来诸多利益。例如，能够培养客户对企业的忠诚度，从而实现可能的、长期的重复和关联购买；能够在某段时期和区域内，形成有利的口碑传播；能够形成典型的应用案例，为企业在市场环节的有效推广提供正面素材；等等。

总而言之，"以客户为中心"对于企业的本质意义在于消除企业在营销环节已知和可能的障碍，帮助企业提升营销效能，从而创造更好的业绩。只有真正体会到这一"意义"的企业，往往才是"以客户为中心"的现实受益者。

2）上门行销汽车产品

以往汽车经销商是以坐店卖车，即客户上门，店中以成交为主。随着市场竞争的加剧，经销人员应走出去跑市场、找客户。

行商与坐商有主动与被动之别。行商是瞄准目标客户主动出击，坐商是坐等客户上门。在目前汽车市场的营销形势下，在汽车服务企业模式下，应该把行商与坐商有效地结合起来，起码行销在前坐等在后，但行销必须以坐销为前提。

未来汽车市场竞争将愈加激烈，行销将是主动出击的有效方式。如美国汽车销售英雄乔·吉拉德，中国台湾的销售人员深入村庄农舍，日本的销售人员比"片儿警"还熟悉小区居民。这样，行销与坐销相结合，才能完美演绎汽车经销的营销理念，在市场竞争中立于不败之地。

上门行销就是针对目标客户找上门去，面对面、一对一地推销。上门行销的方法多种多样，如广告营销、人员推销、责任区制、行业客户制、俱乐部制、网络营销、关系营销、展示展览等。各汽车经销商应根据具体情况制订自己的上门行销计划。

3）筛选有效客户与赢得客户忠诚

并不是所有客户都是自己的客户，在汽车经销商收集到大量的客户信息之后必须对客户进行归纳、分析、筛选，找到有效客户，这才是客户汽车销售的关键。

上海通用应用的 CRM 系统主要抓了三条主线：开发客户资源、筛选有效客户、赢得客户忠诚。

（1）潜在客户的开发

上海通用公司对潜在客户的定义如下：

①从来没有买过车的人或者单位，现在打算买汽车，他们有可能购买通用的汽车。

②没有买过通用公司汽车的人或者单位,通过做工作可以争取在他们购买新车时选择通用的产品。

上海通用认为潜在客户开发的目标是要增加销售漏斗中潜在客户的流量,只有进入销售漏斗中的潜在客户数量增加了,从潜在客户转变为客户的数量才会增加,这是以销售为动力的。不断地增加销售漏斗中潜在客户的流量,是一个循环往复的工作,不应该是阶段性的或是随意性的。通过对以往的数据进行统计分析,通用公司发现汽车展览会是吸引潜在客户的重要手段,有30%以上的客户是通过这种途径了解了通用汽车,并且成为购买通用汽车的客户的。于是通用公司就在汽车展示过程中进行汽车的预订。在2005年6月举办的上海汽车展会上,短短的3天时间里,订购赛欧汽车的人数就超过1 000人,订购新版别克GL汽车的有数百人。对潜在客户的研究还发现,喜欢听歌剧的人对通用汽车有兴趣,于是上海通用就在上海大剧院做促销活动,效果很好。

上海通用还推出了国内第一个购车网站,客户可以通过网站直接下订单购车。对网上购车的客户给予赠送掌上电脑产品的优惠。

(2)潜在客户的管理

增加销售漏斗中的潜在客户流量,只是万里长征的第一步。将潜在客户成功地转化为客户,管理是十分关键的。上海通用将客户的购车时间分为:立刻购买、考虑在3个月内购买、考虑在6个月内购买、考虑在1年之内购买几种类型,根据客户选择购买时间的不同,分门别类地采取不同的应对方法。例如,对于一个立即购买的客户,系统就将这个信息发送给销售人员,由销售人员进行及时的跟踪服务;对于考虑在3个月内购买的客户,系统会给销售人员提示,是不是可以将这个客户转化成立刻购买,提前客户的购买时间;对于考虑在6个月内购买的客户提供比较详细的资料;对于考虑在1年之内购买的客户只提供普通的资料。通用的经验数据表明,选择考虑在3个月内购买的潜在客户中,只有10%的客户会买车,选择考虑在1年之内购买的潜在客户中,只有4%的客户会买车。

(3)客户忠诚度的管理

汽车的生命周期决定了汽车消费的周期性,买了新汽车的客户过几年就会回到汽车市场中来重新买汽车。统计数据显示,已经买过通用汽车的客户其再次购买通用汽车的比例可以达到65%,而从竞争对手那里转化过来的客户只占35%。客户购买新车1个月之内,销售人员必须对客户进行拜访,与客户沟通,倾听客户的意见,拜访与沟通的情况都详细地记录在CRM系统中。系统在客户购车以后的四五年当中,会不断地提示销售人员及服务人员,要求他们不断地与客户进行联系和沟通,为客户提供各种服务和关怀,从而使得客户在下一次购车中继续选择上海通用的产品。

1.6.3　汽车经销商的互动:商情关系互动

经销商是商人在从事商业活动。消费者是客户在购买功能价值与精神寄托。"商情关系互动"就是商家既要"在商言商",赚取阳光下的利润,又要与客户建立感情、亲情、友情、心情、国情、生活情等"多情"关系。"商情关系互动"体现在两个方面:客商关系互动(商),客情关系互动(情),两方面结合就是商情关系互动。

1）客商关系互动：三链五流一平台

互动，即生产商、经销商与客户关系互动。互动主要体现在三层客户链条、五个关系流程、一个信息化管理平台，简称"三链五流一平台"。目的在于客商关系互动。

（1）三层客户链条管理：三满意管理

在汽车销售过程中，存在着从生产商、经销商到消费者的三个层次的客户链条，客户与客户之间互相服务与满足。

人们后来又根据客商关系模式提出了"三满意"管理，即现代汽车经销管理不仅是要让汽车客户满意，也要让汽车经销商满意、汽车生产商满意。客户追求的是汽车产品与服务的功能与享受，生产商、中间商追求和得到的是商业利润。只有达到了三方满意平衡才是真正的满意、持久的满意。

汽车消费者追求的是汽车产品与服务的功能与享受，重点在实用价值和精神价值；"以客户为中心"，建立客户满意度、美誉度、忠诚度，是现代企业经营管理的中心，也是汽车经销商经营管理的中心。只有让客户满意，客户才能购买产品与服务。但是，在汽车经销链条上，单让客户满意是不够的，还必须让经销商满意。

在汽车销售链条上，经销商起着承上启下的作用，经销商在代表生产商销售汽车产品。在制造商、经销商和消费者这个客户链上，经销商能得到多少合理的利润，经销商的文化理念与价值诉求是否得到尊重和体现，是否能够做到双赢、多赢、互赢至关重要。在这个供应链与供应链竞争的时代，你不给经销商、中间商留足利润，长期下去就没有人愿意给你干。

汽车生产商满意也是关键的满意度，在汽车界存在着"是生产商养活了经销商，还是经销商养活了生产商"的争论。如果在汽车销售链条上生产商不满意，它就没有兴趣开发产品、制造产品、销售产品，没有生产商的利润追求和价值体现，整个汽车界就失去了动力之源。

（2）五个关系流程管理

客户链条上客户与客户之间的关系表现为信息沟通、销售与被销售、购买与发货、使用与服务、到货与付款等各种关系，归纳起来就是信息流、商流、物流、服务流、财金流等商业关系流程。这五流关系恰恰涉及、穿过客户链的每一个客户，客户与客户之间的关系主要体现在这些商业关系流程利益上。

信息流是客户需求信息、辅助决策信息、运作信息、评估信息，是从客户流到销售商、生产商，又从生产商、经销商最后到达客户的循环过程。

信息流管理的关键在于信息内容要素设定、信息节点设定、信息传递流程及方式、信息归纳整理分析、信息运用。

商流即营销、销售流程。商流流程在于客户细分、开发客户需求、建立价值定位、树立品牌优势、开展商务促销、进行商品销售、拿到订单、物流发货、从事售后服务等。如夏利、小别克、奥拓主要是定位于家庭用车，桑塔纳、捷达定位于商务、出租用车，别克、奥迪 A6、广汽本田定位于高端客户，奔驰、宝马则定位于顶级客户。随着客户细分与定位的不同就有不同的产品功能对应、价值诉求、品牌树立。

销售首先要研究买点：关键是要研究客户对象。他们的消费需求、消费水平、购买习惯；

研究竞争者,都是同类产品客户为什么买他的产品不买你的产品,或是为什么买你的产品不买他的产品,客户的买点在哪儿,客户在同类产品中的买点、选择点是什么。其次要研究卖点、突破点:要研究企业本身要什么,卖的是什么产品、什么服务,卖的是什么功能、什么服务,在大量同类产品中企业的附加值、着眼点、客户诉求是什么,是否能打动客户,是否能唤起客户购买欲望采取购买行动,找到突破颠覆点。第三是感情诉求点:汽车除使用价值之外,还有更重要的精神品位价值,体现的是客户的身份地位、审美情趣。因此,说"卖汽车就是卖品牌,买汽车就是买品位"。

物流是从汽车产品订单、产品生产、产品运输仓储、产品到经销商,经销商再到客户的过程与服务。物流管理主要是流体、载体、流量、流向、流程、流速、流质、流效等的管理。流效是指物流管理的效率、效益。目前来说,物流是节省成本的最大空间。

服务流包括售前服务、售中服务、售后服务。服务流程管理就是把售前服务、售中服务、售后服务的流程规范化、程式化、标准化。以加强企业服务管理和竞争能力,提高客户满意度与满意率,而不是自以为是。

财金流就是在客户链条上资金的正常流动、利润的合理分享,让客户链条上的每一个环节客户的投入、贡献都得到合理的回报,做到双赢、多赢、互赢。财金流的关键是让企业自己盈利,让企业的经销商盈利,让企业的客户受益,只有这样企业才能做大做强。财金流是从客户到经销商,最后到达生产商的全过程。

信息流、商流是双向的,物流、服务流、财金流是单向的。物流、服务流主要是由生产商、经销商向消费者流动,财金流则是由消费者向经销商、生产商流动。

(3)一个信息化平台管理

随着机械化、电气化、电子化、信息化的发展,企业不得不借助现代信息技术改造,提高生产管理效率。企业精细化管理应该借助于这些信息化管理工具,支撑起企业快捷的流链管理。

应用信息技术的供应链管理(SCM)、供应商管理(SRM)、企业资源计划(ERP)、客户关系管理(CRM)等可以更好地促进信息流、商流、物流、服务流、财金流的一体化整合管理。汽车经销商不存在生产问题,但和生产商又紧密联系在一起。汽车经销商的信息化管理主要是客户关系管理的应用。

(4)三链五流一平台的客商关系管理模式

把三层客户链条、五个关系流程、一个信息化管理平台整合在一起就形成了三链五流一平台管理模式。这样做目的在于依靠一个信息化管理平台,达成三方满意、五个关系流顺畅,最终促成客商关系互动,也就是促成客户与经销商、生产商关系的互动。

2)客商关系互动

客商关系互动主要是从经销商的商业角度与客户的买卖关系角度来谈三层客户链满意,五个关系流顺畅,一个信息化平台有效的客商关系互动。

除商业利益以外,还要与客户建立感情、亲情、友情、心情、国情、生活情等"多情"关系。

①不同的地域、民族和不同的文化背景孕育了不同的汽车文化,反之,每一种汽车文化又都反映着一个民族的 DNA,渗透着一个民族的气质、历史和性格。以美国为代表的美洲汽

车文化的豪华、舒适、大气,以德国为代表的欧洲汽车文化的精细、严谨、庄重,以及以日本为代表的亚洲汽车文化的精致、灵巧、经济,既是当今世界的三大主流汽车文化,也是其身后汽车企业、民族和国家政治经济利益竞争、冲突的集中表现。

通过对"多情"销售的认识及理解的升华,经销商可以对客户购车心理进行较全面深入细致的研究,真正了解客户的实际需求。在此基础上经销商有针对性地进行策划,通过完善其在经营方面的方法和措施,来达到满足客户要求的目的。经销商只有摆正与客户之间的关系,才能得到客户的信任和理解。经销商在经营策略上,多从客户的角度去考虑问题,多为客户着想,使客户从心理上感到经销商是真心为客户着想,而不仅仅是为了赚钱,从而对经销商产生信任感,并逐步加深。这样一来就把买车与卖车之间的关系变成了人与人之间的交流关系,超越了纯商业经营和金钱的关系。卖汽车就要买客户的感情诉求,卖汽车就要买客户的"多情"满意。

②客户与客户的互动:车友关系互助。社会上有五友之说:亲友、学友、战友、乡友、朋友。在此建议经销商为自己的客户建立客户与客户之间的"车友关系"。以车为媒,建立车友俱乐部等机构,为客户互相认识、互相帮助、互相提携提供便利。

对于客户关系来讲,以客户为中心是非常重要的。与客户保持经常性的联系和沟通,在交往中使客户愉悦对销售帮助很大。购车者的信息来源中有近一半的客户是朋友和熟人介绍来的。经常性地和客户保持愉快的交往,不仅维护了售后服务市场份额,而且增加了销售机会。在沟通过程中,客户会把汽车经销商的优势、特点、最新产品服务信息等向他周围的人(包括邻居、亲朋好友、同事)推荐,使汽车经销商获得更多的销售商机。不少经销商不仅通过感情交流的方式,还通过物质奖励的方式让客户向周围的人推荐自己的产品,取得了很大成效。

练习题

一、单选题

1. 汽车服务企业经营模式横向发展即( )的经营模式。

  A. 单一品牌   B. 多品牌   C. 所有品牌

2. 我国汽车工业营销体系的发展大致经历了( )个阶段。

  A. 4   B. 2   C. 3

3. 只有( )才是汽车服务企业真正的产品。

  A. 汽车   B. 备件   C. 服务

4. 汽车服务企业整车销售利润会越来越( )。

  A. 高   B. 低   C. 平稳不变

5. 汽车服务企业最强的竞争对手要算( )。

A. 汽车超市　　　B. 汽车商店　　　C. 维修厂

6. 汽车服务企业的竞争力被一致公认为体现在(　　)。

A. 汽车销售　　　B. 配件销售　　　C. 保险理赔　　　D. 服务方面

7. 汽车服务企业的盈利大头不是售车,而是(　　)。

A. 汽车销售　　　B. 配件销售　　　C. 保险理赔　　　D. 售后服务

8. 汽车服务企业的竞争力还体现在服务人员的(　　)方面。

A. 整体素质　　　B. 学历　　　C. 经验

9. 汽车市场营销的目的就在于了解(　　)。

A. 消费水平　　　B. 市场机制　　　C. 消费者的需要

10. 汽车销售服务是指(　　)。

A. 售后服务　　　B. 售前服务　　　C. 既有售后服务又有售前服务

二、多选题

1. 我国汽车工业要振兴和发展,必须做到(　　)。

A. 树立品牌意识,构建品牌经营营销体系

B. 树立服务意识,构建"四位一体"的专营店网络体系

C. 树立商业信誉,构建完整的服务贸易体系

D. 树立效率意识,加快建设电子商务体系

E. 树立"保姆"意识,建立健全相关的售后服务体系

2. 企业形象(Corporate Image)是企业的(　　)。

A. 综合素质　　　B. 企业规模　　　C. 整体实力　　　D. 社会表现

3. CIS 是个整体系统,它由(　　)子系统组成。

A. MIS　　　B. BIS　　　C. VIS　　　D. ABS

4. CRM 是(　　)。

A. 客户关系管理　B. 新的销售形式　C. 新的运作模式　D. 新的服务模式

5. 汽车市场营销包含(　　)。

A. 生产　　　B. 销售　　　C. 经营

6. 市场营销观念是研究消费者的(　　)。

A. 需求　　　B. 欲望　　　C. 购买行为

7. 市场营销观念的基本宗旨是(　　)。

A. 顾客是中心　B. 竞争是基础　C. 协调是手段　D. 利润是结果

8. 汽车客户有(　　)。

A. 单位客户　　　B. 零散客户　　　C. 私人客户

9. CRM 系统主要是(　　)、筛选有效客户、赢得客户忠诚。

A. 开发客户资源　B. 筛选有效客户　C. 赢得客户忠诚

10. 社会营销观念主要由(　　)组成。

A. 用户需求　　　B. 用户利益　　　C. 企业利益　　　D. 社会利益

三、判断题

1. 不规范的服务企业将逐渐退出服务市场。 （　　）
2. 良好的企业形象是企业潜在的销售额。 （　　）
3. 企业应建立关于服务培训方面的一套完整的体系及相关的教材。 （　　）
4. 汽车经销商决胜战场的是产品，与消费者的认知度无关。 （　　）
5. 汽车后市场可以认为是一个汽车销售后与车主使用相关联的行业群体的总称。 （　　）
6. 汽车产品的获利主要来自整车销售，并非来自售后服务。 （　　）
7. 服务已成为 21 世纪汽车企业的核心竞争力。 （　　）
8. 现代市场营销活动是商业活动，与社会活动无关。 （　　）
9. 汽车金融服务第一位的任务并不是本身赚钱，而是促进母公司汽车产品的销售。
（　　）
10. 卖汽车就是卖品牌，买汽车就是买品位。 （　　）

四、简答题

1. 汽车服务企业的含义是什么？
2. 通过对你生活地区周围汽车服务企业的观察，谈谈你对汽车服务企业的认识？
3. 目前中国汽车服务企业的经营模式有哪些？
4. 通过对周围汽车服务企业的观察，试对汽车服务企业的经营现状进行分析。
5. 通过对汽车服务企业的实际调查，谈谈你对汽车服务企业经营对策的思路和看法。

五、论述题

针对目前我国的汽车工业政策，谈谈汽车企业应如何面对竞争，调整销售策略，扩大市场。

第2章 汽车服务企业整车营销

2.1 汽车服务企业整车销售价格定位

汽车价格定位是汽车市场竞争的重要手段。汽车的价格定位既要有利于促进销售、获取利润,又要考虑汽车消费者对价格的接受能力,从而使汽车定价具有买卖双方双向决策的特征。

2.1.1 汽车价格的组成

汽车价值决定汽车价格,汽车价格是汽车价值的货币表现形式。但在现实汽车市场营销中,由于受汽车市场供应等因素的影响,汽车价格与价值的关系表现不一致:有时价格高于价值,有时价格低于价值。构成汽车价格主要有汽车生产成本、汽车流通费用、汽车企业利润和国家税金四个要素。

1)汽车生产成本

汽车生产成本是指在汽车生产领域生产一定数量汽车产品时所消耗的物质资料和劳动报酬的货币形态,是在汽车价值构成中的物化劳动价值和劳动者新创造的用以补偿劳动力价值的转化形态。它是汽车价值的重要组成部分,也是制订汽车价格的重要依据。汽车生产成本包括汽车生产成本、汽车储运成本和汽车销售成本。

2)汽车流通费用

汽车流通费用是指汽车产品从汽车生产领域通过流通领域进入消费领域所耗用的物化劳动和活劳动的货币表现,包括汽车生产企业为了推销产品而发生的销售费用和在汽车流通领域发生的商业流通费用,而后者占了该费用的大部分。汽车流通费用是汽车价格的重要构成因素,它是发生在汽车从汽车生产企业向最终消费者移动过程各个环节之中的,并与汽车移动的时间、距离相关,因此,它是正确制定同种汽车差价的基础。

3）汽车企业利润

汽车企业利润是汽车生产者和汽车经销者为社会创造和占有的价值的表现形态,是汽车价格的构成因素,是企业扩大再生产的重要资金来源。

从汽车市场营销角度来看,汽车价格的具体构成为:汽车生产成本+汽车生产企业的利税=汽车出厂价格;汽车出厂价格+汽车批发流通费用+汽车批发企业的利税=汽车批发价格;汽车批发价格+汽车直售费用+汽车直售企业的利税=汽车直售价格。

4）国家税金

国家税金是生产者为社会创造和占有的价值的表现形式,它是汽车价格的构成因素。国家通过法令规定汽车的税率,并进行征收。税率的高低直接影响汽车的价格,因而税率是国家宏观调控汽车生产经营活动的重要经济手段。

2.1.2 影响汽车价格的因素

汽车价格的高低,从市场营销角度来看,汽车的价格除受价值量的影响之外,还要受以下 10 种因素的影响和制约:

1）汽车质量和档次

一般贯彻按质论价的原则,即好货好价,次货次价。品质的优劣,档次的高低,包装装潢的好坏,式样的新旧,商标、牌号的知名度,都会影响商品的价格。质量好、档次高的汽车,可以对消费者产生较强的吸引力,能给消费者带来物质和精神的双重满足,这种汽车往往供不应求,因而在定价上占据有利的地位,其价格要比同类汽车高。

2）汽车制造成本

汽车在生产与流通过程中要耗费一定数量的物化劳动和活劳动,并构成汽车的成本。成本是影响汽车价格的实体因素。汽车成本包括汽车制造成本、汽车销售成本和汽车储运成本。汽车企业为了保证再生产的实现,通过市场销售,既要收回汽车成本,也要形成一定的盈利。在汽车市场竞争中,汽车产品成本低的企业,对汽车价格制订就拥有较大的灵活性,在市场竞争中就将占据有利地位,从而获得较好的经济效益。

3）汽车消费者需求

汽车价格的高低直接反映了汽车购买者与卖者的利益关系。汽车消费者的需求对汽车定价的影响,主要通过汽车消费者的需求能力、需求强度、需求层次反映出来。汽车定价要考虑汽车价格是否适应汽车消费者的需求能力。需求强度是指消费者想获取某种品牌汽车的程度,如果消费者对其品牌汽车的需求比较迫切,则对价格不敏感,企业在定价时,可定得高一些,反之则低一些。不同需求层次对汽车定价也有影响,对于能满足较高层次需求的汽车,其价格可定得高一些,反之则低一些。

4）竞争者行为

汽车价格是竞争者关注的焦点和竞争的主要手段。汽车定价是一种挑战性行为，任何一次汽车价格的制订与调整都会引起竞争者的关注，并导致竞争者采取相应的对策。在这种对抗中，竞争力强的汽车企业有较大的定价自由，竞争力弱的汽车企业定价的自主性就小，通常是追随市场领先者进行定价。同时，汽车企业竞争者的定价行为也会影响本企业的汽车定价，迫使本企业作出相应的反应。

5）汽车市场结构

根据汽车市场的竞争程度，汽车市场结构可分为垄断市场、垄断竞争市场和寡头垄断市场三种不同的汽车市场类型。

（1）垄断市场

垄断市场，又称独占市场。这是指汽车市场完全被某个品牌或某几个品牌汽车所垄断和控制，在现实生活中也属少见。

（2）垄断竞争市场

垄断竞争市场，指既有独占倾向又有竞争成分的汽车市场。这种汽车市场比较符合现实情况，其主要特点是：

①同类汽车在市场上有较多的生产者，市场竞争激烈。

②新营销者进入汽车市场比较容易。

③在垄断竞争的市场中，由于消费者对某种品牌汽车产生了偏好，因此，少数汽车企业拥有较优越的竞争条件，它们的竞争行为可能会对汽车市场上的汽车价格产生较大的影响。

（3）寡头垄断市场

寡头垄断市场是指某类汽车的绝大部分由少数几家汽车企业垄断的市场，它是介于垄断和垄断竞争之间的一种汽车市场形式。在现实生活中，这种形式比较普遍。在这种汽车市场中，汽车的市场价格不是通过市场供求关系决定的，而是由几家大汽车企业通过协议或默契规定的。这种汽车价格一旦确定，一般便不会轻易发生改变。

正是由于不同类型的市场有着不同的运行机制和特点，对汽车企业的行为具有不同的约束力，因而不同类型的市场在汽车定价方面表现出显著的差异性。

6）成交数量

按贸易的习惯做法，成交量的大小会影响价格。即成交量大时，在价格上应给予适当优惠，例如采用数量折扣的办法；反之，如成交量过少，甚至低于起订量时，则可以适当提高售价。不论成交量多少，都是一个价格的做法是不当的，我们应当掌握好数量方面的差价。

7）政府干预

为了维护国家与消费者利益，维护正常的汽车市场秩序，国家会制定有关的法规来约束汽车企业的定价行为。这种约束反映在汽车定价的种类、汽车价格水平和汽车定价的产品品种等方面。在我国,汽车市场是相对受到政府干预较多的市场。

8)社会经济状况

社会经济状况从多方面影响汽车价格的变化,它的周期性变化直接影响着汽车市场的繁荣和疲软,并决定着汽车价格总水平的变化。一个国家或地区经济发展水平及发展速度高,人们收入水平增长快,购买力强,价格敏感性弱,有利于汽车企业较自由地为汽车定价。反之,一个国家或地区经济发展水平及发展速度低,人们收入水平增长慢,购买力弱,价格敏感性强,企业就不能自由地为汽车定价。

9)汽车企业销售渠道和促销宣传

汽车企业销售渠道的建设和选择、中间环节的多少直接决定着汽车销售费用的高低,直接影响着汽车的价格。汽车企业的促销宣传需要大量资金的支持,促销费用最终也要进入汽车的销售价格之中。总的来说,营销能力强的企业,有利于在既定汽车价格水平下完成销售任务,对制订汽车价格有着较大的回旋余地。

10)市场价格动态

随时掌握市场的变化趋势,供不应求时,该涨则涨;供过于求时,该降则降。既不要盲目要价,吓跑客户或让竞争者占先,错过成交机会,也不能随意降价,影响收益。

总的来说,只有在了解了各因素对汽车定价的影响之后,才能制订出具有竞争力的汽车价格策略。

2.1.3 汽车定价目标

汽车企业在定价以前,首先要考虑与汽车企业总目标、汽车市场营销目标相一致的汽车定价目标,作为确定汽车价格策略和汽车定价方法的依据,科学地确定定价目标是选择定价方法和确定定价策略的前提和依据。

汽车定价目标是合理定价的关键。不同的汽车企业、不同的汽车经营环境和不同汽车经营时期,其汽车定价目标是不同的。在某个时期,对汽车企业生存与发展影响最大的因素,通常会被作为汽车定价目标。一般来讲,汽车企业可供选择的汽车定价目标有以下六大类:

1)以利润为导向的汽车定价目标

利润是汽车企业存在和发展的必要条件,也是汽车企业营销所追求的基本目标之一,汽车企业一般都把利润作为重要的汽车定价目标,这样的目标主要有三种:

(1)目标利润

以预期的利润作为汽车定价目标,就是汽车企业把某项汽车产品或投资的预期利润水平规定为汽车销售额或投资额的一定百分比,即汽车销售利润率或汽车投资利润率。

汽车新品种的开发和上市等汽车企业活动都将引起投资的增加,因而新近投资的回收和报酬则是汽车企业定价时所必须考虑到的因素。汽车价格定位就是在汽车成本的基础上加上目标利润。根据实现目标利润的要求,汽车企业要估算汽车按什么价格销售、销售多少才能达到目标利润。一般来说,预期汽车销售利润率或汽车投资利润率要高于银行存款利率。

以目标利润作为汽车定价目标的汽车企业,应具备两个条件:

①该汽车企业具有较强的实力,竞争力比较强,在汽车行业中处于领导地位。

②采用这种汽车定价目标的多为汽车新产品、汽车独家产品以及低价高质量的汽车产品。

(2)适当利润目标

有些汽车企业为了保全自己,降低市场风险,或者限于实力不足,以满足适当利润作为汽车定价目标。这种情况多见于处于市场追随者地位的中小汽车企业。适当利润目标的限度可以随着汽车产销量的变化,投资者的要求和汽车市场可以接受的程度变化等因素有所变化。

(3)利润最大化目标

以最大利润为汽车定价目标,指的是汽车企业期望获取最大限度的销售利润。通常已成功地打开销路的中小汽车企业最常用这种目标。最大利润的目标可能会导致汽车企业的高价策略,但追求最大利润并不等于追求最高汽车价格。最大利润既有长期和短期之分,又有汽车企业全部汽车产品和单个汽车产品之别。一般来说,汽车企业追求的是长期利润的最大化,在某些特定的情况下,汽车企业也有可能会通过汽车价格的提高而追求汽车企业短期的最大利润。

2)以销量为导向的汽车定价目标

这种汽车定价目标是指汽车企业希望获得某种水平的汽车销售量或汽车市场占有率而确定的目标。

(1)保持或提高汽车市场占有率

汽车市场占有率是汽车企业经营状况和汽车产品在汽车市场上的竞争能力的直接反映,对于汽车企业的生存和发展具有重要意义。因为汽车的市场占有率与汽车企业的利润有着很强的关联性,而汽车市场占有率一般比最大利润容易测定,也更能体现汽车企业的努力方向。因此,有时汽车企业把保持或提高汽车市场占有率看得非常重要。

许多资金雄厚的大汽车企业,喜欢以低价渗透的方式来获得一定的汽车市场占有率;一些中小企业为了在某一细分汽车市场获得一定优势,也十分注重提高汽车市场占有率。但是,汽车市场占有率的提高并不一定会带来汽车企业利润的增加。一般来讲,只有当汽车企业处于以下5种情况下,才适合采用该种汽车定价目标:

①该汽车的价格需求弹性较大,低价会促使汽车市场份额的扩大。

②汽车成本随着销量增加呈现逐渐下降的趋势,而利润有逐渐上升的可能。

③低价能阻止现有和可能出现的竞争者。

④汽车企业有雄厚的实力,能承受低价所造成的经济损失。

⑤采用进攻型经营策略的汽车企业。

（2）增加汽车销售量

这是指以增加或扩大现有汽车销售量为汽车定价目标。这种方法一般适用于汽车的价格需求弹性较大，汽车企业开工不足，生产能力过剩，只要降低汽车价格，就能扩大销售，使单位固定成本降低，汽车企业总利润增加的情况。

为了鼓励和保护公平竞争，保护汽车经营者和汽车消费者的合法权益，制止不正当竞争行为，我国制定了《反不正当竞争法》。在汽车定价时，不得以低于变动成本的价格销售汽车来排挤竞争对手；有奖销售的最高奖的金额不得超过5 000元。

3）以汽车质量为导向的汽车定价目标

优质优价是一般的市场供求准则，研究和开发优质汽车必然要支付较高的成本，自然要求以较高的汽车价格得到回报。从长远来看，在一个完善的汽车市场体系中，高价格的汽车自然代表或反映着汽车的高性能、高质量及汽车企业所能提供的优质服务。采取汽车质量导向目标的汽车企业必须具备以下两个条件：

①生产高性能、高质量的汽车。

②提供优质的服务。

4）以竞争为导向的汽车定价目标

在汽车市场竞争中，大多数竞争对手对汽车价格都很敏感，在汽车定价以前，一般要广泛收集市场信息，把自己生产的汽车的性能、质量和成本与竞争者的汽车进行比较，然后以对汽车价格有决定性影响的竞争对手或汽车市场领导者的价格为基础，来制订本企业的汽车价格。通常采用的方法有：

①与竞争者同价即及时调价、价位对等。

②高于竞争者的价格即提高价格、树立威望。

③低于竞争者的价格即竞相削价、压倒对方。

应该指出，价格战容易使双方两败俱伤，风险较大。

5）以汽车企业生存为导向的汽车定价目标

当汽车企业遇到生存危机或激烈的市场竞争要改变消费者的需求时，它要把维持生存作为自己的主要目标，生存比利润更重要。这时的汽车企业往往会采取大规模的价格折扣来保持汽车企业的活力和生命力。对于这类汽车企业来说，只要它们的汽车价格能够弥补变动成本和一部分固定成本，即汽车单价大于汽车企业变动成本，它们就能够维持汽车企业的生存。

6）以汽车销售渠道为导向的汽车定价目标

对于那些需经中间商销售汽车的汽车企业来说，保持汽车销售渠道畅通无阻，是保证汽车企业获得良好经营效果的重要条件之一。为了使销售渠道畅通，汽车企业必须研究汽车价格对中间商的影响,充分考虑中间商的利益,保证中间商有合理的利润,促使中间商有充分的积极性去销售汽车。

在现代汽车市场经济中,中间商是现代汽车企业营销活动的延伸,对宣传汽车、提高汽车企业知名度有十分重要的作用。汽车企业在激烈的市场竞争中,有时为保住完整的汽车销售渠道,促进汽车销售,不得不让利于中间商。

2.1.4　汽车定价程序

汽车企业在汽车新产品投放市场,或者在市场环境发生变化时需要制定或调整汽车价格,以利于汽车企业营销目标的实现。由于汽车价格涉及汽车生产和营销企业、竞争者、汽车消费者之间的利益,因此对汽车合理的定价既重要又困难。汽车定价的一般程序如图 2-1 所示。

图 2-1　汽车定价的一般程序

在进行汽车定价时首先要明确汽车目标市场,汽车目标市场是汽车企业生产的汽车所要进入的市场。具体来讲就是谁是本企业汽车的消费者。汽车目标市场不同,汽车定价的水平就不同。汽车目标市场分析一般包括以下几个方面:该汽车市场消费者的基本特征、需求目标、需求强度、需求潜量、购买力水平和风俗习惯等情况。

汽车定价方法是在特定的汽车定价目标指导下根据对成本、供求、汽车企业产销能力等一系列基本因素的研究,运用价格决策理论,对汽车产品价格进行计算的具体方法。汽车定价方法一般有三种:一是以成本为中心的汽车定价方法;二是以需求为中心的汽车定价方法;三是以竞争为中心的汽车定价方法。这三种方法能适应不同的汽车定价目标,汽车企业应根据实际情况择优选用。

确定汽车价格要以汽车定价目标为指导,选择合理的汽车定价方法,同时也要考虑其他因素,如汽车消费者心理因素、汽车产品新老程度等。最后经分析、判断以及计算活动,为汽车产品确定合理的价格。

2.2 整车销售的营销方式

汽车营销方式是汽车营销中所采用的各种具体交易方法的总称。随着汽车贸易的发展,营销方式日趋多样化,除传统的逐笔售定外,还出现了经销、代理、寄售、拍卖、招标与投标等。每种营销方式都反映着特有的销售渠道、货款支付或抵偿方式及交易双方的特定权利与义务等,各有其特点和利弊,适用不同的条件。这就要求在汽车营销活动中必须根据具体情况,选择适当的营销方式。目前,服务企业在整车销售中普遍采用经销和代理的营销形式。

2.2.1 经销

经销是指经销商与供货商达成协议,承担在规定的期限和地域内购销指定商品的义务。经销是汽车营销中常见的一种交易方式,通常是供货商通过与经销商签订经销协议,给予经销商在一定时期和指定区域内销售某种商品的权利,由经销商承购商品后自行销售。供货商可以通过订立经销协议与客户建立一种长期稳定的购销关系,利用经销商的销售渠道来推销商品,巩固并不断扩大市场份额,提高其产品销售量。

经销商和供货商之间是一种买卖关系,他们根据市场需求,向供货商购买商品,然后将商品转卖给购买者,从中赚取购销差价。因此,经销是一种转卖性质的贸易方式。经销商是从事商品购销业务并拥有商品所有权的中间商,他们以自己的资金、信誉和名义从事经销活动,自行购进商品、自行销售、自负盈亏、自担风险。

按经销商权限的不同,经销方式可分为两种:

①定销。在这种方式下,经销商不享有独家专营权,供货商可在同一时间、同一地区内委派几家商号来经销同类商品。这种经销商与供货商之间的关系同一般买方和卖方之间的关系并无本质区别,所不同的只是确立了相对长期和稳固的购销关系。

②包销。包销是指经销商在规定的期限和地域内,对指定的商品享有独家专营权。若该经销商经营不善,就会出现"经而不销"的局面,导致商品销售受阻。另外,也存在独家经销商利用其垄断地位操纵价格、控制市场的可能性。

在汽车营销中,经销方式下,供货商通常要在价格、支付条件等方面给予经销商一定的优惠,这有利于调动经销商的积极性,利用其销售渠道来推销商品,有时还可要求经销商提供售后服务、进行市场调研,这一切都有利于扩大产品销售。当然,不同的经销方式所发挥的作用大小是不同的。

2.2.2 代理

代理是指委托人与代理人签订代理协议,授权代理人在特定地区和一定期限内代表委托人与第三方进行商品买卖或处理有关事务的一种贸易方式。在代理方式下,代理人在委托人授权范围内的作为所产生的权利与义务,直接对委托人发生效力,即由委托人负责由此而产生的权利与义务。代理商根据推销商品的结果,收取佣金作为报酬。代理同包销的性质不同,包销商与供货商之间的关系是买卖关系,而代理商与供货商之间则是委托代理关系。

与经销方式相比,代理方式具有以下特点:委托人与代理人之间的关系属于委托代理关系,经销商与供货商之间则是一种买卖关系;代理人通常运用委托人的资金进行业务活动,经销商则利用自有资金进行活动;代理人一般不以自己的名义与第三方签订合同,而在经销方式下,经销商与第三方之间要订立合同;代理人旨在赚取佣金而不负责盈亏,经销商则须自负盈亏。

国际贸易中所采用的代理方式按委托授权的大小,可分为独家代理、一般代理和总代理三种。

①独家代理。独家代理是指在特定地区特定时期内享有代销指定商品的专营权,同时不得再代销其他来源的同类商品。凡是在规定地区和规定期限内做成该项商品的交易,除双方另有约定外,无论是由代理做成,还是由委托人直接同其他商人做成,代理商都有享受佣金的权利。

②一般代理。一般代理又称佣金代理,指在同一地区同一时期内,委托人可以选定多个客户作为代理商,根据推销商品的实际金额付给佣金,或者根据协议规定的办法和百分率支付佣金。如果委托人另有直接与该地区的买(卖)主达成交易的,则无须向一般代理商计付佣金。我国的出口业务中,运用此类代理的较多。

③总代理。总代理是在特定地区和一定时间内委托人的全权代表。除有权代表委托人签订买卖合同、处理货物等商务活动外,也可以进行一些非商业性的活动,还有权指派分代理,并可分享分代理的佣金。在我国出口业务中,只指定我国驻外的贸易机构作为我国外贸公司的总代理。如香港地区华润公司、澳门地区的南光公司,分别为外贸专业总公司在香港和澳门地区的总代理。

2.3 汽车服务企业整车销售的营销影响因素

对市场营销的影响因素主要有市场需求、人口因素、社会经济发展状况及其他因素等诸多方面,涉及面广。这些诸多影响因素间又相互制约、相互影响,形成十分复杂的因果关系。上述影响因素是企业生存的总体综合环境,对汽车企业的发展起决定作用。

2.3.1 汽车消费市场需求

我国有14亿人口,是世界上最庞大的消费者市场,也是成长速度最快的市场之一,在加入WTO之后我国成为世界上最具吸引力的消费者市场,因此,认真研究汽车消费市场需求

及其变化,营销消费者青睐的新型车辆是十分重要的。市场需求具有以下特点:

1) 消费需求的多样性

各消费群体由于收入水平、职业、文化程度、生活方式、年龄等的不同,必然会形成不同的价值观念、不同的时尚和偏好、不同的审美观、不同的消费态度等,故而对轿车消费必然是多样化的。例如十年前桑塔纳轿车年产量曾达20多万辆,市场占有率高达70%,大多进入了组织市场,如今在消费者市场上,虽然轿车市场扩大到120万辆以上,在数十种车型中竟没有市场占有率在10%以上的品牌汽车。这充分体现出汽车市场消费需求的多样性特征。

2) 消费需求的发展性

人们对商品需求随着生活水平改善而不断提出更高的要求。例如在音响设施方面,家庭消费由收音机提升至黑白电视机再到彩色电视机,彩电又提高为纯平式、液晶式和数字式。汽车消费更是如此,例如一汽大众捷达轿车,就是适应需求的一个实例。初投放市场时为化油器式汽油机,继而为多点电喷汽油机,同时开发了自然吸气式柴油机以大幅度节油,不久的将来必然会陆续推出涡轮增压柴油机和共轨电喷供油涡轮增压中冷柴油机,以降低排放并大幅度提高功率。

3) 消费需求的层次性

人们在社会中由于职业、经济条件、社会阶层的差异,其需求也具有层次性。虽然各层次之间难以明确划分,总的来说是遵循着马洛斯的需求层次论规律的。我国虽然已进入小康社会,但农村仍有许多贫困人口,城市还有不少的失业和下岗人员。一大批先富裕起来的群体成为中高级轿车的消费市场,大量的高薪人员和部分中等收入家庭形成了不同层次的消费者。因此,汽车营销企业应投放不同用途、不同档次的汽车来满足不同层次消费者的需求。

4) 消费需求的时代性

消费需求常常受到时代精神、风尚、环境等的影响。我国私家车市场的迅速发展和汽车企业追求时尚,推出大量富有时代气息的车型。汽车消费的时代性通常表现在三个方面:一是高新科技的时代性,当今是信息时代,乘用车在网络信息和新技术应用方面一直走在其他商品的前列,在家庭用品中是最能体现高新技术的消费品。二是社会经济发展的时代性,这突出地表现在环保、能源等方面,绿色汽车、新型能源造就了新一代轿车。三是时尚性,任何一款新车型,其新颖性、新潮的吸引力最多可维持3~4年。这是由于现代研发、制造水平可以在2~3年内开发、生产出一款崭新的车型,来满足迅速变化的潮流。

5) 消费需求的可诱导性

企业和行政部门都可以设法转移或改变人们的消费需求。行政部门常常通过政策导向、信息发布来引导消费,企业则通过产品开发、广告宣传等积极活动来吸引消费者。我国的轿车消费市场就是通过舆论、学术界争论、企业界争取、行政部门从禁止到积极支持,前后20多年的诱导形成了良好的消费环境。

2.3.2　人口因素

汽车销售市场就是由部分有购车欲望并有购车经济能力的人所构成的。人口因素对汽车企业的经营活动具有总体性和长期性的影响。人口因素体现在人口数量、人口结构、人口素质和人口分布等方面。

1)人口数量

英国《每日邮报》网站 2021 年 12 月 31 日报道,世界人口达到 78.9 亿。我国人口已达到 14 亿。人口的增长带来了各项消费需求的扩大,诸如住房、教育、文化、交通、穿着、饮食、娱乐、通信等方面。我国年经济增长率超过 8.1%,消费率也同步不断上升。生产的扩大和进出口增长使就业岗位不断增加,就业人员及其家庭构成我国汽车市场的潜在消费者,参与汽车消费。

2)人口结构

人口结构包括自然结构和社会结构。人口的自然结构是指年龄结构和性别结构。不同年龄、性别的消费者对包括汽车在内的各种商品的需求各不相同。我国汽车消费市场目前以青年和中年消费者为主。随着私家车的普及会向老年和学生消费者等延伸。不同性别的消费者对汽车和各类商品的需求是不同的。例如,男性消费者喜欢动力性强的汽车,要求车型大一些,粗犷一些;女性则偏爱端庄或华丽一些的汽车。

人口的社会结构包括民族结构、宗教结构、职业结构和教育结构等。我国有 56 个民族,由于各民族的文化、习惯和生活方式不同,其消费需求和特点也有很大的差异。宗教信仰有佛教、道教、伊斯兰教、基督教、天主教等。不同的宗教信仰者对汽车品牌名称、色彩、款式等都有不同的偏好和忌讳。人口职业结构在三大产业的不同体系下又可细分为若干行业,从而构成不同的消费阶层和群体。例如,工人、农民、白领阶层、业主、干部、军人等有着不同的需求特点,购买行为也有很大差异。

3)人口素质

人口素质的提高将大大促进生产力的发展,加速经济水平的提升,同时也促进消费。对汽车市场而言这是不断发展壮大的重要保证。

4)人口分布

人口的地理分布对消费者有很大的影响。一方面,生活方式和风俗习惯的差异,会形成地域间在消费需求和消费方式上的不同;另一方面,人口密度的大小、人口流动量的多寡、人们的富裕程度都会影响不同地区市场需求的大小。人口分布的划分方法主要有两类:按城市、农村人口分类和按各地区人口分类。不同等级的城市以及广大农村形成了不同需求的消费群体。

我国地区的划分通常分为华北、东北、华东、中南、西南、西北六大区,近来也常分为东部、中部和西部三部分。我国人口分布情况见表2-1。

表2-1 我国部分地区的人口分布情况

人口状况	华北	东北	华东	中南	西南	西北	全国
人口密度/(人·km⁻²)	88.4	130.7	436.6	325.4	79.5	27.3	124.5
人口密度指数	71	105	350.7	261.4	63.9	21.9	100
专业技术人员/%	14.45	13.28	28.95	23.95	11.97	7.40	100
大学毕业/%	17.22	14.64	27.97	22.33	10.11	7.73	100
中专毕业/%	14.83	12.72	27.02	24.32	12.75	8.36	100
交通运输线综合密度/(km·km⁻²)	83.81	1 616.9	3 402.4	2 730.6	880.8	358.9	1 175.4
交通综合密度指数	71.3	137.6	289.5	232.3	74.9	30.5	100
交通密度与华东比较指数	34.6	47.5	100	80.3	25.9	10.5	39.6

家庭是社会的基本单位,也是商品购买和消费的基本单位,轿车与客车开始大量进入家庭。随着家庭经济状况的改善,各档次的轿车将同时或逐渐成为各消费阶层家庭的必备用品。汽车企业应深入研究各类家庭的收入和消费状况,对车辆的偏爱和要求,从最大限度地满足消费者需求角度来开发、生产、销售各型车辆。

2.3.3 社会经济发展状况

社会经济发展状况对汽车营销影响很大。因此,各汽车营销企业应加强社会经济发展状况的研究分析,并制订相应的销售策略来与之相适应。

汽车市场销售宏观经济环境主要包括经济发展状况和消费因素两方面。

1)经济发展状况

在全面建设小康社会的环境下汽车企业要与时俱进。21世纪初的20年间正处于我国全面建设小康社会的大环境下,经济和消费都有很大的发展。就交通运输的消费而言,2020年我国的高速公路里程增加到了15万 km;货运车辆将以数千万辆计,全国汽车保有量达到1亿辆以上;城市、乡镇、农村间形成了世界上最大的公共交通网络;私人汽车消费占总量的六成以上;从而形成了一个巨大的汽车消费市场。在如此有利的宏观环境下各大汽车企业都制订了长期的发展战略,部署着当前的开发、发展、联合、兼并以及市场营销策略。

在全面建设小康社会的过程中,消费者给各类汽车产品都提供了巨大的市场。其中10%左右最为富有的家庭对车辆会有极高的要求,这就为高级轿车的发展提供了市场;在政府职能转变过程中,将有更多的资金发展城市内、城市间的公共交通,这属于大中型高中级客车的市场;乡乡村村通公路,乡镇与农村间的交通需要大量的中低档中轻型客车;而在各项基础建设、高速公路上量大面广的各类物流流通过程中所需要的运载车辆将使货车、专用车具有很大的发展前景。在富裕的小康社会中不仅对车辆的需求量大,更需要品质好、安全性高,更为舒适、节能的汽车。这要求在技术开发、新技术应用、生产管理等方面要有更高的要求以达到国际一流的水平。因此,各汽车企业需要在各个方面与时俱进,紧跟时代的步伐,高度适应环境的变化,形成具有强大竞争能力的现代化企业。

2)消费因素

消费因素主要包括消费者收入和消费者支出两个方面的情况。

(1)消费者收入

消费者收入是指消费者个人所得的总收入。消费者收入形成了社会购买力,但并非全部收入都可用于购买商品和劳务。消费者收入分为个人可支配收入和可任意支配收入。个人可支配收入是指消费者收入中扣除税款和非税性负担后的余额;个人可任意支配收入是指个人可支配收入中间去除维持个人及家庭生活必需费用后的余额。

我国各地区、各城市的人均可支配收入差距是比较大的。沿海经济发达城市特别是上海、深圳、广州、北京等地人均可支配收入为全国平均值的 2～3 倍。农村也不均衡,各大城市城郊农民收入很高,浙江省农民人均纯收入已超过全国城镇平均值。消费者收入研究的重点是分析个人可任意支配收入,这是消费需求中活跃、机动、可吸引性强的部分,所形成的需求弹性较大。特别是汽车消费,在持币观望的消费群体中企业应加强宣传、广告和推销工作。平均收入只反映总体状况,企业应细分特定消费群体的具体收入水平。如何满足不同消费者的需求,开发什么样的车型可以进一步激发该群体的汽车消费欲望,都应该对具体问题具体分析,制订相应对策。

(2)消费者支出

消费者支出模式主要取决于消费收入的变化。德国统计学家恩格尔于 1857 年提出了恩格尔定律:随着家庭收入的增加,用于购买食品的支出占家庭收入的比重(恩格尔系数)下降,用于住房和家庭经营的开支占家庭收入的比重大体不变,用于服装、交通、教育、卫生、娱乐等方面的支出和储蓄占家庭收入的比重上升。恩格尔系数可以简明地衡量一个国家、地区居民的生活水平高低。按联合国划分标准:恩格尔系数在 60% 以上为饥寒层次,50%～60% 为温饱层次,40%～50% 为小康层次,40% 以下为富裕层次。如美国的恩格尔系数为11%,韩国为 29%,我国已低于 45%,我国深圳市已低于 30%。

消费结构是指人们在消费过程中各类消费的构成。我国居民消费结构有鲜明的特点,食品开支占收入的百分率不断下降,储蓄占收入的百分率明显上升,住房、教育方面的支出占收入的百分率迅速上升。我国许多居民喜欢买的用品十分集中,如电视机、电冰箱、洗衣机、手机、摩托车等方面支出比例远远高于经济发达国家。汽车消费也不例外,因此,企业营销决策不仅要研究居民消费的结构状况,还必须注意到居民消费的倾向性。

消费者收入中用于储蓄的部分会削弱当今消费的购买力,储蓄逐步地释放可以增加未来的购买力。消费者的收入不可能全部花掉,特别是我国的居民倾向于储蓄,这和美国人喜欢提前消费在观念上截然不同。支出的总消费率世界平均值为 77.7%～78.6%,美国高达

84%～85%,印度为 76%～79%,我国则为 59%～62%。

消费信贷是指消费者凭信用先取得商品的使用权,按期归还贷款,以此方式购买商品。这类营销和服务提供了提前消费的机会,在美国信贷消费十分普及,这种鼓励消费的发展促进了经济增长,创造了更多的就业机会。我国消费信贷在安居工程中迅速展开,且日趋规范化。在汽车信贷方面,主要的汽车大企业已与金融界联手展开工作,国外汽车金融公司已开始进入我国开展业务,这种消费形式的规范化将大大加快汽车消费的进程。

2.3.4　其他影响因素

对市场营销的影响除上述诸因素外还有政府的宏观调控、营销企业的自身状况、消费者的消费观念、审美观念及消费动机等因素,这些因素的影响也很重要,不可忽视。

1)政府的宏观调控

政府对企业营销活动的管理和控制主要是通过法律手段,即制定一系列政策及法规来调控。目前,我国实行的 1.6 L 以下小排量汽车减免税,农机下乡国家补贴等优惠政策,极大地激发了消费者的消费欲望。因此,在金融危机波及全球,世界经济衰退的情况下,3 月份我国汽车产销量突破 100 万辆。

2)营销企业的自身状况

汽车营销企业应具有高素质的员工队伍、科学的管理体制,及时更新营销观念、不断改进营销方式才能在竞争中站稳脚跟、发展壮大。

市场营销的关键是以顾客为中心,树立人性化营销的新时代营销理念。而所谓的人性化营销就是通过充分满足消费者的需求来达到企业经营的目的。2006 年情人节,申蓉汽车推出了“超级情侣,万元购买 QQ”促销活动,吸引了上百对情侣报名参与。这一活动在四川乃至全国都引起了巨大的反响,从而提高了 QQ 的市场知名度。上海大众也特别针对情人节在上海、北京、广州、南京、杭州等 12 个城市开展“POLO 爱的宣言”活动,活动主要是针对POLO 用户的一系列品牌推广和促销,被评为最佳情侣的选手获得了上海大众送出的钻戒一对。POLO 是一款年轻时尚的车型,消费群主要是年轻人,而情人节是年轻人最重视的节日之一。情人节期间推出“珍我所爱,真我 POLO”活动,大大提升了 POLO 的品牌知名度和情感认知度。

汽车服务企业的汽车营销模式应从“卖汽车”向“卖服务”转变。国外汽车整车销售利润在整个产业链利润构成中仅占 20%,零部件供应占 20%,而 50%～60% 的利润则是由服务环节产生的,包括维修、保养、检测、救援等。而在中国,经销商的汽车销售利润至少要占总利润的 60%～80%。但是随着一轮接一轮的价格战,汽车销售的利润越来越薄。

3)消费者的消费观、审美观及消费动机

(1)消费观

世界各国、各地区由于民族、风俗习惯、经济条件及文化程度的不同,消费者的消费观念相差甚远,对商品的需求和购买行为亦不相同。美国人喜欢提前消费、不擅储蓄,通行分期付款,偏爱产品的新颖性和时尚性,具有较多的、激进的前沿消费群体。中国人喜欢存钱,留有余地,消费观念偏于传统,偏爱商品耐久实用。但现今,出现了大量新潮青、中年消费群体,崇尚个性,形成了新消费风尚。

（2）审美观

审美观是指人们对商品的好与坏、美与丑、喜欢与嫌恶的不同评价。不同国家、地区、民族、宗教、阶层、年龄和个人,常常具有不同的审美标准。而人们的审美观也会随着时尚变化而改变。对于企业而言,生产大批量的雷同产品不能满足不同的市场需求,必须根据不同社会文化背景下的消费者审美观念及其变化趋势来开发产品,制订市场营销策略。只有汽车产业中的生产柔性化、产品个性化才能较好地满足不同消费群体的偏好和需求。

（3）消费动机

消费者的购买动机必然会在购买过程中反映出来,正是因为强烈的需求动机影响了顾客在购买过程中的各项行动。一般消费者的购买动机主要有以下几种。

①理智性购买动机。理智性购买动机是指人们经过深思熟虑,在了解所购买商品的品质和特性的基础上,理智性地产生的购买动机。大部分的汽车消费者都属于这一类型。汽车企业的营销人员要谨慎而热忱地对待这类消费者,接待中会有许多信息互相交流,任何过分的夸口只会起到相反的效果;真实的数据、合理的描述、可信的承诺、过硬的性价比、灵活的营销手法才能使有理智、有个性的消费者做出购买决策。

②自信性购买动机。自信性购买动机是指人们在自己有很强的自信心、有自我确定的评价标准、不容易受外在因素影响的情况下产生的购买动机,通常这类消费者的自信心来自两个方面:一是工作上事业有成,在处理事物中有洞察力,能按客观规律办事,从而形成高度的自信心;二是对所需购买商品的特征、用途、发展状况、竞争状况等有较深入的了解,掌握了广泛的信息,因此,具有很强的自信性购买动机。对于营销人员来说,这些消费者很难通过推销活动轻易改变其观点。但是这类消费者是企业十分重要的消费者,他们在其生活和工作圈子中有一大批崇拜者、跟随者,是消费的领军人物。抓住这批消费者就等于得到了一大批消费群体,因而在营销上要认真、细致地下功夫,由具有高度自信、高度营销素质和文化素质的营销人员通过结交的方式改变其消费倾向。这类消费者一旦完成购买行为,具有这类购买动机的人很容易成为消费品牌的忠诚用户和义务推销员。

③时髦性购买动机。时髦性购买动机是指由于受外界环境的影响或社会风尚的变化而引起的购买动机。消费者渴望通过所购得的商品来引人注目,借以提高身份。这类购买动机带有强烈的炫耀性和自我炒作性。汽车正是满足这类购买心理的最佳消费品。消费者通过购买时尚、豪华的汽车,来反映自己的身份、地位、财富和品位。

④诱导性购买动机。诱导性购买动机是指人们经过诱导之后而产生的购买动机。具有这种动机的消费者在购买行为之前需要基予商品知识的学习,学会如何正确认识商品。这类消费者众多,有的富于感情、想象力和联想力,容易受促销宣传的诱导;有的性格内向、疑虑重重,怕上当而犹豫不决;有的缺乏主见,没有固定的偏好。他们的共同特点是需要营销人员给予商品知识方面的帮助和在他们选择真正所需产品时做好参谋。汽车营销人员应特

别尊重和关爱这类消费者,他们在整个购买过程中处于弱势地位,正因为如此,我国多数消费者愿意到汽车大市场看货、问价、挑选和购车。汽车企业的专卖店只有吸引和帮助这类消费者满意地完成购买行为,才能确立其主流市场的地位。

通过汽车消费者购买动机分析可以认识到在一定的目标市场上会接触到具有各种购买动机的潜在消费者。他们的动机强烈程度不同,购买心理各异,企业应通过沟通帮助他们加深认识本企业产品,引导他们顺利地完成购买行为。

2.4　汽车服务企业整车营销

整车营销应对汽车市场进行调查研究,制订经营方案,做好广告宣传等工作。

2.4.1　市场与客户调查

1)对汽车市场的调查研究

对汽车市场的调查研究,是开展汽车营销前首先应当做好的工作。只有做好这项工作,才能做到知己知彼,掌握主动,做出正确的经营决策。汽车市场的调查研究,是指在该地区对汽车市场情况进行调查研究,了解每个市场的特点,研究市场的变化发展规律,预测汽车市场供求关系和价格变动趋势。汽车市场调查研究的主要内容包括以下几个方面:

(1)对汽车市场整体的调查研究

对汽车市场整体的调查研究就是要调查有关汽车及汽车零配件相关商品的市场容量,了解市场需要的车辆品种、规格、质量、装潢,主要供需发展状况,做到适销对路。

研究汽车市场就是分析预测汽车市场的供求关系和价格变动趋势。例如燃料价格的变动对汽车市场有短期影响;住宅有无停车场,购物停车是否便利,道路是否畅通,税费是否合理等都对汽车市场有长期影响。

(2)对汽车市场价格的研究

汽车市场的价格除受价值变动的影响外,还经常受政治、经济和自然等多种因素的影响经常发生变化,它的变化反映了商品供求关系的变化。因此,研究汽车价格时,要认真分析不同时期影响价格的各种因素,预测未来的价格变化趋势,以便选择有利的销售市场。

对汽车销售市场的调查研究,除上述各项内容外,还应对汽车的生产周期、销售季节、销售方式和途径等情况进行详细的调查研究。

2)对消费对象的调查研究

每一种品牌的汽车都应有一定的销售渠道,不同档次的汽车应有不同的销售途径。调查研究的具体内容包括:

①当地的自然情况。主要了解本地区的人口数量、风俗习惯、国家机关、企事业单位的

分布及数量等。

②经济状况。主要了解当地的经济收入情况,消费者的爱好习惯。

2.4.2　汽车品牌的选择与宣传

1)汽车品牌的选择

选择汽车品牌时首先应考虑货源供应、技术水平、价格。同时还要进行汽车市场的细分,然后再选择适销对路的商品。例如,雪铁龙公司为满足家庭主妇需求,推出了一款外形像鸭蛋、有人比喻为法国新"鸭子"的新型多用途车,可以敞篷、供儿童在车上玩耍、在车上睡觉等,车舱能够百分之百地防雨,4 缸发动机有 75 马力,最高时速 160 千米,每百千米平均耗油 6.8 升,售价 15 850 欧元起,当时很受年轻人和妇女的欢迎。

2)商品的宣传

汽车商品宣传工作是营销方案中的重要内容,一般采用各种广告形式,按预定方案部署,有计划、有步骤地进行。广告宣传前,应先有明确的目标,才能做到有的放矢。广告宣传的内容及其采用的方式与手段要根据商品的特点,注意效果。目前,营销企业使用的广告宣传方式和媒体甚多,有报纸、期刊、专业印刷品、视听广告(电视、电影、广播)、户外广告(招贴、广告牌、交通车辆)、商品陈列、展览会、交易会等。

2.4.3　经营方案的制订

汽车营销企业在对市场进行调查研究的基础上,一般应对所经营的商品制订经营方案。经营方案是根据国家的方针政策和本单位的经营意图,对在一定时期内交易商品所做出的全面业务安排。一个企业在分析市场、选定自己的目标市场以后,就要针对目标市场的需求、选择适销对路、货源充足、技术水平高、价格较低的商品,更有效地利用自身的人力、物力资源,扬长避短,趋利避害,设计自己的销售策略,制订最佳的综合销售方案,以便达到企业的预期目标。

练习题

一、单选题

1.汽车市场是将(　　)作为商品进行交换的场所。

　　A.汽车产业　　　B.汽车　　　　　C.汽车经济

2.汽车价格的构成,是指组成汽车价格的各个要素及其在汽车价格中的(　　)。

　　A.组成要素　　　B.组成部分　　　C.组成情况

3. (　　)是指在汽车生产领域生产一定数量汽车产品时所消耗的物质资料和劳动报酬的货币形态。

    A. 汽车生产资料　B. 汽车生产数量　　C. 汽车生产成本

4. (　　)直接反映了汽车购买者与卖者的利益关系。

    A. 汽车质量好坏　B. 汽车价格的高低　C. 汽车性价比

5. 汽车批发价格+(　　)+汽车直售企业的利税=汽车直售价格。

    A. 汽车直售费用　B. 汽车损耗费用　　C. 汽车保险费

6. (　　)是汽车企业扩大再生产的重要资金来源。

    A. 规模　　　　　B. 实力　　　　　C. 利润

7. 汽车价格是汽车价值的(　　)表现。

    A. 市场地位　　　B. 货币　　　　　C. 根本

8. 汽车(　　)是制订汽车价格的重要依据。

    A. 生产成本　　　B. 使用性能　　　C. 生产规模

9. 汽车销售中成交量的大小会影响(　　)。

    A. 汽车成本　　　B. 汽车价格　　　C. 汽车性能

10. 汽车销售时中间环节的多少直接(　　)着汽车销售费用的高低。

    A. 影响　　　　　B. 关联　　　　　C. 决定

11. 汽车定价目标是(　　)的关键。

    A. 汽车销售　　　B. 合理定价　　　C. 获取利润

12. 优质(　　)是一般的市场供求准则。

    A. 优价　　　　　B. 低价　　　　　C. 平价

13. 经销商和供货商之间是一种(　　)，自行购进商品、销售商品，自负盈亏、自担风险。

    A. 委托关系　　　B. 对等关系　　　C. 买卖关系

14. 总代理是在特定地区和一定时间内委托人的(　　)。

    A. 全权代表　　　B. 法人代表　　　C. 经营代表

15. 人们在社会中由于职业、经济条件、社会阶层的差异，其需求也具有(　　)。

    A. 多样性　　　　B. 层次性　　　　C. 复杂性

16. 人口结构包括自然结构和(　　)结构。

    A. 年龄　　　　　B. 性别　　　　　C. 社会

17. 消费者收入是指消费者个人所得的(　　)。

    A. 纯收入　　　　B. 总收入　　　　C. 部分收入

18. 市场营销的关键是(　　)。

    A. 获取最大利润　B. 减少中间商　　C. 以顾客为中心

19. 整车营销应对汽车(　　)进行调查研究。

    A. 市场　　　　　B. 性能　　　　　C. 价格

20. 研究汽车市场就是分析预测汽车(　　)和汽车价格变动趋势。

    A. 销售量　　　　B. 性能　　　　　C. 供求关系

二、多选题

1. 消费观念的阶段性演变分为(　　)。
   A. 生产观念阶段　B. 推销观念阶段　　C. 市场营销观念阶段
   D. 社会营销观念阶段　　　　　　　　E. 产品观念阶段

2. 以市场营销观念作为自己的策略导向的公司遵循哪几个基本宗旨?(　　)
   A. 顾客是中心　　B. 竞争是基础　　C. 协调是手段　　D. 利润是结果

3. 构成汽车价格的四个要素有(　　)。
   A. 汽车生产成本　B. 汽车流通费用　　C. 汽车产量
   D. 国家税金　　　E. 汽车企业利润

4. 汽车成本包括(　　)。
   A. 汽车生产成本　B. 汽车销售成本　　C. 汽车储运成本　　D. 汽车材料损耗成本

5. 汽车消费者的需求对汽车定价的影响,主要通过汽车消费者的(　　)反映出来。
   A. 需求能力　　　B. 需求方向　　　C. 需求强度　　　D. 需求层次

6. 汽车市场结构可分为(　　)等不同的汽车市场类型。
   A. 竞争市场　　　B. 垄断市场　　　C. 垄断竞争市场　　D. 寡头垄断市场

7. 汽车企业把利润作为重要的汽车定价目标的种类有(　　)。
   A. 利润最终目标　B. 利润最大化目标　C. 目标利润　　　D. 适当利润目标

8. 以竞争为导向的汽车定价目标所采取的方法有(　　)。
   A. 与竞争者同价　　　　　　　　　　B. 高于竞争者的价格
   C. 低于竞争者的价格　　　　　　　　D. 浮动竞争价格

9. 采取汽车质量导向目标的汽车企业必须具备的条件是(　　)。
   A. 生产动力性强的汽车　　　　　　　B. 生产高性能、高质量的汽车
   C. 提供优质的服务　　　　　　　　　D. 提供低油耗的汽车

10. 汽车定价的方法有(　　)。
    A. 以市场为中心的定价方法　　　　　B. 以成本为中心的定价方法
    C. 以需求为中心的定价方法　　　　　D. 以竞争为中心的定价方法

11. 人口因素包括(　　)。
    A. 人口数量　　　B. 人口结构　　　C. 人口素质　　　D. 人口分布

12. 人口的社会结构包括(　　)等。
    A. 民族结构　　　B. 宗教结构　　　C. 职业结构　　　D. 教育结构

三、判断题

1. 汽车价格定位是汽车市场竞争的重要手段。　　　　　　　　　　(　　)
2. 汽车生产成本+汽车生产企业的利税＝汽车出厂价格。　　　　　(　　)
3. 汽车结构能反映汽车对消费者的吸引力。　　　　　　　　　　　(　　)
4. 汽车价格是竞争者关注的焦点和竞争的主要手段。　　　　　　　(　　)

5. 汽车企业一般都把利润作为重要的汽车定价目标。　　　　　　　（　　）

6. 以最大利润为汽车定价目标,指的是汽车企业期望获取最大限度的净利润。（　　）

7. 预期汽车销售利润率或汽车投资利润率要低于银行存款利率。　　　（　　）

8. 一般贯彻按质论价的原则,即好货好价,次货次价。　　　　　　　（　　）

9. 汽车价格是竞争者关注的焦点和竞争的主要手段。　　　　　　　　（　　）

10. 按经销商权限的不同,经销方式可分为定销和代理两种。　　　　　（　　）

11. 我国汽车消费市场目前以青年和中年消费群为主。　　　　　　　　（　　）

12. 人们的审美观念也会随着时尚变化而改变。　　　　　　　　　　　（　　）

四、简答题

1. 什么是现代的市场?

2. 什么是汽车市场?

3. 汽车市场营销的目的是什么?

4. 什么是经销?

5. 消费因素主要包括哪些方面?

五、论述题

1. 简述汽车定价的一般程序。

2. 简述对汽车市场的调查研究。

第3章 汽车服务企业销售业务管理

对于汽车服务企业的销售环节来说,一辆新车能否吸引客户,很大程度上取决于汽车销售顾问的介绍是否详尽、周全,而在这些背后,就要求汽车服务企业要有一套严格的业务管理办法。

3.1 服务企业汽车销售队伍的建立与日常管理

3.1.1 汽车营销人员的素质要求

素质是个人身心条件的综合表现,是个人生理结构、心理素质及其机能特点的总和,是个人参与各种社会活动的基本条件。素质包括身体条件、气质、性格、能力、智慧、经验、品德等要素。这些素质要素是在先天遗传基础上发展起来的,是经过社会实践训练,不断地得到改善和提高的。不同的职业对从业人员的素质要求有所不同。汽车营销人员的职业素质主要包括高尚的职业道德、强烈的公共关系意识、良好的心理素质、合理的知识结构、全面的工作能力。

1)良好的心理素质

随着市场竞争日趋激烈,摆在汽车营销人员面前的是希望与机遇并存、成功与失败并存的局面。这就对汽车营销人员心理素质提出了更高的要求,主要包括以下几个方面:

(1)热情的心理

汽车营销人员与人、与车打交道,其工作对象主要是顾客,其次是车。这就要求汽车营销人员必须对工作充满极大的热情,凭借热情的心理与各种各样的人打交道,结交众多的朋友,拓展工作渠道。热情的心理是想象力和创造力的基础。一个对什么都没有兴趣,对一切都很冷漠的人是无法胜任汽车营销工作的。

(2)开放而宽容的心理

在信息交流、人际互动日趋频繁的现代社会,汽车营销人员要想做好销售工作,应具有开放心理才能善于接受新事物;善于学习别人的长处,善于学习新知识;不断解放思想、更新观念;勇于进取,不因循守旧;开拓创新,不墨守成规,这正是汽车营销人员不可缺少的心理特征。只有具有宽容心理,才能接受各种各样与自己性格、志向和脾气不同的人,并能"异中求同",与各种类型的顾客交流沟通,且能与同事建立良好的人际关系,能冷静地对待和处理工作中所遇到的困难和挫折。

（3）自信心理

自信是汽车营销人员职业心理的最基本要求,自信心也是发展自己、成就事业的动力之一。汽车营销人员具备了自信心,才能正视自己,从而激发出极大的勇气和毅力,最终创造良好的销售业绩。当然,汽车营销人员的自信应该是建立在周密调查研究、全面了解情况的基础之上,不是盲目地自信。

2）善于捕捉信息、抓住时机

（1）对汽车市场新事物、新情况的敏感性

汽车营销和管理人员必须对汽车市场的新事物、新情况具有敏感性,对汽车市场微妙的变化及时觉察,能从历年销售资料和有关数据中分析出发展趋势,从平静的市场表象中看出潜伏的危机和有待挖掘的潜力,要善于把握某些信号传递的有用信息。汽车市场营销人员必须具备灵敏的头脑,及时捕捉身边的信息,预测竞争方向,及时采取对策。

（2）善于思考,激发灵感

一个成功的汽车营销人员往往会把营销工作组织得新颖生动、别具一格,使顾客(公众)产生深刻的印象,这是汽车营销人员所追求的理想境界。许多创新的销售手段、宣传手法在你的脑海稍纵即逝。善于思考,激发灵感,及时抓住时机,会使工作更富有创造性。

激发灵感,要求汽车营销人员在工作实践和日常生活中做到以下两点:进行长期的知识积累;珍惜最佳的时机和环境。许多事例证明,灵感大都是在思维长期紧张后的暂时松弛时得到的,或睡前,或起床后,或散步,或乘车时。要善于观察,在其他的事物中得到启示,从而获得灵感。总之,汽车市场营销人员要做有心人,抓住灵感,把握时机,推陈出新。

3）高尚的职业道德

汽车作为高档商品,对汽车营销人员提出了较高的职业道德要求。汽车营销人员要通过自己优质的服务,塑造良好的形象,扩大汽车生产商和销售商的知名度、可信度,来达到社会效益与经济效益的统一。因而,从事汽车营销的人员要有高尚的道德品质。汽车营销人员的主要职业道德可以概括为:实事求是、真诚可信;公正无私、光明磊落;勤奋努力、精益求精。

4）合理的知识结构

汽车营销人员和管理人员经常要同形形色色的顾客打交道,因此,必须有良好的道德修养和丰富的知识,其知识结构主要包括:

（1）文明经商知识

汽车营销人员必须遵守商业道德、合法竞争、维护消费者的合法权益;必须虚心听取消费者的意见,严肃认真地对待消费者的投诉。只有文明经商,才能取信于民。在营销活动中,文明是一块"金字招牌",所有知名企业都为维护这块"金字招牌"奋斗不已。因此,汽车营销人员应该重视这无形的"财富"。

(2)经营业务知识

①熟悉汽车结构原理、主要性能、保养检测知识,了解各种汽车的型号、用途、特点和价格,只有这样才能当好顾客的"参谋",及时回答顾客提出的各种问题,消除顾客的各种疑虑,促成交易。

②熟悉市场行情、价格、费用(利息、仓储、运输费……),了解税收、保险、购置税费、付款方式等一系列业务、政策规定,以及市场营销的基本知识。

③熟悉汽车销售工作中的每个环节及细节,如进货、验收、运输、存车、定价、广告促销、销售、售后服务、信息反馈等,以及在洽谈基础上签订合同、开票出库等手续,并熟悉销售服务(加油、办移动证、工商验证等)的各个环节。

④熟悉各种票据、财务手续,结算准确、迅速;对涉及汽车货物的进、销、存,涉及货款的贷、收、付中的费用支出要心中有数;懂得承包部门的经济核算方法,随时了解本部门的经济效益,及时采取措施,确保营销任务的完成。

(3)熟悉商业技能并能善于应用

①熟悉顾客心理。顾客的职业不同、社会地位不同、年龄不同、习惯不同、爱好不同,则对汽车有不同的需求。营销人员要有一定的心理学知识,能从客户外表神态、言谈举止、挑选商品等方面分析判断顾客的特殊心理活动,根据不同情况,以不同方式接待顾客,促使交易顺利进行。

②讲究谈判和语言艺术。要热情、和气、诚恳、耐心、礼貌和准确。俗话说:和气生财,要经得住"委屈"。

③掌握外语。掌握一门外语是有必要的,汽车营销人员最好能看懂汽车说明书,能简单对话。

5)全面工作能力

汽车营销人员的工作性质和企业其他工作人员不相同,往往要独立应付各种各样的事务,需要把自己的知识、经验灵活地运用到具体工作中去。因此,汽车营销人员的素质还应包括各种能力。汽车营销人员的工作能力主要有以下几方面:

(1)宣传表达能力

汽车营销人员是汽车产品的宣传者,而且是以面对面的方式进行宣传,因此,汽车营销人员应具备较强的文字表达能力、口头表达能力以及感情、形体表达能力。

①文字表达能力要求汽车营销人员熟练掌握应用文体的格式和特点,熟练运用语法、词汇、逻辑等知识进行写作(汇报总结、计划方案等),要求文字准确、简洁、生动。

②口头表达能力要求汽车营销人员要讲普通话,吐字清楚,简明扼要,有节奏感。不唉声叹气,不重复,不滔滔不绝,也不能一声不吭,沉默寡言。要讲究语言艺术,注重感情色彩。宣传汽车性能时,要求有敏捷的思维、灵活的反应,能用准确的语言表达自己的看法,不模棱

两可、似是而非,在回答突然提问时有意识地把企业的思想、宗旨、产品、服务以及形象传达给顾客或提问者,以得到他们的认可、理解和赞赏。

③神态、感情、动作是沟通思想感情的非语言交往手段,形体表达有时比语言表达更为重要。如与人交谈,略微倾向对方,表示热情和兴趣;向顾客微微欠身,显得恭谦有礼;自然轻松的微笑是友好、坦诚的表示。所以,汽车营销人员注重用神态表情来传达感情、交流信息,往往有事半功倍的效果。

(2)社会交往能力

汽车营销人员因工作需要,必须和各种各样的人打交道,这就要求汽车营销人员要了解顾客不同的心理特征和行为特征,要清楚如何与不同职业、不同地位的人打交道。现代营销要求汽车营销人员"主动出击",不断拓展自己的交往范围。在与顾客交往中要"入乡随俗",以善于从众的心理寻找契机;遵循人际交往的礼仪,以随和、热情、诚实的形象,博得汽车购买者和其他人员的信赖和好感。

(3)自控应变能力

汽车营销人员在工作中难免会遇到一些态度粗暴、吹毛求疵的客户,汽车营销人员要有风度、气质和高度的自控能力,以自己的冷静使对方平静,用自己的和颜悦色,消除对方的"火气"。自控并非目的,而是在各种突发情况下保持清醒的头脑。同时,不仅需要自控,还需要应变,且应变要理智和机智。汽车营销人员要多预想几个假设,多制订几个计划,多准备几套预备方案和补救措施,这样才能随机应变、应对自如。

(4)创新开拓能力

现代汽车市场是一个充满竞争的市场,现代汽车营销活动是在瞬息万变的情况下进行的,作为汽车营销人员必须具有较强的创新开拓能力。应做到:

①应不安于现状,不满足于现有经验,努力奋发图强。

②视野要广阔、兴趣应广泛,善于学习、善于思维,融会贯通、扬长避短。

③不能有"惯性思维",要以全面的观点从事物中发现不足,寻找对策。

④要持之以恒。创新是一个艰苦的过程,"十年磨一剑",汽车营销人员要坚持不懈,永远以全新的姿态,迎接挑战。

3.1.2 汽车销售人员的训练

1)对工作的热爱

汽车是高价消费品,而且涉及问题较多,若车主对车型或行情不清楚,可能会百般挑剔。销售人员应理解客户,耐心接待,随时待命效劳。整个销售过程烦琐,所以要求汽车销售人员要有高度的敬业精神。

2)培训专业知识

关于汽车内部结构保养方法,以及各类竞争车型的行情,均在培训范围之内。汽车销售人员的有关汽车知识要先求宽、再求精,要适应各种不同爱好及不同兴趣客户的需要,但注意,千万不要以此来炫耀自己。

3)态度亲切有礼

客户通常很在乎销售人员的礼貌周到,所以销售人员的服务态度训练至关重要。

4)训练敏锐的观察力

每笔生意金额都很庞大,成交过程又费时,要培养正确认识客户的眼光,以便全程追踪有购买能力与兴趣的客户。

5)身体训练

身体训练应做到以下几点,并持之以恒。
①养成微笑的习惯。
②内心有希望健康的念头。
③经常放松自己,每天至少放松一次。
④要保持平常的心态,不应易于激动。
⑤每天坚持运动,要有充分的睡眠。

6)观念训练

观念训练应注意:
①销售时"勤奋"是你的灵魂。
②向内行请教或参加强化训练。
③真正接受你销售的顾客只有20%。
④如果你能对客户了解80%,那你付出20%的努力就可能有80%的成功把握。
⑤用80%的耳朵去听,用20%的嘴去说服。
⑥永无机会改变自己的第一形象。
⑦成功的80%来自交流与建立感情,20%来自产品本身。
⑧销售从被客户拒绝开始。
⑨80%的客户都会说您销售的产品价格高。
⑩只要决心成功,就能战胜失败。

7)自我激励

成功的销售人员应具有以下15个心:热心、诚心、真心、爱心、关心、良心、虚心、耐心、专心、信心、决心、恒心、安心、小心、留心。

3.1.3　汽车销售人员的岗位职责

①完成或超额完成销售定额。
②寻找客户:汽车销售员负责寻找新客户或主要客户。

③传播信息：汽车销售员应能熟练地将公司车辆和服务的信息传递出去。

④推销车辆：汽车销售员要懂得"推销术"，与客户接洽、向客户报价、回答客户的疑问并达成交易。

⑤提供服务：汽车销售员要为顾客提供各种服务——对顾客的问题提出咨询意见，给予技术帮助、安排资金融通、加速交车。

⑥收集信息：汽车销售员要进行市场调查，收集市场情报，并认真填写访问报告。

⑦分析销售数据、测定市场潜力。

⑧参与拟订营销战略和计划。

⑨货款回笼。

3.1.4 汽车营销人员的服务行为规范

①服务过程中，面带微笑，亲切热情，知道客户姓氏时应尊称姓氏。

②实行"首问解决制"，谁首先接待，谁就负责处理到底，面对客户提问时，先请客户稍候，代为询问后诚恳地回答客户的问题，不得回答"不知道"，对无法立即处理或答复的事项应记录客户联系电话，告知答复时间，认真核查、处理后答复客户。

③在岗工作时，不得擅自相互串岗、脱岗或离岗，不得从事与客户服务无关的事情，不得放下手上工作，拨打和接听私人电话，业务办理过程中不得与其他销售人员闲聊。

④没有客户时，不得相互聊天或交头接耳，实行"站立式服务"迎接客户，当客户到展厅时，应主动示意问候，做适当的询问。

⑤提前上岗做好班前准备，用品、单据、书写工具定置定位，摆放有序，便于工作；杂物不外露，工作柜台、各类电脑、设备应保持外观整洁、摆放恰当。

⑥不得利用工作之便私自查看、更改客户档案资料，索要或接受客户馈赠品，做违反正常操作规程的事。

⑦不得拒接办公电话，电话响铃3声内接听。

⑧下班时若未办完客户的业务需继续将业务办理完毕或交代接班人员办理，不可推诿、拒办业务。

3.1.5 服务礼仪规范

①销售人员上岗必须穿着统一的标志服装，佩戴工号牌。

②仪容庄重大方，女性员工应淡妆上岗。

③保持良好的个人卫生，不给客户造成不良的视觉形象。

④精神饱满、举止文明、彬彬有礼。

⑤站姿、坐姿、行姿应端正、自然；正确使用标准的身体语言；任何情况下接待客户时都以友善亲切的态度解答其询问，回答时保持眼神接触、微笑与细心聆听。

⑥站立迎候，主动招呼客户，微笑自然；热情接待客户，态度和蔼；耐心解答客户询问，不与客户争辩顶撞。

⑦在公共通道或电梯遇到客户，应暂停、侧身礼让、示意客户先行，严禁与客户抢道通行。

3.1.6　汽车营销人员的服务用语规范

①严格按照服务规范用语应答。

②来有迎声、问有答声、走有送声。

③使用规范服务用语,建立专业、有礼的职业服务形象,常使用文明服务十字用语:"您好、请、谢谢、对不起、再见",禁止使用服务忌语。

④语速适中,语音甜美,语调柔和。忌说话没有激情,语调平淡,过于拖拉或速度太快。咬字清晰,避免出现方言过浓的普通话。

⑤耐心解释、热情周到。严禁与客户通话时出现反问、质问的口气。

⑥应答过程中遇到客户咨询自己不熟悉的事项时,忌烦躁、不懂装懂、推诿、搪塞客户,不得无故打断客户说话,不要急于对客户做出解释,应请客户将问题表述完后再答复。

3.1.7　汽车营销人员的服务态度规范

1)总体要求

①服务人员要以良好的精神状态为客户服务,做到彬彬有礼、落落大方、善解人意、热情周到。对待外宾要有礼节、不卑不亢。

②对客户提出的问题有问必答、耐心解释,对客户不懂的地方不教训、不责备。

③对自己不懂的疑难问题不装懂、不推诿,婉言向客户解释并请相关人员向客户解答。

④尊重客户,不与客户开玩笑,严禁讥笑客户的生理缺陷。

⑤对个别客户的一些失礼言行,要尽量克制忍耐,得礼让人,不与客户争辩顶撞,必要时请经理协助共同解决问题。

⑥服务过程中,有工作差错,应立即向客户致歉,并立即纠正差错,诚恳接受客户的批评。

⑦客户提出表扬道谢时,要谦虚致辞,不骄不躁。

2)称呼礼节

①服务人员在岗时,必须使用标准称呼:男性称呼"先生",女性称呼"小姐""女士"等。

②如知道客户姓氏,则要尊称客户姓氏。

3)谈话礼节

①与客户谈话时,表情自然大方,保持平视。

②语言平缓、清晰易懂。

③在解答客户疑难问题时,尽量不使用专业术语。

④在客户讲话时,应注意聆听,不可心不在焉。

⑤当客户在场时,询问别的同事问题时应使用客户能听懂的语言。

⑥严格使用规范服务用语。做到"请"字当头,"好"字结尾;用委婉的语气表达否定的

意思如"对不起"。

⑦严禁使用服务忌语,包括销售人员之间的对话,严禁与客户争辩,必要时可请展厅经理解决。

4)视线和神情

①眼睛是心灵的窗户,视线与客户接触时要真诚热情。

②神情专注大方,不过分热情也不呆板。

③禁止有斜视、瞟视、俯视或眼神闪烁等不礼貌的神情。

④禁止以貌取人。

3.1.8 汽车营销人员的仪容仪表与姿态风度规范

1)仪容仪表规范

(1)女员工仪容仪表

①服饰着装。

a.上岗前必须穿着好公司统一规定的制服。

b.随时保持着装的整洁与完整。

c.穿裙装时,必须配以长筒丝袜,皮鞋以中跟黑色为宜。

d.在岗时,必须将工号牌佩戴在胸前。

e.在岗时,不可佩戴装饰性很强的项链、耳环等首饰;不可佩戴其他个人装饰物、标记和吉祥物等。

②个人卫生。

a.随时保持面部清洁,淡妆上岗。

b.头发保持整洁和自然,头发不得太长,长发齐肩者使用统一头饰,短发要合拢在耳后。

c.双手保持清洁,指甲不得过长。

d.保持头发、身体和口腔的气味清新。

e.禁止涂有色指甲油,禁止用香味过浓的香水。

f.岗前禁止饮酒或饮用含有酒精的饮料。

(2)男员工仪容仪表要求

①服饰着装。

a.上岗前必须穿着好公司统一规定的制服。

b.随时保持着装的整洁和完整。

c.要求穿深色皮鞋相配。

d.在岗时,必须将工号牌佩戴在胸前。

e.在岗时,不可佩戴装饰物、标记和吉祥物等。

②个人卫生。

a.随时保持面部清洁,不得留胡须和鬓角。

b.禁止染发(除黑色外),头发保持整齐,不得过长;不盖耳、不触衣领。

c.双手保持清洁,指甲不得过长。

d.保持头发、身体和口腔的气味清新。

e.禁止化妆、吹烫奇异发型或喷洒味道过浓的香水,岗前禁止饮酒或饮用含有酒精的饮料。

2)姿态风度规范

(1)坐姿

①入座时,应先扶座椅后再轻稳坐下。

②无客户时,应自然挺胸端坐于位。

③与客户谈话时,上身微前倾,用柔和的目光注视对方。

④从座位上起身时,动作要轻缓,禁止突然起身离开,离位后要将座椅轻轻推回原处。

⑤禁止坐在座椅边缘或斜靠在椅背上。应至少坐满椅子的三分之二,脊背轻靠椅背。

⑥禁止跷二郎腿、双腿习惯性抖动或手上摆弄东西等不良习惯动作。

(2)站姿

①头部端正,面带微笑,表情自然。

②身体自然收腹挺胸,双臂自然下垂放在身体前。

③两腿绷直,保持身体端正,男子双脚自然分开,与肩宽一致;女子脚后跟要靠紧,前掌分成夹角60°左右的"V"字形。

④禁止倚靠其他物品站立。

(3)行姿

①尽量直线行走。

②行走幅度不可过大和过急。

③禁止将任何物品夹在腋下行走。

④严禁在展厅奔跑(紧急情况除外)。

3.2　汽车服务企业销售管理制度

3.2.1　销售计划制度

1)基本目标

公司××年度销售目标如下:

①部门全体:××××元以上。

②每一名员工:每月×××元以上。

③利税目标(含税):××××元以上。

④××品牌的销售目标:××××元以上。

2)基本方针

为实现预定目标,公司确立下列方针并付诸实行:

①本公司的业务机构,所有人员必须精通其业务、团结协作、有危机意识、积极工作。

②工作朝高效率、高收益的方向发展。

③确立目标责任制,贯彻赏罚分明、重赏重罚政策。

④为达到预定目标将加强各种业务管理。

⑤本方针应贯彻至所有相关人员。

3)促销计划

①分发、寄送宣传资料给潜在顾客。

②安装户外广告招牌。

③分发广告宣传单。

④积极支援经销商。

⑤举办讲习会、研讨会。

4)人员的培训

鼓励销售人员参加研讨会,以此提高其销售技巧,增长汽车知识。

5)广告计划

①重新检查广告媒体,务必使广告策划达到以最少的费用,达到最好效果的目标。

②为达到上述目标,应针对广告、宣传技术做充分的研究。

6)营业实绩的管理及统计

①将销售额的实绩统计出来。依据展示厅、区域差别,统计销售额。

②根据上述统计,可观察各厅的销售实绩,掌握各厅负责人的活动绩效,各车辆种类的销售实绩。

7)销售预算的确定及控制

①必须确定销售预算与经费预算,经费预算的决定通常随销售实绩做上下调节。

②预算方面的各种基准、要领等需加以完善,成为示范样本。

③经理按分年、月,分别制订小组的销售方针及计划。

3.2.2　销售计划管理规范

根据本品牌汽车服务企业的战略目标,销售部经理在每年11月中旬制订"全年销售预订计划",并报市场中心经理审核。以战略目标为前提制订计划,配置各项资源,同时考虑到各职能部门的实际现状,计划包括车型计划、品牌运作计划、维修服务计划、配件销售计划等。审核通过后,下发各职能部门确认。

各职能部门经理根据"全年销售预订计划",在每年的 12 月前制订出"各职能部门销售计划书",并报市场营销部经理审核。

"各职能部门销售计划书"审核通过后,确定"全年销售计划"。若"各职能部门销售计划书"审核不能通过,须上报市场中心经理修改"全年销售计划"。最终必须在每年的 12 月中旬确定"全年销售计划"和"各职能部门销售计划书"。市场营销部经理根据各职能部门销售计划,安排全年促销活动。由市场营销部售前专员负责在每年 1 月前制订"年度促销活动计划",经市场中心经理审批后负责执行。

各职能部门销售管理应以量化指标控制整个销售过程,实现计划目标。市场营销部经理在次月 5 日前针对各职能部门计划完成情况填写"各职能部门月度销售计划执行报告",上报市场中心经理审核。每月经过评估后,由市场营销部经理根据计划完成情况及各职能部门资源配置重新调整下月计划,在次月 5 日前制订"各职能部门月度销售计划调整通知单",上报市场中心经理审核,审核通过后,下发各职能部门经理执行。

3.2.3　班前会制度

①展厅经理负责点名,并做好考勤记录。

②展厅经理总结前一天本展厅的整体工作情况,对服务工作中出现的问题及不足之处进行分析,提出改进措施。

③表扬并勉励表现突出或服务质量有明显进步的销售人员,鼓励大家向他们学习;对服务仍有欠缺的销售人员进行细致点评,肯定销售人员好的一面,指出他的不足,限期整改,主持班前会应注意收集客观依据,实事求是,注意语言技巧。

④今日工作中应注意的事项。

⑤学习新业务、新文件及口头通知等。

⑥展厅经理安排 2~3 分钟的答疑时间。销售人员可向展厅经理询问业务疑难问题或在工作中遇到的无法独立解决的问题,展厅经理能够现场回答的应立即答复,若无法立即答复的应做好记录,向有关人员咨询后(销售人员普遍不明白的疑问或个别疑问),在班前会重点解答并约定统一口径。

⑦每日班前会的内容由内勤做好记录。

3.3 汽车销售经理的自身管理

3.3.1 汽车销售经理的职能

1）确定销售目标

①利润计划。
②品牌组合。
③基本销售目标。
④市场占有率目标。
⑤销售组合。
⑥销售价格政策。
⑦需求变动对策。
⑧环境变动对策。
⑨阶段性销售目标。
⑩销售分配。

2）把握市场

①需求分析、销售预测。
②购买动机调查。
③销售效率分析。
④市场占有率调查。
⑤趋势变动分析。
⑥需求变动分析。
⑦失败原因分析。
⑧竞争者分析。
⑨相关分析。
⑩情报管理。

3）决定销售战略

①品牌战略。
②销售通路战略。
③通路管理。
④市场细分政策。

⑤促销战略。

⑥组织机构促销战略。

⑦广告战略。

⑧经销商的协助。

⑨地区市场进攻战略。

⑩企业形象管理。

4）编制销售计划

①部门的方针。

②部门的销售分配。

③部门的销售目标、销售计划和销售预算的制订。

④推销员的招聘、录用、培训与配置。

⑤访问计划。

⑥销售地图。

⑦车辆知识的运用。

⑧销售基点。

⑨销售用具。

5）制订销售战术

①战术的独创性。

②失败原因活用法。

③客户抱怨分析。

④POP 广告。

⑤潜在顾客整理法。

⑥吸引顾客战术。

⑦专案小组。

⑧销售方案。

⑨推销信函。

⑩售前与售后服务。

6）善用推销员的能力

①产品知识。

②购买心理研究。

③洽谈进行方法。

④直率的谈话方法。

⑤试探结论的方法。

⑥应付反对意见的说法。

⑦洽谈结论。

⑧处理抱怨的方法。

⑨应付各种顾客的方法。

⑩角色扮演方法。

7）培养推销员的奋斗精神

①适应性检查。

②适才适用。

③时间的管理。

④能力评估。

⑤销售业绩的评估。

⑥薪资政策、报酬设计。

⑦同行推销。

⑧推销竞赛。

⑨培养推销精神。

8）管理销售活动

①销售组织的适当规模、销售队伍的组织。

②职务分析、分配。

③公司内部的沟通。

④团队的建设、行动管理、间接人员管理。

⑤销售事务。

⑥销售统计。

⑦销售费用的节省。

⑧报表的设计。

⑨业务量的测定。

9）利润计划与资金管理

①利润目标的设定。

②降低成本的目标。

③利润管理。

④资金周转表。

⑤经营分析。

⑥预算控制。

⑦差异分析。

⑧信用调查。

⑨应收账款管理。

⑩收款活动管理。

3.3.2　汽车销售经理岗位责任

1）完成目标责任

①对销售部工作目标的完成负责。

②对销售部指标制订和分解的合理性负责。

③对销售网络建设的合理性负责。

④对确保经销商信誉负责。

2）管理下属责任

①对所属下级的纪律行为、工作秩序、整体精神面貌负责。

②对销售部给企业造成的影响负责。

3）制订规章、流程责任

①对销售部工作流程的正确执行负责。

②对销售部负责监督检查的规章制度的执行情况负责。

4）收支管理责任

①对销售部预算开支的合理支配负责。

②对确保货款及时回笼负责。

5）信息完整责任

对销售部所掌管的企业信息完整、秘密的安全负责。

3.3.3　汽车销售经理的权限

1）对内对外的管理权

①对筛选客户有建议权。

②对重大促销活动有现场指挥权。

③具有对销售部所属汽车销售人员及各项业务工作的管理权。

④具有对直接下级岗位调配的建议权和提名权。

⑤对所属下级的工作有监督检查权。

⑥对所属下级的工作争议有裁决权。

⑦对限额资金有支配权。

⑧一定范围内的客诉赔偿权。

⑨有代表企业与政府相关部门和有关社会团体联络的权力。

⑩一定范围内的经销商授信额度权。

2）对上级的报告权

有向公司领导层的报告权。

3）对下级的考核权

①对直接下级有奖惩的建议权。
②对所属下级的管理水平、业务水平和业绩有考核权。

3.4 交车前的检查（PDI）规范化操作

如果想要赢得顾客的满意,交车前的检查是非常重要的工作,因为顾客对新车的期望是很高的。如果顾客的期望没有被满足,例如,车身有刮痕、粗制滥造等将会引起顾客极度的不满,并会严重影响新车的销售。

所谓 PDI,就是新车送交顾客之前进行的一种检查,英文是 PREDELIVERY-INSPECTION, PDI 是缩写简称。PDI 是交车体系的一部分,该体系包括一系列在新车交货前需要完成的工作,其中大部分项目是由服务部门来完成的。服务部门的责任是正确迅速地执行(PDI),以便使车辆完美无缺地交到用户手中。保质、保量地移交一辆完美无缺的车,是让用户满意的首要条件。

3.4.1 为什么要进行交车前的检查（PDI）

新车交车前检查的目的就是在新车投入正常使用前及时发现问题,并按新车出厂技术标准进行恢复;同时再次确认各分部技术状态良好。例如,各种润滑油、冷却液是否符合技术要求等,以保证客户所购汽车能正常运行。

新车出厂要经过一定的运输方式(或自行驾驶)到销售部门,通过销售商才到用户手中,在此期间,由于各种原因难免发生一些意外,使汽车遭到损坏。例如,在运输途中可能遇到极端恶劣的情况,导致运输过程中的碰撞、飞石、严寒、风雨等;保管过程中的高温、蓄电池会过度放电等。因此,必须进行交车前检查,对新车应加以整备,以恢复出厂时应有的品质。

此外,新车出厂时虽有厂检的技术质量标准,各种装备也按一定的要求配齐了,但也难免因一时疏忽,或生产线上的人为错误导致差错和损坏,故也要一并加以检查,及时反馈给生产厂家。这对制造厂家提高产品质量、与制造厂家进一步密切合作关系,都将带来好处。

总之新车交给顾客之前的检查是新车在投入运行前的一个重要环节,涉及制造厂、供应商和用户三方的关系,是对新车质量的再一次验证;是消除质量事故隐患的必要措施,也是对购车客户承诺及系列优质服务的开始。

3.4.2 交车前检查（PDI）服务的基本要求

我国汽车服务行业 2002 年 7 月 23 日起实施的《汽车售后服务规范》提出了 PDI 服务、

技术咨询的基本要求,主要包括:

①供方在将汽车交给顾客前,应保证整车完好。

②供方应仔细检查汽车的外观,确保外观无划伤及外部装备齐全。

③供方应仔细检查汽车内饰及装备,确保内饰清洁和装备完好。

④供方应对汽车性能进行测试,确保汽车的安全性和动力性良好。

⑤供方应保证汽车的辅助设备功能齐全。

⑥供方应向顾客介绍汽车的使用常识。

⑦供方有责任向顾客介绍汽车的装备、使用常识、保养常识、保修规定、保险常识、出险后的处理程序和注意事项。

⑧供方应向顾客提供24小时服务热线及救援电话。

⑨供方应随时解答顾客在使用中所遇到的问题。

3.4.3　新车交车前的检查(PDI)项目

新车检查一般在制造厂指定的特约维修厂进行,其费用由制造厂支付。由于新车在销售过程中存在中间环节,所以新车交车前的检查又分为制造厂对经销商或运输商交车前的检查和经销商对顾客交车前的检查两种情况。

PDI应该检查的项目,请参照表3-1。

表3-1　PDI表

日期:	车型名称:		车架号码:
车主名称:	车型代号:		发动机号码:
外装颜色代号:	变速器号码:		行驶里程:
内饰颜色代号:	钥匙号码:		
对各项检查结果做如下标记:√合格　×异常			
1.内部与外观缺陷		14.A/T油位	
2.油漆、电镀部件和车内装饰		15.玻璃清洗液位	
3.随车物品、工具、备胎、千斤顶、用户手册、保修手册、随车钥匙安装汽车保护件、拆下车轮防尘罩和车身保护膜发动机部分检查		16.传动带的松紧状况(助力转向、发电机、压机)	
		17.加速踏板控制拉线(A/T控制位线)关闭发动机盖操作与控制检查	
4.发动机盖锁扣及铰链		18.离合器踏板高度与自由行程	
5.蓄电池电极		19.制动器踏板高度与自由行程	
6.电解液高度		20.加速踏板	
7.主地线		21.检查室内熔丝及备用件 点火开关转到位置Ⅰ	
8.主熔断器及备用件		22.收音机调节	
9.制动液及缺油警告灯(包括ABS)		23.收音机/录音机/CD机与电动天线 点火开关转到位置Ⅱ	
10.液压离合器的液位			
11.发动机油位		24.所有警告灯的检查、ABS、手制动、油压/液位、发动机、制动故障、SRS、AT挡位显示器、阻风门	
12.冷却液位及水质			
13.助力转向液位			

续表

25. AT 启动保护器启动发动机检查	61. 加油盖的开启及燃油牌号
26. 蓄电池和起动机的工作及各警告灯显示情况	62. 后座椅的收放调整
27. 急速	63. 行李箱盖(后车门)的关闭及锁定车门的检查
28. 前部与后部清洗器工作	64. 门灯
29. 前后刮水器的工作	65. 手动车窗
30. 方向指示灯与自动解除	66. 后门儿童锁
31. 危险警告灯	67. 给锁/铰链加注润滑剂
32. 侧灯和牌照灯	68. 仪表板车门安全警告灯
33. 前照灯及远光(远光指示灯)	69. 关闭车门检查安装情况
34. 雾灯开关	70. 一次性闭锁系统
35. 制动灯和倒车灯	71. 底部、发动机、制动器与燃油管路是否有泄漏或破损
36. 仪表灯与调光器	72. 悬架的固定与螺栓
37. 烟缸及杂物箱照明灯	73. M/T 油位
38. 喇叭	74. 差速器的油位
39. 点烟器	75. 4WD 后部差速器的油位下降检查
40. 天窗的操作	76. 确认所有车轮螺母力矩
41. 后窗除雾器与指示灯	77. 轮胎压力标签
42. 各种挡位下空调系统性能	78. 旧轮胎压力(包括备胎)
43. 循环开关	79. 工具与千斤顶行驶试验检查
44. 电动车窗、主控制板、各车门开关、分控开关及自动开关	80. 驾驶性能
45. 电动机设定及检查	81. 从内部、悬架及制动器发出的噪声
46. 时钟的设定及检查、关闭发动机检查	82. 制动器与手制动
47. "未关灯"警告灯关闭各灯检查	83. 转向盘自动回正
48. 转向盘自锁功能	84. 转向盘振动与位置
49. 手制动调节	85. A/T 挡位变换(升挡、降挡)
50. 转向盘角度调整	86. 里程表行程读数及取消
51. 遮阳板	87. 巡航控制系统最终检查
52. 昼/夜后视镜	88. 全自动故障显示器
53. 中央门锁及遥控装置(警报)	89. 冷却风扇
54. 室内照明灯(3 个调节位置)	90. 急速/排放
55. 阅读照明灯	91. 燃油、发动机油、冷却剂及废气的渗漏
56. 前后座椅安全带	92. 热启动性能
57. 座椅扶手	93. 用 ABS 检测仪检查 ABS 性能
58. 座椅靠背角度、座椅及头枕调整	94. 制冷剂观测窗最终准备
59. 行李箱盖(后车门)的开启	95. 清洗门
60. 行李箱灯	96. 检查车内包括行李箱是否有漏水

PDI 检查员签字:	销售检查员签字:	车主签字:
日期:	日期:	日期:

注:本"PDI 检查单"所列的项目也许是您所检查的特定车型所没有的,为此请结合实际车型进行检查。

3.4.4　新车交车前的检查(PDI)操作程序及注意事项

①检查前,应先将车辆清洗干净。

②检查时,应按PDI检查单上的检查序号逐项检查,逐项记录。

③PDI检查单将有助于正确完成检查并防止漏检任何项目,否则将会引起客户不满,甚至导致产品赔偿。

④根据车型的不同,PDI检查单所列项目与实际车型检查内容可能有所不同,为此,请结合实际车型进行检查。

⑤如果检查有一个或几个项目不合格时,重新恢复完毕后,重新填写一份全部合格的表单。

⑥检查完成后,检查员必须在检查单上签字,并在《保修手册》中交车前检查栏中签字。

⑦检查时不允许顾客在场,以避免顾客见到有缺陷的车辆而影响整车销售或引起纠纷。

⑧车辆销售时,顾客在确认车辆完好后,必须请顾客在全部检查项目合格的表上签字,以确保车辆在交付顾客时处于完好的状态,避免以后发生问题时因责任不清而产生纠纷。

⑨在车辆交给顾客时,必须填写《保修手册》中保修登记表内的用户车辆详细资料。

⑩单据的管理:将保修登记表、PDI检查表,接车确认单第一联粘贴在一起,连同新车用户保修登记表及磁盘于每月15日和30日以特快专递寄到汽车制造厂售后服务科。

将保修登记表、PDI表、接车确认单第二联(特约店存档联)粘贴在一起,于销售车当天由销售部门移交服务部门管理。

3.4.5　新车接车确认手续

当车辆运到特约店时,特约店接车人员应当在运输商在场的情况下,按接车确认单(表3-2)的内容检查:

①确认车辆的车架编号、型号、颜色等。

②检查总体破损情况:

a. 车体——特别是底部和保险杠。

b. 玻璃。

c. 车辆内部。

③检查所有的部件、工具或应具备的设备是否齐全。

④车辆状况良好,填写接车确认单,接车人和运输商代表双方签字交接车辆。

如存在问题,经运输商确认,双方在确认单上注明存在的具体问题,处理方法及估计修复费用,并签字确认,属运输商责任的问题,由运输商承担修复的全部费用,接车确认单第三联交给运输商。

注意:接车确认不等同于PDI。属于运输责任导致车辆的任何损坏,制造厂家将不予保修,其修理费由运输商负责。

表 3-2 接车确认单

运单编号		运输商名称			
车型名称		运输商代表		日期	
车型代号		特约店名称			
车架号码		特约店代码			
发动机号码		检查者签名		日期	
检查项目	检查结果	处理方式		估价	
A. 外观					
车身的变形、擦伤、锈蚀、安装、各部分之间吻合、油漆的损坏情况,褪色等					
外部零部件、减震器、注塑零部件等的安装、吻合、擦伤、锈伤、变形等					
车门、门锁是否正常工作					
车窗玻璃的割痕、开关工作情况					
发动机罩锁扣、行李箱及油箱盖是否正常工作					
B. 内部					
车座、车门、顶棚、遮阳板等变色					
风窗玻璃喷洗器、刮水器等工作情况					
后视镜情况					
加热器、空调情况					
车灯情况					
其他电器部件情况					
C. 性能					
发动机启动情况					
制动器工作情况					
润滑情况					
D. 其他					
防锈情况					
蓄电池情况					
轮胎情况(包括备胎)					
底盘情况(悬架、油底壳、变速器、横梁等)					

3.4.6　汽车除蜡与清洗

在进行新车全车检查前必须进行除蜡或清除保护膜。

1）除蜡

新车出厂时，为防止汽车在运输、停放中车身油漆受阳光、灰尘等的侵蚀，都会在车身喷涂上一层防护蜡。在新车投入使用前必须清洗干净，车身的漆面色彩才可显示出来。

（1）除蜡方式

①手工除蜡。用煤油（或其他溶蜡清净剂）擦抹，然后用热水清洗。此法煤油用量大，时间长，效果不佳。

②高压热水洗车机除蜡。要求高压热水洗车机工作压力为 500～800 kPa，水温 60～70 ℃。除蜡剂一般采用热水煤油混合液。煤油与热水比率为煤油 3%～5%，热水 95%～97%，通过洗车机高压混合成高温高压乳状除蜡剂。

（2）除蜡作业

①预先用热水清洗车身，时间为 3～5 min，操作要求喷枪嘴距车身 30 cm 左右呈扇形来回喷洗。

②用除蜡剂清洗，喷枪喷嘴距离车身 20 cm 左右，操作时喷枪应来回喷洗，逐片将车蜡溶化清除。喷嘴不宜过久停留在车身某点喷射以防损坏漆膜。

③待车身全部车蜡除净，即用热水依序冲洗车身 3～5 min。

④用软布（或毛巾）按顺序擦干车身。如有未净的车蜡可用软布蘸少许煤油清除，再用软布（或毛巾）擦净。

2）运输保护膜

根据新的环境保护法规，在一些市场上从 2003 年起不再允许对新车进行涂蜡防护操作。现在采用了一种新开发的运输保护膜，这种运输保护膜与涂蜡相比能满足当前流行的表面防护所提出的所有要求，并具有 12 个月的存放能力。为了能够识别可能的运输损伤，必须在最多 2 天（由代理商从汽车验收开始算起）后按照说明书对此运输保护膜进行验收。验收时将在运输保护膜损伤部位的范围内所识别出的车身表面损伤标记为运输损伤。对于在未受损的运输保护膜下所确认出的车身表面损伤，应该按照相应的担保级别进行处理。车身表面和供应质量的检查，是在发现缺陷的情况下填写相应的表格并将其在短时间内寄回给整车厂。

3）清洗

接车时，必须做清洗工作，这样可以清除车身上的尘灰和盐分以防止被腐蚀，并且可以清楚地检验车子的状况。经过清洗后，必须检查规格是否相符，运输过程中有否受到损伤，或零件遗失，是否还有其他问题等。

3.4.7　全车检查

①全车检查。全车检查可参考表 3-3 所列项目进行。

表 3-3　全车检查

特约维修厂			经销商		
车辆明细	车型（Medel）		车架号码（Frame No.）		
检查员			检验日期		
检查部位及检查项目			检查结果		备注
车辆外观					
1	除蜡或清除保护膜				
2	外观				
3	外部车身辅件				
4	车门、发动机盖、行李箱和油箱盖				
电气系统/辅助设备					
1	安装室内灯熔丝（DOME）				
2	门锁系统、照明系统				
3	点火开关				
4	前照灯、雾灯				
5	驻车灯、尾灯、牌照灯				
6	转向信号灯、紧急信号灯				
7	制动灯、倒车灯				
8	仪表灯、照明控制				
9	警告灯、指示灯、警告音响				
10	驾驶室内灯				
11	座椅、安全带、记忆功能				
12	转向盘倾斜和伸缩调整				
13	后窗除雾				
14	电动顶窗				
15	数字时钟（调整至适当时间）				

续表

电气系统/辅助设备				
16	外侧、内侧后视镜			
17	电动窗			
18	点烟器、烟灰盒			
19	杯架			
20	喇叭			
21	仪表板诊断系统指示			
22	遥控车门锁装置			
车辆内部				
1	内部辅件			
2	漏水			
3	制动踏板			
发动机罩下部				
1	发动机油			
2	制动液			
3	动力转向液			
4	冷却液、清洗液			
5	蓄电池			
6	发动机冷机状态			
7	发动机暖机状态			
8	发动机冷却风扇运转状态			
9	变速器油			
10	液体渗漏(燃油、冷却液等)			
车辆下部(使用举升机)				
1	车轮螺母力矩			
2	轮胎(包括备胎)气压			
3	渗漏及损伤			
4	排气系统			
5	除去制动器防锈盖			

续表

车辆下部(使用举升机)				
6	安装橡胶塞(车身)			
7	安装车轮盖			
试验				
1	刮水器和清洗器			
2	暖风和空调			
3	音响系统			
4	计量表和仪表			
5	自动变速器			
6	制动和驻车制动			
7	转向和转向盘偏置			
8	发动机怠速			
最终检验				
1	行李箱灯			
2	备胎、千斤顶和工具等			
3	行李箱装饰物、地毯			
4	使用手册及资料			
5	钥匙			
6	除去车内保护罩、不需要的标签等			
7	清洗车辆			

注:检查结果的填写格式为 V—合格;A—调整;T—紧固;L—润滑;R—更换;X—修理;O—完成
　　PDI 应该检查的项目,请参照制造厂家印制的新车交车前整车检查表进行。

②全车检验。全车检验项目参见表3-4。

表3-4　检验项目

序号	检验项目	不合格项目	序号	检验项目	不合格项目
1	远光灯		6	风窗玻璃清洗器	
2	近光灯		7	喇叭	
3	前转向灯		8	后转向灯	
4	风窗玻璃		9	尾灯	
5	刮水器		10	制动灯	

序号	检验项目	不合格项目	序号	检验项目	不合格项目
11	倒车灯		36	发动机异响/漏油	
12	散热器		37	发动机支架/托架	
13	号牌灯		38	转向轴/万向节	
14	车厢/地板		39	转向机支架	
15	驾驶室内灯		40	转向摇臂/轴	
16	车窗		41	前吊耳轴/套/销	
17	车门		42	横顺拉杆	
18	下视镜/后视镜		43	转向主销/轴承	
19	速度表		44	前悬架连接/轴套	
20	制动踏板自由行程		45	后悬架连接/轴承	
21	驻车制动器		46	后部杆系	
22	转向盘		47	后部软管/管子/气罐	
23	转向机轴筒托架		48	弹簧夹箍/断裂	
24	司机位/乘客位		49	弹簧U形螺栓/螺母	
25	轮胎		50	减震器	
26	轮胎螺栓/螺母		51	后吊耳轴/套/销	
27	燃油箱/燃油箱盖		52	后半轴螺栓/螺母	
28	挡泥板		53	推进器转动轴万向节	
29	车身/漆面		54	排气管/消声器	
30	仪表/仪表灯		55	车架	
31	起动机		56	底盘横梁	
32	发电机		57	车内底板	
33	电器导线		58	转向助力器	
34	防护网/连接装置/标志		59	制动器渗油/漏气	
35	灭火器		60	变速器/减速器漏水/油	

通过生产技术改进,一些PDI项目可以减少,但如果有增加新的零件或结构时,则必须增加检查项目。也就是说,PDI的项目是可以改变的。

③接车。接收新车时的检验,在很多时候,似乎不是服务部门的工作,然而,此时的服务部门也应尽量积极参与。因为接车检验不仅是一项很重要的工作,也是高品质服务的开始。

④新车库存。一般情况下制造厂家提供新车库存手册,应根据新车库存手册,结合本公司的具体情况拟订一个库存新车的计划并认真执行。

新车检查完毕后,还应根据《用户使用手册》和《保修手册》向顾客介绍新车使用常识、装备情况、保养维修等知识,并解答顾客提出的使用中各种临时性的问题。

3.5 服务企业汽车消费信贷代理服务

3.5.1 国内外汽车消费信贷

1)对信贷消费的认识

所谓信贷消费,简单地讲就是鼓励消费者从银行先借钱消费,然后再分期偿还,即"花明天的钱,圆今天的梦"。消费信贷在发达国家较普遍,法国25%的家庭靠银行贷款买房;美国70%、日本50%、德国60%的汽车消费则是通过分期付款信贷进行的;在我国,2016年消费信贷占贷款总规模的比例仅16.1%左右。

2)国外汽车信贷

国外比较大的汽车制造公司都有自己的汽车金融公司,为促销自己的汽车而发放贷款,对现有的顾客群和营业网点开展汽车金融服务,从而增加汽车的销量,并提高收入。汽车销售多以分期付款方式进行。汽车公司金融业的运作方式与一般的银行办理的汽车分期付款不同,银行贷款往往以固定资产、银行存款或保险作抵押,而汽车公司以所购汽车为主要抵押物,手续简便,易于为消费者所接受。另外,这些汽车公司金融机构提供的贷款利率也因车型而异,比较灵活,对于促销车辆,其贷款利率通常会低一些,在这一点上,传统银行与之无法相比。

3)国内汽车消费信贷

所谓汽车消费信贷,就是金融机构对消费者个人发放的,用于购买汽车的贷款。换句话说,就是银行向在与该行签订了《汽车消费贷款合作协议书》的特约经销商处购买汽车的借款人发放的用于购车的贷款。它是银行为解决购车者一次性支付车款困难而推出的一项业务。通俗地讲,就是到银行去借钱,用银行的钱去办自己的事。不过客户需要注意,并不是在所有的汽车经销商处购车都可以获得汽车消费贷款,只有在特约经销商处购车才可以申请汽车消费信贷。这里的特约经销商是指在汽车生产厂家推荐的基础上,由银行各级分行根据经销商的资金实力、市场占有率和信誉进行初选,然后报到总行,经总行确认的,与各分行签订《汽车消费贷款合作协议书》的汽车经销商。

一般来说,办理汽车消费信贷应具备以下条件:

①贷款人要有稳定的职业和经济收入或易于变现的资产,足以按期偿还贷款本息。

②贷款人申请贷款期间有不低于贷款银行规定的购车首期款存入该银行。

③贷款人必须提供贷款银行认可的担保。也就是说,借款人必须按照《中华人民共和国担保法》的有关规定提供担保。这里的担保,就是指借款人可用所购汽车或银行认可的可以作为抵押物和抵押财产进行抵押。也可以用第三方保证方式提供担保,在借款人不能履行合同时承担连带责任。

3.5.2　汽车消费信贷方式与程序

1) 贷款对象

凡贷款人在当地有固定住所、具有完全民事行为能力的自然人和经工商行政管理机关核准登记的企、事业法人都可以进行汽车消费贷款。

2) 借款人的条件(以中国工商银行为例)

(1)申请贷款的自然人应符合的条件

①具有完全民事行为能力的中国公民,原则上年龄不超过65周岁。

②有本市常住户口或有效居住身份,有固定的住所。

③有稳定职业和固定收入,具有按期偿还贷款本息的能力。

④提供贷款人认可的财产抵押,或有效权利质押,或具有代偿能力的法人或第三方作为偿还贷款本息并承担连带责任的保证担保。

⑤遵纪守法,没有不良信用记录。

⑥持有与特约经销商签订的购车协议或购车合同。

⑦在工行开立信用卡或活期储蓄存折,并与贷款人签订同意从其信用卡或活期储蓄存折中扣收贷款本息的协议。

⑧提供或在贷款人存有不低于首期付款金额的购车款。

(2)申请贷款的法人应符合条件

①经本市工商行政管理机构核准登记、年检合格的企业法人。

②如为出租汽车公司,则须有本市客运管理处核发的营运许可证。

③必须有中国人民银行颁发的"贷款证"。

④与工商银行建立信贷关系,基期或即期企业信用等级BBB(含)以上,具有按期还本付息能力强。

⑤在工商银行开立结算账户,能提供或在贷款人存有不低于首期付款金额的购车款。

⑥如更新车辆须有车辆更新申请表。

⑦提供贷款人认可的财产抵押,或有效权利质押,或具有代偿能力的法人并承担还本付息连带责任的保证担保。

3) 贷款的金额、期限和利率

(1)贷款金额

借款人以国库券、企业债券、个人存单抵押的,存入银行的首期款不得少于购车款的

20%，借款最高限额为购车款80%；借款人以所购车辆作抵押或其他资产作抵押的，存入银行的首期款不得少于购车款的30%，借款最高限额为购车款的70%，借款人提供第三方保证方式的，存入银行的首期款不得少于购车款的40%，借款限额最高为购车款的60%。

（2）贷款期限

贷款期限一般为3年（含），最长不超过5年（含），如采用贷款到期一次性还本付息的，贷款期限控制在一年（含）之内。

（3）贷款利率

贷款利率原则上按照银行规定的同期同档利率执行（表3-5）。如遇贷款利率调整，贷款期限在1年（含）以下的，执行合同利率，不分段计息。贷款期限在四年以上的，实行分段计息。于下一年度1月1日开始，执行同期同档贷款新利率。

表 3-5　汽车消费贷款利率及月供额

贷款期限/年	期数/期	年利率/%	贷款额/元	月供额/元
1	12	5.85	10 000	859.98
2	24	5.94	10 000	442.94
3	36	5.94	10 000	303.95
4	48	6.03	10 000	234.99
5	60	6.03	10 000	193.47

4）贷款的方式

贷款方式分为抵押、质押和第三方保证。

（1）车辆抵押

以借款人所购车辆作抵押的，应以其价值全额作抵押。

（2）质押

其他抵押质押以贷款人认可的其他抵押物作担保的，其价值必须大于贷款金额的150%；以无争议、未做挂失，且能为贷款人依法实施有效支付的权利作质押的，其价值必须大于贷款金额的110%。

（3）第三方保证

以第三方保证作担保的，保证人应具备以下条件：

①如为具有完全民事行为能力的自然人，应有本市常住户口或有效居住身份。固定住所、稳定职业和较高的收入以及贷款人规定的其他条件。

②如为除银行、保险公司以外的企（事）业法人，应具备法人资格。且资信状况良好、基期或即期企业信用等级 A 级（含）以上有代借款人偿还贷款本息的能力以及贷款人规定的其他条件。

③如为保险公司，须持有贷款人指定的保险公司提供的履约担保的保险单据，且担保金

额原则上须大于贷款本息。

（4）办理购车贷款所需的有关材料

①个人提供的材料：

a. 身份证复印件、户口簿、结婚证。

b. 收入证明。

c. 所得税单。

d. 水、电、煤气、手机账单（3 个月）。

e. 汽车订单复印件。

f. 个人汽车消费贷款申请书。

g. 其他材料。

②私营企业主还必须提供的材料：

a. 营业执照。

b. 法人代码证。

c. 公司章程。

d. 上年经审计的报表。

③法人提供的材料：

a. 营业执照、法人代码证、公司章程。

b. 贷款证、上年审计的财务报告。

c. 法定代表人身份证复印件、法人代表资格证明。

d. 近 3 个月的财务报表。

e. 购车订单复印件。

f. 法人汽车消费贷款申请书。

g. 董事会决议。

h. 购车计划。

i. 其他材料。

5）汽车消费贷款审批程序

①消费者应先到银行营业网点进行咨询，银行向消费者推荐特约经销商。

②消费者到经销商处选购汽车并签订购车合同。

③消费者到银行提出贷款申请，申请时必须出具以下证明：有效身份证明、购车协议或合同、职业与经济收入及家庭状况的证明、担保证明以及银行规定的其他证明材料。

④银行受理贷款申请后，要对借款人和保证人的资信情况进行必要的调查，一般在 15 个工作日内将审批意见通知申请人。对符合贷款条件者，银行会及时通知借款人办理贷款担保手续，签订贷款合同。

⑤借款人去银行指定的保险公司预办抵押物保险。

⑥银行向经销商出具贷款通知书，同时将购车首期款支付给经销商。

⑦经销商收到贷款通知书后，协助借款人到有关部门办理有关手续。

至此,消费者就可以名正言顺地行使对汽车的拥有权了。但在合同期内,银行还将对购车人的收入状况、抵押物状况、保证人的代偿能力等进行必要的监督。

现举例:上海大众汽车办理抵押贷款的介绍。

上海大众汽车公司为了开展桑塔纳汽车的销售业务,推出用车辆进行抵押的汽车消费贷款方式,这不能不说是对国内汽车消费贷款的一种冲击。因为它的贷款条件更为宽松,运作方式更加灵活。为了方便广大汽车消费者了解,我们对其情况进行简单介绍:

①客户到当地上海大众汽车公司授权的销售公司咨询该公司并提供有关材料。然后下订单并将订单复印件提交银行。

②银行对提供的材料进行审核和批准(3 天内完成)。

③银行对审批合格的客户,发出"同意汽车消费贷款通知书"。

④客户接到银行通知书后与银行签订合同,并办理保险公证手续。客户所在公司向银行提供放款日到抵押登记办妥前这段时间的期间担保。

⑤销售公司向客户收取款项(定金等),银行接到付款收据的复印件及公证书后放款,并同时通知销售公司。全款到位后,销售公司帮助客户办理提车手续,开出购车发票,给出车架号、发动机号,客户将两个号码提供给保险公司,开出保单,并办理上牌。

⑥销售公司将购车发票、车辆合格证、保险单及行驶证复印件移交银行,由银行办理抵押手续。

⑦银行办妥抵押登记,客户到银行领取有关权证。

3.6 服务企业汽车销售中办理汽车保险的代理服务

我国的私人汽车越来越多,而汽车运行速度快,极易发生事故。为避免车辆在使用过程中因出现意外事故而蒙受损失,车主参加保险很有必要。从我国目前情况来看,车辆保险主要包括第三者责任险、车辆损失险、不计免赔附加险、车上责任险、被盗被抢险、玻璃破碎险和自燃损失险等。

3.6.1 汽车保险含义

汽车保险是指汽车在行驶中发生各类交通事故造成的人身伤亡和财产损失,依法由保险人(即保险公司)按照保险合同承担保险责任,对被保险人(或车主)进行赔偿的行为。

3.6.2 汽车保险种类

保险合同为不定值保险合同,分为基本险和附加险,附加险不能独立投保。

1)基本险

在中国境内行驶的机动车辆必须投保第三者责任险。

（1）第三者责任险

第三者责任险是指被保险人或其允许的驾驶员在使用投保车辆过程中，发生意外事故，致使第三人遭受人身伤亡或财产直接损毁，依法应当由被保险人支付的赔偿金额，保险人依照《道路交通事故处理办法》和保险合同的规定给予赔偿。

（2）车辆损失险

车辆损失险是指被保险人或其允许的合格驾驶员在使用车辆过程中，因保险合同所列原因造成保险车辆损失，由保险人负责赔偿。

2）附加险

在中国境内行驶的机动车辆可以选择投保附加险。

附加险不能独立投保，在投保了车辆损失险的基础上方可投保全车盗抢险、车辆停驶损失险、自燃损失险、玻璃破碎险和新增加设备损失险。在投保了第三者责任险的基础上，方可投保车上责任险、无过失责任险和车载货物掉落责任险。附加险条款与基本险条款相抵触之处，以附加险条款为准。未尽之处，以基本险条款为准。附加险有：

（1）全车盗抢险

保险车辆全车被盗窃、被抢夺、被抢劫，经县级以上公安刑侦部门立案证实，满3个月未查明下落时，按保险人保险车辆的实际价值或依照保险合同规定的限额负责赔偿。

（2）无过失责任险

投保了该保险的机动车辆在使用过程中，因与非机动车辆、行人发生交通事故，造成对方人员伤亡和财产直接损毁，保险车辆一方无过失，但被保险人拒绝赔偿未果，对被保险人已经支付给对方而无法追回的费用，保险人按《道路交通事故处理办法》和出险当地的道路交通事故处理规定标准，在保险单所载明的保险限额内计算赔偿。

（3）车上责任险

投保了该保险的机动车辆在使用过程中，发生意外事故，致使保险车辆上所载货物遭受直接损毁和车上人员的人身伤亡，依法应由被保险人承担的经济赔偿责任，以及被保险人为减少损失而支付的必要合理的施救、保护费用，保险人在保险单所载明的该保险赔偿限额内计算赔偿。

（4）车载货物掉落责任险

投保了该保险的机动车辆在使用过程中，所载货物从车上掉下来致使第三者遭受人身伤亡或财产的直接损毁，依法应由被保险人承担的经济赔偿责任，保险人在保险单所载明的保险赔偿限额内计算赔偿。

（5）车辆停驶损失险

投保了该保险的机动车辆在使用过程中，因发生基本险条款所列的保险事故，造成车身损毁，致使车辆停驶，保险人按部分损失、全车损毁的规定，按保险单的约定赔偿限额承担赔偿责任。

（6）自燃损失险

投保了该保险的机动车辆在使用过程中，保险车辆因电器、线路、供油系统发生故障及运载货物自身原因起火燃烧,造成保险车辆损失,以及被保险人在发生本保险事故时,为减少保险车辆损失所支出的必要合理的施救费用,保险人在保险单该项目所载明的保险金额内,按保险车辆的实际损失计算赔偿。发生全部损失的,按出险时保险车辆实际价值在保险单该项目所载明的保险金额内计算赔偿。

(7)玻璃破碎险

投保了该保险的机动车辆在使用过程中,发生保险车辆玻璃单独破碎,保险人按实际损失计算赔偿。

(8)新增加设备损失险

投保了该保险的机动车辆在使用过程中,发生了基本险条款所列的保险事故,造成车上新增加设备的直接损毁,保险人在保险单该项目所载明的保险金额内,按实际损失计算赔偿。

3)除外责任

投保基本险的汽车,不是在任何情况下发生的损失都会得到保险公司的赔偿。所以,保险公司会预先声明一些除外保险责任。

①保险车辆的下列损失,保险公司不负责赔偿:自然磨损、锈蚀、故障、轮胎爆裂;地震、人工直接供油、自燃、明火烘烤造成的损失;受本车所载货物撞击的损失。两轮及轻便摩托车停放期间翻倒的损失;遭受保险责任范围内的损失后,未经必要修理继续使用导致损失进一步扩大。

②保险车辆造成下列人身伤亡和财产损毁,不论在法律上是否应当由车主承担赔偿责任,保险公司也不负责赔偿:车主所有或代管的财产;私车、个人承包车车主及家庭成员,以及他们所有或代管的财产;本车上的一切人员和财产;车辆所载货物掉落、泄漏造成的人身伤亡和财产损毁。

③下列原因造成保险车辆损失或第三者经济赔偿,保险公司均不负责:战争、军事冲突、暴乱、扣押、罚没;竞赛、测试、进厂修理;饮酒、吸毒、药物麻醉、无有效驾驶证等的驾车行为;保险车辆拖带未保险车辆及其他拖带物或未保险车辆拖带保险车辆造成的损失。

④下列损失和费用,保险公司不负责赔偿:保险车辆发生意外事故,致使车主或第三者停业、停驶、停电、停水、停气、停产、中断通信及其他各种间接损失;车主及驾驶员的故意行为;其他不属于保险责任范围内的损失和费用。

3.6.3　汽车保险的金额、期限和费用

1)保险金额和赔偿限额

(1)损失险金额

车辆损失险的保险金额由投保人和保险人选择三种方式之一协商确定。

①按新车购置价确定。新车购置价是指保险合同签订地购置与保险车辆同类型新车(含车辆购置附加税)的价格。

②按投保时的实际价值确定。实际价值是指同类型车辆市场新车购置价减去该车已使

用年限折旧金额后的价格。

③协商确定。由投保人与保险人协商确定,但保险金额不得超过同类型新车购置价,超过部分无效。

（2）赔偿限额

①在不同区域内,摩托车、拖拉机的最高赔偿限额分为 4 个档次,分别为 2 万元、5 万元、10 万元和 20 万元。

②第三者责任险的每次事故最高赔偿限额分 6 个档次,分别为 5 万元起,10 万元、20 万元、50 万元、100 万元和 100 万元以上,最高不超过 1 000 万元。

③挂车投保后与主车视为一体。发生保险事故时,挂车引起的赔偿责任视同主车引起的赔偿责任,但以主车赔偿限额为限。

2）保险期限

保险合同的保险期限为一年,除法律另有规定外,投保时保险期限不足一年的按短期月费率收取保险费;保险期限不足一个月的按月计算。

3）保险费用的计算

（1）保险费率确定的基本原则

①公平合理原则。公平合理原则的核心是确保实现每一个被保险人的保费负担基本上是依据或者反映了保险标的危险程度。这种公平合理的原则应在两个层面加以体现。

一是在保险人和被保险人之间。在保险人和被保险人之间体现公平合理的原则,是指保险人的总体收费应当符合保险价格确定的基本原理,尤其是在附加费率部分,不应让被保险人负担保险人不合理的经营成本和利润。

二是在不同的被保险人之间。在被保险人之间体现公平合理,是指不同被保险人的保险标的的危险程度可能存在较大的差异,保险人对不同的被保险人收取的保险费应当反映这种差异。

由于保险商品存在一定的特殊性,要实现绝对公平合理是不可能的,所以,公平合理只能是相对的,只是要求保险人在确定费率的过程中应当注意体现一种公平合理的倾向,力求实现费率确定的相对公平合理。

②保证偿付原则。保证偿付原则的核心是确保保险人具有充分的偿付能力。保险费是保险标的损失偿付的基本资金,所以,确定的保险费率应保证保险公司具有相应的偿付能力,这是保险的基本职能决定的。保险费率过低,势必削弱保险公司的偿付能力,从而影响对被保险人的实际保障。在市场经济条件下,经常出现一些保险公司在市场竞争中为了争取市场份额,盲目地降低保险费率,结果是严重影响其自身的偿付能力,损害了被保险人的利益,甚至对整个保险业和社会产生巨大的负面影响。为了防止这种现象的发生,各国对于保险费率的确定,大都实行由同业协会制订统一费率的方式,有的国家在一定的历史时期甚至采用由国家保险监督管理部门颁布统一费率,并要求强制执行的方式。

保证偿付能力是保险费率确定原则的关键,原因是保险公司是否具有足够的偿付能力,这不仅会影响到保险业的经营秩序和稳定,同时,也可能对广大的被保险人,乃至整个社会产生直接的影响。

③相对稳定原则。相对稳定原则是指保险费率确定之后,应当在相当长的一段时间内保持稳定,不要轻易变动。由于机动车辆保险业务存在保费总量大,单量多的特点,经常的费率变动势必增加保险公司的业务工作量,导致经营成本上升。同时被保险人需要不断适应新的费率,这样就很不方便。要实现保险费率确定相对稳定的原则,在确定保险费率时就应充分考虑各种可能影响费率的因素,建立科学的费率体系,更重要的是应对未来的趋势做出科学的预测,确保费率的适度超前,从而实现费率的相对稳定。

要求费率的确定具有一定的稳定性是相对的,一旦经营的外部环境发生了较大的变化,保险费率就必须进行相应的调整,以符合公平合理的原则。

④促进防损原则。防灾防损是保险的一个重要职能,其内涵是保险公司在经营过程中应协调某一风险群体的利益,积极推动和参与针对这一风险群体的预防灾害和损失活动,减少或者避免不必要的灾害事故的发生。这样不仅可以减少保险公司的赔付金额和减少被保险人的损失,更重要的是可以保障社会财富,稳定企业的经营,安定人民的生活,促进社会经济的发展。

(2)保险方案设计

①完全保障方案。

a.险种组合:车辆损失险+第三者责任险+车上责任险+挡风玻璃单独破碎险+不计免赔特约险+新增加设备损失险+自燃损失险+全车盗抢险。

b.特点:保全险,能保的险种全部投保。即几乎与汽车有关的全部事故损失都能得到赔偿。不必为少保一个险种而得不到赔偿,承担投保决策失误的责任。

②最佳保障方案。

a.险种组合:车辆损失险+第三者责任险+车上责任险+挡风玻璃单独破碎险+不计免赔特约险+全车盗抢险。

b.特点:在完全保障方案中剔除新增加设备损失险和自燃损失险。因为这两个险种的出现概率不高,必要性不是很大。即价值大的险种投保,价值不大的不花冤枉钱。

③最低保险方案。

a.险种组合:第三者责任险。

b.特点:只保第三者责任险,别的全部不保,即可以用来应付上牌照和验车,一旦撞车或撞人,对方的损失也能得到保险公司的一些赔偿。不过,自己车的损失就没人赔了。

④经济保障方案。

a.险种组合:车辆损失险+第三者责任险+不计免赔特约险+全车盗抢险。

b.特点:仅投保4个最必要、最有价值的险种,即用最少的钱投保最有价值的险种,性价比最高;个人最关心的丢失和赔偿问题等大部分风险都有保险。这是精打细算的人的最佳选择。

(3)保费计算的举例

根据新条款内容,以一辆价值15万元的车(非营业性)为例。基本保险费:240元/年;

基本保险费率:1.2%;全车盗抢险费率:1%;车上责任险:每座 60 元;不计免赔险费率:20%;自燃损失险费率:0.4%。

具体计算如下:

①投保第三者责任险(赔偿限额 10 万元)保险费 1 300 元。

②车辆损失险(保险金额 15 万元):

保费计算:基本保险费 + 保险金额 × 费率(%) = 240 + 150 000 × 1.2% = 2 040 元。全车盗抢险(保险金额 15 万元),保费按 1% 计算为 1 500 元。车上责任险(5 座,每座 60 元)300 元。不计免赔险:保费 = (车损险保费 + 第三者险保费) × 20% = 668 元。自燃损失险:150 000 × 0.4% = 600 元。合计保险费 5 008 元。

3.6.4　汽车保险的索赔

1)保险索赔程序

(1)单方事故

①报案。直接向保险公司报案,如损失较大,可由保险公司确认是否向当地公安机关报案或保险公司现场勘查。

②定损。由当事人配合保险公司索赔人员勘查、确认损失。如在修理过程中发现还有其他损失的,马上报请保险人复查。

③索赔。尽快地收集索赔单据,15 天内向保险公司申请索赔,一般所需单据如下:

a.填写出险通知书并加盖公章(私车需盖私章)。

b.交通事故仲裁机关出具的调解书、责任认定书或有关政府职能部门的证明。

c.保险公司的定损单。

d.车辆的修理发票及维修清单、施救费。

e.第三者车损修理发票及维修清单、施救费、物损发票。

f.如有一次性赔偿的,需提供一次性赔偿凭证。

g.肇事车辆的行驶证正、副本及司机驾驶执照正、副本复印件(私车还要提供被保险人身份证复印件)。

h.保单复印件。

i.赔款通知书上加盖公章及公司账号(私车由被保险人签字)。

j.如所汇款单位或个人与被保险人不符,还需提供被保险人的委托书。

(2)伤亡事故

①报案。立即向警方报案,抢救伤者。在 48 小时内向保险公司报案(越早越好),尽量减少损失。

②定损。向保险公司咨询有关第三者或车上人员的伤残或死亡赔偿标准,如有必要可与保险公司调查员到医院了解伤者情况。到事故处理部门进行责任认定和事故调解。受伤入院不必垫付过多的医疗费用,以免被动,可在核实责任后向保险人咨询再认可。

③索赔。尽快地收集索赔单据,15 天内向保险公司申请索赔,一般所需单据如下:

a. 填写出险通知书并加盖公章(私车需盖私章)。

b. 交通事故仲裁机关出具的调解书、责任认定书或有关政府职能部门的证明。

c. 伤者诊断证明、伤残鉴定报告、出院小结、医疗病历、一次性赔偿凭证(伤残事故)。

d. 死亡证明、一次性赔偿凭证(死亡事故)。

e. 被抚养人(仅限直系亲属)的户籍证明(残疾或死亡事故所需)。

f. 医疗费、家属的交通费、住宿费。

g. 肇事车辆的行驶证正、副本及司机驾驶证正、副本复印件(私车还要提供被保险人身份证复印件)。

h. 保单复印件。

i. 赔款通知书上加盖公章及公司账号(私车由被保险人签字)。

j. 如所汇款单位或个人与被保险人不符,需提供被保险人委托书。

(3)盗抢索赔

①报案。立即向当地公安刑侦部门(电话110)报案(24 小时),保留现场并立即向保险公司报案(48 小时)。

②定损。尽快在当地市级以上报社发布寻车启事,要索取并保存该期报刊至索赔;3 个月后到当地公安刑侦部门开具未破案证明,同时到车辆所属车管部门办理失窃车辆牌证注销手续。

③索赔。尽快地收集索赔单据。15 天内向保险公司申请索赔(保险公司一般在报案 3 个月后受理),一般所需单据如下:

a. 出险通知书填写并加盖公章(私车需盖私章)。

b. 车钥匙两把。

c. 行驶证及副卡原件、驾驶证正、副本复印件。

d. 购车发票。

e. 登报寻车启事、公安报案受理单、公安刑侦部门 3 个月未破案证明。

f. 停车场证明、停车费收据正本。

g. 权益转让书。

h. 保单复印件。

i. 失窃车辆牌证注销登记表。

j. 单位营业执照复印件(私车提供身份证复印件)。

k. 赔款通知书上加盖公章及公司账号(私车由被保险人签字)。

l. 如所汇款单位或个人与被保险人不符,需提供被保险人委托书。

2)赔偿数额和方法

(1)车辆损失险的赔偿方式

车辆损失险的赔偿方式有两种,即全部损失赔偿和部分损失赔偿。全部损失赔偿按保险金额执行,但当保险金额高于重置价值(即实际价值,以出险地重新购置价为准)时,赔偿金额以不超过出险地的重置价为限。部分损失赔偿按实际修理费为计算赔偿依据,但不超过保险金额。如保险金额低于保险价值的车辆,按保险金额与保险价值的比例计算赔偿修理费。

车辆损失赔偿以不超过保险金额为限。如果保险车按全部损失计算赔偿或部分损失一次赔偿达到保险金额,车辆损失险的保险责任即行终止;如赔偿金额未达到保险金额,合同继续有效。

根据驾驶员在事故中所负责任,车辆损失险和第三者责任险在符合赔偿规定的金额内实行绝对免赔率:负全部责任免赔 20%,负主要责任免赔 15%,负同等责任免赔 10%,负次要责任免赔 5%。

(2)赔偿金额与保险金额相关

如果汽车投保时的保险金额按车的实际价值确定,保险金额低于保险价值,但等于实际价值。遇到车辆被盗、抢造成全车损失时,得到的赔偿与保险金额等同于保险价值时一样。但遇到部分损坏时却不同。保险车辆得到按保险金额与保险价值的比例计算赔偿修理费用。车辆损失以不超过保险金额为限。如果保险车辆以全部损失计算赔偿或部分损失一次赔款达到保险金额时,车辆损失险的保险责任终止。当保险金额低于实际价值时,如果车辆发生全损,保险公司按照保险金额计算赔偿金。所以,在给车辆上保险时应该实事求是,足额投保。

举例说明:假设一辆新车的购置价为 12 万元,使用 3 年后,车主以 8 万元购买,则此时它的实际价值是 12 万/15 年 × (15 年 − 3 年) = 9.6 万元。在投保不同保险金额的情况下,发生全部损失(被盗)和部分损失(修理费 800 元)时,保险公司的赔款计算如下:

①保险价值 12 万元,保险金额 12 万元:全部损失时赔款 96 000 × 80% = 76 800(元);部分损失时赔款 800 × 80% = 640(元)。

②保险价值 12 万元,保险金额 8 万元:全部损失时赔款 80 000 × 80% = 64 000(元);部分损失时赔款 (80 000/120 000) × 800 × 80% = 426.67(元)。

③保险价值 12 万元,保险金额 6 万元:全部损失时赔款 60 000 × 80% = 48 000(元);部分损失时赔款 (60 000/120 000) × 800 × 80% = 320(元)。

注意:当赔款达到应交保费的 150% 时,保险公司还要加收应交保费的 30%,并在赔款中扣除。

3)索赔的注意事项

(1)实事求是、及时报案

出事后,车主或其他相关人员应将事故发生的时间、地点、原因、损失程度、估损金额等通过填写"机动车出险登记表"和"机动车出险通知书"及时向保险公司报告。若被保险车辆被盗抢,应在 24 小时内向公安刑侦部门报案,同时通知保险公司。

(2)保护现场、配合查勘

(3)提供证明、交送单据

索赔时应向保险公司提供保险单、事故责任认定书、事故调解书。人员伤亡证明及费用单据、伤残鉴定证明等。

(4)尽量修复、事先约定

出险车因保险事故受损或致使第三者财产损坏,应尽量修复。修理前车主须同保险公司检验、确定修理项目、方式和费用,以免被保险公司重新核定甚至拒绝赔偿。

3.6.5 汽车保险的误区

1)不足额投保

由于汽车保险费的费率是固定的,因而交费多少取决于汽车自身保险金额的高低。正确的选择是足额投保,也就是说车辆价值多少就保多少,日后万一损毁、失窃,可得到足额赔付。可有的人为了省点保险费,不愿足额投保。明明价值40万元的轿车,只保20万元,保险费确实是省了点,但万一发生事故,就不能得到足额赔付。

2)重复投保

有人误认为汽车保险如同买彩票一样,买得越多,中奖率也就越高。因此,多保几份可以多得赔款。但财产保险标的是财产,是有确定的保险金额的。一辆汽车的价值10万元,如果你已在一家保险公司足额投保了10万元,那么这车即使全部损失,最高也只能赔偿给你10万元,这一张保险单承担的风险责任已可满足车辆的最大损失。即使你在另一家保险公司再保同样金额的保险,保险单也再无价值,因为作为同一辆汽车已得到足额赔付。如果正如上述那样同时在两个保险公司投保了20万元,那么,当汽车出险时,每个保险公司最多是各给付你损失的50%。

3)不按时续保

有的人在看到自己汽车投保一年没出事后,就抱着一种侥幸心理,放松警惕,不按期续保。事故往往是不以人的意志为转移的,随时都可能发生,即使是仅脱保几天,一旦出事保险公司也不会赔偿。

4)险种没保全

汽车保险有车辆损失险、第三者责任险以及各种附加险等9个险种。选择哪些险种(强制性险种除外)是个人自由,不能强行摊派。但像车辆损失险、第三者责任险、车辆盗抢险、驾驶员意外伤害险以及乘客意外伤害险等,对个人权益至关重要,应尽量考虑保全。

5)超额投保

这种情况与不足额投保刚好相反。有的人明明手中是一辆旧车,其真实价值不过3万~5万元,但自作聪明,偏偏要超额投保,保它10多万元。认为自己多花钱就可以在车辆出险后获得高额赔偿。实际上这是一厢情愿而已。等到保险车辆出险以后,保险公司确定损失时,是按汽车出险时的车辆实际损失赔钱,不是保额高就可多得到赔款。

3.6.6　汽车保险的办理

1）新车投保

（1）摸清市场价格

车损险保额一般是根据新车购置价确定的,而新车的市场价格目前呈逐年递减趋势,所以,在每年投保的时候查询一下你所驾驶车型的市场价格,根据当前市场价格投保是节省保费的合理办法。

（2）上浮第三者责任险的档次

第三者责任险限额共有6个档次,不同档次的赔偿限额差距很大,但相应保费的差距并不大。所以建议,如果需求在两档保额之间的话,可以上浮一个档次投保。如果你同时投保车损险和第三者责任险的话,第三者责任险的保费可以优惠。

（3）是否重复投保

如果你车上一般乘坐的都是你的家人,而且你和家人都已经投保过人寿保险中的意外伤害保险和意外医疗保险,作为私人轿车,你就没有必要投保车上责任保险了,因为意外伤害和意外医疗保险所提供的保障范围基本涵盖了车上责任保险在这种情况下的所能提供的保障。

如果你的情况符合上述条件但没有投保意外伤害保险和意外医疗保险,建议最好还是选择投保意外保险,因为这样所需交纳的保费远远低于车上责任保险,而且保障交通事故以外发生的其他意外事故对你造成的损失。当然,如果你的汽车经常乘坐朋友,而且经常变化,最好还是投保车上责任保险,用以满足意外交通事故发生时的医疗费用。在选择投保座位数时,如果按核定座位投保,费率是0.5%;如果不按核定座位投保,费率是0.9%。例如:桑塔纳核定座位数为5座,每人保额1万元。保5座,保费250元;保1座,保费90元;保2座,保费180元。以此类推。这样若要保3座就不如按核定座位投保5座合算了。

（4）进口车或国内组装车可选择国产玻璃投保

如果你的汽车是进口的或国内组装的,由于国内汽车玻璃质优价廉,完全可以和国外相媲美,投保时也可以考虑选择国产玻璃。这样,你将节省约一半的保险费。

（5）小事故不要到保险公司索赔

如果你当年没有出现保险事故,保险公司会在第二年给予你10%的无赔款优待,这可是一笔不小的优惠。所以如果出现的事故较小,你还是权衡一下,再决定是否向保险公司索赔。

（6）选择不计免赔特约保险

在车损险和第三者责任保险中,保险公司都有按照你在事故中的责任,只赔偿你实际损失的80%的约定,这可能使你将来在实际获得赔偿方面产生比较大的损失。通过投保不计免赔特约保险,在这两个险种上才能得到你所应该承担损失的100%赔偿。

2）办理汽车保险的手续

汽车办理投保手续时,应将汽车开至保险公司指定的检验地点,并带齐有关证件(包括介绍信、身份证、驾驶证、行驶证等）。营运车辆还应带上营业执照,到本地保险公司办理投保手续。

投保程序如下:

（1）购买暂保单

购买新车后,可凭发票购买保险期为20天的暂保单,在正式领取牌照后,购买正式保险。

（2）选择投保项目

第三者责任险属于非投不可的险种。除此以外,投保险种越多,所能得到的保障就越全面,但所需保费也越多,车主可根据具体需要及缴费能力确定投保项目。由于许多附加险依附于基本险,故需首先投保相应的基本险才能投保。如果你的车属中高档型,除投两个主险外,还应投全车盗抢险、车上责任险、玻璃单独破碎险和不计免赔特约险;如果你的车属低档型,只投两个主险,外加全车盗抢险就差不多了;对于经常驾车者或驾车新手,由于发生事故的概率比较高,车损险应当购买;自己购买的是二手汽车且车况不佳,经常出现点小毛病,车损险也是不得不考虑的;自己所处地区治安状况一般,常有丢车现象发生,应附加盗抢险;如果你的车搞载客营运业务,车上责任险就必须购买,否则一旦发生安全事故,赔偿金额是非常大的。当然,有些险种对自己影响不大,可以不保,如新增加设备损失险,如果你的车只保留了出厂新车原有各项设备而未新增其他设备或设施,就不必购买该项附加险。

（3）填写投保单

车主应根据填写要求,逐栏详细、真实地填写投保单。如投保车辆较多,投保单容纳不下,则要填写投保单附表。填写时字迹应清楚,如有涂改,应签章于涂改更正处。

投保单的填写内容有:

①投保人:投保单位或个人的称谓。

②厂牌型号、牌照号码、发动机号。

③使用性质。

④吨位或座位。指经公安交通管理部门核准的载货吨位或载客座位(含驾驶员座位)(货车填写吨位,客车填写座位,客货车填写吨/座位)

⑤车辆损失险的重置价值,即投保当地的同类新车当时的购置价。

⑥车辆损失险保险金额是保险公司对投保车辆发生保险责任范围内损失所承担的最高赔偿限额,也是计收保险费的依据。保险金额由投保人根据投保车辆的购置价格、使用期限及折旧程度等核算得出,并应得到保险公司认可。保险金额超过保险价值部分无效。

⑦第三者责任险每次事故最高赔偿额。按保险公司提供的第三者责任险每次事故最高赔偿额选择填写,车主可自愿选择投保。

⑧保险期限。保险合同的起止时间。通常为一年,也可根据实际情况进行短期保险,投保人在填写此项时应征得保险公司同意。

⑨特别约定。投保人和保险公司就有关保险合同未尽事宜达成一致。它是在基本条款基础上的补充。

⑩附加险种选择。

⑪投保人签章。在详细填写上述内容并核定无误后,需在"投保人签章"处签章,并填写

7. 用除蜡剂清洗,喷枪喷嘴距离车身(　　　)左右。

    A. 10 cm　　　　　　B. 20 cm　　　　　　C. 30 cm

8. 除蜡作业,待车身全部车蜡除净,即用热水依序冲洗车身约(　　　)。

    A. 1~2 min　　　　 B. 2~3 min　　　　 C. 3~5 min

9. 汽车消费信贷,借款人存入银行的首期款不得少于车款的(　　　)。

    A. 20%　　　　　　B. 30%　　　　　　C. 40%

10. 汽车消费信贷,借款的最高限额为车款的(　　　)。

    A. 60%　　　　　　B. 70%　　　　　　C. 80%

11. 若借款人用所购车辆或其他财产作为抵押的,存入银行的首期款不得少于(　　　)。

    A. 20%　　　　　　B. 30%　　　　　　C. 40%

12. 若借款人用所购车辆或其他财产作为抵押的,借款的最高限额为车款的(　　　)。

    A. 60%　　　　　　B. 70%　　　　　　C. 80%

13. 如果你能找到第三人作为保证人,那你存入银行的首期款不得少于(　　　)。

    A. 20%　　　　　　B. 30%　　　　　　C. 40%

14. 如果你能找到第三人作为保证人,借款的最高限额为车款的(　　　)。

    A. 60%　　　　　　B. 70%　　　　　　C. 80%

15. 贷款期限一般为(　　　)年(含),最长不超过(　　　)年(含)。

    A. 3、5　　　　　　B. 2、4　　　　　　C. 1、3

16. 以无争议、未做挂失,且能为贷款人依法实施有效支付的权利作质押的,其价值必须大于贷款金额的(　　　)%。

    A. 10　　　　　　　B. 20　　　　　　　C. 30

17. 保险合同为不定值保险合同,分为基本险和附加险,但(　　　)不能独立投保。

    A. 基本险　　　　　B. 意外伤害险　　　 C. 附加险

18. 在中国境内行驶的机动车辆必须投保(　　　)。

    A. 基本险　　　　　B. 意外伤害险　　　 C. 第三者责任险

19. 发生交通事故后,应在(　　　)小时内向保险公司报案(越早越好),尽量减少损失。

    A. 12　　　　　　　B. 24　　　　　　　C. 48

20. 根据驾驶员在事故中所负责任,车辆损失险和第三者责任险在符合赔偿规定的金额内实行绝对免赔率:负全部责任免赔(　　　)%。

    A. 20　　　　　　　B. 15　　　　　　　C. 10

21. 根据驾驶员在事故中所负责任,车辆损失险和第三者责任险在符合赔偿规定的金额内实行绝对免赔率:负主要责任免赔(　　　)%。

    A. 20　　　　　　　B. 15　　　　　　　C. 10

22. 第三者责任险限额共有(　　　)个档次。

    A. 6　　　　　　　　B. 5　　　　　　　　C. 4

二、多选题

1. 汽车营销人员在工作实践和日常生活中应做到(　　　)。

A. 坚持语言和思维锻炼   B. 进行长期的知识积累

C. 加强洞察力   D. 珍惜最佳的时机和环境

2. 对汽车营销人员的心理素质要求有(　　　　)。

     A. 自信心理   B. 健康的心理   C. 热情的心理   D. 开放的心理

3. 汽车营销人员的主要职业道德可以概括为(　　　　)。

     A. 刻苦钻研、认真好学   B. 实事求是、真诚可信

     C. 公正无私、光明磊落   D. 勤奋努力、精益求精

4. 汽车销售人员应具备的宣传表达能力是(　　　　)。

     A. 文字表达能力   B. 口头表达能力

     C. 内心的表达能力   D. 感情、形体表达能力

5. 汽车计划包括(　　　　)等。

     A. 车型计划   B. 品牌运作计划

     C. 维修服务计划   D. 配件销售计划

6. 汽车销售经理的职能权限有(　　　　)。

     A. 对内对外的管理权   B. 对上的报告权

     C. 对下的考核权   D. 对外解释权

7. 汽车销售经理职能权限中的对下考核权中包括(　　　　)。

     A. 对下级的监督权   B. 对所属下级的管理权

     C. 对直接下级有奖惩的建议权   D. 业务水平和业绩有考核权

8. 汽车信贷保险中的基本险包括(　　　　)。

     A. 车辆损失险   B. 第三者责任险   C. 交通责任险   D. 强制险

9. 借款人提供第三方保证方式的,存入银行的首期款不得少于购车款的(　　　　)％,借款

限额最高为购车款的(　　　　)％。

     A. 30   B. 40   C. 50   D. 60

10. 贷款方式分为(　　　　)。

     A. 抵押   B. 质押   C. 借寄   D. 第三方保证

11. 汽车保险中的基本险包括(　　　　)。

     A. 车辆损失险   B. 第三者责任险

     C. 全车盗抢险   D. 车上责任险

12. 保险费率确定的基本原则(　　　　)。

     A. 公平合理原则   B. 保证偿付原则

     C. 相对稳定原则   D. 促进防损原则

13. 保险索赔程序(　　　　)。

     A. 出事   B. 报案   C. 定损   D. 索赔

14. 车辆损失险保险费是:(　　　　)+(　　　　)×(　　　　)

     A. 基本保险费   B. 保额   C. 费率   D. 系数

三、判断题

1. 汽车市场营销人员要做有心人,抓住灵感,把握时机,推陈出新。　　　　　（　　）

2. 服务行为规范要求不得拒接办公电话,电话响铃5声内提机。　　　　　　（　　）

3. 实行"站立式服务"迎接客户,当客户到展厅时,应主动示意问候,做适当的询问。
　　　　　　　　　　　　　　　　　　　　　　　　　　　　　　　　　（　　）

4. 服务过程中,面带微笑,亲切热情,当不知道客户姓氏时应问其尊称姓氏。　（　　）

5. 下班时若未办理完客户的业务需继续将业务办理完毕或交代接班人员办理。（　　）

6. 对女职工的着装要求在岗时,不可佩戴项链、耳环等首饰。　　　　　　　（　　）

7. 对客户提出的问题,如遇到不懂的时候,要跟客户解释清楚,然后立即咨询解决办法。
　　　　　　　　　　　　　　　　　　　　　　　　　　　　　　　　　（　　）

8. 新车交车前的检查目的就是在新车投入正常使用前及时发现问题,并按新车出厂技术标准进行修复。　　　　　　　　　　　　　　　　　　　　　　　　　　（　　）

9. 凡贷款人在当地有固定住所、具有完全民事行为能力的自然人和经工商行政管理机关核准登记的企、事业法人都可以进行汽车消费贷款。　　　　　　　　　　（　　）

10. 所谓汽车消费信贷,就是金融机构对消费者个人发放的,用于购买汽车的贷款。
　　　　　　　　　　　　　　　　　　　　　　　　　　　　　　　　　（　　）

11. 贷款人无须提供贷款银行认可的担保。　　　　　　　　　　　　　　　（　　）

12. 借款人以国库券、企业债券、个人存单等抵押的,存入银行的首期款不得少于购车款的30%,借款最高限额为购车款的70%。　　　　　　　　　　　　　　　（　　）

13. 车辆抵押是以借款人所购车辆作抵押的,应以其折旧价值额度作抵押。　（　　）

14. 除车辆抵押外,其他抵押质押以贷款人认可的其他抵押物作担保的,其价值必须大于贷款金额的150%。　　　　　　　　　　　　　　　　　　　　　　　　（　　）

15. 汽车保险是指轿车在行驶中发生各类交通事故造成的人身伤亡和财产损失,依法由保险人(即保险公司)按照保险合同承担保险责任,对被保险人(或车主)进行赔偿的行为。
　　　　　　　　　　　　　　　　　　　　　　　　　　　　　　　　　（　　）

16. 在中国境内行驶的机动车辆必须投保交强险。　　　　　　　　　　　　（　　）

17. 保险合同的保险期限为两年。　　　　　　　　　　　　　　　　　　　（　　）

18. 除法律另有规定外,投保时保险期限不足一年的按一年费率收取保险费。（　　）

19. 发生交通事故并报警后,应在15天内向保险公司提出索赔。　　　　　　（　　）

20. 根据驾驶员在事故中所负责任,车辆损失险和第三者责任险在符合赔偿规定的金额内实行绝对免赔率:负同等责任免赔15%。　　　　　　　　　　　　　　　（　　）

21. 根据驾驶员在事故中所负责任,车辆损失险和第三者责任险在符合赔偿规定的金额内实行绝对免赔率:负次要责任免赔5%。　　　　　　　　　　　　　　　（　　）

22. 保险单一式三份,一份正本交车主,两份副本由保险公司存留。　　　　（　　）

23. 非营业轿车的保费是:基本保费(进口600元,国产240元)+车价×1.2%。
　　　　　　　　　　　　　　　　　　　　　　　　　　　　　　　　　（　　）

四、简答题

1. 简述对汽车销售人员的素质要求。

2. 如何对汽车销售人员进行观念训练。

3. 服务企业对男职工的着装要求。

4. 对汽车销售人员的训练内容。

5. 汽车销售人员自我激励的"15 心"口诀。

6. 汽车销售经理的岗位职责。

7. 交车前的检查(PDI)服务的基本要求。

8. 办理汽车消费信贷应具备的条件。

9. 汽车消费信贷面临的问题。

10. 汽车消费信贷保险中,附加险的种类。

11. 汽车保险的误区。

12. 汽车办理投保手续的程序。

五、论述题

1. 汽车销售人员的岗位描述。

2. 汽车销售人员的工作能力要求。

3. 汽车销售经理的职能描述。

第 4 章 汽车服务企业的销售组织管理

4.1 汽车服务企业整车销售的组织

服务企业整车销售组织一般是指其内部涉及市场销售活动的机构体系。企业销售组织机构的本质是员工的分工协作体系,是员工在职、责、权方面的结构体系,是实现组织目标的一种手段,是实现经销商战略目标和合理管理活动的重要保证。只有功能齐备的组织机构,才有可能超越客户的期望值,创造忠诚客户,进而达到永续经营的目的。

汽车销售组织应不断适应外部环境的变化,对市场变化快速作出反应,各职能部门要精干灵活,要能为企业提供各种市场信息,确保信息畅通。销售人员要了解市场变化,并对市场销售活动进行相应调整。销售组织机构效率要高,使市场营销效率最大化,要避免各部门间的矛盾和冲突,充分发挥市场销售组织的协调和控制功能,协调配合好,管理有条不紊。

一个良好的组织机构,应该是决策功能、监督功能、执行功能和反馈功能的良好协调和充分发挥(图4-1)。一般决策层确定年度经营计划,相关的管理层即负责执行和操作。同时由相关人员对经营计划的执行和操作情况进行监督和反馈,向决策层汇报公司运营情况,针对反馈的信息和市场情况,决策层能够修正年度经营计划,并及时监督执行层完成的情况。

图4-1 组织机构功能图

在职能部门的设置上,每个公司都设有整车销售部、服务部、市场部、财务部、行政部、人力资源部、配件销售部等。

通常,服务企业汽车销售组织机构的设置为:销售总监1名;展厅销售经理1名;展厅销售主管 0~3 名;大客户销售经理 1 名;网络销售经理 1 名;二手车销售经理 1 名;销售顾问 6 名以上;销售计划员 1 名;订单/库存主管 1 名;库管员 1 名(图 4-2)。

图 4-2 销售部组织结构

4.2 汽车销售组织应具备的职能

1)整车销售部职能

整车销售部主要负责销售管理综合业务,其主要职能如下:

①负责车辆的进货渠道,进口报关及车辆的档案管理。

②进行售后质量跟踪及客户档案编制。

③负责受理解决客户投诉。

④负责车辆进货质量、售前检查及售前保管。

⑤负责整车销售部的管理工作、营销工作,包括员工培训。

⑥负责车辆的运输。

⑦负责用户的交货日期。

⑧负责车辆采购价格信息。

⑨负责车辆的交货质量。

⑩负责车辆交货价格。

⑪如遇到自身解决不了的问题,由销售部经理与相关部门领导协调。

⑫在实施各种汽车宣传、促销及店铺发布会等活动中,相关部门如生产、售后服务、办公

室等需要密切配合。

⑬负责新车档案管理卡与服务部的交接及售后服务工作的协调。

⑭根据汽车销售情况和市场开发部对市场调查情况适时开展行之有效的营销活动。整车销售部工作流程及职能如图4-3所示。

图4-3　整车销售部工作流程及职能

2）销售经理岗位职责

①依据企业营销目标和市场需求,制订公司的销售计划并组织实施。

②主持销售部门日常工作事务,合理调配人力、物力等资源。

③负责处理销售人员无权处理或无法解决的重大问题。

④处理与公司其他部门的关系,与其他部门有效合作。

⑤做好本部门人员的工作指导和考核工作。

⑥寻求部门新的利润增长点。

⑦组织本部门员工开拓市场,开展促销活动和品牌宣传活动。

⑧组织本部门员工对二级经销商进行开发与管理。

⑨组织对本部门的人员培训。

3）销售经理岗位要求

①掌握现代企业管理、市场营销等经济理论。

②有良好的人际交往和沟通能力。

③有市场竞争的分析能力,以及应对棘手问题的处理能力。

④了解国家对二手车交易的有关政策和交易流程。

4）销售主管岗位职责

①完成上级领导下达的经营目标和工作计划,并将指标层层分解到每个月、每个人。

②负责经销展厅的现场管理。

③现场支持与协助销售顾问开展业务。

④对展厅销售人员进行管理。

⑤对二手车的价格能准确估价,判断市场需求;努力开拓市场,收集二手车资源,并及时反馈给公司。

⑥对销售人员的销售进度进行跟踪。

5）销售主管岗位要求

①熟悉营销、财务、法律等基础理论知识。

②掌握汽车构造、公共关系等专业知识。

③有较强的组织协调能力，能独立处理汽车销售中的有关问题。

④有较强的公关意识，善于处理各方面的关系。

⑤具备汽车构造知识，熟悉常规机电维修及装潢基本知识。

⑥熟悉汽车车型及价格。

6）企划专员岗位职责

①负责组织制订广告宣传、公关计划。

②负责组织重要的广告宣传活动、公关活动。

③协调本部门与其他部门的关系。

7）企划专员岗位要求

①有较强的品牌理念。

②具备较强的公关能力。

③熟悉广告等专业知识。

8）大客户开发专员岗位职责

①研究出租车、团购市场。

②走访专项市场。

③提出专项市场销售方案。

9）大客户开发专员岗位要求

①良好的沟通能力。

②有较强的工作责任心及积极性。

③具有较好的政府公关渠道。

10）销售顾问岗位职责

①接待来店客户并实现成交。

②开发基础客户。

③研究销售方法。

④组织、协调相关人员做好客户上牌、按揭、保险等服务工作。

4.3　汽车服务企业整车销售价格定位

价格是产品价值的货币表现。确定产品价格是市场营销过程中一个非常重要、非常敏感的环节,是汽车市场竞争的重要手段。它直接关系着产品受市场接受的程度,影响着生产者、经销者、客户等多方利益。价格策略是指根据营销目标和定价原理,针对生产商、经销商和市场需求的实际情况,在确定产品价格时所采取的各种具体对策。价格策略是市场营销组合中极其重要的部分。定价策略既要有利于促进销售、获取利润、补偿成本,同时又要考虑汽车消费者对价格的接受能力,从而使汽车定价具有买卖双方双向决策的特征。

4.3.1　汽车价格综述

1)汽车价格的构成

汽车价格的构成是指组成汽车价格的各个要素及其在汽车价格中的组成情况。汽车价值决定汽车价格,汽车价格是汽车价值的货币表现。但在现实汽车市场营销中,由于受汽车市场供应等因素的影响,汽车价格表现得异常活跃,价格时常同价值的运动表现不一致:有时价格高于价值,有时价格低于价值。在价格形态上的汽车价值转化为汽车价格构成的要素有4个。

①汽车生产成本。汽车生产成本是指在汽车生产领域生产一定数量汽车产品时所消耗的物质资料和劳动报酬的货币形态,是在汽车价值构成中的物化劳动价值和劳动者新创造的用以补偿劳动力价值的转化形态。它是汽车价值的重要组成部分,也是制订汽车价格的重要依据。

②汽车流通费用。汽车流通费用是指汽车产品从汽车生产领域通过流通领域进入消费领域所耗用的物化劳动和活劳动的货币表现,包括汽车生产企业为了推销产品而发生的销售费用和在汽车流通领域发生的商业流通费用,而后者则占了该费用的大部分。汽车流通费用是汽车价格的重要构成因素,并与汽车移动的时间、距离相关,因此它是正确制订同种汽车差价的基础。

③国家税金。国家税金是生产者为社会创造和占有的价值的表现形式,它是汽车价格的构成因素。国家通过法令规定汽车的税率,并进行征收。税率的高低直接影响汽车的价格,因而税率是国家宏观调控汽车生产经营活动的重要经济手段。

④汽车企业利润。汽车企业利润是汽车生产者和汽车经销者为社会创造和占有的价值的表现形态,是汽车价格的构成因素,是企业扩大再生产的重要资金来源。

从汽车市场营销角度来看,汽车价格的具体构成为:

$$汽车出厂价格 = 汽车生产成本 + 汽车生产企业的利税$$
$$汽车批发价格 = 汽车出厂价格 + 汽车批发流通费用 + 汽车批发企业的利税$$
$$汽车直售价格 = 汽车批发价格 + 汽车直售费用 + 汽车直售企业的利税$$

2）影响汽车产品定价的主要因素

价格是一个变量，它受到许多因素的影响，包括企业的内部因素和外部因素。内部因素主要是定价目标、产品成本、产品特点、分销渠道和促销策略等，外部因素主要是市场的供求关系、货币流通状况、竞争状况、政策环境和社会心理等。定价时必须首先对这些因素进行分析，认识它们与汽车产品价格的关系，再据此选择定价策略。

（1）定价目标

企业为产品定价时，必须有明确的定价目标。不同汽车企业的具体情况不同，采取的定价目标也可能有所差别。企业定价的目标主要有以下几个。

①以利润为导向的汽车定价目标。包括以下内容：

a.以维持企业生存为导向的目标。当汽车企业遇到生存能力过剩或激烈的市场竞争要改变消费者的需求时，它要把维持生存作为自己的主要目标。企业以维持生存为目标时，宜定低价吸引用户，这时价格只要能收回可变成本和部分固定成本即可。显然，这种定价目标只能是企业的短期目标，从长期来看，企业必须改善生产经营状况，谋求利润和发展，否则企业终将面临破产。例如，2008年由华尔街金融危机引发的全球有史以来最大规模的金融海啸导致汽车行业也受到牵连。包括通用、丰田、福特等在内的巨头均已调低了2008财年的盈利目标。报道显示，仅2008年9月美国汽车销量就平均下滑26%，创50年来最大跌幅。显而易见，全球汽车业已经进入萎缩期。中国汽车企业虽然不在旋涡中心，但仍然受到不小的影响。许多企业制订了以利润为导向的汽车定价目标。

b.以利润最大化为导向的目标，即汽车企业期望获取最大限度的销售利润。采用这种定价目标，必须要求被定价产品市场信誉度高，在目标市场上占有优势地位。因而，这种定价目标比较适合处于成熟期的名牌产品。其做法是通过预测，得到几种不同价格与其相应的需求量，并结合不同需求量下的产品成本综合比较后，从中选择一个可以使企业取得当期最大利润的价格。最大利润既有长期和短期之分，又有汽车企业全部汽车产品和单个汽车产品之别。一般来说，汽车企业追求的是长期利润的最大化，在某些特定情况下，汽车企业也有可能会通过汽车价格的提高而追求汽车企业短期的最大利润。

c.以目标利润为导向的目标，即汽车企业希望获取预期的利润目标，以目标利润作为汽车定价目标的汽车企业，应具备较强的竞争实力。

②以保持或提高市场占有率为导向的目标。市场占有率是企业经营状况、产品竞争力的直接反映，企业的产品只有在市场上占有一定份额后才能有较强的市场控制力，享受到更大的规模经济效益，才有可能获得更高的长期利润。因此，不少企业宁愿牺牲短期利润，以保证和提高市场占有率，确保长期收益，即所谓"放长线，钓大鱼"。为此，就要实行全部或部分产品的低价策略。这种定价目标比较适合于新产品或不为市场所熟悉的产品。但必须指出，价格只是提高市场占有率的一个重要但非决定性的因素，更多的情况下，市场份额的增加要通过非价格因素的竞争。

③以竞争为导向的汽车定价目标。影响企业定价决策的一个外部因素是竞争者的成本、价格及竞争者对该企业定价可能做出的反应。在汽车定价前，一般要广泛收集市场信

息,把自己生产的汽车的性能、质量和成本与竞争者的汽车进行比较,然后以对汽车价格有决定性影响的竞争对手或汽车市场领导者的价格为基础,来制订本企业的汽车价格。

④以汽车质量为导向的汽车定价目标。有些企业的经营目标是以高质量的汽车产品占领市场,自然希望以高价格获得回报。这一定价目标比较适合信誉度高的汽车产品,并可为客户提供优质的服务。例如:宾利豪华轿车采用百分之百的手工制作、具有纯正的英国贵族血统、每年 1 000 多辆的产量,数百万甚至数千万的天价,目前在全球顶级豪华车市场已占到60%的市场份额。可以说适当的顶级运动型豪华轿车的品牌定位,以及全世界顶级的价格,不仅让宾利吸引了眼球,更提供了利润财富和飞速发展的契机。

⑤以汽车销售渠道为导向的汽车定价目标。对于那些需经中间商销售汽车的汽车企业来说,保持汽车销售渠道畅通无阻,是保证汽车企业获得良好经营效果的重要条件之一。为了使销售渠道畅通,汽车企业必须研究汽车价格对中间商的影响,充分考虑中间商的利益,保证中间商有合理的利润,促使中间商有充分的积极性去销售汽车。

（2）汽车成本

汽车企业为了保证再生产的实现,通过市场销售,既要收回汽车成本,也要有一定的盈利。在汽车市场竞争中,汽车产品成本低的企业,对汽车价格制订拥有较大的灵活性,在市场竞争中就将占有有利的地位,能获得较好的经济效益。因此,应该把降低成本看成企业经营的战略行为,而不只是经营战术行为。

（3）市场的供求关系

供求关系决定价格背离或趋于价值的方向、程度和力度。供求关系直接决定价格的变动状况,价格变动同时也影响供求关系的变化。供求规律是市场经济的基本规律,即产品价格与市场需求成反方向变动,与市场供给成正方向变动。当产品供过于求时价格下降,供不应求时价格上涨。

价格的高低直接反映购买者与卖者的利益关系。购买者对价格的承受力表现在以下两方面:①购买者的货币支付能力,反映出购买者对价格的接受程度,而货币支付能力又取决于购买者的收入情况;②购买者对价格的心理承受能力,在有些情况下,即使购买者具有了货币支付能力,由于价位太高,也会极大地限制购买者的购买欲望。

顾客需求对产品定价的影响,还通过需求强度、需求层次反映出来。需求强度是指顾客想获取某种产品的程度。如果顾客对某种产品的需求比较迫切,则对价格不敏感,企业在定价时,可定得高一些;反之,则应低一些。不同的需求层次对定价也有影响,对于能满足较高层次需求的汽车产品,价格可定得高一些;反之,则低一些,这样才能满足不同层次的顾客需求。

（4）社会经济状况

社会经济状况从多方面影响产品价格的变化。社会经济周期性的变化直接影响市场的繁荣和疲软,并决定价格总体水平的变化。一般来说,经济高速发展,人们的收入增加较快,易出现需求膨胀,引起物价总水平上涨;而经济调整时期,经济发展速度缓慢,人们收入增长缓慢,易出现有效需求不足,导致物价水平稳定。

另外,在经济繁荣时期,人们收入水平增长快,货币购买能力较强,对价格变动的敏感性减弱,有利于企业自由地为产品定价;反之亦然。

（5）国家的价格控制政策

定价既是企业极为重要的经济活动，也是国家协调各种经济关系、促使整个经济有序健康发展的重要手段。国家可以通过制定价格政策对企业定价进行干预。这种干预主要表现在两个方面：一是制定价格总政策，它是制定各个具体价格的重要依据；二是规定企业定价的权限。

在国内生产汽车的企业大部分是国家控股的大型企业，是国家宏观调控的重点对象，国家通过产业政策和价格控制等手段对汽车市场进行管理。

4.3.2 汽车产品的基本定价方法

企业在确定了定价目标，掌握了有关影响因素后，就可以对其产品进行具体定价了。一般认为，基本定价方法有三种，即成本导向定价法、需求导向定价法和竞争导向定价法。

1）成本导向定价法

成本导向定价法就是以产品的成本为中心来制定价格，是按照卖方意图进行定价的方法。其主要理论依据是：在定价时，要考虑先收回企业在营销中投入的全部成本，再考虑获得一定的利润。

常用的成本导向定价法包括以下几种。

（1）成本加成定价法

成本加成定价法是在单位产品成本的基础上，加上一定比例的预期利润作为产品的销售价格。销售价格与成本之间的差额即为利润。由于利润的多少是按一定比例确定的，习惯上称为"加成"，因此，这种定价方法被称为成本加成定价法。其计算公式为

$$单位产品价格 = 单位产品成本 \times (1 + 加成率)$$

其中，加成率为预期利润占产品成本的百分比。

例如，某公司生产的一款汽车，其成本为 20 万元，假设其加成率为 20%，则该汽车的出厂价格应为：$20 \times (1 + 20\%) = 24$（万元）。

采用成本加成定价法，确定合理的加成率是关键问题。不同的汽车产品应根据其不同的性质、功能、特点、市场环境、行业情况等制定不同的加成比例。一般来说，汽车属于高档消费品，加成比例适当高一些是应该的。

成本加成定价法的特点是简单易行。因为将价格盯住成本，可以极大地简化企业的定价程序，也不必经常根据需求的变化调整价格，因此，也缓和了价格竞争。这种定价方法的不足在于：它是以卖方的利益为出发点，不利于企业降低成本，没有考虑市场需求及竞争因素；加成率是个估计值，缺乏科学性。

（2）盈亏平衡定价法

在销量既定的条件下，企业产品的价格必须达到一定的水平才能做到盈亏平衡、收支相抵，既定的销量就称为盈亏平衡点，这种制定价格的方法就称为盈亏平衡定价法。科学地预测销量和已知固定成本、变动成本是盈亏平衡定价的前提。企业产品的销售量达到既定产品的销售量，可实现收支平衡，超过既定销售量获得盈利，不足既定销售量出现亏损。其计

算公式为

$$单位产品价格 = 单位固定成本 + 单位变动成本$$

例如,某一汽车生产企业计划在 2004 年生产汽车 200 万辆,总固定成本为 1 200 万元,单位变动成本为 1 万元,在尽力保证 200 万辆汽车全部销售出去的情况下,则该企业的盈亏平衡点价格为

$$\frac{1\,200}{200} + 1 = 7(万元 / 辆)$$

以盈亏平衡点确定的价格只能使企业的生产耗费得以补偿,而不能得到收益。因而这种定价方法是在企业的产品销售遇到困难或市场竞争激烈时,为避免更大的损失,将保本经营作为定价的目标时才使用的方法。

(3)目标收益定价法

目标收益定价法又称投资收益率定价法,是在企业投资总额的基础上,按照目标收益率的高低计算价格的方法。其基本步骤如下。

①确定目标收益率。其计算公式为

$$目标收益率 = \frac{1}{投资回收期} \times 100\%$$

②确定单位产品的目标利润额。其计算公式为:

$$单位产品的目标利润额 = \frac{投资总额}{预计销售量} \times 目标收益率$$

③计算单位产品的价格。其计算公式为:

$$单位产品的价格 = 单位产品成本 + 单位产品目标利润$$

例如,某一大型的汽车工业公司总投资额为 1 000 万元,投资回收期为 5 年,固定成本为 500 万元,每辆汽车的变动成本价为 5 万元。当企业产品销售量达到 50 万辆时,按目标收益定价法制定价格,则有

$$目标收益率 = 1/5 \times 100\% = 20\%$$
$$单位产品的目标利润额 = 1\,000/50 \times 20\% = 4(万元)$$
$$单位产品的价格 = 500/50 + 5 + 4 = 19(万元)$$

即该企业只有在每辆汽车价格为 19 万元时,才能获取预期收益。

目标收益定价法有一个较大的缺点是,以估计的销售量来计算应制定的价格,颠倒了价格与销售量的因果关系,把销售量看成价格的决定因素,忽略了市场需求与市场竞争。如果无法保证销售量的实现,那么投资回收期、目标收益都会落空,但是对于需求比较稳定的产品、供不应求的产品,以及一些公用事业、劳务工程项目等,在科学预测的基础上,目标收益定价法仍不失为一种有效的定价方法。

④边际成本定价法。边际成本是指每增加或减少单位产品所引起成本的变化量。因为边际成本与变动成本比较接近,而变动成本的计算更容易,所以在定价实务中多用变动成本替代边际成本,边际成本定价法又称变动成本定价法。

边际成本定价法是以单位产品变动成本作为定价依据和可接受价格的最低界限,结合考虑边际贡献来制定价格的方法。即企业定价时只计算变动成本,不计算固定成本,只要价

格高于变动成本,企业就可以进行生产和销售,也就是以预期的边际贡献补偿固定成本,并获得收益。边际贡献是指企业增加一个产品的销售,所获得收入减去边际成本的数值。如果边际贡献不足以补偿固定成本,则出现亏损,反之获得盈利。其计算公式为:

$$单位产品的价格 = 单位产品变动成本 + 单位产品边际贡献$$

2)需求导向定价法

汽车需求导向定价法是一种以需求为中心,汽车企业依据汽车消费者对汽车价值的理解和对汽车需求的差别来定价,而不是依据汽车的成本来定价。

(1)对汽车价值的理解定价法

所谓对汽车价值的理解定价法,其实质就是汽车企业按照汽车消费者对汽车价值的理解来制订汽车价格,而不是根据汽车企业生产汽车的实际价值来定价。因此,在对汽车定价时,要先估计和测量出由汽车营销组合中的非价格因素在顾客心目中建立起来的对该汽车的认知价值。

对汽车价值的理解定价法同汽车在市场上的定位是相联系的,其方法是:①先从汽车的质量、提供的服务等方面为汽车在目标市场上定价;②决定汽车所能达到的售价;③估计在此汽车价格下的销量;④由汽车销量算出所需的汽车生产量、投资额及单台汽车成本;⑤计算该汽车是否能达到预期的利润,以此来确定该汽车价格是否合理,并可进一步判明该汽车在市场上的命运如何。

运用对汽车价值的理解定价法的关键是,要把自己的汽车产品与竞争者的汽车产品相比,正确估计本企业的汽车产品在汽车消费者心目中的形象,找到比较准确的理解价值。因此,在汽车定价前要搞好市场调研,通过广泛的市场调研,判定消费者对汽车的理解价值,才能由此来制订汽车的初始价格。目前常用的评议方法主要有直接评议法、相对评议法和诊断评议法等。

(2)对汽车需求的差别定价法

这是根据对汽车需求方面的差别来制定汽车的价格。其实质是要注重适应消费者的不同特性,而将汽车成本的补偿置于次要位置。采用这种汽车定价方法,可以使汽车企业的定价最大限度地符合汽车市场的需求,从而促进汽车销售。

在这种汽车定价方法下,主要有以下 3 种情况。

①按汽车的不同目标消费者采取不同价格。因为同一商品对于不同消费者,其需求弹性不一样,有的对价格敏感,适当给予优惠可使其购买,有的则不敏感,可照价收款。

②按汽车的不同花色、样式确定不同价格。因为对同一品牌、规格汽车的不同花色、样式,消费者的偏好程度不同,需求量也不同。因此,定不同的价,能吸引不同需求的消费者。

③按汽车的不同销售时间采用不同价格。同一种汽车因销售时间不同,其需求量也不同,汽车企业可据此制定不同的价格,争取最大销售量。

总之,对汽车需求的差异定价法能反映汽车消费者对汽车需求的差别及变化,有助于提高汽车企业的市场占有率和汽车产品的渗透率。但这种定价法不利于成本控制,且需求的差别不易精确估计。

3）竞争导向定价法

竞争导向定价法是企业依据竞争产品的品质和价格来确定本企业产品价格的一种方法。其特点是：只要竞争产品的价格不变，即使本企业的产品成本或需求发生变化，价格也不变；反之亦然。这种方法定价简便易行，所定价格竞争力强，但价格比较僵死，有时企业获利较小。

竞争导向定价法比较适合市场竞争激烈的产品。营销者在运用这一方法时，应当强化客户的感受，使客户相信本企业产品的价格比竞争对手更符合客户的利益。在当前竞争激烈的国际汽车市场上，不少汽车公司便采用此法。例如，日产汽车公司的定价，就是先充分研究丰田汽车公司相似产品的价格，然后再给自己的产品制定一个合适的价格。如果丰田的价格调整了，日产公司通常也要做出相应的反应。

在使用竞争导向定价法时，企业不仅应了解竞争者的价格水平，还应了解竞争者所能提供的产品及质量，可从以下方面入手：①获得竞争者的价目表；②比较客户对价格的态度，如询问购买者的感受价值和对每一个竞争者提供的产品质量感觉如何；③购买竞争者提供的产品并与本企业产品进行比较，有必要的话可以将竞争者的产品拆开来研究。一旦企业知道了竞争者的价格和提供的产品，它就可以用这些信息作为自己制订价格的一个起点。如果企业提供的产品与一个主要竞争者的产品类似，则企业应将自己的价格定得接近于竞争者，否则会失去销售额；若企业提供的产品不如竞争者，企业的定价就应低于竞争者；若企业提供的产品比竞争者的好，则企业定价就可以比竞争者的高。

竞争导向定价法常见的具体方法有两种：①随行就市定价法，是指按行业近似产品的平均价格定价，是同质产品惯用的定价方法，也比较适合产品的成本难以估计、企业打算与竞争者和平共处、对购买者和竞争者的反应难以估计等场合；②投标定价法，是指购买者采取公开的或行业的相关渠道发布采购信息，邀请供应商在规定的时间内投标（招标）。有意参加投标的各供应商，各自秘密地填写投标书内容，在规定的截止日前将填写的投标书交给招标人（投标）。招标人在公开或内部监督的条件下于截止日揭开各供应商的投标书内容（称为开标），然后招标人根据各供应商填报的价格，并参考其他条件（供应商的产品质量、服务、交货期等）进行评议（评标），确定最终中标情况，宣布招标结果（结标）。事实上，投标者的报价就是在进行竞争性定价。

值得强调的是，企业在使用竞争导向定价法时，必须考虑竞争者可能针对本企业的价格所做出的反应。从根本上来说，企业使用竞争导向定价法是为了利用价格为本企业的产品适当定位，同竞争者抗争。

4.3.3　汽车产品的价格策略

价格是影响企业营销活动最活跃的因素。企业在充分考虑了各种定价的影响因素，以及采用适当方法所确定的价格，还只是产品的基本价格。实际营销过程中，企业还应围绕基本价格，根据不同情况，采取灵活多变的价格策略，以使企业能更有效地实现营销目标。

1）新产品定价策略

（1）高价策略

高价策略即为新产品定一个较高的上市价格，以期在短期内获取高额利润，尽快收回投资。该策略的优势在于：①汽车新产品刚投放市场，需求弹性小，尚未有竞争者，因此，只要汽车新产品性能超群、质量过硬，就可以采取高价来满足一些汽车消费者求新、求异的消费心理；②由于汽车价格较高，因而可以使汽车企业在较短时期内取得较大利润；③定价较高，便于在竞争者大量进入市场时主动降价，增强竞争能力，同时，也符合消费者对价格由高到低的心理。

该策略的弊端在于：①如果没有特殊的技术、资源等优势，高价格、高利润会引来大量竞争对手，使高价格难以持久；②当新产品尚未在用户心中树立起相应的声誉时，高价格不利于市场开拓，甚至会引起公众的反感。

（2）低价策略

低价策略即为新产品定一个较低的上市价格，以期吸引大量用户，赢得较高的市场占有率。采用低价策略有一定的前提条件：①新产品的价格需求弹性大；②企业具有规模效应；③新产品的潜在需求量大。

这种策略的利弊与高价策略刚好相反，是一种着眼于企业长期发展的策略。这种汽车定价策略的优点是：一方面可以利用低价迅速打开新产品的销路，占领市场，从多销中增加利润；另一方面低价又可以阻止竞争者进入，有利于控制市场。这种汽车定价策略的缺点是：投资的回收期较长，见效慢，风险大。

该汽车定价策略一般适用于以下几种情况。

①制造这种汽车新产品所采用的技术已经公开，或者易于仿制，竞争者容易进入该市场。利用低价可以排斥竞争者，占领市场。

②投放市场的汽车新产品，在市场上已有同类汽车产品，但是生产汽车新产品的企业比生产同类汽车产品的企业拥有较强的生产能力，并且该产品的规模效益显著，大量生产定会降低成本，收益有上升趋势。

③该类汽车产品在市场上供求基本平衡，市场需求对价格比较敏感，低价可以吸引较多客户，可以扩大市场份额。

④出于竞争或心理方面的考虑，汽车企业想尽快占领某个汽车市场以求在同行业中占据领先地位。

以上两种汽车定价策略各有利弊，选择哪一种策略更合适，汽车企业应根据市场需求、竞争情况、市场潜力、生产能力和汽车成本等因素进行综合考虑来加以合理选择和组合，使这两种策略能在最有利的条件下发挥最好的效果。

（3）适中定价策略

适中定价策略是一种介于高价定位和低价定位之间的定价策略，以获取社会平均利润为目标。所定的价格比高价定位低，比低价定位高，是一种中间价格。因而比前两种定价策略的风险小，成功的可能性大。这种定价策略既保证企业有稳定的收入，又对顾客有一定的吸引力,使企业和顾客双方对价格都满意。优点在于一方面能使汽车新产品较快被市场所接受,且不会引起竞争对手的对抗;另一方面可以适当延长汽车新产品的寿命周期;另外,还有助于汽车企业树立信誉,稳步调价,并满足顾客的需求。

2)折扣定价策略

在汽车市场营销中,汽车企业为了竞争和实现经营战略的需要,经常对汽车价格采取折扣和折让的优惠政策,直接或间接地降低汽车价格,以争取消费者,扩大汽车销量。其主要的类型有以下几种。

①功能折扣。功能折扣即厂商对功能不同的经销商给予不同折扣的定价策略。交易折扣的折扣比例,主要是要考虑汽车中间商在汽车销售渠道中的地位、对汽车生产企业汽车销售的重要性、购买汽车的批量、所具备的汽车促销功能、承担的风险,以及汽车产品在市场上的最终售价等。

②现金折扣。现金折扣是对按约定日期提前付款或按期付款的购买者给予一定的折扣,其折扣直接与客户或经销商的货款支付情况挂钩,当场立即付清时得到的折扣最多,而在超过一定付款期限后,不仅得不到折扣,反而还可能要交付一定的滞纳金。目的是鼓励买主尽早付款以利于资金周转,降低财务风险。

③数量折扣。数量折扣是根据买方购买的汽车数量多少,分别给予不同的折扣。批量越大,享受的折扣越大。我国很多汽车企业采取了这种策略。

④季节折扣。季节折扣即与时间有关的折扣,这种折扣多发生在销售淡季。客户或经销商在淡季购买时,可以得到季节性优惠,而这种优惠在销售旺季是没有的。目的在于鼓励中间商和消费者购买汽车,减少库存,节约管理费,加速资金周转。

⑤价格折让。当客户或经销商为厂商带来其他价值时,厂商为回报这种价值而给予客户或经销商的一种利益实惠,即折让。如客户采取"以旧换新"方式购买新车时,客户只要付清新车价格与旧车价格间的差价即可,这就是以旧换新折让。又如,经销商配合厂商进行了促销活动,厂商在与经销商清算货款时则给予一定折扣,这就是促销折让。

3)针对汽车消费者心理的定价策略

该策略是一种为满足汽车消费者心理和精神需要所采用的定价策略,通过有意识地将汽车价格定得高些或低些,诱导消费者增加购买,扩大市场销售,获得最大效益。具体的心理定价策略如下。

①整数定价策略。在高档汽车定价时,往往把汽车价格定成整数,不带尾数。凭借整数价格来给汽车消费者营造高档车的印象,提升汽车品牌形象,满足汽车消费者的某种心理需求。

整数定价策略适用于:汽车档次较高、需求的价格弹性比较小、价格高低不会对需求产生较大影响的汽车产品。由于目前选购高档汽车的消费者都属于高收入阶层,自然会接受较高的整数价格。

②尾数定价策略。尾数定价策略是与整数定价策略正好相反的一种定价策略,是指汽车企业利用汽车消费者的求廉心理,在汽车定价时,不取整数而带尾数的定价策略。这样带

尾数的汽车价格在直观上给汽车消费者一种便宜的感觉。同时往往还会给消费者一种汽车企业经过了认真的成本核算才定价,有对消费者负责的感觉,可以提高消费者对该定价的信任度,从而激起消费者的购买欲望,促进汽车销售量的增加。

③声望定价策略。这是根据汽车产品在消费者心目中的声望、信任度和社会地位来确定汽车价格的一种汽车定价策略。声望定价策略可以满足某些汽车消费者的特殊欲望,如地位、身份、财富、名望和自我形象等,还可以通过高价格显示汽车的名贵优质。声望定价策略一般适用于具有较高知名度、有较大市场影响的深受市场欢迎的著名品牌的汽车。

④招徕定价策略。这是指将某种汽车产品的价格定得非常高或者非常低,以引起消费者的好奇心理和观望行为,促进降价产品的销售,同时也带动同品牌其他正常价格的汽车产品销售的一种汽车定价策略。招徕定价策略常为汽车超市、汽车专卖店所采用。

⑤分级定价策略。这是指在定价时,把同类汽车分为几个等级,不同等级的汽车,采用不同价格的一种汽车定价策略。这种定价策略能使消费者产生货真价实、按质论价的感觉,因而容易被消费者所接受。分级定价策略等级的划分要适当,级差不能太大或太小,否则起不到应有的分级效果。

4)产品组合定价策略

对于大型汽车企业来说,其产品并不只有一个品种,而是某些产品的组合,这就需要企业制订一系列的产品价格,使产品组合取得整体的最大利润。这种情况的定价工作一般较复杂,因为不同的产品,其需求量、成本和竞争程度等情况是不相同的。

产品组合定价策略有以下几种形式。

①产品线定价策略。在同一产品线中,各个产品项目是有着非常密切的关系和相似性的,企业可以利用这些相似性来制订同一条产品线中不同产品项目的价格,以提高整条产品线的盈利。运用这一价格策略,能形成本企业的价格差异和价格等级,使企业各类产品定位鲜明,且能服务于各种消费能力层次的客户,并能使客户确信本企业是按质论"档"定价,给市场一个"公平合理"的定价印象。

②选择品及非必需附带产品的定价策略。企业在提供汽车产品的同时,还提供一些与汽车相关的非必需产品,如汽车收录机、暖风装置、车用电话等。一般而言,非必需附带品应另行计价,以让用户感到"合情合理"。非必需附带产品的定价,可以适当定高价。如汽车厂商的销售展厅内摆放的全是有利于显示产品高贵品格的产品,在强烈的环境感染下,客户常常会忽视这些选择品的性价比。

③必需附带产品定价策略。必需附带产品又称连带产品,是指必须与主机产品一同使用的产品,或主机产品在使用过程中必需的产品(如汽车零配件)。一般来说,企业可以把主机产品价格定得低些,而将附带产品的价格定得高些,这种定价策略既有利于提高主机产品价格的竞争性,而又不至于过分牺牲企业的利润。这是一种在国际汽车市场营销中比较流行的策略,在我国有些轿车公司也开始采用这一策略。

④产品群定价策略。为了促进产品组合中所有产品项目的销售,企业有时将有相关关系的产品组成一个产品群成套销售。客户有时可能并无意购买整套产品,但企业通过配套

销售,使客户感到比单独购买便宜、方便,从而带动了整个产品群中某些不太畅销的产品的销售。使用这一策略时,要注意搭配合理,避免硬性搭配。

5)汽车的价格调整策略

汽车在定完价后,由于本企业、竞争对手或汽车市场的情况发生了变化,汽车企业就需要经常对汽车的价格进行调整。汽车的价格调整主要有两个原因:一是汽车市场的供求环境发生了变化,汽车企业认为有必要对自己汽车产品的价格做出调整,这种汽车的价格调整被称为主动调整;二是汽车企业竞争者的汽车价格发生了变动,而使汽车企业不得不做出相应的反应,以满足汽车市场竞争的需要,这种汽车的价格调整被称为被动调整。

(1)汽车价格的主动调整

汽车企业对汽车价格主动加以调整,可以采取两种策略,一是调高汽车价格,二是调低汽车价格。

①调高汽车价格。在汽车市场营销过程中,汽车企业为了适应汽车市场环境和企业自身内部条件的变化,可能会将原有的汽车价格调高。

造成汽车价格调高的主要原因有:a.汽车成本上升;b.通货膨胀;c.汽车产品供不应求,汽车市场需求旺盛;d.汽车产品的改进;e.汽车竞争策略的需要。

②调低汽车价格。调低汽车价格是指汽车企业为了适应汽车市场环境和企业内部条件的变化,把原有汽车的价格调低。

调低汽车价格的主要原因有:a.汽车企业竞争压力;b.汽车企业生产能力过剩,需要扩大汽车销售,但又不能通过产品改进或加强销售等措施扩大汽车销售;c.汽车成本低;d.经济形势变化。在经济紧缩的形势下,由于货币价值的上升,汽车总价格水平下降,汽车企业会因此相应地调低汽车的价格。

另外,汽车企业在主动调整汽车价格时,还应该对汽车竞争者将对该调整做出的反应加以认真地考虑,必须了解竞争对手目前的财务状况及企业目标等因素。

(2)汽车价格的被动调整

汽车企业在进行汽车价格的被动调整之前,必须首先要对竞争者和自身的情况进行深入分析和研究。

对汽车企业本身情况的研究主要包括:①本企业的竞争实力,包括汽车质量、汽车售后服务、所占有的汽车市场份额及财力状况等;②本企业汽车产品的生命周期以及需求的价格弹性;③竞争对手汽车价格的调整对本企业所能产生的影响。

对汽车竞争对手的研究主要包括:①竞争者价格变动的目的何在;②竞争者的价格变动是长期的,还是暂时的;③其他的竞争者对此会做出什么反应;④本企业对竞争者的汽车价格调整做出反应后,竞争者和其他的汽车企业又会采取什么措施。

一般来说,汽车价格的被动调整在竞争对手调高汽车价格时的主要方法有跟随提价和价格不变两种,在竞争对手调低汽车价格时的主要方法有置之不理、价格不变(采用另外的非价格手段进行反击)和跟着降价3种方式。其中跟着降价的方式要慎用,一般用于价格敏感度较高的车型上。至于汽车价格的调整幅度该为多少,则要根据具体情况来进行具体的分析。

练习题

一、单选题

1. 服务企业整车销售组织一般是指其内部涉及市场销售活动的( )。
   A. 机构体系 　　　B. 销售量 　　　C. 维修接待 　　　D. 服务质量

2. 汽车销售组织应不断适应外部环境的变化,对市场变化( )。
   A. 以不变应万变 　B. 快速做出反应 　C. 请求政府干预

3. 汽车定价具有了买卖双方( )的特征。
   A. 买方决策 　　　B. 卖方决策 　　　C. 双向决策 　　　D. 政府决策

4. 汽车( )决定汽车价格。
   A. 质量 　　　　　B. 性能 　　　　　C. 外观 　　　　　D. 价值

5. 汽车生产成本是指在汽车生产领域生产一定数量汽车产品时所消耗的物质资料和劳动报酬的( )。
   A. 价值形态 　　　B. 货币形态 　　　C. 实物形态

6. 价格是一个( )。
   A. 常量 　　　　　B. 随机量 　　　　C. 变量

7. 价格是影响企业营销活动( )的因素。
   A. 最活跃 　　　　B. 无关 　　　　　C. 关系不大 　　　D. 紧密关联

8. 促销的实质是营销者与购买者或潜在购买者之间的( )。
   A. 上门推销 　　　B. 广告宣传 　　　C. 信息沟通 　　　D. 参与车展

二、多选题

1. 一个良好的组织机构,应该具有( )。
   A. 决策功能 　　　B. 监督功能 　　　C. 执行功能 　　　D. 反馈功能
   E. 激励功能

2. 定价策略要考虑( )。
   A. 促进销售 　　　B. 获取利润 　　　C. 补偿成本 　　　D. 消费者接受能力
   E. 市场平衡

3. 汽车价格构成的要素有( )。
   A. 汽车生产成本 　B. 汽车流通费用 　C. 国家税金 　　　D. 汽车企业利润
   E. 消费者权益

4. 定价目标有( )。
   A. 以利润为导向 　　　　　　　　　　B. 保持或提高市场占有率

　　　C. 以竞争为导向　　　　　　　　　D. 以汽车质量为导向

　　　E. 以汽车销售渠道为导向

5. 常用的成本导向定价法包括(　　　)。

　　　A. 成本加成率　　　B. 盈亏平衡　　　C. 目标收益　　　D. 边际成本

　　　E. 最大利润

6. 折扣定价策略有(　　　)。

　　　A. 功能折扣　　　　B. 现金折扣　　　C. 数量折扣　　　D. 季节折扣

　　　E. 价格折让

7. 促销主要起(　　　)的作用。

　　　A. 传递信息　　　　B. 激发需求　　　C. 突出特点　　　D. 扩大销售

　　　E. 意见反馈

8. 企业在制订促销组合策略时,应综合考虑(　　　)影响因素。

　　　A. 产品的性质　　　　　　　　　　B. 汽车产品的生命周期

　　　C. 促销预算　　　　　　　　　　　D. 市场的特点

三、判断题

1. 汽车价格的构成是指组成汽车价格的各个要素及其在汽车价格中的组成情况。

　　　　　　　　　　　　　　　　　　　　　　　　　　　　　　(　　　)

2. 产品价格与市场需求成正方向变动。　　　　　　　　　　　(　　　)

3. 产品价格与市场供给成反方向变动。　　　　　　　　　　　(　　　)

4. 边际成本是指每增加或减少单位产品所引起成本的变化量。　(　　　)

5. 竞争导向定价法不适合市场竞争激烈的产品。　　　　　　　(　　　)

6. 人力资源开发成为服务企业发展的关键。　　　　　　　　　(　　　)

7. 培训的目的是保证经销商各岗位人员在思想上和专业技能上能满足其岗位职责的要求。　　　　　　　　　　　　　　　　　　　　　　　　　　　　　　(　　　)

8. 在服务企业招聘员工时应优先考虑外部招聘。　　　　　　　(　　　)

四、简答题

1. 目标收益定价法有一个较大的缺点是什么?

2. 运用对汽车价值的理解定价法的关键是什么?

3. 竞争导向定价法常见的具体方法有几种?

4. 在招聘中要注意掌握哪几个原则?

5. 汽车销售人员应具备哪些素质?

五、论述题

1. 简述服务企业招聘员工时内部招聘的优缺点。

2. 试论述企业形象是公共关系的核心。

第5章 汽车服务企业配件供应与仓储管理

汽车配件销售企业处于生产—流通—消费这个社会再生产总过程中的中间位置,是一个流通企业。它和所有流通企业,如商业、外资企业、物资供销企业等一样,存在着企业内部的三大主要环节,即购进、储存、销售。

5.1 汽车配件购进的意义、原则及对进货人员的基本要求

5.1.1 汽车配件购进业务的概述

购进(订货)业务是流通企业的第一个环节,是商品从生产领域进入流通领域,是价值生产阶段转变为价值的实现阶段。从企业的角度看,购进就是为了销售这个目的的生产企业(或其代理商、批发商)取得资源。因此购进不是目的,销售并获得利润才是目的。从资金运动的角度看,购进就是货币资金转化为商品资金,使企业的流动资金(指银行存款等)转化为库存资金,开始了流通企业的资金周转过程。

购进是企业的关键环节,其理由主要是:

①只有把商品购进组织好,把适销产品购进到经营企业,才能销售,促使营销企业发展生产。

②只有质优价廉、适销对路的商品源源不断地进入经销企业,才有可能提高为用户服务的质量满足消费者的需要。

③搞好进货是搞好销售的前提和保证。只有进得好,才能销得快,才有可能提高企业的经济效益。

由此可见,商品购进是直接关系到生产、营销企业能否得到发展、消费者需求能否得到满足、企业经营状况能否改善的关键问题。

5.1.2　进货管理和商品购进原则

1)进货管理原则

(1)勤进快销原则

勤进快销是避免商品积压,加快资金周转,提高经济效益的重要条件。勤进快销要求采购次数要适当多一些,批量要少一些,进货间隔要适当缩短。企业要在采购适销对路的前提下,选择能使采购费用、保管费用最省的采购批量和采购时间,以降低成本,降低商品价格,使顾客买到价廉物美的商品。

勤进快销还要掌握市场行情,密切注意销售去向,勤进、少进、进全、进对,以勤进促快销,以快销带勤进,不断适合消费需要,调整更新商品结构,力求加速商品周转。在销售上,供应要及时,方式要多样,方法要灵活,服务要周到,坚持薄利多销。

(2)以销定进原则

以销定进是按照销售状况决定进货。通常,计算进货量主要有以下参数:

$$日平均销售量(DMS) = 昨日的\,DMS \times 0.9 + 当日销售量 \times 0.1$$

$$建议订货量 = 日平均销售量 \times (距下次订货量天数 + 下次交货天数 + 厂商交货前$$
$$置期 + 商品安全天数 + 内部交货天数) - 已订货未交量 - 库存量$$

$$最小安全库存量 = 陈列量 + 日平均销售量 \times 商品运送天数$$

订货量是一个动态的数据,根据销售状态的变化(季节性变化、促销活动变化、供货厂商生产状况变化、客观环境变化)决定订货量的多少,才能使商品适销对路,供应及时,库存合理。

(3)以进促销原则

以进促销原则是与以销定进相联系的,简单讲以销定进,进总是处于被动局面。因此,扩大进货来源,积极组织适销商品,能主动地促进企业扩大销售,通过少量进货试销,刺激消费,促进销售。

(4)储存保销原则

销售企业要保持一定的合理库存,以保证商品流通连续不断。

2)具体贯彻进货原则的措施

搞好采购,要从实际出发,并灵活掌握。

①掌握汽车配件供应地点。当地进货,要少进勤进;外地进货,适当多进,适当储备。

②掌握汽车配件的市场寿命周期。新商品要通过试销打开销路,进货从少到多。

③掌握不同种类汽车配件的供求规律。对于供求平衡、货源正常的汽车配件,适销什么,就购进什么,快销就勤进,多销就多进,少销就少进;对于货源时断时续、供不应求的汽车配件,根据市场需要并辟进货来源,随时了解供货情况,随供随进;对于扩大推销而销量却不大的汽车配件,应当少进多销,在保持品种齐全和必备库存的前提下随进随销。

④掌握汽车配件销售的季节性特点。

3）商品购进原则

进货的原则除要求购进的商品适销对路外，就是要保质、保量。生产企业实行质量三包，即包修、包退、包换，经营企业要设专职检验部门或人员，负责购进商品的检验工作，把住商品质量关。除此之外，购进还应遵循以下原则：

①购进的商品必须有产品合格证及商标。实行生产认证制的产品，购进时必须附有生产许可证、产品技术标准和使用说明。

②购进的商品必须有完整的内、外包装，外包装必须有厂名、厂址、产品名称、规格型号、数量、出厂日期等标志。

③要求供货单位按合同规定按时发货，以防应季不到货或过季到货，造成商品缺货或积压。

④积极合理地组织货源，保证商品适合用户的需要，坚持数量、质量、规格、型号、价格全面考虑的购进原则。

⑤购进商品必须贯彻按质论价的政策，优质优价，不抬价，不压价，合理确定商品的采购价格；坚持按需进货，以销定进；坚持"钱出去、货进来，钱货两清"的原则。

⑥购进的商品必须加强质量的监督和检查，防止假冒伪劣商品进入企业，流入市场。在商品购进工作中，不能只重视数量而忽视质量，只强调工厂"三包"而忽视产品质量的检查，对不符合质量标准的商品应拒绝收货。

5.1.3　对进货人员的基本要求

购进业务是商品流通过程中的第一道环节。进货业务进行得好坏，会直接影响企业的整个经营活动和各项经济指标的完成，而进货员是第一道环节的主要执行人。

1）进货员的岗位职责

①负责编制进货计划。

②负责开展工贸联营、联销工作。

③负责日常急需商品的催调合同或组织临时进货，满足市场需求，并根据市场变化及库存结构情况对订货合同进行调整。

④认真做好资金定额管理，在保证进货需要的前提下，最大限度地压缩资金占用，加速资金周转。

⑤认真执行费用开支规定，在保证工作需要的前提下，努力节省进货费用。进货时，一方面要考虑适销对路，另一方面也要考虑运输路线、运费价格等。

⑥经常主动地深入营业门市部和仓库了解产品质量状况，走访客户，了解市场需求。

⑦认真执行工商、税务、物价、计量等方面的法律、法规，遵守企业规章制度。

⑧负责按车型、品种的需求量计划，积极组织订购优质、价格适宜的产品，保证销售需要。

⑨负责组织开展商品的代销、试销业务，开拓新产品市场。

⑩负责改善库存结构，积极处理库存超储积压商品。

2）进货员的基本素质

（1）能编制好进货计划

进货员要根据自己掌握的资料，编制好进货计划，包括年度、季度或月进货计划，以及补充进货计划和临时进货计划等。

在编制进货计划时，要注意考虑如下因素：对本地区汽车配件市场形势的预测结果；本单位销售计划；商品库存和在途情况，已签订过合同的货源情况；用户购买意向；本地区、本企业上年同期的销售业绩。

在进货计划中，配件类别必须划细，要有详细的品种。进货数量和进货时间要均衡，使配件供应既及时又不积压或中断，合理地占用资金。

（2）能根据市场情况及时修订订货合同

尽管进货员根据自己已掌握的信息资料对市场进行了预测，编制了比较合适的进货计划，但在商品流通中，常常会遇到难以预料的变化情况，这就要求进货员能根据变化的情况及时修订订货合同，争取减少长线商品、增加短线商品。当然，在修订合同时，必须按照《中华人民共和国民法典》办事，取得对方的理解和支持。

（3）要有一定的社交能力和择优能力

进货员工作本身决定他要同许多企业、各种人打交道，要求具有一定的社会交际能力，要学会在各种场合、各种不同情况下，协调好各方面的关系，签订好自己所需要的商品合同，注销暂不需要的商品合同或修改某些合同条款，要尽最大努力争取供货方在价格、付款方式、运费等方面的优惠。

此外，全国汽车配件生产企业多、产品品种繁杂，假冒伪劣商品防不胜防。要选择好自己进货计划中所需要的产品，就必须进行深入调查研究，对进货厂家的产品质量和标识要十分了解，要选择名牌、优质价宜的产品。

（4）要善于思考，有吃苦耐劳的精神

进货员不仅要善于动脑筋，摸清生产和销售市场的情况，而且要随时根据市场销售情况，组织货源，在竞争中要以快取胜。进货员长年处于紧张工作状态，为使企业获得最好的经济效益而奔波，需要有吃苦耐劳的精神。

（5）要有一定的政策、法律知识水平和政治觉悟

进货员不仅要熟知国家、本地区的有关政策和法令、法规，而且要知道本企业、本部门的各项规章制度，使进货工作在国家政策允许的范围内进行。进货人员要按规定进货，不进人情货，更不能在进货中为牟取回扣、礼物等私利，而购进质次价高的商品。

（6）要具备必要的专业知识

进货员不仅要熟知所经营商品的标准名称、规格、型号、性能、商标、包装等知识，还要懂得商品的结构、使用原理、安装部位、使用寿命及通用互换性等知识，以保证进货准确无误。进货员不仅需要精通进货业务的各个环节，而且要知道商品在进、销、存以及运输、检验、入库保管等各业务环节的全过程以及相互间的关系。

（7）要善于进行市场调查、分类和整理有关资料

进货员正确的预见性来源于对市场的调查和预测。调查的内容主要包括本地区车型、车数；道路情况；各种车辆零部件的消耗情况；主要用户进货渠道和对配件的需求情况；竞争对手的进货及销售情况。另外，进货员还要十分了解配件生产厂家的产品质量、价格和促销策略等，要定期对上述资料进行分类、整理，为正确进行市场预测、科学进货提供依据。

（8）要有对市场进行正确预测的能力

汽车及配件市场的发展受国民经济诸多因素的影响，如工农业生产发展速度、交通运输、固定资产投资规模、基本建设投资规模、人们生活水平的提高程度等，随宏观经济发展形势的波动而波动。这个季度、上半年、今年是畅销的商品，到下个季度、下半年、明年也可能就变成滞销商品了。但是，除偶然因素外，这种变化一般是有规律可循的，是可以预测的。这就要求进货人员根据收集来的各种信息和资料及市场调查得到的材料进行分析研究，按照科学的方法预测出一定时期内当地汽车配件市场发展动态，从而提高进货的准确性，减少盲目性。

5.2 汽车配件进货渠道与货源鉴别

5.2.1 进货渠道

汽车配件销售行业的进货除一些小公司外，大都从汽车配件生产厂家进货，在进货渠道的选择上，应立足于以优质名牌配件为主的进货渠道，但为适应不同层次的消费者的需求，也可进一些非名牌厂家的产品，可按 A、B、C 顺序选择。

A 类生产厂是指全国有名的主机配套厂，这些厂知名度高，产品质量优，多是名牌产品。这类生产厂应是进货的重点渠道。其合同签订形式，可采取先签订全年需要量的意向协议，以便厂家安排生产，具体按每季度、每月签订供需合同，双方严格执行。

B 类生产厂是指虽生产规模、知名度不如 A 类厂，但配件质量还是有保证的，配件价格也比较适中。订货方法与 A 类厂不同，可以只签订短期供需合同。

C 类生产厂是指一般生产厂，配件质量尚可，价格较前两类厂低。这类厂的配件可作为进货中的补缺。订货方式也与 A、B 类厂有别，可以电话邮件要货，如签订供需合同，合同期应短。

但必须注意，绝对不能向那些没有进行工商注册、生产"三无"及假冒伪劣产品的厂家订货和采购。

5.2.2 货源鉴别

汽车配件质量的优劣，关系到销售企业的经营大计。但汽车配件产品涉及范围广泛，要对全部零配件做出正确和科学的质量结论及其所需的全部测试手段，对中、小型汽配销售企

业是难以办到的,然而这些企业又不能因此不进行这项工作。企业要根据实际情况添置必备的技术资料和通用检测仪器,如自己所经营的主要车型的主机厂的图样或汽车配件目录和各类汽车技术标准等,这些资料都是检验工作的依据。此外,购置通用量具,如游标卡尺、千分尺、百分表、千分表、量块、V 形架、平台、粗糙度比较块、硬度计等,以便具有一般通用检测能力。

另外,为提高工作效率和达到择优进货的目的可以把产品分成以下几种类型进行检验:

①对以前未经营过的配件,采用按标准规定的抽检数,在技术项目上尽可能做到全面检验,以求对其产品质量得出一个全面结论,作为今后进货的参考。

②对以前用户批量退货或少量、个别换货的产品,应采取尽可能全面检验并对不合格部位重点检验的办法。对再次发现问题的,不但拒付货款而且注销合同,不再购进这种货。

③对一些小厂的产品,往往由于其合格率低,而且一旦兑付货款后,很难索赔,因此尽量不进这类产品,如确需进货,在检验时要严格把关。

④对全国名牌和质量信得过产品可以基本免检,但名牌也不是终身制,有时也有冒牌产品,所以应对这些厂家的产品十分了解,并定期进行抽检。

⑤对多年、多批进货后,并经使用未发现质量问题的产品,可抽检几项关键项目,以检查其质量稳定性。

由于汽车配件销售企业经营的车型较多、品种复杂,例如仅一个东风车型的维修配件品种就不下 2 000 种,需测试的技术项目就更无法统计,所以销售企业的质量检验人员不同于生产厂单品种的检验人员那样精专,但他们知识面要宽一些,要熟悉汽车结构及一般制造工艺和材质等知识,能正确运用检验标准,凭多年积累的经验鉴别汽车配件质量。

5.2.3 检验方法

1)目测法

一般的汽车配件销售企业没有完备的检测手段,但根据经验用目测比较的方法也能识别配件优劣。

(1)查看文件资料

首先要查看汽车配件的产品说明书,产品说明书是生产厂家对用户的宣传产品,为用户做某些提示,帮助用户正确使用产品的资料,通过产品说明书可增强用户对产品的信任感。一般来讲,每个配件都应配一份产品说明书(有的厂家配用户须知)。但也有些厂家,几个配件配一份产品说明书。如果交易量相当大,还必须查询技术鉴定资料。进口配件还要查看海关进口报关资料。国家规定进口商品应具有中文说明,假冒进口配件一般没有中文说明,且包装上的外文有的语法不通,甚至写错单词,一看便能分辨真伪。

(2)检查规格型号是否与订货要求相符

大多数汽车配件都有规定的型号和技术参数。凡主机厂生产的配套零部件都适用相应的机型;对同一种机型多次进行改进设计时,其某些零部件的尺寸也有所变化。因此,在订购配件时,一定要熟悉整车与配件的型号。在过去计划经济时代,由于汽车车型种类较少,不容易弄错,而现在不同,比如 BN492QB 发动机就分别配装在北京吉普车、中巴车、铲车或北京轻型货车上。又如东风朝阳柴油机公司生产的 CY4102BQ 柴油发动机,配装在郑州轻型 EQ1060 货车上的是 CY4102BQ-1B 型发动机,配装东风汽车公司 EQ 1061 货车上的是 CY4102BQ-11 型发动机。所以要根据车辆的具体型号准确地订购零配件。

（3）看质量

产品表面质量是评定产品优劣的第一印象。质量低劣的产品,其表面质量往往是差的。用目测方法主要是查看零部件的表面质量。表面质量主要包括电镀工艺、油漆工艺、高频热处理、包装工艺等。一些受地方保护主义保护的小工厂和手工作坊,制造假冒伪劣产品较多。因此,应仔细查看,认真辨别。

①汽车配件油漆。采用先进工艺生产出的零部件表面,与采用陈旧落后工艺生产出的零部件表面有很大差异。目测时可以看出前者表面细腻有光泽,色泽鲜艳;而后者则色泽暗淡无光,表面有气泡和"拖鼻涕"现象,用手抚摸有砂粒感觉,相比之下,真假非常分明。

②镀锌和电镀。汽车零件的表面处理,镀锌工艺占的比重较大,一般零件,如铸铁件和可锻铸铁件、铸钢件及冷热板材冲压件,大都在表面采用镀锌。产品不过关的镀层表面往往是白一块、红一块、黄一块交错混合在一起,一致性很差。电镀工艺技术过关的,则是表面金光闪闪,全部表面一致性好。批量之间一致性也没有变化,有持续稳定性。明眼人一看就能分辨真伪优劣。关于电镀的其他方面如镀黑、镶黄等,大工厂在镀前处理用的除锈酸洗比较严格,清酸比较彻底。这些工艺要看其是否有泛底现象。镀钼、镀铬、镀镍可看其镀层、镀量和表面是否均匀,以此分辨真伪优劣。

③电焊。在汽车配件中,减震器、钢圈、前后桥、大梁、车身等均有电焊焊接工序。大汽车制造厂的专业化程度很高的配件生产厂,大都焊接工艺技术较高,采用自动化焊接,即定量、定温、定速,有的还使用低温焊接法等先进工艺技术。产品焊缝整齐,厚度均匀,表面无波纹形,直线性好,即使是定位焊,焊点、焊接间距也很均匀、规则,对此再好的手工操作也无法做到。

④表面热处理。汽车配件产品经过精加工以后,才进行高频感应加热淬火处理,因此,淬火后各种颜色都原封不动地留在产品上。如汽车万向节内、外球笼经淬火后,就有明显的黑色、青色、黄色和白色,白色面是受摩擦面,因此,硬度也是最高的面。在目测时,凡是整个表面全黑色或某一种颜色的,基本上不是高频感应加热淬火。

⑤橡胶制品。汽车上使用的橡胶件,均有特殊的要求,它要求耐高温、耐油、耐压、复原性好等。橡胶件使用的原料是一种氨醇的配方,它的原料成本比一般橡胶原料高出许多,而且这种氨醇在制造橡胶配件时,对模具具有强烈的腐蚀作用,模具损耗很大。在鉴别橡胶件的质量好坏时,与鉴别机械金属配件不相同的是,橡胶件表面乌黑光亮的不一定是好产品。要了解生产厂家的生产过程,并在实际应用中观察辨别。

⑥汽车配件非工作面的表面伤痕。从对汽车配件非工作表面伤痕的分析,可以分辨正规生产厂产品和非正规生产厂产品、管理现代化的企业与生产混乱企业间的区别。表面伤痕若是在中间工艺环节上,则是由于产品在加工过程中互相碰撞留下的。优质的产品是靠先进的科学管理,特别是先进的工艺技术制造出来的。生产一个零件要经过几十道工序甚

至上百道工序,而每道工序都要配备工艺装备,其中包括工序运输设备和工序安放的工位器具。高质量的产品是由很高的工艺装备及工序来保障的,所以有水平的工厂的产品是不可能在中间工艺过程中互相碰撞的。由此推断,凡在产品非接触面留下伤痕的产品,肯定是小厂、小作坊生产的劣质产品。

(4)看表面包装和表面商标

汽车零配件是互换性很强、精度很高的产品,为了能较长时间存放,不变质、不锈蚀,需在产品出厂前用低度酸性油脂涂抹。正规的生产厂家,对包装纸盒的要求十分严格,要求其无酸性物质,不产生化学反应。有的采用硬质透明塑料真空包装,考究的包装能提高产品的附加值和身价。箱、盒大都采用防伪标记,常用的有激光、条码、暗印等,在采购配件商品时这些都很重要。要认真查看其商标、厂名、厂址、等级和防伪标记是否真实。另外,在商标制作上,正规的厂商在零配件表面有硬印和化学印记,注明零件编号、型号、出厂日期,一般采用自动打印,字母排列整齐、字迹清楚,小厂、小作坊一般是做不到的。

2)用简单技术手段鉴别汽车配件

(1)经验法

①查看表面硬度是否达标。各配合件表面硬度都有相应的要求,在征得厂家同意后可用钢锯条的断茬去试划,划时打滑无划痕的,说明硬度高;划后稍有浅痕的,硬度较高;划后有明显痕迹的,说明硬度低(注意试划时不要损伤工作面)。

②查看转动部件是否灵活。在检验机油泵等转动部件总成时,用手转动泵轴,应感到灵活、无卡滞现象;检验滚动轴承时,一手支撑轴承内圈,另一手转动外圈,外圈应能快速自如转动,然后逐渐停转。若转动部件转动不灵,说明内部锈蚀或变形。另外,用两手分别抓紧轴承内、外圈,相对拉压,若感觉到相对间隙较大时说明该轴承径向间隙过大,是不合格产品或伪劣产品。

③查看装配记号是否清晰。为保证配合件的装配关系符合技术要求,在某些零件上,刻有装配定位标记,比如正时齿轮的正时标志。若无定位记号或定位记号模糊无法辨认,将给装配工作带来很大困难,甚至装错。

④查看粘接零件有无松动。由两个或两个以上零件组合成的配件,零件之间是通过压装、粘接或焊接的,它们之间不允许有松动现象,如油泵柱塞与调节阀是通过压装组合的;离合器从动摩擦片与钢片是铆接或粘接的;纸质滤清器滤芯骨架与滤纸是粘接而成的;电器设备的接头是焊接而成的。检验时,若发现松动,应予以调换。

⑤查看配合零件表面有无磨损。若配合零件表面有磨损痕迹,或涂漆配件拆开后发现表面油漆有旧漆,则多为废旧件翻新。当发现表面磨损、烧蚀、橡胶零件材料变质或老化时在目测看不清的情况下,可借助放大镜观察。

⑥查看接合部位是否平整。零部件在搬运、存放过程中由于震动、磕碰,常会在接合部位产生毛刺压痕、破损等,这会影响零件使用,选购和检验时要特别注意。

⑦查看零件有无变形。有些零件因制造、运输、存放不当,易变形。检查时可将轴类零件沿玻璃板滚动一圈看零件与玻璃板贴合处有无漏光来判断是否变形;选购离合器从动盘

钢片或摩擦片时,可将其放在眼前观察是否翘曲;在选购油封时带骨架的油封端面应呈正圆形,能与平板玻璃贴合无翘曲;无骨架油封外缘应端正,手握使其变形,但松手后应能恢复原状。在选购各类衬垫时,也应注意检查其几何形状及尺寸。

⑧查看总成部件有无缺件。正规的总成部件必须齐全完好,才能保证汽车的顺利装配和正常运行。所有总成件上的个别小零件若漏装,都将使总成部件无法工作,甚至报废。

(2)敲击法

判定汽车上的部分壳体及盘形零件是否有不明显的裂纹、用铆钉连接的零件有无松动、轴承合金与钢片的结合情况时,可用手锤轻轻敲击零件并听其响声,如发出清脆的金属声音,说明零件的状况良好;如果发出的声音沙哑,可以判定零件有裂纹、松动或结合不良。

浸油锤击是一种探测零件隐蔽裂纹的最简便的方法。检查时先将零件浸入煤油或柴油中片刻取出后将表面擦干,撒一层白粉(滑石粉或石灰),然后用手锤轻轻敲击零件的非工作面如果零件有裂纹,振动会使浸入裂纹的油漆溅出,裂纹处的白粉呈现黄色残迹,这样便可看出裂纹所在。

(3)比较法

用标准零件与被检零件作比较,从对比中鉴别被检零件的技术状况。

3)进口汽车配件的鉴别

进口汽车配件可从多方面进行鉴别,主要从包装、内在质量、产品价格和进货渠道来鉴别。

(1)根据包装进行识别,是检验进口配件真伪的重要程序

国外专业配套厂生产的纯正部件及配件的包装都制作精美,色彩、花纹、样式都有一定的规则,一般是很难仿制的。仿制的包装制作比较粗糙,较容易辨别。但有些仿制者依靠现代先进的印刷技术,将零件包装制得很逼真,如不仔细辨认,也很难区别。进口汽车配件一般都有外包装和内包装,外包装有包装箱、包装盒;内包装一般是带标识的包装纸、塑料袋或纸袋。纯正进口配件外包装箱(盒)印刷清晰、纸质优良,并印有 GENUINE PARTS(纯正部品)标记,且标有零件编号、名称、数量及生产厂家和国家的名称。而仿制的标签印刷,即使是用电脑打印的零件编号及生产厂商标记,但印刷不精细,色彩非轻即重,很难与纯正件包装一致,仔细辨认,就能区分真伪。从包装箱(盒)来看进口的包装箱(盒)质地紧挺,图案清晰,包装盒上一般都印有生产厂和纯正部品标记,如松下公司在整个包装盒上印有松下(KOMATSU)和纯正部品(GENUINE PARTS),三菱公司在整个包装盒上印有(MITSUBISHI)和纯正部品(GENUINE PARTS),而仿制的包装虽然也印上这些标记,但色彩不正,图案不清晰。有的国外公司为防止伪造,在其包装标签上设有防伪标记,可在鉴别时加以注意。内包装一般多为包装纸、纸袋或塑料袋,包装上印有纯正部品和公司标记。包装纸的花纹、色彩和图案仿制品很难与其相同。

鉴别进口配件包装时还应注意,工程机械及汽车制造厂都有自己的专业配套生产零部件的供应商,在进口厂家配件时,包装盒上既有整机厂标记,也有配套厂的标记。如三菱重工,其活塞环由日本理研公司(RIKEN CORPORATION)配套,外包装箱印制的是 RIK 标记,

但里面单个的活塞环的盒却是三菱标记的花盒包装,其标记为 MITSUBISHI。活塞环说明书既标明有三菱机动车工业株式会社,也注有理研股份公司,故而不要误以为内外不一致就不是纯正部品了。

(2)从产品质量来鉴别是识别纯正部件真伪最关键的环节

受利益驱动,有的经销商将进口的纯正零件组装成整机后,再用纯正部件的包装,装上非纯正件向市场销售。故必须对产品的内在质量进行检验,才能确认进口配件的真伪。对产品质量的鉴别主要包括观察、检查和试验;

①从外观上进行检查。查看其产品外表的加工是否精细,颜色是否正常。如果有纯正部件的样品,可进行对照检查,一般仿制品表面都比较粗糙,产品颜色也不正。

②检查产品上的标识。纯正进口零部件上都打印有品牌标记、零部件编号和特定代码等。有些产品上还铭刻有制造厂及生产国。如日本三菱柴油发动机的活塞,在其顶部刻有零件编号、分组目标记 A、B、C 和 UP↑方向标记;活塞裙部内侧铸有机型和三菱标识,并有配套厂的 IZUMI 标识,铸字清楚,容易辨认。仿制品不是漏铸就是字迹模糊不清,很难达到正品的效果。

③通过专用工具检测产品的尺寸,看其是否符合要求。有些厂商还专门为客户提供了测量工具以防假冒。

④对产品进行性能试验。有些零件从外观检测还无法辨别真伪,需用专用仪器、检测设备进行检测。如喷油器、柱塞要在试验台上进行性能试验,检测其喷油压力、喷油量、喷油角度等。

⑤对产品进行理化性能试验。这种情况一般是在对产品内在质量产生怀疑或使用中出现问题时,向厂家寻求索赔时才使用的方法。

(3)从产品价格上进行辨别

同样的配件,纯正部件、专业厂件、国产件和仿制品的价格差别很大。纯正部件的价格最高,专业厂次之,国产件、仿制品价格最低。一般纯正部件的价格可超出仿制件的 1～2倍,有的甚至更多;国外专业配套厂件比整机厂纯正件略低。定期批量进口的配件执行外商谈判的协议价,平时零星采购的配件则执行外商每年的统一目录价。有时外商还有定期处理配件的优惠价。这些配件的报价(日元或美元)是按照当时的进口汇率计算的,再加上关税、运输费等,然后将其换算成配件单价,这是行业人士共知的常规价。价格低于常规件的配件,即可判断为非纯正件或专业厂件。要注意的是进口环节中减税和中间经销商加价也会使价格偏离常规价格。

(4)根据进货渠道进行分析

目前进货渠道较多,一般包括两个方面。一是直接从国外进口,二是从经销商那里购买。直接从国外整机厂和零部件配套厂进口的配件,质量都有保障。如果是从经销商那里购买或从港澳转口进来的配件,就要根据上述方法进行鉴别。此外,所有直接从国外进口的机械配件,均有订购合同、提单、装箱单及发票。如果从进口公司采购配件,可让其出示上述单据,否则,可判断为非进口正品。

总之,鉴别汽车配件的方法是多种多样的,不要使用单一的方法,根据不同的配件种类采取不同的鉴别方法,并综合运用,定能识别配件的真伪。下面以发动机主要零件——活塞的鉴别为例来说明鉴别汽车零件的过程。

进口活塞品种较多,不同的发动机所配装的活塞型号也不同,而我国活塞以日本进口的居多。就工程机械和重型汽车而言,主要厂家有日本自动工业公司,品名为 IZUMI;川合精密公司,品名为 KSK;富士樱兴产业公司,品名为 SAKURA。其中 IZUMI 品牌的活塞在我国进口的工程机械及重型汽车上使用最多。

①检查外包装。首先看包装箱与原进口的质地是否一样,应着重查看包装箱上的纯正部品标签,纯正部品的标签上印有"GENUINE PAHTS"、零件编号、名称和整机生产厂的标记,这些标记均为英文且印刷清晰、色彩一致。

②有的进口活塞其第一道活塞环槽上镶有耐蚀的高镍铸铁,如三菱 8DC 系列发动机的活塞。这也是识别活塞是否是纯正件的一个标准。

③进口活塞外观尺寸的测量。活塞的顶部为正圆形,直径最小,从第一道压缩环槽以下开始呈椭圆形,椭圆形逐渐加大至油环槽处为最大,从油环槽向下又逐渐减小,至裙部下方处则略呈椭圆形,活塞裙部的中间部位的直径为最大。如不符合上述标准,则不是纯正品。虽然每种型号的活塞都不一样,但其规律是相同的。

④对同机型的一组活塞进行称重,看重量是否相同。纯正活塞制造都很精细,同型号的纯正活塞件,其重量应该基本一样。有些活塞顶部刻有质量参数,检查时,如与同组的几只活塞不符,则不是正品。

⑤检查活塞的标识。活塞上均有品名、零件编号、生产厂等标识。以日本三菱柴油发动机为例,活塞裙部内侧铸有机型:SDC8、SDC9、6D22 等,在机型上面铸有"三菱"标记;在活塞裙部的另一侧铸有活塞生产厂标识 IZUMI,所铸标识为凸出状,工整精确,容易辨认。活塞顶端刻有零件编号,如三菱 ME×××××,根据外径的尺寸不同,刻有分组号(A、B 或 C),标准活塞刻有 STD 字样,加大活塞刻有 0.25、0.50、0.75 或 1.00 数字;活塞顶部还刻有安装方向的标记 UP↑,活塞顶部所有的刻印标记都很清晰、规范。

⑥检查活塞外表的表面粗糙度。纯正活塞的加工工艺精良,无任何疵点,仿制活塞加工粗糙。从活塞裙部表面和活塞孔部分比较容易区分出活塞加工工艺的好坏。

5.3 汽车配件订购

5.3.1 进货方式和进货量的确定

1)进货方式

汽车配件销售企业在组织进货时,要根据企业的类型、各类汽车配件的进货渠道以及汽车配件的不同特点,合理安排组织进货。一般有以下 4 种类型:

（1）联购合销

由几个配件零售企业联合派出人员，统一向生产企业或批发企业进货，然后由这些零售企业分销。此类型多适合小型零售企业之间或中型零售企业及小型零售企业联合组织进货。这样能够相互协作，节省人力，凑零为整，拆整分销，并有利于组织运输，降低进货费用。

（2）集中进货

企业设置专门机构或专门采购人员统一进货，然后分配给各销售部（组、分公司）销售。集中进货可以避免人力、物力的分散，还可加大进货量，受到供货方重视，并可根据批量差价，降低进货价格，也可节省其他进货费用。

（3）分散进货

由企业内部的配件销售部（组、分公司）自设进货人员，在核定的资金范围内自行采购。

（4）集中进货与分散进货

集中与分散进货相结合一般是外埠采购及其他非固定进货关系的一次性采购，办法是由各销售部（组、分公司）提出采购计划，由业务部门汇总审核后集中采购。

上述几种进货方式各有所长，企业应根据实际情况扬长避短，选择适合自己的进货方式。

2）进货量

控制进货量是汽车配件销售企业确定每次进货多大数量为最佳进货量的业务活动，在进货时不能单纯考虑节约哪一项费用，必须综合分析，以销定进。进货量的控制方法有定性分析法和定量分析法两种，而定量计算方法又有经济批量法和费用平衡法。

（1）用定性分析法确定进货量

①按照配件的产销特点，确定进货数量。常年生产、季节销售的配件，应掌握销售季节，季前多进，季中少进，季末补进；季节生产、常年销售的配件，要掌握生产季节，按照企业常年销售情况，进全进足，并注意在销售过程中随时补进；新产品和新经营的配件，应根据市场需要少进试销，宣传促销，以销促进，力求打开销路；对于将要淘汰的车型配件，应少量多样，随用随进。

②按照供货单位的远近，确定进货数量。当地进货，可以分批次进货，每次少进、勤进；外地进货，适销商品多进，适当储备。

要坚持"四为主，一适当"的原则，即以本地区知名配件为主，以具有知名度的传统配件为主，以新产品为主，以名牌优质品为主；品种要丰富，数量要适当。

③按进货周期确定进货时间。进货周期，就是每批次进货的间隔时间，每批次进货能够保证多长时间的销售，这就是一个周期。进货周期的确定既要保证汽车配件销售的正常需要，又不使汽车配件库存过大，要坚持以销定进、勤进快销的原则。

进货周期的确定，要考虑以下因素：配件销售量的大小、配件种类的多少、距离供货单位的远近、配件运输的难易程度、货源供应是否正常、企业储存保管配件的条件等。确定合理的进货周期，使每次进货数量适当，既可加速资金周转，又可保证销售正常进行。

④摸清市场情况，找出销售规律，确定进货重点。不少汽车配件的需求量是按一定的规律变化的，须在市场调查的基础上，分析实际销售数量和有关因素的影响，从而找出销售规

律,以便确定进货重点。其方法是:将历年的月销售量抽样绘制成销售曲线图,如图5-1所示,从曲线图中分析出配件销售的五种现象:平稳性、趋向性、周期性、季节性和随机性,据此制订相应的进货对策,以期达到准确和及时的估算和预测,防止脱销和超储。例如,对于销售上升的配件,应保证常年销售不断档;对于具有平稳性、周期性、季节性的配件,应根据实际情况,做出进货计划,并注意迎"季"进货,季末销完;对于受随机因素影响的配件,则采取按用户预约登记,及时组织进货的方法。

（a）点火线圈月销售量

（b）汽车风扇的月销售量　　　　（c）驾驶室的月销售量

图5-1　历年月销售量抽样曲线图

⑤遵循供求规律,合理确定进货数量。对供求平衡、货源正常的配件,应采取勤进快销、多销多进、少销少进,保持正常周转库存。具体计算方法是根据前期销售的实际情况,预测下期销售数,加上一定的周转库存,再减去本期末库存预测数,算出每一个品种的下期进货量。

对于供大于求、销售量又不大的配件,则应少进,采取随进随销、随销随进的办法。

对暂时货源不足、供不应求的紧俏配件,要开辟新的货源渠道,挖掘货源潜力,适当多进,多进多销。

对大宗配件,则应采取分批进货的办法,使进货与销售相适应。

对高档配件,要根据当地销售情况,少量购进,随进随销、随销随进。

对销售面窄,销售量少的配件,可以多进样品,加强宣传促销,严格控制进货量。

（2）用定量分析法确定进货量

①经济批量法。采购汽车配件既要支付采购费用,又要支付保管费用。每次采购量越少,采购的次数越多,则采购费用的支出也就越多,但保管费用就越少。由此可以看出,采购批量与采购费用成反比,与保管费用成正比。根据这一原理可以用经济进货批量法控制进

货批量。所谓经济进货批量是指在一定时期内,在进货总量不变的前提下,求得每批次进多少,才能使进货费用与保管费用之和(即总费用)减少到最低限度。

在实际运用中,经济批量法又可细分为列表法、图示法和公式法 3 种,此处仅介绍列表法。

例:某配件销售公司全年需购进某种配件 4 000 件,每次进货费用为 5 元,单位配件年平均储存费用为 0.5 元,问该汽车配件的经济进货量是多少?

用列表法进行计算,表 5-1 为经济进货量计算表。

表 5-1　经济进货运计算表

年进货次数	每次进货数量/件	平均库存数量/件	进货费用/元	储存费用/元	年总费用/元
(1)	(2)	(3)=(2)÷2	(4)=(1)×5	(5)=(3)×0.5	(6)=(4)+(5)
1	4 000	2 000	5	1 000	1 005
2	2 000	1 000	10	500	510
4	1 000	500	20	250	270
5	800	400	25	200	225
8	500	250	40	125	165
10	400	200	50	100	150
16	250	125	80	62.5	142.5
20	200	100	100	50	150
25	160	80	125	40	165
40	100	50	200	25	225

由表 5-1 可以看出,所列 10 种进货批量,全年进货 16 次(批),每次进货 250 件,全年最低的总费用为 142.5 元,即等分为 16 批购进,则全年需要的该种配件费用最低。

从表 5-1 的数据还可以清楚地看到,当储存费用下降时(平均库存数量下降而引起),进货费用上升(进货次数增多而引起)。只有当进货费用与储存费用趋于平衡时,才会使总费用降到较低的程度。如果以上两项费用完全相同时,总费用水平可降到最低水平。以下表格中:(1)代表的是年进货次数;(2)代表每次进货数量/件;(3)代表平均库存数量,等于代表每次进货数量除以 2;(4)代表进货费用等于年进货次数乘以 5;(5)代表储存费用等于平均库存数量乘以 0.5;(6)代表年总费用等于进货费用加上储存费用。

②费用平衡法。此法是以进货费用为依据,将存储费用累计和进货费用比较,当存储费用累计接近但不大于进货费用时,便可确定其经济进货量。

$$存储费用 = 销售量 × 单价 × 存储费用率 × (周期 - 1)　(5.1)$$

例:某一品种配件预计从第一个到第五个周期的销售量各为 50、60、70、80、70 件,单价为 12 元,进货费用为 65 元,每周期的存储费用率为 2.5%,求经济进货量 Q。

第一周期:销售量为 50,存储费用 = 50 × 12 元 × 2.5% × (1 - 1) = 0 元

第二周期:销售量为60,存储费用 = 60 × 12 元 × 2.5% × (2 − 1) = 18 元,存储费用累计为 18 元 + 0 = 18 元

第三周期:销售量为70,存储费用 = 70 × 12 元 × 2.5% × (3 − 1) = 42 元,存储费用累计为 18 元 + 42 元 = 60 元

第四周期:销售量为80,存储费用 = 80 × 12 元 × 2.5% × (4 − 1) = 72 元,存储费用累计为 60 元 + 72 元 = 132 元

第五周期:销售量为70,存储费用 = 70 × 12 元 × 2.5% × (5 − 1) = 84 元,存储费用累计为 132 元 + 84 元 = 216 元

由此可见,第三周期存储费用累计60元,最接近并小于进货费用65元,所以,可将第一到第三周期销售量之和(50 + 60 + 70)作为一次进货批量,那么,本期的经济批量就是180件。

3)广汽本田特约维修服务站零部件的配件订购管理

(1)零部件服务的重要性

满足用户要求的高质量服务不仅需要修理技术高超,而且包括服务态度、及时的零部件供应等综合服务的高质量。

没有零部件就无法修理,浪费用户的宝贵时间,因此,无论何时何地都应能及时提供零部件,而且必须以纯正零部件和及时提供可提高车辆附加价值的各种用品来保护用户的利益。

零部件服务的好坏直接影响到用户对整车的评价,为提高用户的满意程度,应做到在用户需要时,将必要的零部件以适宜的价格、可靠的质量提供给用户。

(2)常用零部件库存的必要性

①在售后服务方面,让用户放心。如果修理时经常出现没有"用户急需更换"的零部件,无法及时修理,用户会对该特约店有何印象?如果常用零部件有库存,就能及时为用户做好修理,用户会对该特约店的售后服务感到很放心。

在选购车辆时,用户日益重视"良好的售后服务"方面的诚信。如果备有常用零部件库存,就可以给用户提供一种信任感和安全感。

②在修理作业上,可以提高工作效率。如果零部件有库存,就可以及时为用户进行修理。否则,在修理工作中将给管理工作增添许多麻烦。例如,待修车辆的移动及保管空间,缺货零部件的准备及管理。

(3)正确进行零部件库存管理的必要性

①正确管理零部件库存,可以给用户提供满意的服务。即使零部件有库存,但是若找不到,就等于没有库存。所以只有充分利用零部件库存,才可以及时满足用户的要求。

加强对未到货零部件的管理工作,就不会发生因为不知零部件的现实状况而导致不能按期交货等情况;如果零部件仓库管理得比较好,用户不仅对售后服务,还是对整个特约部门都留下良好的印象。

②正确管理零部件库存,将会提高维修作业的效率。若因管理疏忽而忘记订货,等到该零部件出现缺货时才发现,将会影响工作效率;如果管理得好,定期按时订货,则可以减少零部件的等候时间,提高工作效率。零部件到货后,要尽快分拣、入库、上架,才能保证修理作业的顺利完成。

③正确管理零部件库存,将会给特约部门带来效益。做好零部件的库存管理,就会以较少的投资获得较多的用户信赖和经济效益。

如果常用零部件的库存不适当,库存不常用甚至用不到的零部件时,就会造成资金积压,最终导致零部件废弃,给特约部门带来损失;日常管理不适当,库存不符,同样也会给部门带来损失。所以日常管理要得当,减少不必要的损失。

④正确管理零部件库存,应该使更多的人了解零部件的管理。如果许多人都能了解零部件管理,即使零部件管理人员不在岗,其他人也可以按用户要求提供服务,以免给用户增添麻烦,从而使零部件服务工作得以顺利开展。

用户希望特约部门能够提供"完善的售后服务",零部件服务的好坏会关系到用户对该特约部门的评价和信任。只有重视上述管理问题,才能得到用户的好评,才能保证用户更愿意消费,使用零部件。

(4)正确接受用户订货并正确进行订货管理

对出库的零部件应进行正确管理和维护,为此应加强管理人员、职工的素质教育,无论修理工作如何忙,也不能偷工减料,同样也不能缓办;无论工作如何忙,也要遵守工作规程,有条不紊地进行工作,只有这样才可实现零部件的正确管理,维修工作正常进行。

①应使零部件管理责任明确化,每个人工作分工要明确。如果从事零部件管理的人员工作作风不严谨,一旦发生问题时,就无法查清是谁的问题,同时无法查清该问题出在何处。例如在零部件订货单的接收订货位置,应填写接收订货负责人的姓名及日期,在已发出零部件订货单上要盖一个"已办"的公章,其他人就可以知道该零部件已发出订货。

②应使零部件业务标准化。为正确管理好零部件,需要全体职工齐心协力,共同遵守所定规则,使零部件业务标准化。

(5)订货的实际业务操作

在记录完一天的数据以后,要根据库存管理卡来计算订货数量。其操作顺序如下:

①潜在库存的计算:

$$潜在库存 = 库存量 + 订货中的数量 - 缺货量 \qquad (5.2)$$

②检查需不需要订货。当潜在库存大于最小库存数量时,不用订货;当潜在库存小于最小库存数量时,需要订货。

③订货数的计算:

$$订货数 = 最大库存数 - 潜在库存 \qquad (5.3)$$

④将订货数量填写在订货单上。有缺货时应填写在紧急订货单上,无缺货时应填写在定期订货单上。紧急订货时,按订单要求随到随订,定期订货可每月订货一次。

填写订货单的示例见表5-2。其订货数计算方法如下:

表 5-2 订货单示例

零件号码	83540 398 00ZA			广汽 HONDA PARTS				
零件名称	左侧盖板(R4C)							
登录日期	进货价格	销售价格	零件位置号					
1995 年 7 月 1 日	192	240	12		最大库存	12	最小库存	10
日期	接收订货	进货	发货	库存	订货中	缺货	潜在库存	订货
4 月 1 日	1		1	8	4		12	
4 月 6 日	1		1	7	4		11	
4 月 15 日		4		11			11	
4 月 20 日	2		2	9			9	3
4 月 27 日	1		1	8	3		11	
4 月	5	4	5	8	3		11	3
5 月 10 日	1		1	7	3		10	2
5 月 18 日	1		1	6	5		11	
5 月	2		2	6	5		11	2
6 月 3 日	3		3	3	5		8	4
6 月 7 日	2		2	1	9		10	2
6 月 10 日	3		1	0	11	2	9	3
6 月 21 日		3		3	11	2	12	
6 月 25 日			2	1	11	0	12	
6 月	8	3	8	1	11	0	12	9

- 4 月 20 日

库存 = 前次库存 − 这次发货 = 11 − 2 = 9

潜在库存 = 库存 + 订货中 − 缺货 = 9 + 0 − 0 = 9

是否订货:9 < 10,需要订货

订货数 = 最大库存量 − 潜在库存 = 12 − 9 = 3

- 6 月 10 日

订货中 = 前次订货中 + 前次订货 = 9 + 2 = 11

缺货量 = 订货 − 出库 = 3 − 1 = 2

潜在库存 = 库存 + 订货中 − 缺货 − 0 + 11 − 2 = 9

是否订货:9 < 10,需要订货

订货数 = 最大库存量 − 潜在库存 = 12 − 9 = 3(因为缺货而紧急订货)

- 6 月 21 日

库存 = 前次库存 + 这次入库 = 0 + 3 = 3

订货中 = 前次订货中 + 前次订货 − 这次入库 = 11 + 3 − 3 = 11

潜在库存 = 库存 + 订货中 − 缺货 = 3 + 11 − 2 = 12

是否订货：12 > 10，不需要订货

库存 = 前次库存 − 这次出库 = 3 − 2 = 1（根据缺货消除卡进行出库）

缺货 = 前次缺货 − 这次出库 = 2 − 2 = 0

5.3.2　汽车配件的订购和验收

1）汽车配件的订购

（1）订购进口汽车配件应注意的问题

近 20 年来，为满足国民经济发展的需要，我国进口汽车数量大增，进口汽车维修配件的订购、供应品种、交货期、质量、价格等方面一直是令广大进口汽车配件经营部门、维修企业和用户困惑的问题。由于进口汽车车牌、型号繁杂，而某一具体车型的全国保有量又不多，国内汽车零部件生产厂不愿花费太多精力去研制生产，因此造成进口汽车配件一时成为紧俏商品，除正常渠道进口的配件外，各种假货、水货进入国内市场。为使广大进口汽车配件经营企业和用户正确订购与使用进口汽车配件，作为一名汽车配件进货员，首先必须了解进口汽车配件的订购和验收中应注意的问题。

①建立进口车辆的技术档案，及时掌握车辆及零部件的变更动态。由于我国进口汽车的厂牌车型较多，其中有的虽为同一种型号的车，但生产年份不同，很多部件设计已经变更，新老车型不能互换，因此必须明确区分生产厂、车辆型号，将各自的技术状况以档案形式分别记载。主要是具体的车型和该车型的底盘号、发动机号。它们代表着该车型的具体生产年月。在向国外订购时，要确认和认真填写下列诸要素：发动机型号应包括气缸数、缸径、发动机排量、最大功率、最大转矩；电器系统应包括电压、发电机容量或输出电流，电动机功率；离合器应包括摩擦式或液力传动式；变速器应包括型号、挡位数、每挡速比或齿数比，机械操纵式或自动式，变速杆位置在转向柱上或在底板上；制动方式应包括真空助力液压式、空气助力液压式或空气制动式，手制动器位置在变速器后或在后轮；转向器应包括左边或右边驾驶，以及机械式或液压助力式；前轴应包括独立悬挂式、工字梁式或前驱动式；后轴包括单级减速式、二级减速后加力式等。有了这样的车辆变型技术档案，才能准确地掌握第一手资料，为编制进口配件计划提供可靠的依据。在办理订购进口汽车配件时，必须仔细、认真，如有一字之差，就容易造成面目全非，积压浪费将难以避免。

②必须认真掌握进口汽车各类不同车型的技术情况。国外汽车多是按系列化生产的，每个系列有多种车型，每种车型又有它特定的底盘号和发动机号，每个车型系列都有固定的发动机型号，而且大部分车型（尤其是轻型车及轿车）为适应世界各地的地理、气候条件以及顾客的需要，对散热系统、变速器及制动方式等采用不同的装置，这些装置的形式一般在汽车进口成交合约的附件——技术说明书中有详细记载。技术说明书很重要，因此，无论是编制需要量计划还是办理进口业务，都必须提供这些车辆的详细技术情况，只有掌握了这些基本技术情况，才能做到按需进口，适销对路，货尽其用，防止损失和浪费。

③要正确使用原厂配件编号(俗称图号)。有了各种车型的技术档案,只是给编制进口配件计划提供了依据,在正式订购单上,还应认真填写原厂的正确零件编号,这些编号来自原零件目录,每个零件编号代表着客户所需要的零件。按照车辆技术档案记载的情况,在有关车型的零件目录中都可查到相应的零件编号。甚至原厂零件编号比零件名称更为重要,稍有疏忽就会写错零件编号,将导致订货错误。当货到后,发现不是所需要的零件时,很难索赔。

所以在编制进口汽车配件需要量的计划前,一是要查明进口车型的准确型号、发动机型号和底盘号、出厂年份;二是要掌握零件标准名称和原厂零件编号,并且要认真核对,确信无误后,方可填到订购单上去。

(2)国际汽车零部件的类型

国际汽车零部件分为3种:

①纯正件(genuine parts)。是由汽车制造厂提供给用户维修车辆用的配件,但不一定都是汽车制造厂自行生产的。纯正件质量可靠,但价格较高。在日本,用于本国汽车维修的配件数量约占专业厂产量的25%,而供国外汽车维修的配件数量约占产量的15%。纯正件均交给汽车制造厂的仓库,而汽车制造厂通过经营纯正件的经销商销售。

②汽车制造厂组装用配套件(OEM parts)。这是按汽车制造厂提供的生产图样生产,成品由各专业生产厂每天按时送汽车制造厂供组装汽车用。在日本,OEM件一般占专业生产厂生产总产量的60%左右。

③专厂件(replacement)。专厂件也称转厂件,是由各专业零部件生产厂生产的备件(替换零件),用各专业生产厂自己的包装箱包装,不经过汽车制造厂的渠道,而是由其特定的贸易商进行销售。

由于近些年来,我国从国外订购的汽车维修配件中,专厂件占了相当大的比重,因此,下面着重介绍专厂件的有关情况。又因在改革开放之后,我国使用了较多从日本进口的汽车和配件,在进口维修汽车配件市场上,日本件居多,故举例也以日本件为主。

(3)专厂件的有关情况

①我国进口专厂件的历史。一般来讲,订购纯正件的价格比专厂件要高得多。外国汽车制造厂为了其自身的利益,不允许其零部件专业生产厂直接向我国出口零件。在20世纪70年代初期,我国由于从日本汽车制造厂订购零件价格高,为了节省外汇,想从日本的汽车零部件专业生产厂订购所需要的维修配件,当时日本的中小型零部件专业生产厂开工不足,为了拓宽市场、扩大销售,也有向中国出口其产品的愿望。而日本的汽车制造厂坚决反对,并对这些中小型零部件专业生产厂施加压力。日本的汽车制造厂与中小型零部件专业生产厂之间引发了严重的矛盾。我国有关部门了解到这个情况后,也向日本有关汽车制造厂家严肃指出,如果哪家汽车制造厂阻挠我国直接从零部件专业生产厂进口维修配件,将对其进行制裁,今后不再购买其汽车和维修配件。由于供需双方共同努力的结果,日本汽车制造厂不得不同意其零部件专业生产厂直接向中国出口配件。用户将从日本进口的气缸套、活塞、活塞环、轴瓦等主要易损件的纯正件和专厂件安装在汽车上进行路试对比,未发现明显质量差异。从此,专厂件正式进入我国维修配件市场。

②专厂件的生产厂和质量。专厂件生产厂一般有 3 种类型：

a. 本身就是纯正件生产厂。例如日本的松江精机工业（Matsue Seike）生产的气缸套，成品出厂时无标记，送到日本的 OEM 件和纯正件生产厂，即日本活塞环厂（NPR）和日本帝国活塞环厂（TP）后，分别打上 NPR 和 TP 记号，就成为 OEM 件或纯正件。这种类型在日本零部件专业厂中不太多。

b. 以生产 OEM 件和纯正件为主，少量生产专厂件。如日本理研公司是世界上最大的活塞环生产厂之一，日本国内活塞环约 65% 的纯正件是由理研供应的。又如，NDCT 厂的轴瓦、衬套等，其提供 OEM 件和纯正件的比例，占其总产量的 80% 以上。专厂件生产厂绝大部分是这种类型。

在生产配件的工厂，纯正件和专厂件大多使用同样的生产线，其最后的质量检验要求也多是完全相同的。

c. 非纯正件生产厂。其全部产品以自己的商标和包装向外销售。这类生产厂的情况存在着较大差异，多数产品质量较纯正件差。在我国进口维修配件市场上，称这类产品为副厂产品或副厂件。但是，在这种类型的工厂中，也有的厂家生产规模大，产品质量好。如川合精密工业（KSK），其生产的柴油机活塞的质量，与纯正件生产厂 IZUMI 的产品相比，所使用的原材料相同，加工尺寸一样，热处理要求也相同，质量检验也一致。

（4）订购和使用专厂件的特点

①价格较低。主要原因是：由专业生产厂生产的零部件装箱后直接送码头装船出口，不需要经过汽车制造厂的中转仓库储存，也不必经汽车制造厂的转手加价。另外，对纯正件，汽车制造厂还要用其包装箱进行再包装，从而增加了费用。而专厂件一般只用自己的包装（用纸箱简装）和集装箱运送。

②付款条件优惠。国外订货的付款条件通常为 L/C，即信用证。一批货物交付码头装船前一个月，由买方进口公司开出有效的信用证，卖方在得到银行信用证号码后才发货。这样，买方必须在对方发货前一个多月，将货款或相应的人民币付到其进口公司账户，等到对方发货、海运到港、报关、提货，必须提前 2 ~ 3 个月垫付资金。比较优惠的付款条件为 D/P，即卖方将货物装船发运后，才通过银行向买方托收货款，这样，如果衔接得好（报关和提货进度快），到买方付款时，基本上可以取到货物。订 D/P 对卖方有一定风险。一般来讲，订购纯正件，付款条件必须是 L/C。而订购专厂件，只要买方付款信誉好，即可用 D/P 的付款方式，这样就为买方加速资金周转创造了有利条件，同时也可节省一部分利息支出。

③索赔方便。在进口配件的交货过程中，难免会发生错发、少发或品种差错等方面的问题，要向对方提出索赔。经营纯正件的商家都向汽车厂索赔，其进度缓慢，若无商检证书甚至无法索赔。而订专厂件，通过友好协商就可解决索赔事宜。但订购专厂件也有不足之处，如要求订货批量大，交货期有时不如纯正件准时等。

（5）专厂件在订货和使用时应注意的问题。

订购和使用专厂件可以节省外汇，降低费用，但在订购时必须注意以下几个方面的问题：

①为保证产品质量和具有较低廉的价格，必须选择一个有实力的工厂作为后盾，信誉较

好与专业零部件厂关系密切的经销商作为合作对象。

②订购零件,最好是向既生产 OEM 件和纯正件、又可供专厂件的专业零部件生产厂订购。

③对专厂件的报价要认真核查,一定要将其单价与纯正件单价仔细对比,因为生产厂与经销商的关系十分复杂,由于多方面的原因,有时报的专厂件价格比纯正件还高。

④视交货快慢,结合配件的使用计划,分类订购。即交货期较长的早订,如活塞、气门、轴瓦、轴承等均属此类,一般要 7~10 个月交货;交货较慢的要相对早订,如气缸套、活塞环、燃油系零件、控制拉线、橡胶油封之类,一般要 5~7 个月交货;而交货迅速的可稍晚些订货,如灯芯、滤芯、灯泡、制动片、减震器、万向节、钢圈、倒车镜之类,一般 3~4 个月交货。分类订货可防止集中到货一次占用资金额较大的弊病。

⑤订货时,必须注意产地和生产厂家名称。日本的汽车零部件专业生产厂为了降低产品成本,不断在国外投资建厂,许多专厂件是在海外分厂生产的,海外分厂产品质量是否可靠很难保证,所以在订货时,必须明确产地和生产厂,即应该明确其是否属于正宗的零部件专业生产厂,而且应熟悉这些专业生产厂的厂名和商标。

⑥虽然确属日本零部件生产厂生产的专厂件,如在使用中发现质量上的疑点或问题,通过可靠的检测后,可与订货经销商联系,追究其质量责任。

⑦必须搞清所订购的专厂件的用途,即给什么车型配套,以及该件与纯正件编号的对应关系。订购专厂件较订购纯正件价格低,而且产品质量也有保证。但在订购时,必须弄清楚各大汽车公司的纯正件的产品名称、商标、包装特点和标记、各种不同类型的专厂件生产厂的产品名称、商标。包装特点和标记,取得第一手资料。同时在订购时,必须弄清配套车型以及该专厂件与纯正件编号的对应关系,这样就可以避免错订进口汽车配件。

2)汽车配件的验收

(1)汽车配件的检验

处在发展初级阶段的汽车配件市场,尤其是进口汽车配件市场,受经济利益的驱动,制假贩假者对消费者的影响是巨大的。他们进口水货、假货,甚至将国产劣质配件利用仿造的进口配件包装,在市场上出售,严重危害汽车及驾驶人员的安全。所以,作为进口汽车配件的进货人员,必须熟悉国外主机厂、配套厂、纯正件生产厂以及零部件专业生产厂的产品、商标、包装及其标记,并掌握一般的检测方法。

一般进口汽车配件的包装精致,在各层包装,尤其是包装箱外表和零件的醒目位置,都有厂名和商标(也有的零件上刻印工厂代号和商标)。进口配件到货后,应由外到里、由大包装到小包装、由外包装到内包装、由包装到产品标签、由标签到封签、由零件编号到实物、由产品外观质量到内在质量,都应逐步进行详细检查验收。

①外包装。一般原装进口配件的外包装,木箱多为 7 层胶合板或选材较好、做工精细、封装牢固的木板箱。纸箱则质地细密、坚挺,不易弯折、变形,封签完好。外表面印有用英文注明的产品名称、零件编号、数量、产品商标、生产国别、公司名称。有的则在外包装箱上贴有反映上述数据的产品标签。

②产品标签。日本的日野、五十铃、三菱、尼桑等汽车公司的纯正部品配件的标签,一般为印有本公司商标、中英文纯正部品字样及中英文生产公司名称、英文或日文配件名称及配件编号,并印有英文"MADE IN JAPAN"及数量的长方形或正方形标签。

日本零部件专业生产厂生产的配件标签无"纯正部品"字样,但一般用英文标明其适用的发动机型号或车型、配件名称、数量及规格、公司名称、生产国别。同时,标签形状也不限于长方形或正方形。在我国进口汽车配件市场上,经常可以看到的有日野汽车公司、五十铃汽车公司、三菱汽车公司的产品,日产柴油机机器公司(尼桑)、丰田汽车公司、德国奔驰汽车公司等的纯正部品配件标签以及日本活塞环株式会社(NP)的活塞环配件标签;日本大司金属株式会社的各种轴瓦的标签;德国 Monark Diesel(莫娜柴油机公司)的配件标签等。

③包装封签。早期的进口配件小包装盒的封口封签,一般用透明胶带封口。目前大多用印有本公司商标或检验合格字样的专用封签封口。例如:五十铃汽车公司纯正部品的小包装封签;大同金属株式会社的曲轴轴承的小包装盒的封签;尼桑公司纯正部品的小包装盒的封签;德国 ZF 公司的齿轮、同步器等配件的小包装盒的封签。也有一些公司的配件小包装盒直接用配件标签作为小包装盒的封签,一举两得。

④内包装纸。日本的日野、五十铃、三菱、尼桑等汽车公司的纯正配件及配套厂生产的配件,其内包装纸均印有本公司标志,并且一面带有防潮塑料薄膜。例如:日野汽车公司纯正配件的背面带有防潮塑料薄膜的内包装纸;五十铃汽车公司纯正配件的背面带有防潮塑料薄膜的内包装纸;三菱汽车公司纯正配件的正面带防潮塑料薄膜的内包装纸;日本活塞环株式会社(NPR)生产的缸套活塞组件的背面带防潮塑料薄膜的内包装纸;德国奔驰汽车公司生产的金属配件一般用带防锈油的网状包装布进行包裹。

⑤小包装。国外产品的小包装盒(指每个配件的单个小包装盒),一般都用印有表示该公司商标图案的专用包装盒,例如日本五十铃汽车公司的纯正配件,均用白底红色"纯正部品"字样和白色"ISUZU"字样及五十铃标志图案的小包装盒包装配件。日本日野汽车公司的纯正部品配件,则用棕红底白色"Hino"字样的包装盒,日产柴油机机器公司(尼桑)的纯正件上,用蓝底、红色圆内有白色"UD"二字母或橘黄底、红色圆内有橘黄色"UD"二字母的专用包装盒。日本柴油机机器公司(英文缩写为 D.K.K)的喷油泵及柱塞、出油阀、喷油器三偶件,均用带有特色标志图案及英文"Diesel kiki"字样的小包装盒。日本大同金属株式会社的各种轴瓦,均用印有特色标志及英文"DAIDO METAL"的方块图案的专用包装盒包装。日本活塞环株式会社(NPR)的活塞环,均用黄底、黑色圆内有"NPR"及"NIPPON-PISTON RING"黑字的专用包装盒包装。德国奔驰汽车公司的纯正件,均用蓝底白字印有"Mercedes-Benz"及奔驰汽车的商标专用小包装盒包装。德国弗里特里希齿轮厂有限公司(缩写为 ZF)生产的变速器内各种齿轮及同步器的小包装盒,以不规则几何图形为底纹,并用深蓝的"ZF"标记特征图案,很容易识别。

⑥配件外观质量和产品上的永久性标记。从德国、日本进口的纯正品配件及配套生产厂的配件和大专业生产厂生产的配件,做工精细,铸铁或铸铝零件表面光滑、致密、无毛刺,油漆均匀发亮。而假冒产品则铸件粗糙,不光滑、不平整、有毛刺、喷漆不均匀、无光泽。真

假两种配件在一起对比,其差别比较明显。更重要的是原装进口配件,一般都在配件上铸有或刻有本公司的商标或名称标记及配件编号。例如:奔驰汽车公司的纯正配件上都有奔驰标记及零件编号;日野纯正部品上刻有 H 标记;日本理研株式会社(RIK)的活塞环在开口处平面上边刻有 R,另一边刻有 S(表示标准环 STD)或 25、50(表示加大 0.25 或 0.50)的字样;日本活塞环株式会社(NPR)的活塞环在开口平面上,一边刻有 N,另一边刻有川、ZNK、3NK、4NK 字样;日本自动车工业株式会社生产的活塞在活塞内表面铸有凸出的 IZUMI 字样;大同金属株式会社生产的曲轴瓦在瓦背上刻有商标标记及尺寸代号;日本柴油机机器公司(DKK)生产的喷油泵柱塞导臂上,一边刻有 O 标记,另一边刻有柱塞型号的刻印代号。例如日野 ZM443 车 EK100 发动机用柱塞尾部导臂的刻印代号为 P25。而 6D22 发动机的柱塞导臂刻印代号为 A43。在喷油嘴上除刻有 O 标记外,还刻有喷油嘴的型号,例如 EK100 发动机的喷油嘴刻有 NP-DllA1505374N464。德国 K.S 公司生产的活塞环在开口平面上刻有 K.S 字样。而奔驰公司纯正的活塞环,在第二道气环表面有镀铝层,从外观看,环的外侧上、下两部分为发亮的白颜色,中间为灰黑色。德国 WABCO(瓦布柯)公司生产的气制动件上均铆有铝合金标牌。德国 FAG 公司生产的气制动件则在外壳上铸有 FAG 字样。

同时,配件编号也是合同签订和验货的重要内容,一般在与国外大的汽车制造公司或大的配套生产厂或他们的代理商直接签订的进口合同中,每种配件都标有配件编号。当配件编号有新旧变更时,则合同上就同时标明新旧两种配件编号。各大配套生产厂及专业生产厂都有自己所生产的配件与主机厂配件编号的对应关系资料。配件编号一般都刻印或铸造在配件上或标明在产品的标牌上,而假冒产品一般无刻印或铸造的配件编号。验货时应根据合同要求的配件编号或对应资料进行认真核对。

经过以上几个方面的认真检查和仔细辨认,基本上就可以确定配件的真假。但是近年来随着科学技术的发展,制假者的造假手段也在不断翻新,仿真能力越来越强,真假配件的外观越来越接近。所以对一般经销商和用户来说除对进口汽车配件的包装、标签、封签及产品外观的检查和辨认外,对有些可以直接测量的配件,如气缸套、活塞、曲轴等,还可以按原厂资料数据和测量方法进行实际检测,获取第一手资料。

在检查辨认的同时,最重要的还是理顺进货渠道,选择资金雄厚、信誉可靠的专业代理汽配件公司长期合作。认真推敲合同条款的要求,避免使用"进口配件"或"某国进口"等含混不清的语句,必须注明所供配件属某个国家、某公司、某某编号的什么配件,可减少很多不必要的麻烦和纠纷。同时,必须实行质量保证,售后三包服务。对发现的假冒配件逐级原路退回,索赔损失,这样才能杜绝假冒进口汽车配件的泛滥。

总之,配件入库前,应当由具有汽车常用材料和配件质量控制技能的检验人员进行验收、检查:一是检查配件包装,通过外包装区别属正厂产品还是副厂产品,属进口配件还是国产配件,杜绝质量不可靠的非配套厂生产的配件;二是检查配件外观,对各类铸造件、冲压件、磨加工件、焊接件及各类非金属件的加工表面质量予以评价,从中发现质量问题;三是检查配件材质,根据各种材料的理化、机械及工艺性能,鉴别配件材料的真假和优劣并质疑。对汽车配件质量有怀疑时,应当采用测试、诊断仪器对其力学性能、几何尺寸、形状和位置公差及是否具有内部缺陷等方面进行检验。

（2）汽车配件的接收

汽车配件进货员在确定了进货渠道及货源，并签订了进货合同书之后，在约定的时间、地点对配件的名称、规格、型号、数量、质量等进行检验无误后，方可接收。

①对配件品种的检验。应按合同规定的要求，对配件的名称、规格、型号等认真查验。如果发现产品品种不符合合同规定的要求，应一方面妥善保管，另一方面在规定的时间内向供方提出异议。

②对配件数量的检验。对照进货发票，先点收大件，再检查包装及其标识是否与发票相符。一般整箱配件，先点件数，后抽查细数；零星散装汽车配件点细数；贵重配件逐一点数；对原包装汽车配件有异议的，应开箱开包点验细数。接收方应注意查验配件的分批交货数量和商品的总数量。无论是自提还是供方送货，均应在交货时当面点清。供方代办托运的，应按托运单上所列数量清点，超过国家规定合理损耗范围的，应向有关单位要求索赔。如果发货数与实际验收数之间的差额、实际交货数量与合同规定的交货数量之间的差额不超过有关部门规定的，双方互不退补。超过规定范围的，按照国家规定计算多交或少交的数量。双方对验收有争议的，应在规定的期限内提出异议，超过规定期限的，视为履行合同无误。

③对配件质量的检验。按国家规定的质量标准验收；采用双方协商标准的，按照封存样品或按详细记录样品的标准验收。接收方对配件质量提出异议的，应在规定的期限内提出，否则视为验收无误。当双方在检验或试验中对质量发生争议时，按照《中华人民共和国标准化管理条例》规定，由标准化部门的质量监督检验机构执行仲裁检验。

在数量庞大、品种规格极其繁杂的汽车配件生产、销售中，发现不合格品、数量短缺或污、残、损坏等，是难以避免的现象。如果在提货时发现上述问题，应当场联系解决。如果货到后发现问题，验收人员应分析原因，判明责任，做好记录。一般问题填写"运输损益单"，"汽车配件销售查询单"查询，问题严重或牵涉数量较多、金额较大时，可要求对方派人来查看处理。

汽车配件从产地到销地，要经过发货单位、收货单位（或中转单位）和承运单位三方共同协作来完成，所以必须划清三方面的责任范围，责任划分的一般原则是：汽车配件在铁路、公路交通运输部门承运前发生的损失和由于发货单位工作差错、处理不当发生的损失，由发货单位负责；从接收中转汽车配件起，到交付铁路、公路交通运输部门转运时止，所发生的损失和由于中转单位工作处理不善造成的损失，由中转单位负责；汽车配件到达收货地，并与铁路公路交通运输部门办好交接手续后，发生的损失和由于收货单位工作问题发生的损失，由收货单位负责；自承运汽车配件时起（承运前保管的车站或港从接收汽车配件时起），至汽车配件交付给收货单位或依照规定移交其他单位时止发生的损失，由承运单位负责。但由于自然灾害，汽车配件本身性质和发、收、中转单位的责任造成的损失，承运单位不负责任。

5.4 汽车配件编码

为了使汽车零部件能适应计算机管理,以便于筹措汽车零部件和提高采购时的准确性,世界上不少汽车制造厂家都对所生产的汽车零部件实行代码分类,即每一个零件都用一组数码和字母表示,但不同的制造厂家表示的方法都不同,不能相互通用。

5.4.1 丰田汽车零部件编码

丰田汽车原厂零件的编码:由 10 个数字组成,中间用"-"隔开,部分零件用 12 位数字组成,如下所示对 0000-1;00000-2;00-3。

第一部分的 5 个数字表示零件的基本编号,也称品名编号,第二部分的 5 个数字表示设计编号和变更编号,第三部分的 2 个数字表示零件的颜色及其他特殊部分,在部分零件上使用。

第一部分的前两位数字一般表示汽车零件的一个总成,例如,用 45 表示转向部分等。第三位和第四位数字表示总成件中某一个组件的位置,如用 10 表示转向部分的方向盘组件。第五位数字表示细分零件,如用 1 表示方向盘。

第二部分的前两位数表示发动机类型,如用 71 表示 1Y 发动机,72 表示 2Y 发动机,54 表示 2 L 发动机等。第三位和第四位数字表示设计编号,以区别同类车型中的标准型或豪华型及新车或旧式车等。第 5 位数字为设计序号。

第三部分的两位数字在有颜色等特殊情况下才使用,多用在外观装饰件。

5.4.2 广汽本田零部件号码的组成(含标准零部件的编码)

1)一般零部件

7 8 5 1 0—S V 4—9 8 l Z A
①②③④ ⑤ ⑥ ⑦ ⑧ ⑨ ⑩ ⑪ ⑫ ⑬

③②:功能号;表示该零部件功能的号码。
③④⑤:构成号;根据各个零部件名称的不同,由构成号来进行具体区分。
①②③④⑤:主号码;主号码是用来说明零部件名称的。
例如:1 3 0 1 1:活塞环;
     1 8 3 1 0:喇叭;
     3 3 1 0 0:前大灯。
⑥⑦⑧:机种号码;用以区别机型的号码。其中⑥所表示的内容见表5-3。

表 5-3　机种号码⑥表示的内容

1,2,3,4	G,J,K,M	摩托车
5,6	S,P	汽车
7	V,Y	农用机车
8	Z	发电机发动机
9		船外用发动机

⑨⑩⑪:种类号码。在主号码①②③④⑤与机种号码⑥⑦⑧完全相同的情况下,为了区别该零部件的不同种类而使用的号码。比如同一零部件的生产厂家不同,零部件的式样变更等情况出现时。

⑫⑬:颜色编号。通常由两位英文字母来表示。在①②③④⑤⑥⑦⑧⑨⑩⑪完全相同的情况下,完全相同的零部件,由于是内饰件或外饰件,零部件的颜色不同,为了区分颜色而使用的一种辅助记号。

2)螺栓、螺母以及其他标准零部件

①②③④⑤—⑥⑦⑧—⑨⑩⑪⑫⑬

①②③④⑤:主号码;

⑥⑦⑧⑨⑩:尺寸;

⑪⑫:JIS 规格;

⑬:表面处理。

5.4.3　一汽大众—捷达轿车配件编码

在德国大众管理体系中,备件通过阿拉伯数字和英语 26 个字母的组合,使之成为一套简明、完整、精确、科学的备件号系统,每一个备件只对应一个号码,每组数字、每个字母都表示这个件的某种性质。人们只要找出这个号码,就可以从几万或几十万库存品种中找出所需的备件来。

德国大众备件号码一般由 14 位组成,其组成及含义如下:

例如:191 863 241 AF LN8 中央托架

　(1)　(2)　(3)　(4)　(5)

1)车型及型号标记

前三位表示车型或机组型号。它们说明这些件最初为哪种车型,哪种发动机和变速箱设计及使用。从标记的第三位数字可以区别是左驾驶还是右驾驶。一般规定:单数为左驾驶,双数为右驾驶。

例如:表示车型的——甲虫车(113)857 501 AB 0 1 C　　后视镜;

　　　　　　——高尔夫(191)　419 831　　转向器防护套;

——捷达（165）　941 017 K　　　左大灯；

表示机组型号的——发动机（027）　100 103 kV　　短发动机；

——变速箱（020）300 045 T　　四挡变速箱；

——起动机（055）911 023 K　　起动机；

2）大类及小类

根据零件在汽车结构中的差异及性能的不同,德国大众备件号码系统将备件号分成十大类（10个主组）,每大类（主组）又分为若干小类（子组）,小类（子组）的数目和大小因结构不同而不同,小类（子组）只有跟大类（主组）组合在一起才有意义。

1 大类:发动机、燃油喷射系统；

2 大类:燃油箱、排气系统、空调制冷循环部件；

3 大类:变速箱；

4 大类:前轴、前轮驱动差速器、转向系统、前减震器；

5 大类:后轴、后轮驱动差速器、后减震器；

6 大类:车轮、刹车系统；

7 大类:手动、脚动杠杆操作机构；

8 大类:车身及装饰件、空调壳体、前后保险杠；

9 大类:电器；

0 大类:附件（千斤顶、天线、收音机）。

例如:191 863 241 AF LN8　　8 为大类,称为:主组；

63 为小类,称为:子组。

例如:00—某某总成,63—托架,57—后视镜,45—玻璃,31—车门。

3）备件号

按照其结构顺序排列的备件号由三位数（001～999）组成,如果备件不分左右或既可在左边又可在右边使用,最后一位数字为单数；如果备件分左右件,一般单数为左边件；双数为右边件。

例如:191 863 241 AF LN8 中的 241；

L1GD 853 753/754　　左/右车门防护条；

L1GD　821 021　B/022B　　左/右翼子板；

4）设计变更/技术更改号

设计变更号由一个或两个字母组成,表示该件的技术曾经更改过。

例如:不同的材料、不同的结构、不同的技术要求,如公差、硬度、不同的零件来源。

例如:357 612 107—357 612 107 A　　制动阻力器；

91 500 051 H—L191 500 051 G　　后桥体；

BBW 129 015 S—1GD 129 015　　化油器。

5）颜色代码

颜色代码用 3 位数字或 3 位字母的组合来表示,它说明该件具有某种颜色特征。

例如:01 C—黑色带有光泽;041—暗黑色;043—黑花纹;ROH—未加工的原色。

上述备件:191 863 241 AF　LN8 中的颜色代码为 LN8;

　　　　　　19 807 217 T ROH　前保险杠外罩;

　　　　　　193 853 515 D 2BC　车门防护条;

　　　　　　6N0 711 303 01C　手制动器拉杆。

5.4.4　如何查找备件号

汽车配件编码(备件号)的查询必须有原厂授权的配件查询资料(书册或胶片)才能进行配件的查询。备件号的查找不是只通过几次培训、几次练习就能掌握,需要今后不断地努力和追求,在工作中学习,在工作中探索,在工作中熟练掌握,下面所给的参数及步骤只是其中的一个例子,实际工作中并非按此步骤运行,仅供参考。

1）确认备件号的有关参数

①车型、款式、规格。

②明确备件名称。

③底盘号。

④发动机型号/输出功率/发动机字母标记。

⑤发动机/变速箱规格。

⑥制造厂家代码及生产日期。

⑦选装件(如中央门锁),内部装备材料及基本色调(如座椅)。

⑧车体外部颜色。

2）查找备件号的步骤

①须知的最基本参数。

②确定零件所在的大类。

③确定零件所在的小类。

④确定显示备件的图号。

⑤根据备件名称找到插图,确认备件号,或根据车型、款式、备注说明,确认备件号。

⑥根据车辆参数确定备件号并记录下来。

⑦关闭阅读器,胶片送回原处。

3）车辆标牌、发动机、底盘号的位置(以一汽大众生产的捷达车为例)

①车辆标牌:位于发动机机舱右围板处或储气室右侧。

②发动机号:位于缸体和缸盖结合处的缸体前端。此外齿型皮带罩上有一个条形码不

干胶标签,其上标出了发动机号码。

③车辆识别号(底盘号):车辆识别号标在发动机机舱前端围板处,通过排水槽盖上的小窗口即可看到底盘号。

④整车数据:不干胶标签贴在行李舱后围板左侧,其上有下列数据,即生产管理号、车辆识别号、车型代号、车型说明、发动机和变速箱代码、内饰代码和选装件号。

小结:本章从汽车配件购进业务的意义入手,分别介绍了汽车配件购进对进货人员的基本要求、进货管理和商品购进原则;介绍了进货渠道的注意事项、货源鉴别和检验方法,以及进货方式、国际上汽车零部件的类型、汽车配件的订购和验收、进货量的确定方法、订购和验收方法。最后介绍了车辆标牌、发动机、底牌号的位置及各种车系汽车零部件编码组成及含义。

练习题

一、单选题

1. 购进业务是商品流通过程中的(　　)。
   A. 第一道环节　　B. 第二道环节　　C. 次要环节　　D. 重要环节

2. 汽车配件质量的优劣,关系到(　　)的经营大计。
   A. 公司　　B. 客户　　C. 销售企业　　D. 个人

3. 在汽车配件中,减震器、钢圈、前后桥、大梁、车身等均有(　　)。
   A. 电焊焊接工序　　B. 镀黑　　C. 淬火　　D. 镶黄

4. 探测零件隐蔽裂纹的最简便的方法是(　　)。
   A. 敲击法　　B. 浸油锤击法　　C. 经验法　　D. 目测法

5. 识别纯正部件真伪的最关键环节是(　　)。
   A. 外观　　B. 标识　　C. 产品质量　　D. 性能

6. 从资金运动的角度看,(　　)就是货币资金转化为商品资金,使企业的流动资金(指银行存款等)转化为库存资金,开始了流通企业的资金周转过程。
   A. 购进　　B. 出售　　C. 流通　　D. 交换

7. (　　)是直接关系到生产企业能否得到发展、消费者需求能否得到满足、企业经营状况能否改善的关键问题。
   A. 商品出售　　B. 商品购进　　C. 索赔　　D. 产品质量

8. 进货员正确的预见性来源于对市场的调查和(　　)。
   A. 了解　　B. 观察　　C. 调研　　D. 预测

9. 在进货计划中,配件类别必须划细,要有详细的(　　)。
   A. 计划　　B. 数量　　C. 品种　　D. 时间

10. 进货数量和(　　)要均衡,使配件供应既及时又不积压或中断,合理地占用资金。

A. 进货时间　　　B. 进货地点　　　C. 进货员　　　D. 进货品种

11. 一般的汽车配件销售企业没有完备的(　　)，但根据经验用目测比较的方法也能识别配件优劣。

A. 方法　　　　　B. 检测手段　　　C. 识别办法　　　D. 经验

12. 所谓表面处理，即电镀工艺、油漆工艺、高频热处理和(　　)等。

A. 包装工艺　　　B. 检测　　　　　C. 电焊　　　　　D. 淬火

13. 汽车零件的表面处理，(　　)工艺占的比重较大，一般零件的铸铁件和可锻铸铁件、铸钢件及冷热板材冲压件，大都在表面采用镀锌。

A. 镀黑　　　　　B. 镀钼　　　　　C. 镀铬　　　　　D. 镀锌

14. 汽车配件产品经过精加工以后，才进行高频感应加热淬火处理，因此(　　)后各种颜色都原封不动地留在产品上。

A. 加热　　　　　B. 冷却　　　　　C. 淬火　　　　　D. 通风

15. 汽车上使用的橡胶件，均有特殊的要求，它要求耐(　　)、耐油、耐压、复原性好等。

A. 高温　　　　　B. 高压　　　　　C. 高寒　　　　　D. 高环保

16. (　　)的产品是靠先进的科学管理，特别是先进的工艺技术制造出来的。

A. 高效　　　　　B. 高档　　　　　C. 优质　　　　　D. 品牌

17. 有些零件因制造、运输、存放不当，易(　　)。

A. 损坏　　　　　B. 折断　　　　　C. 弯曲　　　　　D. 变形

18. 用标准零件与被检零件作比较从对比中鉴别被检零件的(　　)。

A. 技术状况　　　B. 性能　　　　　C. 参数　　　　　D. 质量

19. 同样的配件，纯正部件、专业厂件、国产件和仿制品的(　　)差别很大。

A. 质量　　　　　B. 价格　　　　　C. 数量　　　　　D. 品种

20. 控制(　　)是汽车配件销售企业确定每次进货多大数量为最佳进货量的业务活动，在进货时不能单独考虑节约哪一项费用，必须综合分析，以销定进。

A. 进货量　　　　B. 进货品种　　　C. 进货时间　　　D. 进货地点

21. (　　)服务的好坏直接影响用户对整车的评价，为提高用户的满意程度，要做到：在用户需要时将必要的零部件以适宜的价格、可靠的质量提供给用户。

A. 零部件　　　　B. 产品　　　　　C. 售后　　　　　D. 质量

22. (　　)就是每批次进货的间隔时间，每批次进货能够保证多长时间的销售，这就是一个周期。

A. 出货周期　　　B. 保质周期　　　C. 发货周期　　　D. 进货周期

23. 一般进口汽车配件的包装精致，在各层包装，尤其是(　　)外表和零件的醒目位置，都有厂名和商标(也有的零件上刻印工厂代号和商标)。

A. 产品　　　　　B. 品种　　　　　C. 包装箱　　　　D. 内包装

24. (　　)一般都刻印或铸造在配件上或标明在产品的标牌上，而假冒产品一般无刻印或铸造的配件编号。

A. 配件尺寸　　　B. 配件编号　　　C. 配件号码　　　D. 配件数量

25. 进货量的控制方法有定性分析法和( )分析法两种,而定量计算方法又有经济批量法和费用平衡法。

A. 产品   B. 质量   C. 服务   D. 定量

二、多选题

1. 进货的原则除要求购进的商品适销对路外,就是要( )。

A. 保质   B. 保量   C. 价廉   D. 物美

2. 生产企业实行质量三包,即( )。

A. 包修   B. 包退   C. 包换   D. 包赔

3. 进口汽车配件可以从多方面进行鉴别,主要从( )。

A. 包装   B. 内在质量   C. 产品价格   D. 进货渠道

4. 进货管理和商品购进原则包括( )。

A. 勤进快销   B. 以销定进   C. 以进促销   D. 储存保销

5. 汽车配件销售企业的进货方式分为( )。

A. 集中进货   B. 分散进货   C. 集中与分散进货   D. 联购合销

6. 汽车配件的检验包括( )。

A. 外包装   B. 产品标签   C. 索赔   D. 产品质量

7. 国际上汽车零部件分( )。

A. 组装配套件   B. 纯正件   C. 专厂件   D. 混合件

8. 汽车配件进货员在确定了进货渠道及货源,并签订了进货合同书之后,在约定的( )对配件的名称、规格、型号、数量、质量等进行检验无误后,方可接受。

A. 时间   B. 地点   C. 产品   D. 规格

9. 汽车配件编码(备件号)的有关参数包括( )。

A. 车型   B. 款式   C. 规格   D. 底盘号

10. 鉴别汽车配件的技术手段包括( )。

A. 观察法   B. 经验法   C. 敲击法   D. 比较法

11. 积极合理地组织货源,保证商品适合用户的需要,坚持( ),价格全面考虑的购进原则。

A. 数量   B. 质量   C. 规格   D. 型号

12. 进口汽车配件一般都有( )。

A. 外包装   B. 内包装   C. 包装盒   D. 标签

13. 纯正进口零件上都打印有( )。

A. 标识   B. 品牌标记   C. 零件编号   D. 特定代码

14. 对于供大于求,销售量又不大的配件,要少进,采取( )的办法。

A. 少量购进   B. 随进随用   C. 周期性   D. 随销随进

15. 零部件到货后,要尽快( ),才能保证修理作业的顺利完成。

A. 分拣   B. 入库   C. 上架   D. 装箱

16. 日本的(　　)等汽车公司的纯正部件及配套厂生产的配件,其内包装均印有本公司标志,并且一面带有防潮塑料薄膜。

A. 日野　　　　B. 五十铃　　　　C. 三菱　　　　D. 尼桑

三、判断题

1. 进口活塞品种较多,不同的发动机所装配的活塞型号也不同,而我国活塞以美国进口的居多。　(　　)

2. 购进业务是流通企业的第二道环节,是商品从生产领域进入流通领域,是价值生产阶段开始转变为价值实现阶段。　(　　)

3. 进货业务进行得好坏,会直接影响企业的整个经营活动和各项经济指标的完成,而进货员是第一道环节的主要执行人。　(　　)

4. 产品表面质量是评定产品优劣的第二印象。　(　　)

5. 大多数汽车配件都有规定的型号和技术参数。　(　　)

6. 汽车配件销售企业处于生产—流通—消费这个社会再生产总过程中的中间位置,是一个流通企业。　(　　)

7. 购进不是目的,销售并获得利润才是目的。　(　　)

8. 从资金运动的角度看,购进就是商品资金转化为货币资金,使企业的流动资金(指银行存款等)转化为库存资金,开始了流通企业的资金周转过程。　(　　)

9. 以进促销原则是与以销定进相联系的,单纯地讲以销定进,进总是处于主动局面。　(　　)

10. 销售企业要保持一定的合理库存,以保证商品流通连续不断。　(　　)

11. 进货员的岗位职责之一,认真执行费用开支规定,在保证工作需要的前提下,努力节省进货费用。　(　　)

12. 进货时,一方面要考虑适销对路,另一方面也要考虑运输路线、运费价格等。(　　)

13. 采用先进工艺生产出的零部件表面,与采用陈旧落后工艺生产出的零部件表面差异不大。　(　　)

14. 产品不过关的镀锌表面往往是白一块、红一块、黄一块交错混合在一起,一致性很差。　(　　)

15. 汽车零配件是互换性很强、精度很高的产品,为了能较长时间存放,不变质、不锈蚀,需在产品出厂前用高度酸性抽脂涂抹。　(　　)

16. 纯正部件及国外专业配套厂配件的包装制作精美,色彩、花纹、样式都有一定的规则,一般是很难仿制的。　(　　)

17. 对供求平衡、货源正常的配件,应采取勤进快销、多销少进、少销多进,保持正常周转库存。　(　　)

18. 当地进货,可以分批次进货,每次少进、勤进;外地进货,适销商品少进,适当储备。　(　　)

19. 为正确管理好零部件,需要全体职工齐心协力,共同遵守所定规则,使零部件业务标

准化。　　　　　　　　　　　　　　　　　　　　　　　　　　　　　　　　　（　　）

20.鉴别汽车配件时,若配合零件表面有磨损痕迹,或涂漆配件拆开后发现表面油漆有旧漆,则多为废旧件翻新。　　　　　　　　　　　　　　　　　　　　　　　　　（　　）

21.配件编号一般都刻印或铸造在配件上或标明在产品的标牌上,而假冒产品一般无刻印或铸造的配件编号。　　　　　　　　　　　　　　　　　　　　　　　　　　　　（　　）

四、简答题

1.购进业务是企业的关键环节,其理由是什么?

2.进货管理的原则是什么?

3.商品购进原则包括哪些方面?

4.汽车配件的进货渠道是什么?

5.经验法鉴别汽车配件都看哪些方面?

五、论述题

1.进货员的基本素质包含哪些方面?

2.进货员的岗位职责是什么?

3.为提高工作效率和达到择优进货的目的,可以把产品分成几种类型进行检验?

4.进口汽车配件应从哪些方面进行鉴别?

5.用定性分析法确定进货量都包括什么?

第6章 汽车服务企业售后服务

汽车是结构复杂、价值较大的奢侈消费品,随着生产厂商在生产制造、产品开发、成本价格等方面实力差距的缩小,售后服务正在成为生产厂商市场竞争的焦点,其作用越来越突出,产品与服务的紧密联系已经成为现代市场营销的重要特征,为广大汽车用户提供优质服务,已成为在竞争中取胜的法宝之一。本章着重讲述客户关系管理及售后服务管理等内容。

6.1 汽车服务企业客户关系管理

6.1.1 汽车服务企业客户管理系统的建立

随着汽车市场竞争的日趋激烈,企业的汽车产品和服务同质化程度日益加深,若能把握客户的需要,加强与客户的沟通,就能取得竞争优势。客户、供应商以及合作伙伴连成一片的价值链已经成为企业与企业之间竞争的核心。由于竞争的不断加剧以及产品和服务的极大丰富,特别是信息工具和渠道的快速发展,使得客户对产品和服务的选择空间不断扩大,品位不断提高,同时选择欲望也不断加强,因此如何把握客户的需求并以最快的速度做出响应,即如何吸引并保持客户已成为当今企业竞争的焦点。企业需要通过获得与客户关系的最优化来达到企业利润的最大化。为了达到这一目的,企业必须了解与客户相关的各种信息,主要包括客户基本信息、销售信息、市场信息、服务信息、业务运作情况等,并能根据这些信息事先或事后相应地调整自己的经营行为。

1)客户关系管理概念

客户关系管理(Customer Relationship Management,CRM),是著名的 Gartner Groun(甘特纳)IT 分析公司首先提出的。它是企业为提高核心竞争力,达到竞争制胜、快速成长的目的而制订的以客户为中心的发展战略,包括在以客户为中心的基础上开展的判断、选择、争取、发展和保持客户所需要的全部商业过程;是企业通过开展系统化的客户研究,优化企业组织结构和业务流程、提高企业生产效率和利润水平的工作实践;是企业在不断改进与客户关系相关的全部业务流程;也是在自动化实现运营目标的过程中所创造并使用的先进信息技术和优化的管理方法、解决方案的总和。

CRM 系统的宗旨是为了满足每一位客户的个性化需求,同每位客户建立联系,通过与客户的联系来了解客户的不同需求,并在此基础上进行"一对一"的个性化服务。通过 CRM 系统的实施,企业将实现"以产品为中心""以市场为中心"的模式向"以客户为中心"的模式的转变。同时,企业关注的焦点将转移到对客户的关系上来。《哈佛商业评论》(*Harvard Business Review*)的研究资料表明,提高 5% 的客户满意度,将使企业的利润加倍。从内涵上说,CRM 首先是一种管理理念,其核心思想是将企业的客户(包括最终客户、分销商和合作伙伴)作为最重要的企业资源,通过完善的客户服务和深入的客户分析来满足客户的需求,保证实现客户的终身价值。

CRM 又是一种改善企业与客户之间的关系的新型管理机制,它实施于汽车企业的市场营销、销售、服务与技术支持等与客户相关的领域。通过向企业的销售、向市场和客户服务的专业人员提供全面、个性化的客户资料,并强化跟踪服务,信息分析的能力,使他们能够协同建立和维护与客户及生意伙伴之间的"一对一关系",从而使企业能够提供更快捷和周到的优质服务,提高客户满意度,吸引和保持更多的客户,从而增加营业额;另一方面则通过信息共享和优化销售流程来有效地降低企业经营成本。

CRM 也是一种管理软件和技术,它将最佳的商业实践与数据挖掘、数据仓库、一对一营销、销售自动化以及其他信息技术紧密地结合在一起,为企业的销售、客户服务和决策支持等提供一个自动转化的解决方案。企业有了一个以电子商务为基础的面向客户的活动中心,从而成功地实现从传统企业模式到以电子商务为基础的现代企业模式的转化。

CRM 的实施,要求以"客户为中心"来构架企业,完善对客户需求的快速反应的组织形式,规范以客户服务为核心的工作流程,建立客户驱动的产品服务设计,进而培养客户的品牌忠诚度,扩大可营利份额。

CRM 不仅可以实现企业的服务自动化,而且使企业能够充分利用客户信息优化企业的决策过程。CRM 使企业逐步从传统的营销、销售和服务模式,进化到以 Internet 为中心的模式来完成扩大市场领域,改进客户服务以及增强产品和服务的个性化。CRM 的研究与应用对提高企业运作效率,增加经济效益,加强企业竞争力都具有重大的现实意义。

(1)客户关系管理的技术功能

客户关系管理的主要技术要求包括 6 个方面:分析信息的能力、对客户互动渠道进行集成的能力、建设集中的客户信息仓库的能力、支持网络应用的能力、对工作流进行集成的能力、与 ERP(企业资源规划)进行无缝连接的能力。

①分析信息的能力。尽管 CRM 的主要目标是提高同客户联系的自动化程度,并改进与客户联系的工作流程,但强有力的商业情报和分析能力对 CRM 也是很重要的。CRM 系统有大量的关于客户和潜在客户的信息,企业有关部门应对这些信息进行认真分析、归类,使得决策者所掌握的信息更全面、准确,从而能更及时地做出正确的决策。

②对客户互动渠道进行集成的能力。对多渠道进行集成与 CRM 解决方案的功能部件的集成是同等重要的。不管客户是通过 Web 与企业联系,还是与携带 SFA(Sales-force automation,销售业务自动化)功能的便携电脑的销售人员联系,或是与呼叫中心代理联系,与客

户的互动都应该是无缝的、统一的、高效的。统一的互动渠道能带来工作效率的提高。

③建设集中的客户信息仓库的能力。CRM解决方案应采用集中化的信息库,这样所有与客户接触的企业员工可获得CRM解决方案,采用集中化的信息,实时的客户信息,而且使得各业务部门和功能模块间的信息能统一起来。

④支持网络应用的能力。在支持企业内外的互动和业务处理方面,Web的作用越来越大,这使得CRM的网络功能越来越重要。以网络为基础的功能对一些应用(如网络自主服务、自主销售)是很重要的。一方面,网络作为电子商务渠道来讲很重要;另一方面,从基础结构的角度来讲,网络也很重要。为了使客户和企业员工都能方便地应用CRM,需要提供标准化的网络浏览器,使得用户只需很少训练或不需训练就能使用系统。另外,业务逻辑和数据维护是集中化的,这减少了系统的配置、维持和更新的工作量。就基于互联网系统的配置费用来讲,也可以节省很多。

⑤对工作流进行集成的能力。工作流是指把相关文档和工作规则自动地(不需人的干预)安排给负责特定业务流程中的特定步骤的人。CRM解决方案应该能具有较强的功能,为跨部门的工作提供支持,使这些工作能动态地、无缝地完成。

⑥与ERP功能的集成。CRM要与ERP在财务、制造、库存、分销、物流和人力资源等方面连接起来,从而提供一个闭环的客户互动循环。这种集成不仅包括低水平的数据同步,而且包括业务流程的集成,这样才能在各系统间维持业务规则的完整性,工作流才能在系统间流动。这二者的集成还使得企业能在系统间收集商业情报。

(2)客户关系管理系统结构模式

CRM是集市场、销售、服务为一体的管理系统,通常可划为4个子系统:客户销售管理子系统、客户支持与服务管理子系统、客户市场管理子系统、数据库及支撑平台子系统。

①客户销售管理子系统是全面的销售自动化管理系统,其目标是提高销售的有效性,保证客户销售数据的准确性、及时性和完整性,对客户销售进行有效管理,提供决策支持所需的数据。引入网上商务后,还能够提供对网上商务的支持,进行网络销售。

②客户支持与服务管理子系统集中应用于与客户支持、现场服务和仓库修理相关的商业流程的自动化和优化上。

③客户市场管理子系统使市场营销专业人员能够对直接市场营销活动的有效性加以计划、执行、监视和分析。通过使用工作流技术,使一些共同的任务和商业流程自动化。此外,还可向市场营销专业人员提供分析其市场营销行动有效性的功能。

④数据库及支撑平台子系统提供CRM的数据库解决方案以及网络环境下的系统运行平台,是整个CRM系统的基础。CRM一般包括系统管理、客户信息管理、客户订单管理。销售过程管理(订单跟踪)、市场营销管理、客户服务管理、决策支持系统、市场分析预测等功能模块,并可与电话中心应用软件、财务管理软件等有机连接。不仅能有效、及时地掌握客户需求,而且更能做好客户服务。

(3)CRM工作过程

CRM按照业务规则实现各业务组成间数据的自动流转。在销售环节,使用客户销售管理,在从报价、订货一直到结算的整个过程中,销售人员能够通过桌面计算机、笔记本电脑甚至平板电脑随时得到生产、库存、订单处理的有关信息,同时也可对客户资料与合同进行全面管理,随时随地与客户进行业务活动,从而在一定程度上实现销售自动化,使销售人员将主要精力集中在开拓市场上,也使决策者能预测全球范围内市场的风云变幻,将企业的运营维持在最佳状态。此外,通过网上商务,还可以提供基于 Web 的自助销售能力,使客户能通过 Internet 选择并购买产品或服务。在市场营销环节,客户市场管理可以提供市场营销自动化解决方案,例如:基于 Web 的和传统的市场营销活动的策划和执行,客户需求的生成和管理,预测和预算,宣传品的制作和管理,产品及竞争对手信息的汇总,对有购买意向的客户跟踪、分配和管理等。这些功能可帮助企业实施针对性强、效率高的市场营销活动,从而争取和保留更多和更有利的用户。

在支持与服务环节,客户支持与服务管理可帮助企业提供有竞争力的售后支持、修理和维护服务。可以实现纠纷、欠货和订单的跟踪;维修人员的预约、调度和派遣;记录发生过的问题及其解决过程;现场服务的管理;备件的管理及其他后勤保障;服务请求及服务合同的管理;服务收费自动核算等功能;允许客户选择电话、Web 访问等多种方式与企业联系。企业与客户打交道的各个部门也能随时得到与客户相关的资料,真实和全方位地了解客户。

2)客户关系管理在汽车服务业中的应用

以汽车经销商的标准销售流程为例,标准的销售流程实际是一个获取客户的过程,从初次接触到最终实现销售,卖家始终都是以与用户保持沟通作为基础的,而客户关系管理也正是要求销售员要严格按照这个流程来开展工作,并且保证每一步都要与用户进行深入的沟通并记录下来。以试车为例,在经销商处购车,都要为用户提供试车服务,如果在营销过程中没有进行这一步骤,经销商必须记录其中的原因,比如,是由于用户主动放弃,还是由于经销商暂时无法提供试驾或是由于销售人员忽略了这个步骤。经销商要认真总结和分析这些原因,不断完善和优化自己的业务流程,提高用户对汽车产品和企业的满意度。曾有国际著名调研公司对国内汽车行业进行过一次用户满意度调查,结果表明上述流程的各个步骤正是影响汽车经销商满意度的最主要原因之一。

在汽车服务行业中,处于不同价值链的链点企业对其核心竞争力的理解也不同,但是客户基础是这些企业共同的核心竞争力之一。在"以产品为中心"向"以客户为中心"的营销策略转变过程中,对客户资源的管理就成为一个逐渐凸显的重要问题,尤其是对于潜在客户的管理更是成为汽车服务行业的焦点。当绩效考核的范围不仅是管理结果,还包括管理过程时,销售过程中的规范与标准流程也成为汽车行业提高客户满意度的重点之一。在汽车服务行业整个客户关系管理的核心中,最主要的是利用潜在客户、现有客户的销售过程和服务过程中的各种有效信息建立一个客户价值评估体系,而围绕这个客户价值体系(实际上就是消费者行为模型群集)将有一个对应的流程体系,整个流程是以客户为中心、以客户需求为驱动的,每一个关键流程都有一个关键控制点,每一个关键控制点将有相应的指标来进行绩效考核。

国外汽车服务行业已进入自助服务、网络服务、服务营销等领域。根据美国汽车行业统计出来的数字:每个车主每隔 6 年就会买一部新车;每卖出 100 辆汽车,有 65 辆是经销商的老客户买走的;开发一个新客户的成本是保留一个老客户的 5～10 倍;保留客户的比率增加 5%,企业获利可增加 25%,这些数据说明汽车服务业使用 CRM 的必要性。

3)客户关系管理

(1)客户档案

现代企业的经营管理,越来越重视客户服务、客户信息反馈、客户信息挖掘分析及客户关怀,留住了客户即是留住了企业的生命线。本系统内的客户关系管理完整、细致而且功能强大,完全等同于一个专业的客户关系管理系统。

在客户管理中,客户档案是录入的一个最主要模块,主要信息有客户的姓名、联系方式、车辆信息、生日,以及客户类型、地区、分类、客户来源等,字段设置简捷实用,先进合理,除了在此模块可以查询客户的详细资料,还更方便以后对客户多种数据的统计和查询,便于客户管理工作的展开。客户档案除汽修客户之外还可以处理供应商、销售客户、合作伙伴等所有资源,通过客户类型来区分。如果客户是一个企业,还可以建立多个联系人,并记录联系方式,还可以设定提醒,到期自动提醒不错失任何一个工作安排、不错失任何一个合作机会。这里还有短信功能,及时联系、问候。

(2)客户分析模块

客户分析包括:客户资料按不同的信息的分析统计、客户价值分析、热销产品分析、销售分析、销售走势、业绩排名等。

6.1.2 汽车服务企业汽车维修客户的管理

1)汽车维修客户管理中存在的问题

(1)汽车客户信息不全

许多汽车服务企业掌握的客户信息不够全面,仅仅是了解客户表面的、外在的信息,对更深入的、重要的信息缺少针对性的调查。

(2)汽车客户信息零散

一些汽车服务企业虽然建立了客户管理档案,以各种方式收集、记录客户信息,但却没有对客户信息进行统一的管理,导致客户信息零散。

(3)汽车客户信息陈旧

还有一些汽车服务企业虽然建立了自身的客户信息管理系统,但却不愿继续投入对已有信息进行更新与维护,认为信息工作已经一步到位,忽视信息的时效性,从而导致企业在决策时依据的信息完全过时、陈旧,严重影响企业对客户现状的判断。

(4)汽车客户信息管理不够科学、规范,缺少标准和专门的客户数据库

有些汽车服务企业已经认识到客户信息管理是一项非常重要的、经常性的工作,并给予足够的重视,但在具体操作上还采用传统的书面档案管理方式,明显不能满足现代企业客户信息管理的需要。这类企业缺少标准和专门的客户数据库进行科学、先进、规范的管理。

（3）汽车维修合同的变更和解除

①汽车维修合同变更和解除的含义。

a. 变更：是指合同未履行或完全履行之前由双方当事人依照法律规定的条件和程序，对原合同条款进行修改或补充。

b. 解除：是指合同在没有履行或没有完全履行之前，当事人依照法律规定的条件和程序解除合同确定的权利义务关系，终止合同的法律效力。

②汽车维修合同变更、解除的条件。

A. 双方协定变更、解除维修合同的条件。

a. 必须经双方当事人协商同意。

b. 必须不因此损害国家、集体利益或影响国家指令性计划的执行。

B. 单方协定变更、解除维修合同的条件。

a. 发生不可抗力。

b. 企业关闭、停业、转产、破产。

c. 双方严重违约。

除双方协商和单方决定变更、解除合同的法定条件之外，任何一方不得擅自变更或解除合同。发生承办人或法定代表人的变动，当事人一方发生合并或分立，违约方已承担违约责任等情况，均不得变更或解除维修合同。

③变更、解除维修合同的程序及法律后果。汽车维修合同签订后，当事人一方要求变更或解除维修合同时应及时以书面形式通知对方，提出变更或解除合同的建议，并取得对方的答复，同时协商签订变更或解除合同的协议。例如：承修方在维修过程中发现其他故障需增加维修项目及延长维修期限时，应征得托修方同意后达成协议方可承修。因一方未按程序变更或解除合同，使另一方遭受损失的，除依法可以免除责任外，责任方应负责赔偿。

④汽车维修合同的担保。汽车维修合同的担保是合同双方当事人为保证合同切实履行，经协商一致采取的具有法律效力的保证措施。其担保的目的在于保障当事人在未受损失之前即可保障其权利的实现。

汽车维修合同一般采取的是定金担保形式。它是一方当事人在合同未履行前，先行支付给对方一定数额的货币，这种形式是在没有第三方面参加的情况下，由合同双方当事人采取的保证合同履行的措施。定金是合同成立的证明。托修方预付定金违约后，无权要求返还定金；接受定金的承修方违约应加倍返还定金。定金的制裁作用，可以补偿因不履行合同而造成的损失，促使双方为避免制裁而认真履行合同。汽车维修合同的担保也可以另立担保书作为维修合同的补充。内容包括抵押担保、名义担保和留置担保等。

不履行或不完全履行合同义务的结果是承担违约责任。承、托修双方中任一方不履行或不完全履行义务时就发生了违约责任问题，对违约责任处理的方式一般为支付违约金和赔偿金两种。

6.1.4　汽车维修合同管理

1)汽车维修合同示范文本制度与填写规范

(1)汽车维修合同示范文本制度

汽车维修合同是规范市场经营行为,保护承、托修双方合法权益的法律措施是道路运政管理部门处理汽车维修质量和价格纠纷的依据。为了规范汽车维修合同管理和使用,国家工商行政管理局和交通部联合发布了专门通知,在全国范围内,统一了汽车维修合同示范文本(GF-92-0384),明确该文本由省市场监督管理部门监制,省交通厅(局)统一印制发放、管理,汽车维修企业和经营业户必须使用。

(2)汽车维修合同填写规范

根据《道路运政管理规范》的规定应按以下要求填写汽车维修合同:

①"托修方"栏填写送修车辆单位(个人)的全称。

②"签订时间"栏填写托修方与承修方签订汽车维修合同时的具体时间(年、月、日)。

③"合同编号"由省级道路运政管理机构和地级道路运政管理机构核定,前两位数为地域代号,后六位数为自然序号。

④"承修方"栏填写汽车维修企业的全称和企业类别。

⑤"签订地点"栏填写承、托修双方实际签订合同文本的地点。

⑥"车种"栏按货车(重、中、轻)、客车(大、中、轻、微)填写。

⑦"车型"栏填写车辆型号,如"东风141""桑塔纳2000"等。

⑧"牌照号"栏按交警部门发放的车辆牌照号填写。

⑨"底盘号"栏按生产厂家编号填写。

⑩"发动机编号"栏按汽油机、柴油机及生产厂家编号填写。

⑪"送修日期、方式、地点"栏填写送修车辆时间、车辆独立行驶或拖拉进厂及托修车辆的交接地。

⑫"接车日期、方式、地点"栏填写托修方报修项目及附加修理项目。

⑬"维修类别及项目"栏填写托修方报修项目及附加修理项目。

⑭"预计维修费总金额"栏填写承修方初步估算的维修费(包括工时费、材料费及材料附加费等)总金额。

⑮"工时费"栏填写工时单价。

⑯"材料提供方式"栏按"托修方自带配件""承修方提供需要更换的配件"等填写。

⑰"证期"用大写填写质量保证的天数和行驶里程数。

⑱"验收标准及方式"栏填写所采用的标准编号和双方认同的内容、项目及使用设备等。

⑲"结算方式"栏在双方认同的一栏中打钩。

⑳"结算期限"栏在双方认同的一栏中打钩。

㉑"违约责任及金额"栏填写双方认同的各自责任和应承担的金额数。

㉒"解决合同纠纷的方式"栏在双方认同的一栏中打钩。

㉓"双方商定的其他条款"栏填写双方未尽事宜。

2)汽车维修合同的管理

(1)机构职责

国家市场监督管理总局和地方各级市场监督管理局是法定的统一维修合同管理机关，其主要职责是：统一管理维修合同，对合同的订立和履行进行监督和检查；确认无效合同；仲裁合同纠纷案件；查处违法合同及利用合同进行违法活动的行为；对维修合同进行鉴证。

交通运政管理部门是汽车维修合同的行业主管部门，其主要职责包括认真贯彻国家关于汽车维修合同管理的法规，制订实施办法；负责汽车维修合同的印制、发放、管理；组织指导和监督检查所辖单位之间的合同关系。处理合同履行中出现的问题，调解维修合同纠纷。

金融机构包括人民银行和信用合作社，在合同管理中，通过信贷管理和结算管理，监督经济合同的履行。其对汽车维修合同的监督管理主要是通过信贷管理及结算管理，监督汽车维修合同的履行；对发生法律效力的仲裁决定书、调解书或判决书、裁定书、在规定期限内当事人没有自行履行时协助执行。合同管理机构如图 6-1 所示。

图 6-1　合同管理机构

(2)汽车维修合同的鉴证

鉴证是汽车维修合同管理的一项主要内容。通过鉴证，可以证明维修合同的真实性，使合同的内容和形式都符合法律要求；可以增强合同的严肃性，有利于承修、托修双方当事人认真履行；便于合同管理机关监督检查。

汽车维修合同鉴证实行自愿原则。在承修、托修双方当事人请求鉴证的情况下，约定鉴证的合同只有经过鉴证程序，合同才能成立。

经审查符合鉴证要求的，国家市场监督管理机关予以鉴证，鉴证应制作维修合同鉴证书。

(3)汽车维修合同纠纷的调解

汽车维修合同发生纠纷，承、托修双方当事人应及时协商解决。协商不成，可向当地交通运政部门申请调解。由主诉方填写申请书，交通运政部门通过调查取证，出具调解意见书，并监督双方当事人执行。当事人一方或双方对调解不服的，可向国家市场监督管理部门及国家规定的仲裁委员会申请调解或仲裁，也可直接向人民法院起诉。纠纷费用原则由责任方负担,应根据承、托修双方责任的大小分别负担。

(4)汽车维修合同的仲裁

当发生了合同纠纷调解失败后,当事人可采用仲裁方式解决纠纷。双方当事人应当自愿达成仲裁协议。仲裁协议包括合同订立的仲裁条款和以其他书面方式在纠纷发生前或者纠纷发生后达到的请求。没有书面仲裁协议,一方申请仲裁,仲裁委员会不予受理。如果达成仲裁协议后,一方向人民法院提出起诉,人民法院将不予受理,但仲裁协议无效的除外。

仲裁委员会应当由当事人协议选定。仲裁委员会应根据事实,符合法律规定,公平合理地解决纠纷。

仲裁不实行级别和地域管辖。仲裁依法独立进行,不受行政机关、社会团体和个人的干涉。

仲裁实行一裁终局的制度。裁决作出后,当事人就同一纠纷再申请仲裁或向人民法院起诉的,仲裁委员会或者人民法院不予受理。裁决被人民法院依法裁定撤销或者不予执行的,当事人就该纠纷可以根据双方重新达成的仲裁协议申请仲裁,也可以向人民法院起诉。

当事人对仲裁协议的效力有异议的,可以请求仲裁委员会做出决定或者请求人民法院做出裁定。一方请求仲裁委员会做出决定,另一方请求人民法院做出裁定的,由人民法院裁定。仲裁委员会对维修问题认为需要鉴定的,可以交由当事人约定的鉴定部门鉴定,也可以由仲裁庭指定的鉴定部门鉴定。经仲裁委员会或人民法院仲裁,仲裁委员会或人民法院应向双方当事人下达裁决书。

已经裁决当事人申请撤销裁决的,应当自收到裁决书之日起6个月内提出。人民法院应当在受理撤销裁决申请之日起2个月内做出撤销裁决或者驳回申请的裁决。当事人应当履行裁决。一方当事人不履行的,另一方当事人可以依照民事诉讼法的有关规定向人民法院申请执行。受理申请的人民法院应当强制执行。仲裁费用原则上由败诉方承担,但在实践中考虑各种因素由当事人分摊仲裁费。

6.2 汽车服务企业维修售后服务及管理

6.2.1 汽车服务企业售后服务与管理规章制度建设

1)售后服务的意义

保证销售企业的常盛不衰,以及整个汽车生产集团的信誉,在很大程度上取决于对顾客服务的质量。对顾客服务的质量是由同等重要的两部分即服务质量和工作质量组成的。

每个销售公司都应做到:必须确保顾客受到热情规范的服务,企业的售后服务负责人应通过抽样调查掌握顾客的满意度。另外,还要负责使工作质量在各个方面均能与顾客的愿望和生产商的要求相一致。

虽然售后服务只是整个企业的一部分,但是绝不能忽视。因为售后服务出售的不仅是对顾客服务的各种成果,还有零配件,并能促进新、旧汽车的交易,而且影响着整个企业的形象。售后服务所能达到的成效,取决于维修工作的质量和对顾客提供优质服务的长久努力。它们具体表现为:

①在接受维修委托时,只需给顾客一些细心、专业和友好的建议。

②在维修和保养工作中,只需多一些细心和责任心。

③只需定期认真地控制工作质量。

④只需绝对准确清楚地制订顾客账单。

如果能按照这一原则进行售后服务,一定能从众多竞争者中脱颖而出。但这也必须具备一定的基础条件,如维修车间理应聘用具备专业知识的人员,他们负责与顾客接触,给顾客建议;面积大小适当的工作场地、停车场地、检测场地以及必需的生产设备和工具等。

2)售后服务管理规章制度

售后服务是现代汽车维修企业服务的重要组成部分。做好售后服务,不仅关系到本公司产品的质量、完整性,更关系到客户能否得到真正的、完全的满意。为此,需要制订维修服务规章制度。

①售后服务工作由业务综合部负责完成。

②售后服务工作的内容:

A.整理客户资料、建立客户档案。客户送车进厂维修养护或来公司咨询、商洽有关汽车技术服务,在办完有关手续或商谈完后,业务综合部应于两日内将客户有关情况整理制表并建立档案,装入档案袋。客户有关情况包括:客户名称、地址、电话、送修或来访日期,送修车辆的车型、车号、车种、维修养护项目,保养周期、下一次保养日期,客户希望得到的服务,在本公司的维修、保养记录。

B.根据客户档案资料,研究客户的需求。业务人员根据客户档案资料,研究客户对汽车维修保养及其相关方面的服务需求,找出"下一次"服务的内容,如通知客户按期保养、通知客户参与本公司联谊活动、告知本公司的优惠活动、通知客户按时进厂维修或免费检测等。

C.与客户进行电话、信函联系,开展跟踪服务,业务人员通过电话联系,让客户得到以下服务:

a.询问客户用车情况和对本公司服务有何意见。

b.询问客户近期有无新的服务需求需我公司效劳。

c.告知相关的汽车使用知识和注意事项。

d.介绍本公司近期为客户提供的各种服务,特别是新的服务内容。

e.介绍本公司近期为客户安排的各类优惠联谊活动,如免费检测周、优惠服务月、汽车运用新知识晚会等,内容、日期、地址要告知清楚。

f.咨询服务。

g.走访客户。

③售后服务工作规定:

A.售后服务工作由业务综合部经理指定专门业务人员——跟踪业务员负责完成。

B. 跟踪业务员在客户车辆送修进厂手续办完后,或客户到公司访谈、咨询业务完后,两日内建立相应的客户档案。

C. 跟踪业务员在建立客户档案的同时,研究客户的潜在需求,设计拟定"下一次"服务的针对性通话内容、联系时间。

D. 跟踪业务员在客户接车出厂或业务访谈、咨询后两天至一周内,应主动电话联系客户,进行售后第一次跟踪服务并就客户感兴趣的话题与之交流。电话交谈时、业务员要主动询问曾到我公司保养维修的客户车辆使用情况,并征求客户对本公司服务的意见,以示本公司对客户的真诚关心与在服务上追求尽善尽美的态度,对客户的谈话要点要作记录,特别是对客户的要求,或希望或投诉,一定要记录清楚并及时予以处理。能当面或当时答复的应尽量答复;不能当面或当时答复的,通话后要尽快加以研究,找出办法;仍不能解决的,要在两日内报告业务经理,请示解决办法,并在得到解决办法的当日告知客户,一定要给客户一个满意的答复。

E. 在"销售"后第一次跟踪服务的一周后的 7 天以内,业务跟踪员应对客户进行第二次跟踪服务的电话联系。电话内容仍要以客户感兴趣的话题为切入点,内容避免重复,要有针对性,仍要体现本公司对客户的真诚关心。

F. 在公司决定开展客户联谊活动、优惠服务活动、免费服务活动后,业务跟踪员应提前两周把通知先以电话方式告知客户,随后于两天内视情况需要将通知信函向客户寄出。

G. 每一次跟踪服务电话,包括客户打入本公司的咨询电话或投诉电话、经办业务员都要做好电话记录,并将电话记录存于档案上,将电话登记表归档保存。

H. 每次发出的跟踪服务信函,包括通知、邀请函、答复函都要登记,并归档保存。

④指定跟踪、业务员不在岗时,由业务经理临时指派本部门其他人员暂时代理工作。

⑤业务经理负责监督检查售后服务工作,并于每月对本部门售后服务工作进行一次小结,每年末进行一次总结;小结、总结均以本部门工作会议形式进行,由业务经理提出小结或总结书面报告,并存档保存。

⑥本制度使用四张表格:"客户档案基本资料表""跟踪服务电话记录表""跟踪服务电话登记表""跟踪服务信函登记表"。

6.2.2　汽车服务企业汽车维修服务管理

正确维修车辆是任何维修业务的核心,其工作流程是:来车→问候顾客→填写维修工单→诊断→估价→计划完成时间→进行维修→跟踪维修工作→检验完成的工作→向顾客提交车辆→跟踪。如果第一次就没有修好车辆,那么最好的诊断、工作分配方法和顾客服务程序都将是无用的。这意味着,维修厂的工作质量必须保持在一贯的高水平上。

1)为有效工作流程制订时间计划

（1）时间安排

为彻底检验每一辆车,必须制订一个好的时序安排。"早到者"服务或预约系统可以增加维修顾问花在每辆汽车上的时间,使维修顾问可以更仔细地检查每一辆车。而对汽车底部以及隐藏在引擎舱里的那些部件来说,不能通过驾驶测试来检查。这些检查可以分派给那些工作得心应手的技术工人,或者其他懂储藏区域技术的工人来做。

经销商规模越大,维修工作量就越大。当工作量增加了,维修员工同样也会增加。而员工一多,就容易变得手忙脚乱。维修顾问、技术人员、门房、驾驶员、收款员会不知道车辆或钥匙放在了哪里。如果合理安排了工作时间,并且设备也到位了,就能顺利地进行工作,找不到汽车和钥匙的问题就不会再出现。

许多经销商用编了号的"帽子"来帮助识别车辆,这些通常是带磁性底盘的、较大的、不易破损的塑料标记。这样,员工们就可以从车顶上看过去,通过标牌来识别车辆,而不需要再在停车区里穿行来寻找某辆车了。此外,还有一条建议,就是用蓝色的"帽子"来标记第一次维修的车辆,用红色"帽子"来标记重复维修的车辆。

(2)维修日记

①概况。

②维修进度。

③客户联系。

维修日记能够向维修顾问提供识别顾客和车辆的方法,而不需要查看维修订单。维修日记也方便维修顾问了解维修的进度。只要知道了顾客的名字,就能在维修日记上找到维修订单的编号。通过与调度员或维修顾问协商,员工们就可以知道必要的维修可能需要花多少时间。

2)典型维修工作流程

(1)登记区

当顾客第一次来维修车辆,那就先要在登记区执行前 5 个步骤。

①问候顾客,能给顾客一个全面的好印象。需要记住的是,维修顾问的穿着、态度和友善都将影响到客户对经销商的看法。在顾客到来时,立即上前问候,感谢他的到来。如果有任何事造成耽搁应向顾客道歉,并告诉他你什么时候有空。如果遇到早晨高峰,同样要向顾客道歉,可能的话提出重新安排约见的时间,并且建议顾客以后可以打电话预约。

②填写维修工单。维修工单是关于顾客所要的维修工作的合同,必须保证完整、明确和清洁,同时还要保证它详细地描述了所完成的工作。还要记得向客户询问关键信息,如电话号码(家庭电话及工作电话)和期望完成的时间等。如果客户是来重新维修的,需要参考先前的维修订单以了解对这辆车进行过哪些维修,并与现在的问题相比较。此外,要在维修订单上标注上返修的标记,还要注意是不是保修的,因大多数制造商对保修的车辆都要求分别开维修订单。

③诊断,即要求顾客详细描述汽车出现的问题。仔细地听并从中寻找线索,亲自找出问题症结或交给技术人员检查。如果有必要,与顾客一起进行实地测试以确保了解真正的问题所在。考虑车辆产生问题的大概原因以及纠正方法。一定要对观察到的或听到的其他问题进行检查,并提供必要的其他维修服务。最后,完成维修订单,确定工作合同,维修订单也是工作任务书,一定要字迹清晰。

④定价,并决定顾客如何支付维修费(除非是保修的车辆):现金、支票、信用卡及往来账户等。告知顾客预计的劳务及零配件价格,并向他们解释清楚为什么需要花费这么多。如果在顾客离开后发现还需要对车辆进行其他维修,一定要在进行这些维修前打电话给顾客以获得他们的允许。

⑤安排完成时间。将维修订单提交到调度区,并安排工作完成的时间。如果可能,要确定在承诺交货日期以前将车辆维修好。维修时,要根据维修工作的复杂程度和类型,以及技术人员的能力和可用性来分配工作。维修日记上,登记维修订单的时间,并把已安排过的时间划掉;还有负责维修工作的技术人员姓名,以及能识别车辆的足够信息。然后将维修订单的所有副本分发到各个维修环节。这里我们再一次提出,如果是返修的车辆一定要在日记上反映出来。如果可能,将返修的车辆交给原先对它进行维修的技术人员。一定要保留复原日记,并且在所需的工作当天不能执行的情况下,重新安排与客户的约见时间。如果有几项维修工作相互牵连,就要安排好每个负责维修工作的技术人员的工作时间。

(2)在维修区

以下3个步骤发生在车辆进入维修区后,或在停车区等候维修的时候。

①执行维修工作。调度员分配维修订单,在记录卡上记录时间并且写明维修厂使用的劳动时间标准所允许的工作时间。然后,技术工人收到维修订单和汽车,并使用维修订单的记录卡或零配件需求单来记录所需的零配件。这样可以减少等待的时间,也可以在用到零配件之前进行预先申领,维修工人则按既定的完工时间要求进行维修。如果需要进行额外的其他维修,由技术工人通知调度员,再由调度员通知维修顾问,由他们联系顾客,以获得顾客的允许。如果拿不到所需要的零配件,维修顾问就应打电话通知顾客或交货时在订货单上写明,以告知顾客,这就完成了所有可能的工作。

②维修监控,即监督工作进度及排定的完工时间。可以通过定期检查、观察和询问来监督,检查维修订单上所要求的工作。必要时,给予技术工人一定的帮助。把维修进程与车间中的其他工作联系起来,一定要保持时序和工作量安排系统的优先权。同时,要注意汽车位置上的身份标签和控制号码。这个区域的任务就是加快工作速度,使技术工人了解零配件的供应情况等。如果出现需要其他维修工作,缺少零配件或者要求技术工人在某项工作前先完成其他有优先权的工作的情况,这就需要重新安排工作时间。当某辆特定的车需要几个技术工人时,应注意加快每个方面的调配工作。如果一项工作需要留到第二天才能完成,那么也要反映在调度表上。如果车辆不能按时修理好,一定要通知顾客,要解释清楚是什么原因造成了这样的延误,并且要确定新的交货时间。

③检验已完成的工作。当技术工人完成维修工作以后,将维修订单的硬拷贝(记录卡)交给调度员,由调度员用打卡机记录完工时间,并记录技术工人的工作时间。完成的工作要接受检验并与维修订单上的要求相比较,也许这可以在一天中生意较少的时候来完成。如果有必要,可以进行实地调试。如果维修工作通过了检验,就可以签字、盖章了,接下来,要在调度表上注明“完工”,并要确认维修订单的所有副本都填写正确,交由出纳员做最后处理。如果检验结果显示需要进行其他附加维修,则将车辆直接交给将负责完成附加维修工作的技术工人。要注意,一定要在维修完工后立即通知顾客。

（3）在停车区

维修好的车辆停放在停车区等候顾客提取时，需要做以下两个步骤。

①向顾客提交车辆。我们应该把顾客直接指引到出纳员处，维修订单的客户联将被作为发票。在承诺提交车辆时就将车辆交给顾客，并且要像承诺的那样及时和清洁，要弄清楚顾客是否满意。如果还有任何问题，就与顾客一起进行实地测试。如果顾客要求进行附加维修，那么一定要安排另外一个约见的时间。如果顾客不满意已完成的维修，那就要立即重新安排时间进行纠正维修。

②跟踪，即建立和维持跟踪措施可以带来"回头客"。使用经销商调查卡获取顾客是否满意以及维修部管理控制是否有效的信息反馈。跟踪联系也可以告知顾客延期到货的零配件的现状，一旦零配件到货，就可以安排维修预约。如果顾客不满意已做的维修，安排纠正维修的预约。

总的来说，在适当分析并按规则建立了处理工作流程的程序后，典型的维修工作总要经过以上概括的几个步骤。

3）正确安排维修工作时间和维修工作量

（1）工作时间及工作量的确定

工作时间及工作量安排的目的是：

①建立有效工作流程。

②减少无生产效率的工作。

③增加维修收入。

④提供信息反馈。

工作时间及工作量安排系统是为了通过计划安排每个技术工人的工作量来减少被浪费的和没有生产效率的时间而设计的。安排工作时间就是指在一段预先确定的工作期间内的某个规定的时间，把特定的工作预先分派给特定的技术工人（表6-1）这个系统可以保证技术工人按照自己的速度持续工作一整天，从而也可以增加维修收入。

表 6-1　维修订单时间表

入场序号	施工号	维修订单号	顾客支付	保修	重新维修	内饰装备	顾客姓名	备注	开始时间	结束时间	必需的维修	维修记录员	技术人员

工作时间及工作量安排系统的关键在于生产计划员估计完成每项工作步骤所需要的时间的能力。估计一项工作完成所需时间的最简单方法之一就是直接询问技术工人，由他们估计自己需要花费多少时间来完成这项工作（表6-2）。如果他们说要1小时，而现在是早上8点，那么接下来的工作就应该安排在9点。维修顾问对车辆故障的描述和维修指导说明越

详细,时间估计得就会越准确。

　　在填写完每份维修订单后,就可以将每项工作分配给具体的技术工人。通过几个星期的工作,生产计划员就能知道哪些技术人员擅长哪些工作。而且这个系统用时间越长,生产计划员对时间估计得越准确,就能更好地计划技术工人的工作时间。

表6-2　技术人员工作时间安排表

日期		工作日							
时间									
技术人员	估计								
	实际								
技术人员	估计								
	实际								
技术人员	估计								
	实际								

　　严谨的工作时序和工作量安排系统将有利于增加维修部门的收入。同时,它也能显示出每个技术工人工作水平的高低,并且可以看出维修部运作及控制存在的问题。

　　技术工人的时间估计通常是很准确的(但也有失误的时候)。在确定了技术工人一定的工作水平后,对有可能花费更多时间的工作进行复核,将有助于精确地找到运作中人或事存在的问题,或者确定技术工人是否有必要进行附加培训。

　　为了改进时间估计和找出问题,应该使用调度表格,这样就可以更精确地估计时间了。将技术工人估计的时间记录在维修订单号码栏及工作报告单后面。如果某个技术工人需要完成一项以上的工作,一定要将每项工作的时间都记录下来。需要记住的是,这些时间都是技术工人估计的时间(能显示精确到1/10小时的打卡钟会有助于生产计划员及调度员记录时间)。

　　用打卡钟记录技术工人收到及交回维修订单的时间(如果打卡钟不能接收维修订单的型号,就用人工记录卡)。确定一般维修所需要的时间,使用打卡钟能在技术工人交换维修订单时把事情变得简单化。

　　如果每种均配置合理,并正确使用这个系统,那么经销商能增加30%~60%的维修收入(表6-3)。

表6-3　生产潜力百分比

记录已分配的小时数	可用小时数	已产出的定额收费小时	定额收费小时销售比率	生产率	效率

续表

记录已分配的小时数	可用小时数	已产出的定额收费小时	定额收费小时销售比率	生产率	效率

（2）必须遵守的岗位职责

维修部门要健全各项岗位职责,技术工人、维修顾问及生产计划员都必须遵守对他们的基本要求。

①维修顾问:

a.完整、详细地说明每项维修工作,这样技术工人就能做出实际的估计。

b.检查调度表格上所记录的每项时间,以了解维修工作实际需要花费多长时间。

c.一旦熟悉了每项工作需要的时间,就应该记录消耗了多少工作时间,还有多少时间可以接新的维修工作。

②计划员:

a.在分配工作前,要求技术工人估计时间。

b.跟踪每项工作。对于耗时半小时的工作,应在工作结束前检查 10～15 分钟。而对耗时 1 小时或更长时间的工作,要从中途开始检查,并在工作结束前 10 分钟再次检查。如果有必要,重新安排技术工人的工作时间,以弥补所需的额外时间或可用的附加时间。

c.详述并提供每项工作的准确时间数字。每天工作结束时,复查所有未完成的维修订单,并安排他们第二天的时间。所有仍在进行中的工作,应在第二天交回给同一个技术工人。

③技术工人:

a.以最舒适、自在的速度工作。

b.尽可能准确地估计工作时间,记住在使用该系统的前几天内增强他们快速估计工作时间的能力。

c.每天工作结束时,上交所有未完成的维修订单。维修订单会在第二天还给技术工人,这是每天早上的第一件事。但如果技术工人前一天没有上交维修订单,那调度员就可能忽视第二天的工作安排。

（3）按时间安排表执行

任何时间安排表都有适用性。可以使用以下的检查列表来决定某个特定的时间安排表是否有价值。

时间安排表告诉我们:

• 已安排多少时间及还有多少时间可供安排?

• 能否接受更多工作?

• 什么类型的维修工作已付出多少时间及还有什么工作需要多少时间?

• 是否已将工作分配给了技术工人,是否存在工作问题?

• 维修顾问是谁?

- 顾客姓名及预约时间？
- 顾客状况？
- 维修订单编号？
- 车辆的型号？
- 承诺的时间？
- 估计的时间及实际完工的时间？
- 是否有完工记录？
- 是否有延误时间及延误原因的记录？
- 技术人员的工作效率如何？

表6-4所示的时间安排表并没有包括所有提到的项目，但对于建立最小的控制基础已足够了。

这张表格应尽量详细，这对于任何维修厂来说都是有必要的。很多时候，仅有两三个技术人员的小型维修厂认为他们不需要时间安排表，我们鼓励每个经销商都使用时间安排表。

表6-4 可选的时间安排表

姓　名	维修订单号	车　辆	承诺的时间	技术人员					备　注
				1	2	3	4	5	

确定维修厂有效工作时间的方法：每天早上将技术人员用员工的工时乘以8（或者使用定额收费小时代替实际时间），然后，当维修完成后，再从最后的总数中减去这些时间。我们建议以半小时为增量来"销售"这个时间，这样可以使计算简便。以1.5小时计算的工作能够很方便地从总数中去除；以1.2小时计算的工作应该表示成1.5小时。这可以保证你售出过多的有效工作时间。当然，销售过多会导致违约、匆忙工作以及令顾客不满意。

为了科学地安排工作时间，提高维修效率，应考虑：

①恰当的工作分配。恰当的工作分配是指将恰当的工作指派给合适的技术工人。这也包括记录和跟踪每个维修订单。这样做就可以对每项维修工作进行有效的控制，不论是零售、保修，还是内部零件维修。分配工作以及计划技术工人工作日程的进行取决于调度及时间安排。预先计划技术工人工作日程的方法很简单，而且仅需要一个人来安排时间、指派和分配工作。如果由几个人一起分担责任，那就会降低工作效率。

②恰当预算时间。根据每个技术工人的能力和工作效率充分利用他们的工作时间。了解维修厂估计的工作生产量，并设法使预算的时间尽可能与它的生产量相接近。

③具备所需的专用工具和设备。不论技术工人的维修水平有多高，没有专用的工具和

设备就不可能进行高质量的维修,包括针对特殊模型的各种专用维修工具以及各种设备。如果技术工人不得不临时准备这些工具和设备,就会浪费时间,降低生产效率,最终导致收入损失。因此,要给予这些工具和设备良好的维护,并将它们有效地组织起来。

④为每项工作挑选合适的技术工人。调度员的决定应该建立在每个技术工人的技术水平、经验和效率上,这样才能确定这个技术工人是否胜任指派的每项工作。将一项复杂的工作交给一个不适合的技术工人会导致返工和浪费时间,并有可能会增加对车辆的损害;相反地,如果将更换润滑油的工作指派给一个技术专家来做,那么这就是一种技术能力的浪费。

6.2.3 汽车服务企业汽车维修价格的制订与管理

1)汽车维修价格的特点

①政策性强。汽车维修收费标准的制订是属于物价管理的内容,是一项政策性非常强的工作。

②项目简单。汽车维修收费主要有工时费和材料费两项,比较而言,项目比较简单。

③种类繁多。由于汽车维修项目的作业内容不同、技术要求不同、耗费时间不同、材料项目不同,因此收费的种类繁多。

④执行周期较长。汽车维修收费因受汽车技术进步、运输市场变化以及商品价格换代等多种因素的影响,其标准形成之后,一般执行周期均较长。

2)汽车维修价格的制订依据

制订汽车维修价格的依据是成本。维修成本主要由以下几部分组成:工资、材料费、折旧、外协加工费、管理和业务费。维修成本确定后,加上一定比例的盈利就是维修价格。即:

$$汽车维修价格 = 维修成本 + 合理盈利额 = (1 + 合理盈利率) \times 维修成本$$

3)汽车维修价格的计价方法

汽车维修行业是一个工种和工艺繁多的行业,点多面广。为适应多种复杂情况,在实际工作中,维修价格一般采用以下两种计价方法:

(1)统一固定价格

即固定工时定额和工时单位价格。这种价格形式适用于维修工艺过程比较固定,修理技术差别较小,工时、原材料耗用量比较稳定的维修作业。如汽车大修一般采用这种计价形式,按客、货车和车型不同分别规定统一的收费标准。

(2)由经营者按规定的计价原则核定

这种形式适用于工艺流程有差别,工时、原材料消耗不一的维修作业,如各种维护、修理作业。总成和专项修理作业一般采用这种计价方式。这种计价方式的价格由三部分组成:工时费用、材料费用和管理费用。为了正确确定价格,必须通过调查制订各个作业项目的汽车维修工时定额标准并统一制订单位工时价格标准。材料费用是指维修过程中合理消耗的材料费用,应按规定合理计价。管理费用是以材料费用为基础,按一定比例计算,它不是维修成本中的管理费用,而是包含了一定数量利润的费用。进口汽车或无统一规定的作业项目的收费,可按实际工时和材料消耗参照以上方法计算价格。

4)汽车维修价格结算的特点

（1）合法性

汽车维修价格结算必须遵循国家有关价格法律法规和行业管理规章并承担相应的法律责任。要做到明码实价,公开服务项目和收费标准,公平合理收费,不强迫对方接受不合理的价格,不见危加价,不见生欺客,不夸大维修项目,不隐瞒本企业无能力承修的项目,不接受超出经营范围的维修项目,配件材料不以次充好、以旧充新。

（2）准确性

汽车维修价格结算工作务必做到统计准确,每项收费有凭有据,做到不错收、漏收或重复收费。

5)汽车维修价格结算的依据

为了加强汽车维修企业价格结算工作的管理,规范汽车维修企业价格结算行为,保护汽车维修承、托双方的合法权益,在进行维修价格结算工作时,必须遵照交通行政管理部门的规定,把以下单据作为结算工作的依据:

①汽车维修合同文本。
②施工单(或称派工单)。
③工时定额收费标准。
④"汽车摩托车维修业户专用发票工时费结算明细表"。
⑤仓库出料单。
⑥"汽车摩托车维修业户专用发票材料费结算明细表"。
⑦汽车摩托车维修业户专用发票(小规模纳税人用)。
⑧增值税专用发票(增值税一般纳税人用)。

（1）汽车维修合同

汽车维修合同是一种契约。它是托修方和承修方当事人为了协调其汽车维修活动,达到按规定标准和约定条件维修汽车的目的,而协商签订的相互制约的法律性契约。汽车维修合同依法签订后具有法律约束力。承托修双方必须对合同中的权利和义务负责,必须承担由此而引起的一切法律后果。为此,签订汽车维修合同应注意以下几个问题:

①严肃认真地签订汽车维修合同。汽车维修合同是承、托修双方的法律行为,合同依法成立后,必须信守合同,否则,必须承担法律规定或双方约定的违约责任。因此,签订汽车维修合同必须严肃、认真。

②尽可能了解对方。为了慎重签订汽车维修合同,使合同稳妥可靠,应尽可能了解对方。只有了解对方,才能心中有数,合同才稳妥可靠。

③遵守国家法律、行政法规和政策规定。汽车维修合同从形式到内容,都必须符合国家法律、行政法规和现行政策的规定。承托修双方不得签订违反国家利益和社会公共利益的

汽车维修合同。

④贯彻平等互利、协商一致、等价有偿的原则。汽车维修合同依法成立后,承托修双方当事人的法律地位是平等的,权利和义务也是对等的。

⑤汽车维修合同主要条款必须明确。

⑥明确承、托修双方的违约责任。汽车维修合同的违约责任,是汽车维修合同内容的核心,是其法律约束力的具体体现。当事人必须根据法律规定或双方约定明确各自的违约责任。否则,合同就失去了约束力,不利于全面、严肃地履行汽车维修合同。

⑦材料提供方式。车辆维修所需的原材料和零配件原则上应由承修方负责提供。如合同约定由托修方提供的原材料或零配件,托修方应按合同规定的品种、规格、数量、质量、时间提供,承修方对托修方提供的原材料或零配件应及时检验,不符合要求的立即通知托修方调换或补齐。因托修方而延误维修期限责任由托修方负责。承修方对托修方提供的原材料和零配件不得擅自更换,不得偷换车辆原有的零配件。擅自调换托修方提供的原材料、零配件或车辆原有的零配件,托修方有权拒收,承修方应当赔偿托修方因此蒙受的损失。

汽车维修合同示范文本由交通部等职能部门正式发布,该文本由各省、市工商行政管理机关监制和监督工作,由交通主管部门印制和发放。

(2)施工单(或称派工单)

由业务部门根据维修合同中的"维修类别及项目"一栏开出进行实施维修工作的单据,是维修车间进行维修工作的依据。

业务人员填写施工单时,必须依据维修合同的"维修类别及项目"进行。施工单中的维修项目必须符合维修合同的"维修类别及项目",不能超越维修合同所规定的维修范围。

施工单在车辆的维修过程中在维修车间随车一起流动。维修人员若在维修过程中发现新的问题需要增加维修项目,必须反映给接车的业务人员。新增维修项目,由业务人员与车主取得联系,经车主同意后方可增加,否则,进行该项目所产生的工时费、材料费等一切费用在结算时无法律效力,即未经车主同意增加的维修项目不能进行结算计费。施工单随着车辆维修完工,最后回业务部门。价格结算员进行工时费计算时,按施工单和维修合同,对照施工单中的维修项目是否超出维修合同中"维修类别与项目"一栏中所列出的范围做出工时结算。

(3)工时定额标准

为加强对维修行业的管理,规范各维修户的经营行为,维护维修行业承托双方的合法权益,由交通行政管理部门和物价部门制订了工时定额,适用于各类各种经济形式的汽车维修业户。

①收费原则。规定的工时定额和收费标准为最高限额,各业户在执行中只许下浮,不得上浮。否则视为违规行为。根据优质优价的原则,部分维修质量好、技术水平高的业户如需提高收费标准,需报请当地交通委员会、物价局批准方可执行。

②承修要求。汽车维修企业在承修作业过程中,应严格按照国家或交通行政管理部门制订的工艺规范和技术标准作业,不弄虚作假,不偷工减料,如发现有新的需修项目或超出预算500元以上的,必须在征得托修方同意后方可继续作业。

③工时定额说明。

汽车全车大修工时定额:指大修一辆汽车所需全部工时的最高限额。

汽车总成大修工时定额:指大修某一总成所需全部工时的最高限额。

汽车维护工时定额:指汽车进行某一级维护所需全部工时的最高限额。

汽车专项修理工时定额:指专项修理所需全部工时的最高限额。

汽车小修工时定额:指某一小修作业单项工时的最高限额。

汽车综合性能检测收费标准:内含汽车各单项不解体检测的收费规定。

汽车维修的收费标准直接关系到维修户的经济效益和广大用户的利益,也是汽车维修市场最敏感的问题。汽车维修收费标准由省物价局会同省交通厅制订并发布,从根本上解决汽车维修行业存在的乱收费、收受回扣等不正当的经营行为,实现依法管理。汽车维修工时收费标准是由维修作业工时定额和工时单价来确定的。

$$工时收费 = 工时定额 × 工时单价$$

工时单价:是指核定的汽车维修每一工时的收费标准,其单位为"元/小时"。工时单价的确定是以汽车维修和生产中的工时成本为依据的。

工时成本中包括:维修生产工人的平均工资、奖金、福利待遇费用、修理设备和工具、加工设备、检测设备和计量器具、生产辅助设备、厂房等的折旧,水、电、油、动力等消耗、部分辅助材料消耗和其他用于生产的支出费用等。

制订方法是对汽车维修涉及的各种工时成本分别进行统计和计算,按各工种花费工时平均比例,采用加权平均的方法算出汽车维修的平均工时成本。再根据平均工时成本确定出合适的工时单价,工时单价确定后,应报经物价部门批准后执行。

(4)汽车摩托车维修业户专用发票工时费结算明细表

价格结算员根据合同的维修项目,施工单的工作项目、工时收费标准、核准后填写的用于工时费结算的表格。

(5)仓库出料单

在汽车维修作业过程中,更换或消耗一些零配件、原材料、辅助材料等,具体使用时要仓库出料,并健全出料制度,制订仓库出料单,仓库出料单是汽车维修材料费结算的依据。仓库出料单应包括以下栏目:

①工作单号:本次承、托修合同编号。

②车主:车主姓名或单位名称。

③车牌号:托修车辆车牌号。

④车型:托修车辆型号。

⑤日期:领料日期。

⑥材料名称。

⑦单位:材料计算单位。

⑧数量:领出材料数量。

⑨单价:领出材料单价。

⑩材料费:领出材料费。

⑪备注。

⑫领料：由领料人签名。

⑬出料：仓库发料人签名。

⑭序号：本出料单顺序号。

6）汽车维修价格结算的程序与计算方法

（1）汽车维修价格结算的程序

①先查看汽车维修合同，按合同内容审核施工单的作业项目是否合理，项目增减部分是否已经征得托修方的同意。

②确定施工单和外加工费用无误后，填写"汽车摩托车维修业户专用发票工时费结算明细表"。

③按维修项目核实各工种所领用的材料单，核算材料费，填写"汽车摩托车维修业户专用发票材料结算明细表"。

④按规定的税率和法定规费计算收费总额。

⑤开具"汽车摩托车维修业户专用发票"（小规模纳税人适用），或者开具"增值税专用发票"（增值税一般纳税人适用），向托修方收费，把发票联和提车联交给托修方作财务凭证。

（2）汽车维修工时的计算

①维修作业范围的确定。为了核实维修施工单的作业项目，正确地填写"工时费结算明细表"确保不会重复或漏项收费，就一定要熟悉以下各种维修类型所包含的工艺内容和范围。

a.汽车全车大修。汽车全车大修作业范围包括：发动机总成、前桥总成、后桥总成、车架总成、变速箱总成、客车车身总成、货车车身总成的解体、拆卸清洗、分类检验、备料、换件、零件修复、装配、总成的组装调试、竣工验收等全部工作过程。按以往的概念，我国汽车、货车大修以发动机总成大修为主，在前桥总成附转向器总成，变速器附传动轴总成，后桥总成中两个或两个以上总成达到大修条件为标志。客车以车身大修为主，而车架总成或发动机总成，其中一个总成达到大修条件为标志。

b.发动机总成大修。发动机总成大修的作业范围包括：发动机的解体、清洗、分类检验、换件、零件修复、总成装配调试、竣工验收的全部工作过程，卸装发动机总成的工时另计，镗磨气缸体、磨曲轴工时另计。发动机大修的工艺标志是镗磨气缸体和磨曲轴，当维修发动机需要镗磨汽缸体和磨曲轴时，可以按发动机总成大修的工时定额计算，并按其工艺规范和技术标准进行修理工作。

c.前桥总成大修、后桥总成大修、变速器总成大修。以上各总成的作业范围包括：该总成零部件解体清洗、分类检验、换件、修复、装配、调试及竣工验收的工作过程。

总成大修的标志是壳体发生变形、裂断、基孔磨损严重需要机械加工、焊接、镶套校正或换新轿体，这时就可以按照总成大修的工时计算。从汽车上拆卸安装总成的工时和机加工壳体的工时另计。例如：变速箱中间轴齿轮更换但壳体是好的，未达到大修变速器的条件，只能计算为小修项目。

d. 当车架出现断裂、弯曲、扭曲、铆钉松动必须拆卸其他总成后才能修复则为车架总成大修,在计算工时中,拆装其他总成的工时另计。

e. 客车车身和货车车身(驾驶室、车厢)总成大修作业包括彻底修复横直梁、骨架断裂、霉烂变形。其标志是横直梁、骨架断裂、较大面积更换外蒙皮或外观霉烂严重变形。

f. 汽车小修作业项目范围包括:个别零部件的修理、更换、润滑、故障排除、调整、试车、竣工验收的过程。小修是指在基础件如壳体、缸体、梁体不用修复或更换的情况下发生的各种零部件修理过程或发生在总成装拆过程需要拆卸附带零部件。其工时计算特点是单项性,可直接在工时定额标准表内查阅到。

g. 汽车维护作业项目:汽车维护作业分为一级、二级维护。在《汽车维护工艺规范》(JT/T 201—95)中已明确规定了汽车维护的作业范围和具体工艺内容。凡维护作业范围之外的修理都属于附加项目,可附加计算收费。

h. 汽车不解体的单项性能检测项目:在进厂检测诊断中发生的检测项目可附加计算收费。

②维修工时费的计算。根据施工单列出的各工种作业项目,按照企业实际收费标准(以行业标准为原则)计算总工时费用。计算前注意核实有无重复项目、漏项或未作业项。审核无误后填写"汽车摩托车维修业户专用发票工时费结算明细表"。

(3)汽车维修材料费计算

①按照各工种在维修作业时所领用的材料单,核实维修合同或施工单上是否注明是包工包料的,比如漆工、钣金工种部分。

②各工种在维修作业时领用的低值易耗品或通用标准紧固件和工具等应包含在维修工时内,不另收费。

③查核仓库出料单开具材料明细表,计算材料费总费用。

(4)外加工费用结算

汽车维修外协加工下列两种情况的费用可作维修成本处理。

①全包工的项目(全车大修、总成大修、全车喷漆)在本项目工艺规程内的中间工序如发生外协加工时,如驾驶室顶篷或坐垫缝工、镗磨气缸体、磨曲轴、壳体机加工、调校工字梁、调校高压油泵、计算机解码、计算机调漆等,及其外协加工的费用。

②在项目作业范围之内因零件磨损超过技术标准要求,需要通过机械加工修复的,如镗制动鼓、铆制动蹄片等,及其外协加工的费用。

(5)总费用结算

①小规模纳税人类型的维修业户进行汽车维修总费用结算的方法:

a. 引用维修收费结算系数 K

$$K = \frac{1 + 企业管理费率}{1 - (税率 + 法定规费率)}$$

维修收费额 = 维修成本 × K

b.因为填写发票时工时费及材料收费为单独两栏,所以计算两种总数填入发票。

$$工时收费总额 = 工时结算明细表总值 × K$$

$$材料收费总额 = (材料费明细表总值 + 外协费) × K$$

c.按发票数额由客户到财务交清款项后即为维修费用结算手续完成。

②增值税一般纳税人类型的维修业户进行汽车维修总费用结算的方法:

a.工时收费结算额:

$$S_{工时费} = 工时费结算明细表合计值 × (1 + 企业管理费率) ÷ (1 - 法定规费率)$$

b.材料费、外协费未加企业管理费的原始销售额:

$$S_{原始材料、外协费} = (材料结算明细表合计值 + 外协费值) ÷ (1 + 17\%)$$

c.材料费、外协费应收的销售额:

$$S_{材料、外协} = S_{原始材料外协} × (1 + 企业管理费率) ÷ (1 - 法定规费率)$$

d.增值税专用发票中的总销售金额:

$$S_{总} = S_{工时费} + S_{材料、外协}$$

e.应填税额:

$$应填税额 = S_{总} × 17\%$$

f.应填价税合计:

$$应填价税合计 = S_{总} + 税额$$

g.按发票数额由客户到财务交清款项即为维修费用结算手续完成。

7)汽车维修收费标准制订的原则

①要符合党和国家的方针政策,符合全局性的价格要求。

②要符合价值规律的要求,能正确反映维修价值,制订的标准能使生产消耗得到合理补偿,并保持一定的利润水平。

③要反映供求关系的要求,能反映供求关系相对平衡的要求。

④要正确处理行业内部的比差。汽车维修行业存在车型差异、维修项目的技术难易差异、内部许多相互关联的工种差异,因此应确定合理的收费标准比差。

⑤要有超前意识。

8)汽车维修收费标准的制订

汽车维修的计费内容一般包括三项,即工时费用、材料费用、其他费用。工时费用是工时单价与维修项目的定额工时两个参数相乘之积。工时定额由交通主管部门制订,一般由交通主管部门会同物价管理部门联合发布。工时单价是指核定的汽车维修工时每小时收费的标准。工时单价的制订方法是对汽车维修涉及的各工种的工时成本分别进行统计和计算。其具体方法是按各工种计费工时的平均比例,采用加权平均的方法算出汽车维修的平均成本,再根据平均工时成本确定出合适的工时单价。工时单价的制订是一项与地域经济发展相关,涉及面广、政策性强的工作,在制订过程中应首先进行大量的调查、验证、测算。工时单价的制订一般由交通主管部门向物价管理部门提供调查资料,提出标准,经物价部门复核审定后公布执行。材料费用是指维修过程中合理消耗的材料费用,包括汽车维修生产中消耗的材料零配件以及辅助材料费等。计费标准应按照交通主管部门和物价管理部门的规定进行。其他费用包括厂外加工费和材料管理费等。

通常工时费用中包含管理费用。如果不含其费用,则将其计算在其他费用中。汽车维修收费标准的制订要注意参照本区域财政、物价部门已有的规定;在制订过程中还应注意与本区域经济环境的协调,并与当地有关部门搞好配合。

9)汽车维修收费的管理

汽车维修收费的管理是一项十分重要的工作内容,其主要表现在对收费标准的贯彻执行中。收费标准有效地贯彻执行,可以实现对汽车维修市场的宏观调控,引导汽车维修行业以质求存、有序竞争、稳定发展。汽车维修收费的管理应从以下几个方面做好工作:

①建立健全汽车维修收费的管理机构、落实管理人员,是保证抓好收费管理工作的前提。

②建立和健全收费管理法规,交通主管部门应根据有关法规制订实施细则,用法律手段增强收费管理的权威性,使收费管理工作有法可依。

③制订必要的管理工作制度,结合实际建立各项工作制度及资账单卡,搞好内部管理基础工作建设,加强同其他管理工作的配合协调,提高管理效能。

④进行收费执行情况的监督检查,行政管理部门要把收费监督检查作为一项日常工作抓好,并及时做好纠错和违规处理工作。

⑤强化社会宣传、社会监督,实行收费标准公布制度。

⑥建立维修业户的承诺和保证制度,明确必须遵守的收费纪律。

⑦对于越权定价、调价、擅自提价、加价、乱收费、行贿、收受回扣等行为,应按有关规定予以处理,对触犯刑律者移交司法机关追究刑事责任。

⑧积极主动做好与相关部门的配合、协调。

6.2.4 汽车服务企业汽车维修职业道德规范与诚信机制

1)汽车维修职业道德的社会性

汽车维修业是道路运输事业的一个重要组成部分,是为道路运输市场服务的。我国道路运输生产活动的社会性质决定了汽车维修职业的利益与社会利益的一致性。汽车维修生产任务的完成状况(生产进度和维修质量)直接影响道路运输的状况,影响公共的利益和人民生命、国家财产的安全。汽车维修从业人员从事生产活动过程中,直接与服务对象进行面对面的交往,还经常同社会其他职业(如汽车配件经营业户等)发生直接联系,这种特有的工作性质,要求从业人员在实践汽车维修职业道德时,首先要履行社会公德,要自觉将自己置身于社会大环境下严格要求,为生产、为流通、为消费全方位展开服务。

2)汽车维修职业道德范畴

汽车维修职业道德范畴反映了汽车维修职业与其他职业之间、汽车维修与社会之间、汽车维修职业内部职工之间的最本质、最重要、最普遍的职业道德关系的概念。认识并掌握这些范畴，对于正确理解和履行汽车维修职业道德，具有重要的指导意义。汽车维修职业道德范畴主要有以下几个方面：

（1）汽车维修职业义务

汽车维修职业义务，是指汽车维修从业人员在职业生活中所履行的道德义务。道德义务是从职业责任中引申出来的。当汽车维修从业人员认识到自己的职业责任，从而产生积极推动汽车维修行业发展进步的使命感和责任感，并落实到修理的每一台车，在实际工作中自觉自愿地履行职业责任，这就是一种道德行为，就是履行汽车维修职业义务的表现。

我国汽车维修职业的社会责任是：保持汽车技术状况良好，保证安全生产，充分发挥汽车的效能和降低运行消耗。汽车维修是道路运输事业的技术保障体系，是发展现代化交通运输业的一部分。与社会责任相联系，我国汽车维修职业和汽车维修从业人员应承担和履行的职业道德义务应当是：热爱汽车维修，献身汽车维修，确保道路运输车辆技术状况良好，努力发展交通运输事业。

（2）汽车维修职业良心

汽车维修职业良心，是同汽车维修职业义务密切相关的重要道德范畴，是蕴藏在汽车维修从业人员内心深处的一种情感、一种意识活动。如果说义务是自觉意识到的一种道德责任，那么良心就是对道德责任的自觉意识。汽车维修职业良心主要有两层含义：一是汽车维修从业人员内心对汽车维修业、对服务对象的强烈道德责任感；二是汽车维修从业人员依据汽车维修职业道德的基本要求进行自我评价的能力。

汽车维修职业良心对职业行为影响很大，它可以激发、鼓励从业人员行为从善，抑制不道德行为。汽车维修职业良心是从业人员内心的道德法庭，它对职业行为的后果和影响有评价作用。履行了职业义务并产生良好的后果和影响，良心上会感到满足，否则，就会受到良心的谴责。我们必须在职业活动中自觉培养职业良心，使职业行为更加符合社会主义道德要求。

（3）汽车维修职业信誉

汽车维修职业信誉，包括汽车维修职业信用和名誉，它表现为社会对汽车维修职业的信任感和汽车维修在社会生活中的声誉。在社会主义市场经济条件下，信誉对于汽车维修职业至关重要。信誉高，对社会产生强大的吸引力、凝聚力，增强从业者的职业荣誉感和责任感。汽车维修职业的社会声誉是汽车维修职业形象的外在表现，形象是资源、是效益。形象好，社会信誉就好，由此而带来的生产和经营效果就会好。否则，汽车维修职业的经济效益和社会效益都会受到影响。因此，汽车维修从业人员一定要重视职业信誉在道德建设中的作用，树立讲求汽车维修职业信誉的观念。

（4）汽车维修职业尊严

汽车维修职业尊严，是指社会或他人对汽车维修职业的尊重，也指汽车维修从业人员对汽车维修职业的尊重和爱护。汽车维修职业尊严可以使从业人员自我控制和支配职业行为，使自己的一举一动都从维护汽车，维修职业尊严出发，避免不利于或者有损于职业尊严的行为。

职业尊严是职业形象内在素质的客观反映,与职业义务、职业责任、职业纪律、职业道德有紧密联系,从业者认真履行职业义务,尽职尽责地搞好维修服务,人们就尊重你的职业活动、尊重你的为人,也就树立了你的职业形象。如果你对服务对象傲慢无礼甚至妨碍、侵害其利益,就会受到社会的谴责而损害职业形象。因此,维护职业尊严就要忠实地履行职业义务,全心全意搞好服务。

(5)汽车维修职业责任和情感

汽车维修职业责任是指汽车维修从业人员所承担的社会责任。在社会主义社会,任何一种正当职业都承担着一定的社会责任。汽车维修职业所承担的社会责任具体来讲就是对汽车技术状况负责,对托修方负责。从客观上讲,就是承担保障道路运输事业发展的重大职能。正确地圆满地履行这种社会责任,就必须具备高度的对人民负责的职业情感。只有具备了这种情感,才能主动地、自觉地为维修车辆、为托修方服务。没有情感的举动是机械运动。在汽车维修职业活动中,对学习掌握汽车维修技术缺乏积极性,对汽车维修服务工作马马虎虎、汽车维修质量低劣等现象,就是缺乏这种职业情感的具体反映。汽车维修从业人员应时时事事关心托修方的利益,以高度的责任感和热爱汽车维修职业的饱满热情,全心全意为托修方提供汽车维修服务,保障车辆安全运行。

3)汽车维修职业道德的特点

汽车维修职业道德作为社会主义职业道德的重要组成部分,除具有一般社会道德特点外,还具有以下特点:

(1)协作性

汽车维修技术工人是由发动机修理工、底盘修理工、电工、胎工、漆工、钳工、焊工、刨工、铣工、钣金工等诸多具体工种所组成的集合称呼。汽车维修作业是一个多工种的组合,其生产过程处处体现着协作精神。完成一项修理作业,各工种、车间、班组之间必须相互配合、相互支持、团结协作。特别是流水作业的修理厂,只要一个工序不能按期完成,就会影响整个部件的按期完成。协作性,既是汽车维修行业的特征,又是汽车维修职业道德的具体体现。

汽车维修职业道德的协作性,要求每一个汽车维修职工发扬团结协作的行业传统,不计个人得失,不图自我方便,自觉维护经营业户的整体利益和行业信誉,从生产的总体目标出发,在努力做好本职工作的基础上,密切配合其他工种、班组、车间,保质保量地完成车辆维修工作,遇事不推诿、不扯皮,顾全大局,各负其责,团结协作。

(2)服务性

汽车维修是以汽车的维护和修理为其工作目的和内容。汽车维修的生产过程需要运用一些技术装备,依靠系统的经营管理,消耗一定的精神劳动和物化劳动,向社会提供的只是劳务服务,其生产作业具有鲜明的服务性。

汽车维修服务性的特点,决定了从事汽车维修职业的人必须树立为用户服务、满足用户需求的思想观念;必须摆正自己与服务之间的关系,摆正社会效益与经济效益之间的关系;牢固树立服务为本、用户至上的道德意识,自觉保证维修质量,讲求服务信誉,千方百计地维护用户的利益,以优质的服务满足用户对车辆维修的要求。

（3）时效性

汽车客货运输生产的组织、车辆的调配,是建立在车辆维修计划基础上的。如果车辆不能按计划完成维修任务,进厂维修的车辆不能按时出厂,就会影响运输生产的正常进行。因此,按时完成维修任务,保证为用户准点及时地提供完好的车辆,反映在汽车维修职业道德上就是时效性特点。

汽车维修职业道德的时效性,要求汽车维修企业制订科学合理的维修作业计划,选择合适的劳动组织形式,尽量缩短汽车在厂时日,保证不误工期,确保在限定时间内或合同期内保质保量地完成维修任务。汽车维修职业道德的时效性,是衡量汽车维修企业职工工作态度与企业信誉的标志。

（4）安全性

汽车维修质量的好坏,直接关系到行车安全,关系到国家财产和人民生命财产的安全。在汽车维修中,大至各类总成,小至一个螺栓、螺母,无不与汽车的安全行驶密切相关,只有确保维修质量,才能保证车辆的安全行驶。牢固树立质量意识、安全意识就成为汽车维修职业道德的鲜明特点。

汽车维修职业道德安全性的特点,要求汽车维修人员在车辆维修工作中必须认真负责,一丝不苟,精工细修,为车辆用户提供安全可靠、优质高效的维修服务。

（5）规范性

汽车维修是一项技术要求很高的工作。在汽车维修工作中,为了保证汽车维修的质量和行车安全,国家有关部门和汽车维修行业陆续颁布了一系列有关汽车综合性能和总成部件的技术规范和修理工艺等方面的标准和法规性文件。这些技术标准、工艺标准和法规性文件在汽车维修职业道德中就表现为鲜明的规范性特点。

任何一个汽车维修企业,从车辆进厂检查、维修到竣工检验,都离不开标准、规范。在汽车维修过程中,不仅有技术标准、管理标准、工作标准,而且各种标准种类很多,仅技术标准就包括各种基础标准、原材料标准、零部件标准、工艺标准、设备标准、能源标准、计量标准等,这些标准和规范是对汽车维修生产实践的科学总结,是企业从事生产活动的基本依据。汽车维修的过程,实际上就是标准化、规范化活动的过程。汽车维修工作质量的好坏,在很大程度上取决于标准化、规范化工作水平的高低。严格遵守汽车维修各项标准和规范,并以此指导自己的行动,是对汽车维修人员的基本要求,也是衡量汽车维修从业人员职业道德水平高低的重要依据。

4)汽车维修职业道德的作用

汽车维修行业作为精神文明建设的窗口单位,直接面向广大汽车用户,面向社会。汽车维修从业人员职业道德的优劣,行业风气的好坏,对整个社会道德风气有着极其重要的影响。

①良好的职业道德,有利于调节汽车维修从业人员的职业行为,维护正常的职业生活秩序。汽车维修职业道德,是指导汽车维修从业人员提高职业认识、培养职业感情、锻炼职业

意志、树立职业理想、养成良好职业习惯必不可少的前提条件。它不仅能使汽车维修从业人员正确认识自己生活的规律和原则,而且能规范和约束自己的职业行为,从而维护正常的职业生活秩序。

汽车维修职业道德对汽车维修职工的道德行为不仅有原则性的规定,而且有具体的规范。这些具体规范往往与企业的规章制度、行规行约、守则等结合在一起,并以职工纪律的形式加以规定。因此,严重违反职业道德的行为不仅要受到社会舆论的谴责,有时还要受到纪律处分,甚至法律的制裁。

②良好的职业道德,有利于促进汽车维修事业的发展。汽车维修作为汽车运输保障体系中不可缺少的环节,在国民经济和社会发展中处于重要的地位。改革开放以来,随着人们对社会主义本质认识的不断深化,人们的价值观念和思想观念也发生了很大的变化。如果缺少了职业道德的保障和调节作用,国家政策就难以保证正确执行,市场经济也就很难健康有序地发展。

加强职业道德教育是促进社会各行各业健康发展的重要保障。在汽车维修领域,通过汽车维修职业道德教育,不仅可以引导汽车维修职工正确看待自己的职业,树立爱岗敬业的主人翁责任感,养成良好的职业感情和荣誉心,而且可以促使从业人员改善服务态度,提高服务质量和工作效率,从而保证汽车维修事业的健康发展。

③良好的职业道德,有利于调节行业内外的关系。从行业与社会的关系来看,社会上任何一种职业,任何一个行业都不是孤立的。它必然与其他职业、行业存在着不可分割的联系,只有将这些相互联系、相互制约的各种职业、行业联结成一个有机整体,才能使整个社会健康、协调的发展。因此,社会主义职业道德在处理职业与职业、行业与行业间的相互关系时,是以集体主义为基本准则,以集体利益和国家利益为职业活动的基础。这就要求我们每一个汽车维修从业人员在职业活动中,必须时刻把国家和人民利益放在首位,全心全意为人民服务,牢固树立顾全大局、团结协作的精神,当好汽车运输业的配角,保障车辆的安全运行。

在汽车维修行业中有许多工种,这些工种或分成若干个组,或分成早、中、夜班进行作业。显然,工种与工种、组与组、班与班之间的各种联系就更为广泛和密切。一旦上述联系出现脱节,产生矛盾,就必须对其进行调节。与规章制度的调节相比,职业道德是一种更灵活、更有效的调节体系,是规章制度必不可少的补充。因此,汽车维修职业道德可以有效地调节汽车维修过程中的各种关系,并保障汽车维修职业活动的正常进行。

④良好的职业道德,有利于汽车维修行业良好风气的形成。我国汽车运输在保障工农业生产、保障人们正常的工作和生活秩序等方面,发挥着极其重要的作用,这与广大汽车维修从业人员忠于职守、坚守岗位、保质保量地完成了各类车辆的维修任务,有着不可分割的关系。在他们中间涌现出了许多具有高尚道德品质的模范人物,受到人民的称赞。但是也应看到,在汽车维修从业人员中,也确实存在着一些不讲道德的行业不正之风。比如一些汽车维修从业人员缺乏全心全意为客户服务的思想,以业谋私,吃拿卡要,甚至刁难勒索驾驶员;个别人员甚至利用职务之便,从事不正当的经营活动,如采用请客、送礼、给回扣等办法,引诱、拉拢一些贪图小利的驾驶员或汽车管理人员,并从中抬高价格或降低维修质量,中饱

个人和小团体私囊;企业间的不正当竞争。这些行业不正之风的存在,除其他原因外,一个重要的因素就是放松了对汽车维修从业人员进行职业道德教育。

在市场经济条件下,如果管理不善,各种不正当的竞争手段,各种损人利己、损公肥私的行为就有可能变得更为严重。因此,纠正行业不正之风,改善和提高汽车维修行业形象,使汽车维修从业人员明确职业责任,遵守职业纪律,树立正确的世界观、人生观、价值观,培养和形成良好的职业行为习惯,从而形成良好的行业风气。

⑤良好的职业道德,有利于全社会道德素质的提高。职业生活是人类社会生活最主要的领域,职业关系遍布社会各个侧面和角落,职业道德就是通过这些广泛的职业关系对整个社会生活产生深刻的影响。把职业道德规范转化为维修从业人员的职业行为和习惯,这无疑会不断提高汽车维修行业的道德水准,同时也有利于全社会道德水平的提高。首先,整个社会是由各行各业汇合而成的统一整体,如果各行各业都注重道德建设,遵循各自的职业道德,那么随着行业道德素质的提高,从业人员抵御各种不良思想和行为的腐蚀,抵制以权(职)谋私等不正之风的能力就会大大增强,就会形成"人人为我,我为人人"的良好社会风气。其次,各行各业的道德风尚可以相互影响、相互作用,汽车维修行业作为维修服务业的一个组成部分,与整个社会具有十分广泛的联系。汽车维修从业人员每天要和社会上各种各样的人打交道,如果他们都能自觉履行职业责任,遵守职业道德,通过这个"窗口"就会影响和带动许多人提高道德水平。反之,就会对整个社会道德风尚带来不利的影响。

5)汽车维修职业道德的基本原则

汽车维修职业道德的基本原则,是对汽车维修职业道德体系的总体概括和对从事汽车维修职业的人们提出的基本道德要求。它反映了汽车维修职业活动的基本方向。正确认识和理解汽车维修职业道德的基本原则,并把它贯穿于职业活动的始终,是每一个汽车维修人员义不容辞的职责和义务。

汽车维修职业道德的基本原则,概括起来说,主要有以下三个方面:

(1)坚持为人民服务的根本宗旨

为人民服务,对社会负责,是社会主义职业道德的基本要求。把全心全意为人民服务的根本宗旨作为汽车维修职业道德的基本原则,指明了汽车维修职业活动的总方向。汽车维修行业的一切工作,都必须围绕这一根本方向进行。每一个汽车维修从业人员都应当把这一原则贯彻到职业活动中,并用以指导自己的职业实践。汽车维修从业人员只有在全心全意为人民服务的过程中,才能受到社会的尊敬,才能实现人生的价值。在任何时候处理任何问题时,都应当把用户的利益放在首位,而把个人利益放在为用户服务这个大前提之下,这才是社会主义汽车维修职业道德的根本要求。

(2)热爱和忠诚于汽车维修职业

这是汽车维修职业道德意识的综合反映。所谓道德意识包括道德认识、道德情感、道德理想、道德意志和道德观念。其中道德认识是基础。只有对自己从事的职业有充分的认识,才可能对自己的职业产生热爱的道德情感,才可能迸发出忠诚于自己职业的诚挚的道德理想,以及把毕生的精力献身于汽车维修职业的坚定道德意志和信念。如果汽车维修从业人员能充分认识自己所从事职业的社会价值,真正感受到该职业值得珍惜和爱护,他就会自觉地选择有利于维护汽车维修职业尊严的行为。汽车维修人员能否在职业实践中认真履行职业责任和义务,与他对自己所从事的职业是否有深刻的认识有十分密切的关系。

热爱和忠诚于社会主义汽车维修职业作为社会主义汽车维修职业道德的基本原则,是社会主义道德在汽车维修职业活动中的具体体现。在社会主义国家,任何一个职业,都是社会主义事业不可缺少的组成部分,社会主义现代化建设需要各行各业千百万人的共同努力。如果每一个行业的从业者都能热爱和忠诚于自己所从事的职业,认真履行本职业的责任和义务,社会主义建设的目标就一定会实现。相反,如果每个行业的从业者都是从个人或小团体的利益出发,各吹各的号,各唱各的调,任何工作也不会做好。

(3)自觉做到安全优质,文明高效

这是汽车维修职业道德的基本原则,也是汽车维修职业道德评价的基本标准,以及汽车维修职业社会责任的内在要求和外在表现。汽车维修最基本的职责就是以合适的价格、上乘的服务,在要求的修理期限内,使各种车辆得到及时的维护和修理,保证车辆的技术性能得到充分的发挥,确保车辆的安全行驶。如果收费不合理,服务质量差,车辆得不到及时维修,修理质量没有保证,就会对社会生产和人民生活带来不利的影响,甚至阻碍汽车运输事业的发展。

我国的汽车运输行业是现代化建设的先行官,是国民经济发展的战略重点。要当好汽车运输这个"先行官"的角色,就要求汽车维修人员必须把安全、优质、文明、高效作为职业行为的准则。如果汽车维修从业人员能为社会提供安全、优质、文明、高效的服务,汽车维修职业的社会信誉就高,从业人员就会产生强烈的职业荣誉感,职业对从业人员的吸引力就越大,由此带来的经济效益和社会效益也就越好。安全、优质、文明、高效作为汽车维修职业道德规范的基本原则,比较集中地反映了整个社会对汽车维修职业内部各种活动的根本要求。

6)汽车维修职业的特点及客观要求

汽车维修是为汽车用户提供车辆维修服务。它的基本职责是:通过汽车维修从业人员提供的劳动服务,使各种车辆得到及时的维护和修理,维持或恢复车辆的技术性能,保证运输车辆始终保持良好的性能,确保行车安全,延长汽车的使用寿命。这种特殊的职业使命和责任,就给汽车维修从业人员提出了以下一些特殊要求:

①汽车维修人员为社会提供的不是实物形态的产品,而是维修劳动服务。对于车主来说,只要交付了足够的维修费用,就要求获得一个满意的服务。因此,精工细修、正点及时、安全可靠、优质高效地向用户提供经过维修后的车辆,就成为每一个汽车维修从业人员的基本职责。这就要求汽车维修人员必须牢固树立质量意识、安全意识,以优取胜,以质取胜。

②汽车维修职业最明显的特征就是以其技术上的可靠性,恢复汽车的使用性能,使汽车能正常运行。这就决定了从事汽车维修工作的人员必须牢固树立为客户服务的思想,热爱本职工作,努力钻研技术,爱岗敬业、忠于职守、尽职尽责,以精湛的技术、熟练的业务、优良的服务满足汽车用户对车辆维修的需求。

③汽车维修既有连续性的维修作业,也有临时性的小型修理,维修企业内部各层次、各环节、各工种之间存在着十分密切的关系,有一个相互衔接和配合的关系问题。同时汽车维修行业作为汽车运输生产的保障体系,它与整个汽车运输行业又有着纵横交错的联系,与整个社会有着千丝万缕的关系。这一特点,就向广大从业人员提出了服务大局、团结协作的要求。

④汽车维修工作是一项技术性强、安全要求高的工作,加之汽车维修人员都掌握着一定的维修技术,有于人于己的"方便"之处。这一特点客观上又向从业人员提出了遵章守纪、规范操作、廉洁自律、克己奉公、不谋私利、维护国家和集体利益的基本要求。

⑤汽车运输成本开支伸缩性最大的项目是油料费支出和修理费支出。这些虽然与驾驶员有关,但更重要的是与维修工的工作质量有关。这就要求汽车维修从业人员必须价格公道,精打细算,点滴节约,爱护器材,加强维修成本核算,降低费用开支和材料消耗,赢得良好的信誉和经济效益。

7)汽车维修职业道德的基本规范

(1)规范与职业道德规范

所谓规范,是在职业道德原则指导下形成的,调整职业活动中人们的利益关系,判断职业行为善恶的具体标准、准则。社会生活中有各种各样的规范,如政治规范、经济规范、法律规范、技术规范等。道德是社会规范的一种,它是调整人们之间的关系,判断人们行为善恶的准绳。不同的职业有着适用各自不同职业生活的道德规范。汽车维修职业道德规范就是从事汽车维修职业的广大从业人员在职业活动中应当遵循的基本行为标准和准则,它是汽车维修职业道德基本原则的具体化和现实化,是汽车维修职业特点及其要求的道德反映。也是广大群众判断汽车维修从业人员职业行为、职业活动优劣的基本评价标准。

汽车维修从业人员在职业活动中,不仅要遵循社会公德和汽车维修职业道德的基本原则,还要遵守具体的行为标准和规则。这些具体的行为标准和规则就是职业道德规范。

(2)汽车维修从业人员的职业道德规范的主要内容

①热爱本职,忠于职守。

a.热爱本职。创业和立业,首先要热爱本职工作,即爱岗敬业。热爱汽车维修工作,是汽车维修从业人员职业道德规范的首要内容。它反映了汽车维修从业人员对职业价值的正确认识和对本职业的真挚情感。一个人只有首先爱岗位,爱自己所从事的工作,才能有高尚的职业道德。爱岗敬业就是指汽车维修从业人员立足本职工作,有强烈的责任心和责任感。爱岗敬业主要表现为严守岗位、尽心尽责、注重务实、服务行业。

b.忠于职守。忠于职守是每一位工作人员必须履行的法定义务,也是汽车维修从业人员最基本的职业责任。能否做到忠于职守、尽职尽责、勤奋工作、不弄虚作假,是衡量汽车维修从业人员职业道德水平的重要标准。忠于职守主要表现为:严格标准、严格工艺程序、严守行规行约、尽职尽责。

②钻研业务,提高技能。钻研业务是指为事业刻苦学习,善于钻研,努力提高本职工作能力和水平。钻研业务有三方面的具体要求:一是认真学习技术,提高工作技能。汽车技术发展很快,对维修服务工作的要求越来越高,要做好维修服务,就必须认真学习新技术,并勇

于实践,不断提高自己的工作技能,这是完成职业使命的基本条件;二是要拓宽知识面。由于汽车维修的市场化,给维修工作带来了许多技术难题,因此,汽车维修从业人员要学习汽车维修相关的知识,以提高综合分析和解决问题的能力;三是认真学习国家的方针、政策、决策和决议,提高自身的政治觉悟,树立正确的人生观、价值观,为促进行业的发展和企业经济效益的提高而努力工作。

③遵章守纪,严于律己。高度的组织性和纪律性,是中国工人阶级的传统本色,也是我们各项事业取得胜利的基本保证。随着社会主义现代化的不断深入发展,使社会分工越来越细,岗位职责更加严格,汽车维修工作也有着严格的行规行约、厂规厂纪和岗位操作规程,因此,要求每一名从业人员一定要从自身做起,从基础做起,在职业活动实践中养成自觉遵章守纪的好习惯,时时刻刻按制度办事,做守纪的模范,并勇于同一切违纪行为作斗争,以保证汽车维修服务工作的顺利开展,确保修车质量。

④顾全大局,团结协作。

a. 顾全大局。顾全大局主要体现在正确处理国家、集体和个人之间利益的关系上。国家、集体、个人三者利益兼顾,是我们现实物质利益关系的科学反映,三者利益从根本上说都是劳动人民的利益,是一致的,但也存在着矛盾,在处理这一矛盾时,要求做到:国家利益高于集体和个人利益,人民利益高于一切,个人利益必须服从人民的利益。

b. 团结协作。团结协作是社会主义现代化大生产的客观需求。汽车维修服务工作具有很强的整体性和衔接性,它是多工序、多工种共同劳动的成果,这在客观上要求汽车维修从业人员要坚持集体主义原则,以平等友爱、相互合作、共同发展的精神处理好内外团结,自觉服务于改革、发展和稳定的大局。

⑤文明礼貌,优质服务。"讲文明,有礼貌"是中华民族的传统美德。只有讲文明礼貌,做好优质服务,整个社会才会逐步形成相互理解,关系融洽、团结和谐的良好氛围。文明礼貌,优质服务,就是要求从业人员说话和气、热情主动、耐心周到。热情主动表现为待客如宾、态度积极。耐心周到表现为心平气和、沉着冷静、想服务对象所想、急服务对象所急。真正把服务对象的事情当作自己的事情来办,让服务对象体会到一种到家的感觉。只有这样,才能保持承、托修双方之间长期良好的合作关系。

⑥务实高效,竭诚奉献。务实高效、竭诚奉献,这是新时代对从业人员提出的新的行业准则。务实就是从实际出发,实事求是,说实话办实事,不做表面文章,不搞形式主义;高效就是在维修服务工作中,讲求快节奏、高效率,最大限度地满足服务对象的需求,提高企业的经济效益和社会效益。务实、高效与奉献是密切相关的,务实是高效的前提和基础,奉献是务实和高效的落脚点。每一名维修从业人员都应该以本业为荣,以本职为乐,积极为维修行业发展奉献出自己的力量,不能只讲索取,不讲奉献。在维修服务工作中,要不计名利、勇于吃苦、任劳任怨,用"毫不利己,专门利人"的精神,在奉献中充分体现自己人生的价值。

8) 市场的信用环境

(1) 社会信任的伦理

信用的基础是社会信任和法律关系之间的平衡,其实质是一个道德问题,它直接反映在市场交易过程中。一个经济行为理性与否,常常必须放在其社会文化环境中进行考察。经济行为并不纯粹是个人的活动,更是团体的活动。在财富被创造出来之前,人们必须学会如何共同工作。最高的经济效率不见得是由理性追求私利的个人所达成的,反而是由个人所组成的团体来实现。诚然,追求私利是现代经济行为的推动力,但是单凭对利益的追求并不足以成就现代市场经济。一个社会要有能够形成有效合理经营的企业组织,这是成就市场经济的要素。因此,能否形成一定规模的企业组织与经营形态,乃是经济能否持续发展的关键。

形成如此企业组织的力量并非来自理性地追求效益极大化的个人,而必须有其社会文化基础,也就是在一种文化所代表的社会内部,原本就要有形成超乎家族的自愿结合的能力。这种自愿结合能力的强弱,应视社会的自发社会力的强弱而定。自发社会力的强弱,表现了一个社会内部成员之间的信任程度的高低。相对于资本和劳动力而言,自发社会力可以说是一种社会资本。社会资本和其他形态的人力资本不同,它由宗教、传统、历史习俗等文化机制决定。一种社会结构开创怎样的工商业,与它的社会资本紧密相关。如果一个企业内的员工都遵循共同的伦理规范,彼此信任,则可以大大降低企业的经营成本。

信任程度高的社会能允许多样化的社会关系产生,而信任度低的社会,往往将信任关系局限于家族之内,因此以家族企业居多,难以发展现代的专业公司和大型企业。从将信任视为社会资本的理论来看,契约中的非契约因素对于社会生活意义重大。中国文化受到儒家学说的深刻影响,儒教的君子只致力于外表的行为端正,而不信任他人,就像他也相信别人不会信任自己一样。这种不信任妨碍了所有信用与商业的运作。中国文化的强势家族主义、子嗣平分家产的传统、对外人的极度不信任,使得华人社会中的经济活动仅限于中小企业规模。这种文化观念如果不加改变,中国的非国有经济部类将难以立足于世界经济强手之林。

根据社会学理论,创建这类道德社团所需要的社会资本,没有办法像其他形态的人力资本一样,通过理性的投资来获得。衡量社会信任的社会资本的获得,需要的是整个社会普遍拥有道德规范,成员需要具备忠诚、信实、可靠等美好情操。增加社会资本的途径是在设定的规范下,不懈地纠正原有的不良文化习俗。

作为现代的经营者,应该从历史事件中得到启示:不论做什么事,最重要的是要讲信用。你和你的公司,如果能得到社会大众的信任,能在社会大众心目中树立起这样的认识:"这个老板说出的话,一定做得到"或者"他公司的产品,一定没问题",那么,你就已在竞争日趋激烈的生意场上立于不败之地了。信誉是一股强大的力量,更是一种无形的财富。身为老板,若能得到员工的信任,员工自然会为之效力;若能得到消费大众的信任,就能获得更多的利润。要使消费大众信任你,并不是一朝一夕就能办到的,必须经过长期不懈的努力,诚心诚意地兑现所许诺的每一件事,才能慢慢培养起来。

(2)失信惩罚机制

不论征信国家还是非征信国家,民众都认为失信行为是不道德的,采用赊销方法的企业对于失信客户的行为都是深恶痛绝的,都会同意对失信行为做出相应的惩罚。在征信国家里,国家信用管理体系中必然有一个失信惩罚机制。失信行为一般指的是尚未达到诈骗等刑事犯罪程度的经济活动不守信行为。对于失信行为的惩罚,除法律规定的罚款处罚以外,惩罚的主要目的有两个:一是让不讲信用的自然人不能方便地生活在我们的社会;二是让不讲信用的企业法人没有机会将生意做大,甚至逐渐被市场唾弃。失信惩罚机制的独特之处表现在执法上,在任何一个信用管理体系运转正常的征信国家,对于失信惩罚的执法都分工明确。执法者包括适用法律指定的政府执法机关和民间"执法"两个部分。由于来自后者的惩罚等效于全民执法,因此其效果更加显著。政府执法机关由每部信用管理相关法律做出文字性规定,例如在美国,"公平信用报告法"规定该法的政府执行机关为美国联邦交易委员会。在一国范围内,失信惩罚机制必须有如下功能:

①汇集失信事件的记录,尽快记录在责任人的信用档案中,并予以广泛地传播。

②具备完整的法律法规,以对不同程度的不讲信用的责任人进行适量的惩处。

③在法律允许的期限内,由专业信用报告机构较长期地保存并传播失信人的原始不良信用记录。

④教育全民在惩罚期限内,不要向有不良信用记录的企业和个人进行任何形式的授信。在美国,对于自然人的失信记录将被保存和传播7年。

⑤在法定期限内,政府工商注册部门将不允许从有严重违约记录的企业出来的原法人和主要责任经理注册新企业。由失信惩罚机制需要达到的效果来看,其中最重要的环节是制作有失信记录的企业和消费者个人的"黑名单",并允许向全世界开放。这个"黑名单"是由专业信用管理公司制作和维护的,它们有偿地传播企业"黑名单",并根据消费者保护有关法律的限制向合格的用户提供消费者个人的不良信用记录。专业信用管理公司应该是公正的第三方。

根据我国的国情,在国家信用管理体系尚未建成的情况下,失信惩罚机制的功能必须由中央人民政府、各级人民政府和一些国有企事业单位联合作为执行机构才能实现。因为,仅从获取公民个人和来华外国人的有关信息角度来说,初期只有公安、税务、工商、商业银行、公用事业单位联合才能取得一定效果。所谓的惩罚效果,是让这些有失信记录者在一定的时间区间内不能再取得工商注册、银行贷款、信贷销售服务、支票账户、信用卡等,甚至不能获得家庭电话和租房等服务。

在征信国家,对于不讲信用行为的惩罚是从一点一滴生活细节上开始的。例如拖欠一个电话公司的电话费,其结果是所有电话公司均不为有不良信用记录者提供安装电话的服务。如果一个公司雇用一个有不良信用记录的人担任高级管理职位,它将冒着很多公司不同其做生意的风险。其结果是,正常人都很在意在应允的时间内还清所欠的房租、电话费、水电费、信用卡最低付款、分期付款等。在西方,所谓某人有良好信用指的是他(她)能够欠债,也能够按时还债。

(3)信用管理有关的法律

运转国家信用管理体系需要建立一系列法律,信用管理有关法律应该起到的作用包括四个方面:惩罚失信的责任人、保证信用管理行业的发展、规范商业授信、规范信用管理行业的行为。对于失信责任人的惩罚,必须由法律定义出什么样的行为是失信行为,给出"量刑"标准,并指定政府执法机关执行。关于法律保证信用管理行业的发展,所指的是由法律来界定合法征信数据范围,强迫政府和民间征信数据源或征信数据控制者向信用管理类公司开放征信数据,例如允许信用管理类公司从有关政府机构取得全国任何一家企业的财务报表,有关政府机构不得拒绝,但可以收取一定的手续费。再如信用管理类公司到商业银行了解一家企业的不良贷款记录、发生时间、次数及其恶劣程度,商业银行必须做出书面回答,但可以对不良信贷的额度进行保密。规范授信指的是要求授信人对消费者诚实,消除授信人和消费者之间的知识和信息的不对称,使任何消费者都有平等取得授信的机会。为了保护消费者,包括保护消费者个人的隐私,这类法律在实质上规定了信用管理行业的服务方式方法。例如美国的"公平信用报告法"规定了消费者个人信用报告的市场范围,只有符合8种情况之一的人或者单位才可以从信用局购买报告。

从立法角度看,与信用管理有关的立法工作可以分为两个部分,即修改有关现行法律的一些条款和建立专门的法律。从2000年以来的两会提案看,涉及信用管理的提案共有5个,其中3个是关于信用管理相关立法的。政协的提案包括修改"银行法"修改"反不正当竞争法"和制定"公平商业信息报告法",其目的是界定征信数据的合法性和开放征信数据。

(4)国家信用管理体系

前面多次提到的国家信用管理体系是一种社会机制,它是具体作用于一国的市场规范,它保证一国的市场经济从以原始支付手段为主流的市场交易方式向以信用交易为主流的市场交易方式进行健康的转变。也就是说,这种机制创造了一种适应并规范信用交易发展的市场环境,最直接地保证一国的市场经济走向成熟和全球化,并扩大一国的市场规模。就功能而言,国家信用管理体系必须包括4个主要的组成部分,它们分别是:

①征信数据的开放和信用管理行业的发展。

②信用管理有关系列法律的立法和执法。

③政府对信用交易和信用管理行业的监督和管理,包括信用管理民间机构的建立。

④信用管理正规教育和学科研究的发展。

征信数据开放,并允许以市场方式经营征信数据,让信用管理行业得以发展可以说是国家信用管理体系建立的物质基础。而广义的信用管理行业包括如下十个行业分支,它们分别是:企业资信调查(工商征信)、消费者个人信用调查、财产调查和评估、市场调查、资信评级、商账追收、信用保险、国际保理、信用管理顾问、通过电话和网络手段查询支票有效与否和其他票据的真伪。前五个分支属于征信业务范畴,在此范围的专业企业多是征信产品的制造商。后五个分支则属于信用管理服务类,属于此范围的企业不生产征信产品,但依赖征信产品向企业提供管理咨询服务,但属于这一类的公司也可能从事开发信用管理软件的业务。

所谓的信用管理民间机构指的是在民政部注册的一种民间社会团体。信用管理行业协会、行业沙龙、专业基金等组织,它们由信用管理从业者组成,辅助政府对行业进行规范,扶持业者取得业务进步和发展,帮助业者进行政府公关,提供业务交流机会,推动对市场的教育,保护业者的利益。例如,"中国信用联盟"就是一个专业的民间机构。根据我国政府对民间社团组织的管理方法,直接挂靠在一个政府正部级单位的社团组织是一级协会,挂靠在另一个社团组织上的是二级协会。对于一些民间社会团体,政府还会给一定数额的事业编制。

6.2.5　汽车服务企业维修站形象建设

企业形象对现代企业生产经营活动的作用越来越大,良好的企业形象是企业重要的无形财富。售后服务如同销售一样,它是汽车厂商经营活动与用户使用消费的联系纽带,售后服务工作属于"窗口"性工作,对建立企业形象起着重要作用。

为推进企业形象建设,售后服务必须实行"标准化",包括服务站建筑物设计、布置的标准化(如服务站大门、厂房外墙等按标准色彩、图案建设);厂标、厂徽、标牌、悬挂物及色彩搭配的标准化(如竖立灯光的或荧光的标准厂徽、标准路牌、标准图案,标准统一的字体、字样及颜色等);服务程序的标准化。影响消费者对企业形象形成的主要因素有:产品使用性能及厂商的服务质量、企业窗口部门的工作质量及其外观形象、企业的实力及企业的社会口碑等。就售后服务网络而言,企业形象建设的手段主要有:售后服务、企业外观形象建设、公共关系、提高以质量保修为核心的全部售后服务内容的工作质量等。目前,国内外汽车服务企业的外观形象建设已从仅悬挂汽车主机企业的厂旗、厂徽、厂标,发展到厂容、厂貌、色彩、员工着装的标准化和统一化,厂房、厂区建设的规范化以及设备配置的标准化等。大型汽车厂商售后服务的内容是有机联系的,特别是现代信息技术的发展使得计算内容之间的关系可以概括为"技术培训是先导,质量保修是核心,备件(配件)供应是关键,网点建设是平台,管理机制是保障,信息技术是手段,形象建设是文化"。

汽车厂商售后服务网络的基层组织通常叫作服务站(网点)。服务站的类型一般有两种:一种是"四位一体"经销商(下设有维修工厂或车间),这类服务站属于汽车厂商的整车销售网络;另一种是只承接单纯的汽车维修业务的小型维修企业,这类服务站一般是前一种服务站的补充形式,例如在第一种类型的服务站不能覆盖或服务能力不足的市场区域可以设立此种类型的服务站。

小结:本章对售后服务进行了较为全面的讲述。但售后服务工作不是一成不变的,每个服务企业都有自己特色的服务理念,因此售后服务是没有现成的样板去模仿的,它需要不断创新,才能推进我国汽车服务企业售后服务工作向前发展。

附录

GF-92-0384

汽车维修合同

托修方		签订时间			合同编号	
承修方		签订地点				

一、车辆型号

车　种		牌照号		发动机	型　号	
车　型		底盘号			编　号	

二、车辆交换期限(事宜)

送 修				接 车			
日 期		方 式		日 期		方 式	
地 点				地 点			

三、维修类别及项目:

预计维修费总金额(大写)_____(其中工时费)

四、材料提供方式_____

五、质量保证期

维修车辆自出厂之日起,在正常使用情况下,_____天或行驶_____km 以内出现维修质量问题由承修方负责。

六、验收标准及方式_____

七、结算方式及期限

现金_____转账银行_____汇款期限_____

八、违约责任及金额_____

九、如需提供担保,另立合同担保书,作为本合同附本

十、解决合同纠纷的方式:经济合同仲裁_____法院起诉_____

十一、双方商定的其他条款_____

托修方单位名称(章)	承修方单位名称(章)
单位地址:	单位地址:
法定代表人:	法定代表人:
代表人:	代表人:
电话: 电挂:	电话: 电挂:
开户银行: 账号:	开户银行: 账号:
邮政编码:	邮政编码:

说明:

(1)承修、托修方签订书面合同的范围:汽车大修、主要总成大修、二级维护及维修在 1 000 元以上的。

(2)本合同正本一式两份,经承修、托修方签章生效。

(3)本合同维修费是概算费用。结算时凭维修工时费、材料明细表,按实际发生金额结算。

(4)承修方在维修过程中,发现其他故障需增加维修项目及延长维修期限时,承修方应及时以书面形式(包括文书、电报)通知托修方,托修方必须在接到通知后____天内给予书面答复,否则视为同意。

(5)承、托修签订本合同时,应以《汽车维修合同实施细则》的规定为依据。

注:本合同一式   份。承、托修双方各一份,维修主管部门各____份

监制   印制

练习题

一、单选题

1. CRM 系统的宗旨是满足每一位客户的特殊需求并同每位客户建立联系,通过与客户的联系来了解客户的不同需求,并在此基础上进行(　　)的个性化服务。

  A. 点对点　　　　　B. 一对一　　　　　C. 面对面

2. CRM 首先是一种管理理念,其核心思想是将(　　)作为最重要的企业资源,通过完善的客户服务和深入的客户分析来满足客户的需求,保证实现客户的终身价值。

  A. 企业的客户　　B. 企业的员工　　　C. 企业的合作人

3. CRM 是集市场、(　　)、服务为一体的管理系统,通常可划为 4 个子系统:客户销售管理子系统、客户市场管理子系统、客户支持与服务管理子系统、数据库及支撑平台子系统。

  A. 顾客　　　　　B. 品牌　　　　　C. 销售

4. 对 A 级客户,在客户资金周转偶尔有一定困难,可以有一定的赊销限度和回款限期。但回款宽限期以不超过(　　)为限。

  A. 半个月　　　　B. 一个月　　　　　C. 一个进货周期

5. 对于新客户应进行不少于(　　)的了解后,再按正常的资信等级进行评价。

  A. 2 个月　　　　B. 3 个月　　　　　C. 4 个月

6. 汽车客户档案管理的原则是动态管理、突出重点、灵活运用、(　　)。

  A. 管理科学化　　B. 管理制度化　　　C. 管理合理化

7. 汽车维修合同的签订形式分两种,第一种是长期合同,即最长在(　　)之内使用的合同。

  A. 1 年　　　　　B. 2 年　　　　　　C. 3 年

8. 已经裁决当事人申请撤销裁决的,应当自收到裁决书之日起(　　)内提出。

  A. 5 个月　　　　B. 6 个月　　　　　C. 7 个月

9. 双方协定变更、解除维修合同的条件:必须双方当事人协商同意和(　　)。

  A. 发生不可抗力

  B. 企业关闭、停业、转产、破产

  C. 必须不因此损害国家或集体利益,或影响国家指令性计划的执行

10. 跟踪业务员在客户车辆送修进场手续办完后,或客户到公司访谈咨询业务完后,(　　)内建立相应的客户档案。

  A. 2 日　　　　　B. 3 日　　　　　　C. 4 日

11. 指定跟踪员、业务员不在岗时,由(　　)临时指派本部其他人员暂时代理工作。

  A. 销售经理　　　B. 客户经理　　　　C. 业务经理

12.必须确保顾客受到热情规范的服务,企业的售后服务负责人应通过抽样调查掌握( )。

    A.顾客的满意度   B.服务质量   C.工作质量

13.估计一项工作完成所需时间的最简单方法之一就是直接询问( )。

    A.调度员   B.维修顾问   C.技术工人

14.( )能够向维修顾问提供识别顾客和车辆的方法,而不需要查看维修订单。

    A.维修日记   B.维修手册   C.调度表格

15.对于半小时的维修工作,计划员在工作应该结束前检查( )分钟。

    A.5   B.5 ~ 10   C.10 ~ 15

16.制订汽车维修价格的依据是( )。

    A.市场价格   B.成本   C.员工工资

17.汽车维修企业在承修作业过程中,如发现有新的需修项目,或超出预算( )元以上的,必须在征得托修方同意后方可继续作业。

    A.100 元   B.500 元   C.1 000 元

18.汽车维修职业的( ),是汽车维修职业形象的外在表现。

    A.职业道德   B.职业良心   C.社会声誉

19.( )是职业形象和内在素质的客观反映。

    A.职业道德   B.职业尊严   C.职业良心

20.( )是道德意识的基础。

    A.道德认识   B.道德情感   C.道德理想

21.信用的基础是社会信任和法律关系之间的平衡,其实质是一个( ),它直接反映在市场交易过程中。

    A.道德问题   B.法治问题   C.社会问题

22.汽车维修职业道德的( ),是衡量汽车维修企业职工工作态度与企业信誉的标志。

    A.规范性   B.安全性   C.时效性

23.( )是汽车维修职业道德评价的基本标准,以及汽车维修职业社会责任的内在要求和外在表现。

    A.热爱和忠诚于汽车维修职业

    B.自觉做到安全优质,文明高效

    C.坚持为人民服务的根本宗旨

24.服务站的类型一般有两种:"四位一体"经销商和( )。

    A.只承接单纯的汽车维修业务的小型维修企业

    B.服务网点

    C.维修车间

25.为推进企业形象建设,售后服务必须实行( )。

    A.统一化   B.个性化   C.标准化

二、多选题

1. 企业需要通过获得与客户关系的最优化来达到企业利润的最优化。为此企业必须了解与客户相关的各种信息,主要包括( )。

    A. 客户基本信息 B. 销售信息   C. 市场信息   D. 服务信息

    E. 业务运作

2. 客户关系管理的主要技术要求包括:分析信息的能力、对客户互动渠道进行集成的能力和( )。

    A. 支持网络应用的能力   B. 建设集中的客户信息仓库的能力

    C. 对工作流进行集成的能力   D. 与 ERP 进行无缝连接的能力

3. CRM 首先是一种管理理念,其核心思想是将企业的客户作为最重要的企业资源,通过完善的客户服务和深入的客户分析来满足客户的需求,保证实现客户的终身价值。其中企业的客户包括( )。

    A. 最终客户   B. 供应商   C. 合作伙伴   D. 分销商

4. 汽车客户信息的档案内容有( )。

    A. 汽车客户基础资料   B. 汽车客户特征

    C. 汽车业务状况   D. 汽车交易现状

5. 在汽车维修合同关系中,承修、托修双方当事人的地位是( )。

    A. 独立的   B. 平等的   C. 有偿的   D. 合作的

    E. 互利的

6. 凡办理( )维修业务的单位,承、托修双方必须签订维修合同。

    A. 汽车大修   B. 汽车总成大修   C. 汽车二级维护

    D. 维修预算费用在 1 000 元以上的汽车维修作业

    E. 维修预算费用在 2 000 元以上的汽车维修作业

7. 保证销售公司的常盛不衰,在很大程度上取决于对顾客服务的质量。对顾客服务的质量是由同等重要的( )组成的。

    A. 服务态度   B. 服务质量   C. 工作态度   D. 工作质量

8. 售后服务工作的内容有( )。

    A. 整理客户资料、建立客户档案   B. 根据客户档案资料,研究客户的需求

    C. 与客户进行电话、信函联系   D. 开展跟踪服务

9. 维修日记包括( )。

    A. 维修工作完成时间   B. 概括

    C. 维修进度   D. 客户联系

10. 维修工作时间及工作量安排的目的是( )。

    A. 建立有效工作流程   B. 减少无生产效益的工作

    C. 增加维修收入   D. 提供反馈

11. 分配工作以及计划技术工人工作日程的进行取决于( )。

A. 调度　　　　B. 工作量　　　　C. 维修技能　　　　D. 时间安排

12. 汽车维修价格的特点(　　)。

A. 政策性强　　B. 项目简单　　C. 种类繁多　　　　D. 执行周期较长

13. 我国汽车维修职业的社会责任是(　　)。

A. 保持汽车技术状况良好　　　　B. 保证安全生产

C. 充分发挥汽车的效能　　　　　D. 降低运行消耗

14. 我国汽车维修职业和汽车维修从业人员应承担和履行的职业道德义务应当是(　　)。

A. 热爱汽车维修　　　　　　　　B. 献身汽车维修

C. 确保道路运输车辆性能状况良好　D. 努力发展交通运输事业

15. 汽车维修职业道德除具有一般社会道德特点外,还具有(　　)特点。

A. 服务性　　B. 协作性　　C. 时效性　　D. 安全性

E. 规范性

16. 道德意识包括(　　)。

A. 道德认识　　B. 道德情感　　C. 道德理想　　D. 道德意志

E. 道德观念

17. 汽车维修从业人员的职业道德规范的主要内容是(　　)。

A. 热爱本职,忠于职守　　　　　B. 钻研业务,提高技能

C. 遵章守纪,严于律己　　　　　D. 顾全大局,团结协作

18. 影响消费者对企业形象形成的主要因素有(　　)。

A. 产品使用性能及厂商的服务质量　B. 企业窗口部门的工作质量及其外观形象

C. 企业的实力　　　　　　　　　D. 企业的社会口碑

19. 就售后服务网络而言,企业形象建设的手段主要有:提高以质量保修为核心的全部售后服务内容的工作质量和(　　)。

A. 售后服务企业外观形象建设

B. 广告宣传

C. 提高以质量保修为核心的全部售后服务内容

D. 公共关系

三、判断题

1. CRM 是一种旨在改善企业与客户之间关系的新型管理机制,它实施于企业的市场营销、销售、服务与技术支持等与客户相关的领域。(　　)

2. CRM 的主要目标是提高同客户打交道的个性化程度,并改进与客户打交道的业务流程,但强有力的商业情报和分析能力对 CRM 也是很重要的。(　　)

3. 客户支持与服务管理子系统集中应用于与客户支持、现场服务和仓库修理相关的商业流程的智能化和优化上。(　　)

4. 对 B 级客户,资信较好可以不设限度或从严控制,在客户资金周转偶尔有一定困难,或旺季进货量较大,资金不足时,可以有一定的赊销限度和回款限期。(　　)

5. 新客户一般按 C 级客户对待,实行"现款现货"。　　　　　　　　　　(　　)

6. 对 C 级客户,应仔细审查给予少量或不给信用限度,要求先款后货。　　(　　)

7. 汽车维修合同的担保目的在于保障承修人在未受损失之前即可保障其权利的实现。

　　　　　　　　　　　　　　　　　　　　　　　　　　　　　(　　)

8. 汽车维修合同一般采取的是定金担保形式。　　　　　　　　　　　(　　)

9. 汽车维修合同鉴证实行强制原则。　　　　　　　　　　　　　　　(　　)

10. 售后服务,是现代汽车维修企业服务的重要组成部分。　　　　　　　(　　)

11. 跟踪业务员在客户接车出厂或业务访谈、咨询后十日内,应主动电话联系客户,进行售后第一次跟踪服务。　　　　　　　　　　　　　　　　　　　　(　　)

12. 售后服务出售的不仅是对顾客服务的各种成果,还有零配件,并能促进新、旧汽车的交易,而且影响着整个企业的形象。　　　　　　　　　　　　　　(　　)

13. 经销商用编了号的"帽子"来帮助识别车辆,用红色的"帽子"来标记第一次维修的车辆,用蓝色"帽子"来标记重复维修的车辆。　　　　　　　　　　(　　)

14. 对耗时 1 小时或更长时间的维修工作,计划员要从中途开始检查,并在工作结束前 10 分钟再次检查。　　　　　　　　　　　　　　　　　　　(　　)

15. 用打卡钟或人工记录卡记录技术工人收到及交回维修订单的时间。　　(　　)

16. 汽车维修收费主要有工时费和业务费两项。　　　　　　　　　　　(　　)

17. 汽车维修价格结算的特点是合法性和透明性。　　　　　　　　　　(　　)

18. 规定的工时定额和收费标准为最低限额,各业户在执行中可以上浮。　(　　)

19. 未经车主同意增加的维修项目不能进行结算计费。　　　　　　　　(　　)

20. 汽车维修职业道德,包括汽车维修职业信用和名誉。　　　　　　　(　　)

21. 汽车维修人员为社会提供的是实物形态的产品。　　　　　　　　　(　　)

22. 汽车运输成本开支伸缩性最大的项目是油料费支出和修理费支出。　(　　)

23. 汽车厂商售后服务网络的基层组织通常叫作服务站。　　　　　　　(　　)

24. 技术培训是先导,质量保修是关键,备件(配件)供应是核心,网点建设是保障,管理机制是平台,信息技术是手段,形象建设是文化。　　　　　　　(　　)

25. 售后服务工作属于"窗口"性工作,对建立企业形象起着重要作用。　(　　)

四、简答题

1. 客户关系管理的技术功能有哪些?

2. 汽车维修客户管理中的问题有哪些?

3. 汽车客户信息管理的用途有哪些?

4. 汽车维修合同的概念是什么?

5. 维修合同的作用是什么?

6. 售后服务工作的内容包括哪些?

7. 维修服务的流程是什么?

8. 维修顾问的岗位职责是什么?

9. 汽车维修职业良心的含义是什么?

10. 简述汽车维修职业道德的作用。

11. 简述汽车维修职业道德的基本原则。

五、论述题

1. 汽车企业对汽车客户怎样进行资信等级管理?

2. 如何确定技术工人的工作时间及工作量?

3. 试论汽车维修职业道德的特点对汽车维修从业者提出了哪些要求?

第7章　汽车维修接待及管理

汽车服务企业汽车维修接待工作,对企业的形象、效益甚至市场竞争能力都有极大的影响。为此,本章介绍服务企业汽车维修接待及管理的主要内容及其方法。

7.1　汽车服务企业客户接待技巧

7.1.1　顾客满意度

对于营销企业来说,顾客满意度是保住现有用户、争取更多的潜在客户、扩大市场份额的关键因素之一。

1)顾客满意度的含义

学术上有一个理论,顾客满意度与QVS三要素有关,其中Q代表品质(Quality)、V代表价值(Value)、S代表服务(Service),所以顾客满意度是品质、价值、服务3个因素的函数,可以表示为

$$CS = f(Q, V, S)$$

式中　CS——顾客满意度。

CS可以定义为一种情形,就是顾客愿意去购买某公司的产品或服务,并且对该公司保持着某种忠诚度,因为该公司能够满足顾客的需求和期望,或者超出了顾客的期望。

要想做到让顾客满意,必须使3个方面都能让顾客满意,而实际上顾客是否满意不是取决于维修部门做得最好的一个方面,而是做得最差的那一个。

2)顾客满意定律

根据调查,也可归纳出顾客满意3定律,即:

(1)顾客满意第一定律

杠杆比24倍,就是当听到一个顾客抱怨时,其背后代表有24个相同的抱怨声音。

(2)顾客满意第二定律

扩散比12倍,即一个不满意的顾客对企业造成的损失需要12个满意的顾客创造出的

利润才能平衡。

（3）顾客满意第三定律

成本比 6 倍,就是吸引一个新客户的成本是维护老客户的 6 倍。

顾客是维修企业获得利润的生命线。维修企业要想有效益,企业的一切工作必须以顾客满意为中心。目前,维修企业服务的对象已从过去低文化、低素质、低层次、好应付的顾客,转变为高素质、高文化、高层次、自我保护意识逐步提高的顾客,对待这样的顾客就需要更耐心、更优质的服务。然而,现实不是这样简单,因为顾客越来越挑剔、越来越多地将更多的东西看作理所当然。而且,对于维修企业比营销企业更难得到较高的顾客满意度,因为爱车,维修本身就是一件令人不开心的事情。因此,成功的服务不再仅仅是优质的维修服务,而是包括更多的内容,这其中包括现代的经营理念、管理思想、服务理念和服务流程等,这一切都是以顾客满意为中心。

3）顾客不满意的原因

造成顾客对特许经销部工作不满的原因之一是,他们觉得自己没有受到应有的重视。

若是将车子送到特许经销部进行修理,车主们需要重新安排自己的日程。也许对于维修人员来说,所有的顾客都一样,没什么特别,但是每个顾客都希望得到特别的关注。将车子送到维修部来既费时,又费力,因此,许多车主在车子刚刚出现毛病时,尽量能拖则拖,并不想去维修部修理。

浏览一下顾客对汽车制造商及销售商的抱怨,就可以了解顾客想要的究竟是怎样的服务。顾客对零配件部门及维修部门的反映经仔细地研究,结果不容乐观。无论国内还是国外的顾客对经销部的评价都是:

①不能人性化地接待顾客,对顾客的需求不够关注。

②不称职,即维修工作不能按时完成,顾客要去维修部多次才能取到车子。

③与不称职的工作相对的高收费。

④不方便,即不在顾客要求的时间内与他们联系。

顾客对维修部的不良印象成为他们买车时的主要影响因素。由于顾客认为绝大多数特许经销商提供的服务都一样差,由此购车时他们就将价格作为最重要的参考因素。当然情况也并不总是这样,例外还是有的。

4）使顾客满意从何做起

（1）顾客满意度的内心期望

根据心理学的理论来解释顾客内心的期望,可以说影响顾客内心期望的因素分为满意因素和保健因素。

①满意因素。代表着顾客内心所期望能获得产品或服务的情境。在汽车维修中,满意因素有:

● 被理解。

● 感到受欢迎。

● 感到自己很重要。

● 感到舒适。

②保健因素。只能降低客户不满,不能提升顾客的满意。在汽车维修中,保健因素有:

● 将车辆的故障排除。

● 在预定交车的时间内交车。

● 正确地判断故障。

● 维修质量。

这就是人们经常说的,顾客抱怨是一种满足程度低的常见的表达方式,但没有抱怨并不一定表明顾客很满意;即使规定的要求符合顾客的愿望并得到满足,也不能确保顾客很满意。

调查表明,大多数顾客在送修之前几乎总是看到缺点:工时费用高、配件费用高、送车和取车费时,以及修车时无车可开等。所有的这一切,原则上都是客户满意度的负面条件。因此,我们服务的目的就是增加满意因子,赢得顾客的信任,让顾客满意。

(2)怎样使顾客满意

使顾客满意的工作并不是从维修部门开始的,而是在顾客踏进特许经销部的那一瞬间就开始了。如果顾客在买车或修车过程中有过不愉快的经历,他们将变得非常挑剔,要使他们满意就比较困难,指望他们再次光顾更是难上加难了。

由于汽车的平均价格较高,顾客的期望值也随之水涨船高。若是维修部将每个没有得到满足的顾客视作一个利润源的话,高的期望值同样可以带来许多获利机会。如果顾客没有在竞争对手那里享受到满意的服务,这是维修部战胜对手的好机会;如果这样的情况发生在你的维修部里,这同样是维修部改进服务、重新赢得顾客的好机会。要耐心地倾听顾客的抱怨,因为这样可以从这些抱怨中发现自身的问题所在。若是维修部能解决这些问题,顾客自然会光顾,退一步说,即便只是尝试着去解决问题,维修部也很有可能获得成功。

然而,解决顾客的抱怨并不是真正最重要的事情,最重要的问题是对服务不满意的顾客中96%的人,他们不会埋怨什么,只是不再光顾你的店铺而已。如果你能使这些不满意的顾客重新回头,你将会获得更大的成功。

7.1.2　优秀的服务流程

1)顾客期望优质服务

优质服务是维修部运营成功的基石。顾客期望的优质服务,是用他们的满意度,根据你对他们的要求得以满足以及是否会超过其要求来衡量的。若你的维修部能提供比客户的期望值高一些的优质服务,就会获得客户的满意,经销部作为一个整体获得收益。

服务质量与企业声誉之间的关系:

①对产品或服务质量不满意的顾客中仅有 1/27 的人会开口埋怨公司。

②有过一次不愉快经历的顾客会将这一问题告诉 9～10 个人。

③抱怨公司的客户中 13% 的人会将这一问题告诉 20 余人。

④有过满意经历的顾客仅会将这一经历告知 5 个人。

优质服务是利润之源。不能提供优质服务将给维修部门带来不利后果,工作将更难开展,顾客感到不满,企业的声誉和利润会受损。声誉同样是企业经销部的资产之一,声誉不佳甚至可能导致企业破产。由此可见,劣质服务将很快击垮你的生意,因此维修部必须牢牢记住以下两点:

①优质服务对整个经销部的成功是至关重要的。

②必须采取必要措施,以保证向顾客提供最优质的服务。

2)优质服务的概念

质量服务部运作的基本目标是:确保维修部提供高质量的服务,以及使顾客认识到管理者为保证服务质量所做的努力。

根据调查统计,质量服务部的顾客中平均有 43% 的人怀疑维修技术人员的能力,认为他们不能一次将顾客的车辆修理好;将近 40% 的顾客说,他们将不得不再次到维修部来整修车辆。此外,顾客还经常抱怨维修部员工的态度没有人情味、对车子的问题缺乏了解等。

优质服务就是要竭力使顾客满意,从维修工作的一开始就要牢固树立这一理念。但是提供优质服务绝非易事,涉及面广,包含着复杂的任务,应经常修改维修计划、勤奋地工作,以及给予顾客足够的关注。应该明确,优质服务必须从每一个员工做起,工作从头做起,所有的员工都必须明确自己在各自的岗位所肩负的特殊职责、员工必须能够写出正确而完整的维修单,维修技术人员须经过相应的培训;给技术人员分派工作时,要使他们的能力与工作难度相匹配;必须给技术人员们配齐所需的工具,并保证这些工具保养良好,放在容易取到的地方。必须安排专人制订工作日程和分派工作,以确保技术人员有足够的时间按时、按质完工,车辆驶离维修车间之前,还要由专人再次检查。提供优质服务不仅需要全体维修人员和管理人员的共同努力,还要制订相应的措施,如制订质量控制表,见表 7-1。

表 7-1 质量控制计划表

(1)保证所有维修工作的质量	(11)修复车辆的主要故障
(2)重复修理免费	(12)聆听顾客意见,并适当提问
(3)有顾客签名的完整、详细的维修单	(13)特殊问题请专业人员解决
(4)不能完成顾客要求的工作时,不要随意承诺	(14)对修好的车辆进行检查和试驾
(5)核准后方能作出承诺	(15)管理车辆返修记录
(6)迅速、合理的诊断	(16)检查和减少重复维修
(7)安排新车首先交付	(17)检查免费的修理工作
(8)所有工作在最终完工前的验收	(18)调查顾客的反馈意见
(9)车辆交给顾客之前,须解决所有问题	(19)提高技术人员的技术水平,并增强其适应性
(10)仔细诊断车辆的故障	(20)礼貌周到地对待顾客

优质服务的作用如下:

①使顾客满意并减少返工。

②加强维修部与顾客之间的相互信任。

③鼓励顾客向别人推荐你的维修部。

④增加维修部利润。

⑤树立维修部及整个经销部的良好声誉。

⑥增加使顾客再次光临维修部的可能。

3）人性化服务

要使顾客完全满意,首先要考虑他们的心理需求,每个员工均应殷勤礼貌地对待客户,如不要让顾客久候、聆听顾客的解释和抱怨、用简单的术语阐述车辆所需进行的修理内容等。如果能够让顾客感受到企业员工对他们的关注,并且使他们相信企业技术力量雄厚、能毫不费力地解决问题,这就是考虑顾客心理感受的人性化服务模式。有些顾客遇到过多次不愉快的修车经历,则认为维修部对自己没有讲真话或该维修部技术水平低下。这样肯定会引起顾客的不满,更别说提供人性化的服务了。尽管从一开始就能找出车辆的问题所在,顾客仍然会抱着怀疑态度。这很正常,必须耐心细致地工作,告诉他们(并向他们展示)我们正在努力提供优质的服务以满足顾客的需要,同时给他们留下一个积极的印象,即企业对顾客的想法很感兴趣,而且正在提供完整的、针对每个个体的优质服务。

4）提高优质服务的途径——便捷服务

（1）优质服务的责任

维修部经理应该对经销部所提供服务的质量负责。优质服务取决于经理的管理、领导,以及统筹安排的能力。经理不仅应具有较高的业务水平、管理能力,还应善于做员工的思想工作,使员工们尽职尽力,团结协作并相处融洽;杜绝影响服务质量的任何事情。

（2）便捷服务是关键

在顾客看来时间就是金钱,顾客们希望在服务中得到方便。在过去的数年中,人们形成了与以往完全不同的购物习惯。比如过去汽车的主人会主动来找销售商,然后按照销售商的日程表来安排自己的时间,但是现在则不同。这是为了适应生活方式变化的需要且这些变化已经影响到许多服务行业,而不仅仅是汽车销售业。

汽车维修业的服务对象也发生了很大的变化。例如,购车者的平均年龄正呈下降的趋势,单身或已婚的女性购车者增多,更多的购车者是在职人员。现在绝大多数家庭中的父母都是双职工,人们更加重视自由、流动性和休闲时间。

尽管维修汽车是必须的,而且也是保护投资的方法之一,但大多数顾客都认为修车是件不方便的事情,需要耗费自己有限的资源和时间。当车辆需要修理时,车主希望车子的问题能尽快得到解决,同时也期望优质的服务和合理的收费,而劣质的服务是令人无法忍受的,若想要在如今的市场上拥有竞争力,无论是汽车销售商,还是汽车维修部都必须能够提供便捷优质的服务。

顾客对便利程度要求的增加直接损害了汽车销售商的利益。大量技术含量低,但方便快速的维修工作获利丰厚。但是,特许经销商的这部分生意常常被别人抢走,使得经销商提供的服务成为获利较少的复杂的劳动密集型工作。由于绝大多数经销商在自己的维修部投入了大量资金,这也增加了他们的盈利难度。

顾客寻找更便捷服务的原因:

①顾客的时间是有限的。在经销商的维修部营业时间内将车子送去修理,将占用顾客的时间;若是车辆需要返工,那顾客就更加觉得难以忍受了。

②维修人员通常留给顾客这样的印象:他们一直很忙以至于没时间与顾客交谈,而且他们好像也不愿意倾听顾客谈及车辆的问题。

③尽管顾客已经提前预约,但他们赶到维修部时总要排队等候,顾客仿佛是在同一时间都涌到了维修部。

④无论车辆需要进行怎样的修理,即便是极其微小的问题也需要在维修部停留一整天。

⑤维修部在顾客的正常工作时间是开门营业的,而在更方便顾客的晚间则不对外营业了。

⑥当维修工作免费时,顾客尚且能够忍受种种不便;当需要自掏腰包时,顾客理所当然地就会去其他更方便的地方。

维修部可能会发现自己的顾客中全部或大多数人会出现以上情况,这样一来免费保修期结束他们就不再上门了。几乎所有的特许经销部都存在着同样的问题,即被顾客认为是一个极不方便的维修场所。在绝大多数情况下,这种印象来自顾客的亲身经历,也有可能是听朋友说起的。当然这一印象是可以改变的,不同的经销部有着不同的做法,但是有一点要牢记:做不到的事情不要轻易承诺。若是维修部想改变顾客对自己的特许经销部的印象,就必须进行根本的改变。虽然这些改变会耗费一些时间,但还是值得做的,因为顾客会相信自己亲眼看到的事情而不仅仅是听来的消息。

5)维修部应主动解决优质服务中的矛盾

(1)解决忙乱状况

调查显示,顾客看不惯维修部的忙乱不堪。出现这种情况表明,维修部的时间安排极其不合理,这也是顾客抱怨得最多的问题之一。当甚至没有足够的工作人员接待上门的顾客时,怎么能指望维修部能做好维修工作呢? 这便是顾客在排队等候时考虑的问题。若是维修顾问总是对电话预约的顾客说"请明天一早来",就可能把问题弄得很糟;若是维修部甚至不接受电话预约,那问题就更加严重了。

此外,当顾客问及何时可以取车时,几乎每个顾客都被告知"下午3:30左右来吧"。这种随意的说法恶化了顾客与维修部之间的关系。维修人员应当告诉顾客准确的取车时间,如果出现无法预见的延误应主动通知车主,而不要坐等顾客来电询问。记住,你正在争取一个回头客!

(2)安排兼职接待员

在高峰时段安排兼职接待员。做好接待员工作并不需要技术背景。为给顾客留下良好的第一印象,接待员应该是和善和擅长沟通的。顾客一旦出现,接待员就会立即以礼貌的问候迎接他们,接待员应该能够帮助维修顾问填写维修单上的常规项目;提醒顾客在必要时出示客户卡帮助传递信息,如向顾客出示价目表、告知他们当日当班的维修专家等。或是给顾客端上一杯新泡的咖啡,同样也是很好的接待。

(3)增加兼职维修顾问

缓解上午忙乱状况的另一方法是增加兼职维修顾问。这种做法,一方面可以防止顾客产生"特许经销部从销售部门到维修部门都已乱成一团"的想法:另一方面,让销售人员充当维修指导也是展示两个部门之间协作关系的机会,可加强两部门员工与顾客的接触,增进与他们的关系。通过增进与顾客的关系,可以塑造全新的销售服务和维修服务形象,有利于培养顾客的信任度并增加他们的满意度,使他们愿意再次光顾。但要注意的是,兼任维修指导的销售人员必须了解维修工作的基本操作办法,这也是赢得顾客的信任所不可或缺的。

当顾客来电预约时,应在电话询问中完成维修单大多数项目的填写。这样当顾客到来时,一张已填写得相当完备的维修单能够加快维修进程,也可让顾客感到维修部管理有序。

(4)使用电话

妥善使用电话是维修服务竞争的有效途径之一。致电询问的潜在客户通常想了解到关于价格、服务条款及所需时间等方面的信息,将客户指南上的信息告诉顾客就可解决以上所有问题。

(5)了解维修部的服务区域概况

在确定使利润最大化的时间表时,要考虑到维修部所处的位置。是在某个独立的点上,还是地铁站附近?周围是住宅、公寓,还是公司?是在郊区,还是交通拥挤的大卖场附近?总之,确定使维修部获得最大利润的最佳区域在哪里。当了解到最有可能成为自己顾客的人的类型后,还应该做些适当的调查,以便制订更好的吸引顾客的策略。

(6)合理安排时间

现在顾客希望维修部的营业时间便于自己的时间安排。在许多行业,晚间服务已经是常态,顾客对服务的其他要求也将很快得到满足,汽车维修业开放晚间服务也是势在必行的。邻近商业区的顾客对维修部开放晚间服务的要求更为强烈。若是维修部附近的公司拥有汽车队或卡车队,工作时间修理车辆显然会影响公司业务,因此夜间维修就很受欢迎。但对开放夜间维修策略应通过调查研究,结合自己的实际情况审慎做出决定。有时候采用小规模轮班的方法,可能比延长夜间维修的时间更加有效。在商务繁忙和车辆众多的地区更是如此。

(7)提供特色服务

居住在维修部附近数里以内的顾客最可能对晚间维修作出积极反应。上班族比个体老板或退休的人更喜欢晚间维修。维修部附近还有许多潜在的顾客,维修部应多加留意争取这些潜在的客户。也许维修部附近的许多别的修理部都提供晚间修理,那么也可以通过延长服务时间向上班族提供服务。

顾客选择光顾你的维修部,可能因为那些地方缺少优质的维修服务,但也有可能是因为到你的维修部交通比较方便。特别注意车辆的已使用时间(年)和已行驶的总里程数。通过了解车龄,可以考虑向顾客提供一些有针对性的服务来吸引顾客,显然销售这些服务要比销售商品容易得多。销售商可以采用特别的销售策略来鼓励消费者购买需要的维修服务。

（8）考虑信用卡付账

绝大多数人都不喜欢随身携带大量现金。因此,在制订服务策略时,必须考虑允许信用卡付账。通过检查现金付款单和信用卡付款单可以确定晚上是否需要收银员,也许零配件部门或维修部门的某些员工可以兼做收银工作,但专业的收银员应该会更好一点。

为达到向顾客提供优质服务的目标,要尽量采取可行的方法以保证上午的忙乱得到解决。如果维修部的大多数生意都是在上午开门以后 1～2 个小时接下的,那就应该查找原因,及时建立一个使自己和顾客都能受益的预约系统,特别要注意防止因为上午的顾客排成长队让他们觉得工作压力很大,而维修顾问拒绝额外的修理工作的倾向。

6）提高维修顾问行为准则的标准

（1）维修顾问的作用

维修顾问(业务接待员)是维修部与绝大多数客户直接沟通的形象代表,与收银员不同的是,维修顾问也可能是顾客在维修部接触到的唯一服务人员,因此维修顾问必须给人以热情、专业的印象,同时应能做到向顾客提供有针对性的服务,并使顾客满意。

当顾客把车辆开来维修时,他们希望能够得到耐心的帮助和关注,使车辆的故障尽快得以排除。也许过去因为曾有过不愉快的经历而对维修部门失望过,但要相信通过与顾客很好的沟通,真诚的服务,顾客的看法是可以改变的。

维修顾问必须获得有关车辆故障的完整、准确的信息,必须正确填写维修单。建议维修顾问在填写维修单时使用顾客易于理解的语言以方便与顾客交流,同时这样做能从一开始就避免误解,当维修完成时也便于与顾客一起来验收,以此来进一步提高顾客的满意度。

维修顾问必须认真倾听顾客的讲话,以明确车辆的故障所在,而且要"积极"地倾听,即顾客在讲话时,既不要分神,也不要打断顾客的讲话。如果维修顾问没能理解顾客的意图,那就要提出问题直到弄清楚为止。记住,维修部的两大经营目标是使顾客满意和使自己盈利。维修顾问对实现这两大目标有着很强的控制力,是特许经销部的重要职员。因此,应该重视维修顾问一职,注意避免下列倾向:

①形象差。

②薪资待遇低。

③未明确该岗位的职责。

④曾经雇用低素质的人担任维修顾问。

事实上,维修顾问应具有足够的专业知识和业务水平,尽快诊断出车辆的故障,并填好易于理解的维修单。此外,维修顾问还应善于观察顾客的心理动态,理解顾客的心情。顾客知道经销部和维修部想多做点生意多赚点钱,但他们真正的兴趣在于自己的要求得到满足。维修顾问必须认识到顾客的这些需求,并且推荐顾客能够接受的服务。所以,维修顾问应该熟悉自己所要推销的服务,并知道怎样向顾客解释接受这些服务所带来的益处——销售不是劝说顾客花自己原本并不想花的钱或是购买自己并不需要的服务,而是应该倾听顾客的意见,通过向他们展示各项服务的功效来帮助他们作决定。

（2）维修顾问职责

维修顾问是顾客与经销部之间沟通的中介，直接影响着维修部及零配件部门的销售。维修顾问的职责包括以下基本内容：

- 热情、礼貌地接待顾客。
- 在维修单上准确地填写顾客的需求或车辆的故障。
- 指出附加的修理要求。
- 估计维修费用和修理车辆所需的时间。
- 决定付费方式。
- 获取顾客的办公室电话及住宅电话。
- 亲自确认和检查重复维修的车辆。
- 信守诺言。
- 迅速礼貌地处理咨询电话。
- 使用预约系统告知顾客可预知的延误或附加的维修。
- 帮助顾客拖运车辆，与他们讨论车辆的问题和所进行的修理。
- 通知顾客特殊型号零配件已到货，并与顾客预约安装时间。
- 建议相关的维修服务。
- 检查正在进行中的维修工作。
- 检查车辆，并进行试驾。
- 协助管理维修档案。
- 详细完成文字记录。
- 复查已完成的维修记录。
- 做好与顾客的跟踪联系。

维修顾问不仅是经销部与顾客打交道的代言人，也是顾客在特许经销部的代言人。维修顾问应亲自向每位顾客解释任一维修项目的进展情况，以及收费标准的拟定依据。维修顾问应该采取措施避免所有问题，当问题发生时，要将解决问题视作自己的职责。总之，要全心全意、真诚地对待顾客，想方设法使顾客满意。

尊重是与顾客相处的关键，它是与顾客相处的心理工具。当得到他人的尊重时会感到满足，这是人之常情，顾客也不例外。用耐心的态度对待顾客，让他们感觉被尊重；在顾客等候时，给他们送上一杯咖啡或其他饮品，表达对他们的尊重。

因为维修服务是一项商业活动，对顾客的任何一次接触都是商业性的，所以顾客期待得到一个很专业的服务，为此维修顾问要给人以专业人士的印象，即便着装风格及言谈举止等方面也不能马虎。

7）如何使顾客成为回头客

（1）方法：培养顾客信任感

培养顾客信任感是增加服务销售量的有效方法，而且这一方法花费不多，仅仅是需要一些时间和关注而已。

维修部员工应该努力做到以下 3 点：

①推荐车辆的保养方法——包括行使里程数不同的最新车型的保养服务价格。

②列出车辆检查单：当汽车还在维修车间，列出所有与安全相关的检查项目。

③填写好维修顾问的工作日记。每日填写工作日记，以便与顾客保持联系、监控维修进程。日记也可用作车辆维修的跟踪记录，这是使顾客成为回头客的关键。日记上有维修部与客户交流时需要的全部信息，而且是多次交流积累下来的全部信息，从中可以看出客户真正喜欢的事宜。正是这种特别的关注使得他们在需要维修服务时光临你的维修部。

（2）方法与步骤

①要关注主要的维修项目，车辆需要进行的修理或吸引他们来到经销部的主要维修项目是首先需要写上的。在试图做其他事情之前准确写下所有的信息，有些经销部甚至将维修项目以主要条款的形式标出来，与顾客一同确认所写的东西："主要的问题在于……"只有当顾客赞成你的想法时，你才可以做下一步的工作。

②充分利用各种场合，向正在等候的顾客推荐流行的车辆保养方法或提供一些免费的维修服务，如更换过滤器、保养车辆等。在上午忙碌时，接待员可以给等候的顾客递上一杯咖啡和一份写有推荐维修项目的教程，让顾客们在与接待员交流之前可以了解一下车辆应做的各种保养。

③销售常规的车辆保养服务，定期的车辆保养是一项高收益的工作，因此，随时提醒顾客及时保养自己的车辆。

例如，对只行驶了 3 000 千米里程的车辆要进行日常维护保养时，维修顾问可以这样对顾客说："让我们来关心你的车辆情况，这样您就可以少跑一趟了。"但是，若是顾客的车辆已经行驶了 5 000 千米——该进行检测了，维修顾问就该这样说了："把您的车辆开来吧，我们会很好地检测这辆车，保证它能够高效经济地为您服务。"顾客在车辆上投资了成千上万的钱，因而希望能够定期保养车辆，销售这些定期保养服务能使顾客愉快地用车，并与经销部保持良好的联系。若在上午忙碌的时候没有其他维修业务，那至少可以提供一些车辆必需的保养服务，如修理堵塞的消音器或水箱漏水等。对于一些行驶过很远路程或是看上去需要额外保养的车辆，在将维修单交给调度员之前可在上面附一张免费的检查单，要让顾客相信你将无偿为他们服务——"李先生，我们将对你的车子进行 25 项检查，以上检查完全免费。"有些经销部甚至支付给维修技术人员报酬让他们对车辆进行检查，其中包括检查轮胎。全部项目完成之后，检查单原件附在维修单复印件上，复印件将交给维修顾问在随后的修理中使用。

④工作记录，对每一位顾客，维修顾问需要立即在工作日记上给他们做好简明的记录。此外，记录维修单编号、顾客姓名及车辆的信息时做到以下两点非常重要：一是，工作日记使维修顾问能够跟踪了解车辆的维修情况；二是，检查维修过程以确保维修工作按时完成。应在工作日记的意见栏留出空隙，以便添加顾客和车辆的信息。记下这些就可以使维修顾问很方便地在维修当天或一周后致电顾客，与他们继续联系。这样维修部就可以对顾客展示对他们的特别关注，并采取相关行动使他们成为回头客。

当确定车辆需要额外的修理时，请立即通知顾客。但若是需要增加付费，只需给顾客打一次电话即可。举例来说,当维修技术人员发现刹车需要修理时,不要立即给顾客打电话,首先让技术人员确认一下维修单上的项目是否正确,是否不需要进行其他修理。如果顾客当时不愿意接受额外的修理,维修顾问应该努力在以后售出这些服务,因此需要保留一份未售出的服务清单以便日后派用场。

⑤告知顾客相关情况,如果维修部主动通知顾客他们的车子已经修好,顾客将对这家维修部留下较好的印象。尽管有时顾客并不需要提前取车,但他们仍然希望得到维修部的特别关注。车辆修好时,调度员应该立即通知维修顾问,维修顾问要检查主要维修项目确保其妥善完成、车辆的故障得到排除,然后及时致电顾客,告诉他们车辆的全部情况并感谢他们的光临。通话可按照以下的方式进行:"李先生,您的车辆已经修好,您可以随时来取。我亲自检查了车轮和把手,这次整修使您的车辆开起来像新买的车一样。再次感谢您的光临。"

⑥获取顾客的反馈信息,当维修顾问发现无法按期交付车辆时,应立即致电顾客,再与他们约一个弹性的交车时间。顾客也许会对延误感到不快,但他们还是很欣赏你的及时来电。一开始的两天内,维修顾问可以参照先前的工作记录与顾客联系。通话是为了了解顾客对服务的满意程度,而不是试图推销任何东西,询问主要维修项目的维修效果,提醒顾客希望能帮助他们保持车辆的良好状态,感谢顾客的光临。即便知道顾客可能需要更换刹车片,也不要在这次电话中提起这件事,这只是一个问候顾客的电话。通话可按照以下的方式进行:"我们为您安装新的动力转向泵后,车子的运行状况好吗? 我们只想了解一下所提供的服务是否能够让您满意,再次感谢您的光临,李先生。"通电话虽然仅仅耗时几秒,但却收效很好。也许你并不能与每个顾客都取得联系,但为了与顾客建立友好关系,经常联系顾客还是值得的。

⑦推销维修服务的电话,为车辆所需的维修服务建一个档案并不困难,车辆的检修单复印件或每日的工作日记中就潜藏着大量的商机。通话可按照以下的方式进行:"李先生,最近好吗? 我刚刚又检查了维修档案一次,发现您最好约一个时间来这里修理一下您的刹车,您觉得这个提议怎样呢?"这个电话应该在主要维修项目完成之后的 8~10 天打出去。如果顾客在第一次通话中并没有决定是否接受有关服务,机会还是有的。顾客迟早需要修刹车的,而维修部已经向他表达了对此事的关注。两周以后再打一次电话,不要放弃还没有做成的生意,刹车总是要修的,而我们维修部就是能立即提供服务的人,所销售的零配件是正品、绝对保证质量。若是 4 周以后再打一次电话,就会惊讶地发现,即便过了 4 周之久还是可以售出许多服务的。当车辆的维修完成以后,何时与顾客接触可完全由维修顾问自己来决定。在每一次的接触中,都要尽量向顾客展示维修部对他们的关心,记得使用以下类似的语句:

"我们希望您用车愉快,并与我们相处融洽。"

"我们希望能帮助您安全驾车。"

"我们希望您的车一切正常。"

"我们希望您的车看上去很好,而使用寿命更长。"

"感谢您的光临。"

⑧逐步赢得顾客的信任,"使顾客成为回头客"是一个循序渐进的过程,若是能够让顾客感受到维修部是真心地对待每一位顾客的车辆的话,维修部将逐步拥有忠实的客户,销售量

随之上升,同时维修部的工作环境将变得越来越好,获利也将更多。为了赢得顾客的信任,应注意以下几个方面的工作:

- 关注顾客的主要维修项目。
- 进行常规的车辆保养服务。
- 提供免费的车辆检查。
- 每天记录工作日记。
- 告知顾客车辆所需进行的其他维修费用。
- 尽快致电顾客告诉他们车辆的全部情况。
- 完成修理后的 1~2 天,致电顾客询问他们对服务的满意程度。
- 一周后,跟踪联系顾客以推销其他服务。

⑨特殊需求,将近 60% 的顾客说,经销部从来没有人告诉他们特别型号的零件已经到货,他们总是不得不自己打电话去询问。必须迅速通过电话与顾客保持良好的沟通,只有当维修部无法通过电话与他(她)取得联系时才可寄出卡片,或是通过邮件告知顾客特殊型号的零件已经到货,人们对友好声音的反应远比对一封公文式的信件好得多。当维修顾问填写特殊型号零件的需求单时,需要与顾客一起或通过电话确认所需的型号,因此以下 3 项是必须知道的:

a. 顾客的住宅电话;

b. 顾客的办公电话;

c. 与顾客联系的最佳时间。

若是顾客了解有关情况,绝大多数人还是很讲道理的,顾客购买零部件应该是维修顾问获取准确完备的信息,并与顾客及时沟通的结果。如果维修顾问或是零配件生产部门让顾客觉得购买了其实并不需要的东西时,那问题就麻烦了。工作成果是由顾客的期望得到满足的程度来衡量的,因此作为特许经销部代表的维修顾问应该能够创造使顾客满意,甚至超出顾客期望的销售机会。

⑩按时提供零配件,监督零配件部门按时提供零配件也是维修顾问的职责。这是一项非常容易的工作,即在列表中找到顾客的姓名和特殊型号零配件的预定日期,到了预定的时间,维修顾问向零配件部门的员工确认零件是否已到货,若是没有到货,就需联系其他的代用零件。一旦零件的型号确定,维修顾问要立即联系顾客,并向他们解释有关情况。维修顾问主动联系顾客,而不是坐等顾客来电询问是非常重要的。顾客专门为服务付费。

⑪维修交付体系,我们应该把维修的交付看作一个潜在的可以得到或者失去顾客信任的领域。维修顾问有责任知道该车什么时候能修理好,或者掌握检查、维修进度。顾客有权利预期他们何时可以取回自己的车。因此,建立一个维修交付体系是非常重要的。

维修顾问和员工更适宜通过叫顾客的称呼主动接待他们到来。这样就会很快树立这样一种理念:顾客是值得记忆的人,是有价值的人。通常,顾客是非常期望和欣赏这种谦恭和礼貌的。对于新的顾客来说,如果自己的称呼被记住,通常都会又惊又喜。所以,必须努力把顾客的称呼和相貌联系起来。在繁忙的时候,赞誉变得加倍重要。主动搭理那些正在等待的顾客,这样会使顾客能够相信很快就会轮到自己了。

如果维修部门拥有一个预约服务系统,维修顾问就能够很好地计划工作。维修顾问通过该系统可以发现顾客非常欣赏为他们提供的便利,而且这个系统也会帮助维修顾问在预定的时间内完成工作。当提车时,顾客就知道什么工作是经过他们授权的,这可以帮助他们仔细检查一下他们的维修订单。

维修顾问应该与员工一起或单独有步骤地做上述工作,顾客的问题得到了解答,疑惑也就消失了,也会让顾客进一步相信维修部做了他们所要求的,当顾客下一次再想修车时就会提醒他们不会遇到任何麻烦。同样,顾客也应该知道哪些工作还没有全部及时完成,以及什么时候列入计划。

把修理中所用的任何部件都列出明细表是个好方法,可以发现顾客对零部件清单感到奇怪,因为这些清单常常是用零部件清单的序号来表示。一些特许经销部向顾客提供没有保单的部件。那么请指明维修部门已经提供的免费服务,如维修单上顾客没有要求的项目,更换保险丝或其他小的零部件,这会让顾客感到维修部是在努力使他们满意。详细地解释维修订单是专业化的格式,就像问题被问之前就得到回答一样。

通常,顾客会找员工付款并领取钥匙,或者被领到维修顾问处咨询汽车修理项目。如果顾客对最终费用有任何疑问,或者想确认是否还有其他问题,就让顾客面见服务部门经理,弄清心中的疑问。这对提高顾客的信任感和满意度都非常重要,使顾客感到自己是一位有价值和受尊敬的顾客。

⑫服务跟踪,不像顾客第一次买新车的销售交付,维修服务交付对于顾客来说不是非常重要的。但是,维修交付却是一个向顾客展示或提升维修部良好形象的大好机会。它可以增强顾客对特许经销商的信任,同时还可以让顾客成为回头客,或者将来到你这里买新车。要提高服务管理的形象,最要紧的是给顾客留下热情、积极和永久的印象,如把零部件像朋友一样对待,服务跟踪也是维修服务交付的一个重要部分。如果想知道顾客是如何评价你的服务管理,那就在维修部窗口上放好服务评价卡,这表明特许经销部非常重视他的顾客。更好的办法是在服务工作完成以后的 1～3 天内给顾客打电话询问一下车辆现在的情况,以及服务是否满意等。记住一定要视顾客为上帝!这种服务跟踪能够赢得朋友,并且能够向顾客表明特许经销部是非常关心顾客的。

7.1.3　维修预约阶段的工作范围

在建立维修部门工作程序的过程中,应该考虑使用一个预约系统。迄今为止,我们所提到的工作控制问题都是与预约系统相匹配的,而事实上,在预约系统的支持下它们可以起到更好的作用。关键就在于建立有效的预约机制。

1)预约系统的优点

①容纳更多的顾客。

②分摊工作量。

③缓解早晨高峰。

④预填维修订单。

⑤有计划地进行一天的工作。

⑥平衡繁忙工作日与空闲工作日的工作量。

⑦建立专业形象。

一个有效的预约程序是与工作计划密切联系的。

2）有效的预约系统内容

- 接听新顾客的电话。
- 记录预约时间。
- 预先填制维修订单。
- 对于没有绩效所采取的措施。

运作与维护预约系统,通常情况是,小型经销商由维修顾问来负责,中型经销商由调度员来负责,而大型的经销商则专门指派一个员工来担任预约秘书或书记员。

（1）推荐预约维修

当顾客来电询问维修事宜时,应向他们推荐维修预约。时间可以定在早上10点到下午3点之间,或者是顾客空闲的时候,这样就能草拟出技术工人的工作时间了。如果顾客是中午来预约的,那么应该向顾客说明不需要将车辆整天留在这里,也不要询问顾客什么时候把车送来。通常,顾客总是想在早晨就把车送来,维修顾问可建议顾客不要在通常工作比较繁忙的早晨或星期一或星期五来,而改到星期二、星期三或星期四来。

（2）将预约的内容记录在时序及工作量安排表上

将预约内容记录在时序及工作量安排表上,并计划技术工人的工作时间。把预约内容在日历上标出,以供维修顾问参考。如果是由维修顾问记录预约的,那么他们可以将之后5天的计划表保留在维修通道。这些计划表应放在便于维修顾问检查未来销售时间和记录新预约的地方。如果是由调度员来记录预约的,那么应该将未来计划放在当前计划的下面。在大型经销商中,由预约秘书担任记录预约的工作,所有打来的电话都必须转交给管理未来计划表的职员。

（3）预先填制维修订单

这不仅使顾客认为经销商很专业,而且提供必要的信息可以增加顾客的维修委托,从而避免了"没有绩效"的现象。预先填制的预约维修订单应该在维修通道处按字母顺序准备好,这样在顾客把车辆送来时就能很快得到维修。维修顾问可以通过预先填写当前的维修订单来节约时间,而这些时间则可用来销售其他所需的维修服务。

（4）控制"没有绩效"的现象

预先填写维修订单是将预约的过程提升到了口头合同的层次,事实上它就是一个口头合同。要向顾客说明维修部门正在计划技术工人的工作时间,要求顾客在发生紧急事件时要尽快联系,这样就可以把技术工人重新安排到其他岗位上去。在约见的前一天晚上打电话给顾客以再次确认约见的日期和时间。这是能保证顾客依约而来的最有效的方法。一旦顾客失约,调度员要立即将"没有绩效"的现象通知维修顾问。维修顾问要立即打电话给顾客,并建议重新安排一个预约时间。始终做到控制"没有绩效"的现象说明你会遵守约定,也希望顾客同样可以做到。维修部门的职员是预约系统的制订者,而通常破坏预约系统的也是他们。只有每个员工都始终如一地促进和巩固这个系统的建立,这个管理系统才会是有效的。所有部门的职员都必须提醒顾客预约可以减少等候的时间,并且可以增加私人维修。

3)主动联系顾客

通知顾客来店做定期检查的必要性

(1)为了确保服务收益

①一个公司或者售后服务机构运转的所有费用,包括员工的工资,都来自顾客,也就是说我们的收入取决于顾客对我们的忠诚度。然而,如果只是被动地等待顾客上门,也许顾客早已把我们的特约店给忘记了。

②想尽一切办法尽力留住顾客是非常重要的,在所有的方法中最有效的一种方法就是"主动联系顾客",也就是"电话营销"。

(2)为了提高顾客满意度

①为了更加安全、舒适、经济地用车,有必要定期对车辆进行保养。

②在恰当的时候通知顾客来店做定期保养检查,是特约店的责任。对于提高顾客满意度这一点也是非常重要的。

顾客满意度指数得分与顾客满意度调查中,主动联系顾客的百分比关系,如图 7-1 所示。

图 7-1　顾客满意度指数

7.1.4　制订维修单阶段的工作内容

1)对维修工单填写要求

①填写正确的顾客联系方式,能使我们有效地工作,最糟糕的事莫过于当车有问题时,服务顾问却联系不上顾客。

②对顾客的问题有清晰的描述,使技师能正确地诊断问题并一次就修复好。正如我们提到的,提问和倾听技巧可以了解和记录下顾客的问题。

③正确的车辆信息(如车型、年份、序列号)将帮助选择零件和了解保修状况。

2)维修工单应包括内容

①工作单号:本次承、托修合同编号。

②车主:车主姓名或单位名称。

③电话:车主联系电话号码。

④车牌:托修车辆号牌号码。

⑤车型:托修车辆型号。

⑥接车日期。

⑦预约交车日期。

⑧完工交车日期。

⑨维修类别:指大修、总成大修、维护和小修。

⑩作业项目:具体作业项目。

⑪修理工:修理工完成作业项目后签名。

⑫定额工时:指该维修类别与作业项目的定额工时。

⑬工时费:指该维修类别与项目的工时费。

⑭工时单价:该工种的工时单价。

⑮增加作业项目:增加项目、工时数、工时单价、修理工签名、客户签名和备注等栏目。

⑯序号:本施工单顺序号。

3)维修工单核对表内容

①确认顾客信息是否准确。

②对顾客问题的清晰描述。

③对车辆症状的清晰描述。

④对车辆在接车状态时的清晰描述。

⑤对维修的准确预估。

⑥时间。

⑦费用。

4)说明在特约店维修的价值

①接受过厂家培训的技师,可以给顾客提供高品质的诊断和维修保障,一次就把车修理好。

②使用原厂的原装零件,保修期为 12 个月行驶里程。

③提供高品质的专用工具和设备以保证一次就能修复好。

④顾客关怀,例如为顾客提供休息区(包括上网、电影、儿童游乐区)。

5)填写故障车辆的维修工单

(1)准备工作

①询问车辆状况。

②倾听顾客的描述,中途不要打断(确保获得尽可能多的信息)。询问易于判断故障原因的问题,以确定正确的维修作业内容。

③检查车辆并向顾客解释说明故障情况。

④如果对顾客的车辆故障已经有了一定的了解,就要进行具体的检查,在检查中要注意在与顾客交谈中所提到的问题,以确认这些问题并作为检查的重点。

⑤环车检查的同时,根据需要举升车辆及路试检查,使故障现象再现。

⑥确保在检查顾客车辆之前,已经装好各种防护用品。

注意:有的故障可能需要试驾才能确认,尽量与顾客一起试驾。做一个全面的检查来诊断故障原因,尽量使用诊断仪器、仪表,维修手册等。判断是否属于赔偿范围,如果无法判断,就要咨询相关部门。

(2)填写内容

销售店可以使用手写或电脑打印修理单。不管采用哪一种,应包括以下过程和信息。

①客户明细、车辆明细、工作明细、额外明细。

②客户明细包括电话号码(家庭、商务或移动电话)、付款方式、客户签名。

③车辆明细包括 VIN(车辆识别代号)或车身号码、车辆型号、生产日期、车辆登记日期(PDS)、车辆牌号、里程表读数。

④工作明细包括客户要求的详细描述、技术员所做工作的详细描述(测量、调整和观察油类和润滑液量等、更换零件、估价)、工作起止时间的记录、质量检查的证明(车间主任或总检签名,其他);额外明细包括业务接待员的姓名、工作类型(保修、保养、修理)、车辆环车检查结果、所需的额外工作、保留更换的零件、许诺的交车时间、追踪服务的优先方式、精确的修理单信息和有效的维修过程管理等,为顾客满意度做出贡献。有效的修理单写法是达到"一次修复"的基础。

7.2 维修接待员的作用与职责

7.2.1 维修作业阶段的工作内容

1)作业安排

服务顾问在接待顾客的同时,维修作业安排以及作业管理也是其工作内容。作业管理板将完整地将车间工作情况与车间实际结合起来,提供了一个可视的、动态的管理流程。车辆维修情况被作业管理板严格控制,以便在承诺的时间内准时完工,保证顾客的利益,作业管理板能确保为及时交车做最好准备。同时特约店的利益也得到了保证,提高了生产效率及产能,并利用它增加利润和提升顾客满意度。

(1)原则

①保质保量完成维修项目。

②保证按时交车。

③提高效率,提高工位利用率,减少可能浪费的时间,将工位利用率最大化。

（2）要点

在这一步骤做得成功，需要：

①将工作与维修技师的专业技术结合起来。

②管理维修技师的时间进度。

③根据技师的特长及水平安排工作。

④利用维修技师100%的有效时间，使利润最大化。

（3）要求

①车间作业管理板。

②修理工单。

③作业管理板应放在靠近服务顾问的地方（如靠近预检工位、服务前台等）。

（4）注意事项

要按照对顾客承诺的时间和修理内容分配工单，应考虑以下三个标准：

①时间——技师能在规定的时间内完成。

②技师——技师具备能完成该项维修的技术水平。

③设备——完成该项维修项目所需的设备能立即使用。

（5）流程

①执行作业安排。

a. 将填写完的维修工单以及相关文件放到同一个文件夹。

b. 安排维修技师。

c. 将文件夹放到作业管理板。

②服务顾问将维修项目与技师的技术水平结合起来。针对维修项目，指派能满足该项目技术要求的维修技师来完成这项工作是非常重要的。每个技师都有自己独特的技能和认证，在分配工作时应充分考虑每个技师的特长。一个运行正常的售后服务部，汇集着具有不同专长的维修技师，每个人都有自己擅长的一些技能。因此，根据维修项目，将能发挥某位技师技能的车辆交给他，这有助于提高劳动效率，提高维修成功率，保证按时完成，也为车间工作安排提供了最大的灵活性。

③车间作业管理板的管理。在相应维修技师的名字上放置装有维修工单的文件夹，指示出预定维修开始时间和预计结束时间。该结束时间是服务顾问根据标准作业时间估算出来，在作业完成时间和取车时间之间，还应该为试驾、内容填写、再次报价等预留充足时间。服务顾问在与顾客商定取车时间的时候，应该充分考虑这些因素。

④将此项工作安排给有能力完成该项工作的技师或者灵活调度，以确保在承诺交车时间内完成。

a. 在各项维修项目实施之间，至少应该预留15分钟，以备可能出现的意外情况。因此，这个技师的下一项工作的开始时间应该在上一项工作完成后的15分钟内开始。

b. 服务顾问应该随时检查作业管理板，以便确认下一步事项。

c. 所有工作均应按时开始。

d. 所有工作均应按时完成。

⑤如果车间容量已满，没有工位实施维修时，要重新选择或安排，在取得顾客同意之后，把时间调整到能开工维修的时间。

a. 将顾客的不满程度控制在最小范围内。

b. 将时间高峰段的工作调整到不太忙时。

c. 如果交车当天无法完成对顾客的承诺时，为减少顾客的不满，可以考虑给顾客提供一辆代步车。

d. 服务顾问应该留意并调整未饱和工位。

e. 如果有未饱和工位，试着安排其他内部或外部的工作。

f. 根据顾客以前的来店情况，核对顾客车辆维修履历，找出顾客来店维修保养的基本规律。

g. 向顾客主动推荐特约店开展的促销活动，促进顾客来店。

h. 服务顾问需要知道车间的生产负荷（维修技师的数量、专项技能和车间的工位数）。

i. 服务顾问应该预估准确的维修时间（工时数）来保证一次性维修成功率。

j. 服务顾问分派任务并追踪进度。

2) 作业管理

这一步骤可为维修技师提供一份清晰、详细的维修工单，使技师能够提高维修工作的质量和效率。顾客的主要利益是及时完工和交车；特约店的主要利益是最好的工作质量和最高的工作效率。

（1）作业管理原则

①切实保质保量地完成顾客要求的所有维修工作，并按时交车。

②按照最高标准把顾客车辆修到最好的状态，使其感受到在特约店消费物有所值。

（2）作业管理要点

①进行质量检查程序以确保维修车辆一次修复成功。

②确保整个维修过程的质量保证，并在完工之前按照维修工单列出的修理项目进行完工检查。

（3）作业管理要求

①技术信息（维修手册、服务信息等）。

②使用专业设备。

③使用专用工具。

④洗车设备。

⑤供等待维修及检验车辆的停车区。

⑥服务交车区。

⑦挂钟。

⑧悬挂的镜片（可选）。

7.2.2　质量检查阶段的工作内容

1）汽车维修质量检验的含义

汽车维修质量检验是指采用一定的检验、测试手段和检查方法测定汽车维修后（含整车、总成、零件、工序等）的质量特性，将测定的结果同规定的汽车维修质量标准相比较，从而对汽车维修质量做出合格或不合格的判断。汽车维修质量检验是监督检查汽车维修质量的重要手段，是汽车维修客户在整个汽车维修过程必不可少的重要环节。

2）汽车维修检验的目的

汽车维修检验的目的是：判断汽车维修后是否符合汽车维修质量标准和规范，向汽车维修客户提供有关汽车维修质量方面的数据，代表托修单位（或下道工序）、代表汽车维修业户验收维修质量，进行汽车维修质量监督。对于技术工人来说，如果他们知道有人检查他们的工作，他们就会花更多的时间来确保正确地完成自己的工作。通常，技术工人都会对自己完成的工作感到非常自豪，并且想得到别人对他们工作的专业质量的认可。

3）汽车维修质量检验的方法

汽车维修质量检验的方法分为两大类：一类是传统的经验测试方法；另一类是借助各种仪器、仪表、检测设备对参数进行测试的方法。经验测试方法凭人的感官检查、判断，带有较大的盲目性；仪器仪表测试可通过定性或定量的测试和分析，准确地评价和掌握车辆真实的技术状况。随着现代科学技术的进步，特别是汽车不解体检测技术的发展，人们有可能在室内或特定的道路条件下，测试汽车的各种性能，而且安全、迅速、准确。

4）汽车维修质量检验的工作步骤

汽车维修质量检验是一个过程，一般包括以下工作步骤：

（1）明确汽车维修质量要求

根据汽车维修技术标准和考核汽车技术状态的指标，明确检验的项目和各项目的质量标准。

（2）测试

用一定的方法和手段测试维修车辆或总成的有关技术性能参数，得到质量特性值的结果。

（3）比较

将测试得到的反映质量特性值的数据同质量标准要求作比较，确定是否符合汽车维修质量要求。

（4）判定

按比较的结果判定维修车辆或总成的质量是否合格。

（5）处理

对维修质量合格的车辆发放出厂合格证，对不合格的维修车辆查找原因，记录所测得的数值和判定的结果，并进行反馈，以便促使各维修工序改进质量。

5）汽车维修质量检验工作的职能

质量检验工作有三大职能：

（1）保证职能

保证职能即把关职能，是指通过对原材料（外购配件、外协加工件）、维修的半成品进行检验，保证不合格的原材料不投产、不合格的半成品不转入下道工序、不合格的成品不出厂。

（2）预防职能

通过检验处理，将获得的数据及时反馈，以便及时发现问题，找出原因，采取措施，预防不合格品产生。

（3）报告职能

将质量检验的情况，及时向企业主管部门和行业主管部门报告，为加强质量管理和监督提供依据。

6）建立维修部门自己的质量检验程序

（1）确定维修质量检查员

许多经销商发现由维修顾问来担任检验工作比较有利，因为维修顾问整天都跟着汽车，而且对客户需要什么都很熟悉。但在用维修顾问进行检验工作的过程中，要注意避免他们的检查范围铺得太广，以影响每天所填写的订单数。然而，如果他们多花点时间充分做好他们的工作，那么每笔维修订单的平均销售额就会增加。这里的标准指标是平均 10 分钟填写一份维修订单。如果某个维修顾问还兼做调度和检验工作的话，那么他可以用 20 分钟来完成一张维修订单。决定哪一个现有员工可以担任质量检验工作以及他们每天可以做质检工作多长时间，都要随同他们的其他职责一起考虑。一个维修检验员必须是一个有执照的驾驶员，他需要有良好的驾车记录、具有相应的汽车机械知识，并且他还要十分注意细节，办事有条理；同时，必须有较高的素质，以及与维修部职员友好相处的能力。

（2）明确任务

列出不同类型的维修任务和每项任务所必须检查的比例。例如，有关汽车发出吱吱嘎嘎声和气流噪声，以及汽车发生振动的现象，通常需要实地测试，这样才是保证解决客户提出问题的唯一方法；在其他类型的维修中，可能只需要检查整项工作的 20%～50%。很显然，有历史返工情况的维修工作是必须检查的。保留返工日记，可以确定什么类型的维修任务频繁地出现。工作任务中所要接受检查的比例，会根据完成这项工作的技术工人的不同而变化。如果一个或两个技术工人有很多返工现象，那么这个检查的比例就要更大一些了。

（3）确定每天要做的检验工作的数量目标

这个可以通过制订个人每日工作计划来完成。例如，一个维修部经理可将检验工作安排在每天上午 9—11 点和下午 3—5 点。此外，还需确立一个每天检验 20 项工作的目标，并设立日常报告程序。

维修顾问可能被分派在早晨高峰之后及顾客夜间提车之前进行质量检验工作。如果用到维修顾问做检验工作，那就要尽量保证他们检验的是自己详细登记过的车辆。如果某个维修厂中,在车辆交到技术工人手中之前已有其他人进行过诊断工作的话,那么无论是谁做的诊断工作,他必须同时负责检验工作。大多数经营有方的经销商,通常要求技术工人在完成工作时,重新再检查一下工作质量。如果有必要的话,还可以运用实地驾驶测试。维修部经理会要求对某些特定类型的维修项目进行实地测试,则需要在维修订单上写明进行了"实地测试"。如果公司能够设立一个检验区,挂有"在汽车离开我们维修厂之前,我们对它所做的所有工作都经过双重检验"的标牌,也能给顾客留下好印象,记住,顾客的满意来源于对商家的好印象。

(4)制订检验程序的操作指南

检验程序的操作指南必须适合于维修部管理手段,下面所列的内容就比较典型。在一定程度上,它们可以适用于检验工作中的每一个人。

①复查维修订单上的每一个项目,以确保它们都符合顾客的要求。

②对列有性能投诉的所有车辆进行实地测试。

③快速检验所有车辆,尽可能保持检验区域的清洁。

④当检验工作完成并符合要求时,检验员应将车辆停放在指定的停放区。

⑤在检验结束后,检验员应立即将维修订单交还调度员。

⑥检验员应告知调度员哪些项目没有维修或没有适当地完成、技术工人是否没有指出工作已完成或没有完成必需的项目清单。

⑦检验员应在与技术工人讨论维修任务之前,和调度员一起复查一遍所有的问题。

⑧对经检验员认可的车辆进行抽样调查(由维修经理,或者甚至由经销商来进行)。

⑨将没有通过检验的车辆退回到原来维修该车辆的技术工人手里。

⑩直到检验员对维修工作认可以后,才能标记技术工人的报酬。

像这样用在程序初始阶段的另一个工具是质量检验日记。质量检验日记对帮助每个人按检验程序办事的习惯很有用。每个在日记上签过名的人必须每天在新的表格上记录每次车辆检验。这些日记需在每天工作结束后交给维修经理,以核查检验工作是否执行及是否按照已建立的程序办事。同样,也是对碰到问题的技术工人提供可用的建议或帮助的一种工具。

7.2.3 交流及交车阶段的工作内容

当顾客车辆完工,特约店收取费用并将完工车辆交还顾客。确保顾客在接待服务中产生的好感一直延续至服务顾问送顾客离去。

1)交车准备

(1)检查完工项目(交车前检查)

①服务顾问获取竣工车辆和钥匙。

a. 车辆和钥匙的交接。

b. 放入完工文件。

c. 前台看板更新。

②维修人员共同检查完工项目,分析故障原因以及所采取的措施。同时,车辆部件以及维修过程更换的零件也要检查,以便向顾客汇报并提出专业性建议。最后,礼貌地说明额外维修项目,如添加玻璃水、四门润滑和装修喷漆等;确保车辆问题完全解决并补充试驾过程所消耗的汽油。

（2）检查维修结果

结合技术人员报告和派工单或报价单,检查维修结果是否满足顾客要求。

（3）车辆清洁度

①检查完工车辆是否清洗干净以及顾客特别提到的部位。

②如果完工车辆不需要立刻交车,确保维修项目在承诺时间以内完成。

（4）准备结算单

对照派工单、维修报告,零件价格和报价单的数据准备结算单;再次核对结算单并向主管咨询;清洁所更换的零部件以便向顾客说明维修项目。

①准备结算单的原则:

a. 精确——服务顾问应在顾客确认的维修项目的估价范围内计算费用。

b. 迅速——维修工单转到服务顾问后,应立即制作结算单。

c. 清楚——顾客能清楚地了解费用的组成(所维修的项目、所使用的零部件)。

②如果在交车过程中没有提供结算单,往往会导致:

a. 顾客不清楚服务细节,因此对维修项目表示怀疑,使顾客对特约店的服务能力产生担忧和疑虑。

b. 员工无法说明维修项目,使顾客不情愿付费或从此以后不再来特约店维修。

③当服务顾问无法亲自交付车辆时,应该做到:

a. 在结算单上给顾客留言并罗列所有维修项目。这种情况下,顾客会感受到你的工作态度,同时也很容易掌握维修项目的细节。

b. 如果需要将竣工车辆移交至特约店以外的地方(如顾客家中),也要在交给顾客的相关文件中详细写明。

2)说明维修项目和费用

（1）要点

①与顾客一起结合车辆检查所有的维修项目和相关的费用。

②提醒将来需要进行的维修项目和日常保养。

③指出特约店为顾客提供的"免费"服务。

④感谢顾客的惠顾,送别顾客。

（2）竣工后及时通知顾客

①当顾客过来取车时,和来店接待时一样,维修接待人员应主动向顾客问好,并告知维修完毕,此时可以对顾客说:"欢迎您回来,您的车已经维修完毕。"

②当顾客等待维修过程时,到顾客休息室告知维修项目结束,此时要对顾客说:"谢谢您的耐心等待,您的车已经维修完毕。"

（3）保养项目说明

①征求说明。询问顾客是否希望了解完工项目的详细说明。

②维修细节介绍。向顾客说明完工车辆的性能；在介绍完工项目之前，当着顾客的面取下车辆防护三件套。

③要点。

a. 根据派工单或交车单详细说明维修项目。

b. 首先需要让顾客清楚故障车辆已经维修完毕，然后详细说明维修细节，如启动发动机、旧件展示等。

c. 逐条说明维修细节（在什么地方、怎么做的等）。

d. 涉及更换的零件，需要向顾客展示换下的报废零件并说明其原因，同时听取顾客关于处理旧件的意见。

e. 建议顾客下次保养时需要更换的零件。

f. 主动向顾客介绍免费服务项目。

（4）检查车辆外观和顾客留在车内的物品

绕车一周查看车辆外观情况；检查顾客留在车内物品是否遗失；然后请顾客到接待台前准备维修费用说明。

（5）维修费用说明结算

①再次确认维修项目。

②维修费用说明：根据交车单说明零件及工时费，确认顾客能够完全清楚。

（6）收费

①收取现金、支票或信用卡，然后递交收银台。

②除此之外，返还顾客交车单附件和其他相关资料。

（7）交车时目送顾客离开

在服务过程中所有的经历都应使顾客获得非常满意的感受，正因为目前顾客非常满意，所以最后的服务将至关重要。如果在此环节不认真对待顾客，比如不送行，不重视交车等，可能会降低服务过程中顾客的满意度。因此，认真做好这个环节将有助于维持和提高顾客的满意度，并由此提高顾客对特约店的忠诚度。

7.2.4　跟踪回访阶段的工作内容

客户顾问负责对客户的跟踪回访，在回访前首先要整理出三天前交车的全部结算单，根据结算单记录的内容与客户通过电话取得联系，通话时要用标准话语，首先介绍本单位的名称及本人姓氏、职务，之后要说明此次沟通的目的和所需的时间，如客户方便接受访问就使用跟踪回访统计表记录客户对上次的服务是否满意，如客户表示不满意，应尽量了解客户不满意的原因并设法解决，如果不能立即解决的客户信息及时转交相关部门经理处理，最后感谢客户接受本次访问并结束通话。对于相关部门经理要定期（一般按每周或每月）汇总跟踪回访统计表并及时上交给总经理，客户顾问要分析客户不满意的根源，由相关部门制订、实施改进方案和实施措施，由客户顾问或部门经理对提出有价值意见或建议的客户进行信息反馈。

1）做售后跟踪回访的目的

售后跟踪回访工作应做到：除在顾客购车以后及每次保养、检测时要好好维系顾客以外，还必须根据顾客的要求给顾客提供提醒服务，包括售后联络。

2）跟踪回访的基本内容

售后服务人员应该定期分析并修改回访顾客流程：

①回访的时间：交车后应在3~5天内与顾客取得联系比较合适，如果顾客在回访之前就投诉车辆或其他问题，那么这个回访是无意义的，如果是保修期内的维修，请一定及时联系或者第二天联系顾客，确认车辆状况。

②回访的对象：所有到店接受过服务的顾客都是回访的对象，如果由于特约店系统设置的局限，无法与所有顾客取得联系，可以选择给顾客寄信的方式或者是既寄信又打电话。这个要根据顾客前来做服务的内容而定，或者根据顾客对回访的态度来决定。

③执行回访的人：每家特约店都应该安排专职人员担任此项工作。如果有困难的话，销售人员或者保险业务员可以分担该工作。

④回访工具：可以使用顾客信息表，电脑中的顾客信息，以及结算单。所有以上信息都需要收集并及时更新。

（1）回访前的准备

维修工单信息整理。

a. 建立新顾客的车辆维修档案，参看表7-2。

b. 更新来店老顾客的车辆维修档案。

表7-2　车辆维修档案

第一次维修内容							回访信息			
维修日期	维修项目	建议维修项目	行驶里程	服务顾问	工单编号	维修费/元	本次回访日期	下次保养里程	下次回访日期	下次回访内容
2020-5-9	更换机油滤清器、更换前刹车片	更换转向拉杆、前轮定位	15 679 km	王××	0509023	185.00	2020-5-12	21 000 km	2020-8-5	提醒顾客保养

（2）回访工作的实施

①记录回访结果；参看表7-3回访记录表。

②无效顾客回访的统计。

③分三个不同的时段尝试与顾客联系。

④如果无法联系到顾客，邮寄明信片。

⑤记录无效顾客回访的原因。

⑥回访问题的设定。

⑦回访问题的统计与分析。

表7-3　回访记录表

您对我们员工的服务态度是否满意		您对我们的维修质量是否满意		您对维修时间是否满意		您对我们提供的休息场所是否满意		维修工作是否在承诺时间内完成		服务顾问是否说明结账内容		服务顾问是否陪同您取车	
是	否	是	否	是	否	是	否	是	否	是	否	是	否

3)如何进行回访

进行电话回访时,拨通电话后,首先要确认是顾客的住宅电话还是手机。另外需要注意的是,不要拨错电话号码。如果电话拨错了,或者信息记录有误,要礼貌地道歉。要与销售部门取得联系,确认并修改电话号码,有必要的话,可以向电话公司查询。在询问对方是谁之前,先要自报姓名,公司名称,以及所在部门。先让顾客感到放松,才能引导顾客顺利地进行交流。在通报了自己的姓名之后,请确认接电话的人是否为顾客本人,有时候家庭成员之间声音比较类似,容易造成误听。如果顾客本人不在,说明致电原因,感谢到店保养,以及了解车辆状况。如果是简单保养,如更换机油,则仅仅留下感谢信息,不需要再继续拨打电话,确认再次致电时间,确认可以给顾客打电话的时间,是打到顾客家里还是其他号码,以及什么时间方便。感谢接听电话(占用了顾客时间),然后留下信息。若为顾客本人接电话,首先对顾客来店表示感谢,然后陈述致电理由并询问顾客是否方便接听电话,确定后再要求顾客提供对车辆状况和特约店服务质量的反馈意见。以下是回访的流程图(图7-2)。

图7-2　回访流程图

练习题

一、单选题

1. 影响顾客内心期望的因素分为保健因素和(　　　)。
　　A. 维修质量　　　　B. 满意因素　　　　C. 服务态度

2. 维修企业要想有效益,企业的一切工作必须以(　　　)为中心。
　　A. 顾客满意　　　　B. 获取高利润　　　　C. 诚信

3. (　　　)应该对经销部所提供服务的质量负责。
　　A. 维修技术人员　　B. 维修顾问　　　　C. 维修部经理

4. (　　　)人更欢迎晚间维修。
　　A. 自我雇佣　　　　B. 受雇于人的人　　C. 退休的人

5. (　　　)是增加服务销售量的有效方法。
　　A. 培养顾客信任感　　　　　　　B. 降低收费
　　C. 准时交车

6. 服务工作完成以后的(　　　)天内给顾客打电话,询问一下车辆现在的情况,以及服务是否满意等。
　　A. 1 ~ 3　　　　　B. 4 ~ 5　　　　　C. 6 ~ 7

7. 小型经销商的预约系统由(　　　)来负责。
　　A. 专门员工　　　　B. 调度员　　　　　C. 维修顾问

8. 由维修顾问记录预约内容的,他们可以将以后(　　　)天的计划表保留在维修通道。
　　A. 4　　　　　　　B. 5　　　　　　　C. 6

9. 预先填制的预约维修订单应该在维修通道处按(　　　)顺序准备好。
　　A. 时间　　　　　　B. 字母　　　　　　C. 预约

10. 预约应排除开始工作后(　　　)内的高峰时段,并把预约计划均衡地分配到全天。
　　A. 0.5 小时　　　　B. 1 小时　　　　　C. 2 小时

11. 为每个服务顾问安排合适的预约时间:1 小时(　　　)台车,留一个空余车位给未预约顾客。
　　A. 3　　　　　　　B. 4　　　　　　　C. 5

12. 使用原厂的原装零件,保修期为(　　　)个月里程。
　　A. 6　　　　　　　B. 10　　　　　　　C. 12

13. 在各项维修项目之间,至少应该预留(　　　)分钟,以备可能出现的意外情况。
　　A. 10　　　　　　　B. 15　　　　　　　C. 20

14. 顾客的主要利益是(　　　)。

A. 及时完工和交车　　　　　　　　B. 最好的工作质量

C. 最高的工作效率

15. 经验测试方法凭人的(　　)检查、判断车辆维修质量的。

A. 视觉　　　　　　B. 嗅觉　　　　　　C. 感官

16. 如果维修顾问兼做调度和检验工作的话,那么他可以用(　　)分钟来完成一张维修订单。

A. 15　　　　　　B. 20　　　　　　C. 25

17. 对列有性能投诉的所有车辆进行(　　)。

A. 实地测试　　　　B. 质量复检　　　　C. 复查维修单

18. 在检验结束后,检验员应立即将维修订单交还(　　)。

A. 调度员　　　　　B. 维修顾问　　　　C. 技术工人

19. 结合派工单和(　　),检查维修结果是否满足顾客要求。

A. 报价单　　　　　B. 技术人员报告　　C. 维修报告

20. 维修中涉及更换的零件(　　)。

A. 做废弃处理　　　B. 直接返回厂商　　C. 向顾客展示并说明其原因

21. 原始档案的保存以(　　)为保管顺序。

A. 车牌号　　　　　B. 维修时间　　　　C. 顾客姓名

二、多选题

1. 顾客满意度与(　　)有关。

A. 品质　　　　　　B. 态度　　　　　　C. 服务　　　　　　D. 价值

2. 国内外的经销部都存在的问题是(　　)。

A. 不能人性化地接待顾客,对顾客的需求不够关注

B. 不称职,维修工作不能按时完成

C. 与不称职的工作相对的高收费

D. 不方便,不在顾客要求的时间内与他们联系

3. 在汽车维修中,保健因素有(　　)。

A. 将车辆的故障排除　　　　　　　B. 在预定交车的时间内交车

C. 正确地判断故障　　　　　　　　D. 维修质量

4. 在车辆维修中,满意因素有(　　)。

A. 被理解　　　　　B. 感到受欢迎　　　C. 感到自己很重要　D. 感到舒适

5. 为了使顾客成为回头客,维修部员工应该努力做到(　　)。

A. 推荐车辆的保养方法　　　　　　B. 填写好维修工单

C. 填写好维修顾问的工作日记　　　D. 列出车辆检查单

6. 顾客到服务企业修车最好选在(　　),避开工作繁忙的时候。

A. 星期一　　　　　B. 星期二　　　　　C. 星期三　　　　　D. 星期四

7. 以下哪些是预约顾客来店的注意事项? (　　　)

　　A. 避免顾客到店后,由于顾客较多,造成停车位、顾客人满为患。

　　B. 顾客的预约维修项目被简化或被拒绝。

　　C. 顾客感觉预约服务工作敷衍了事。

　　D. 顾客预约到店后等待办理接车手续时间过长而产生不满。

8. 维修工单核对表包括的内容有(　　　)。

　　A. 时间　　　　　　　　　　　　B. 费用

　　C. 对维修的准确预估　　　　　　D. 顾客信息是否准确

9. 按照对顾客承诺的时间和修理内容分配工单,应考虑以下三个标准(　　　)。

　　A. 质检　　　　　B. 时间　　　　　C. 设备　　　　　D. 技师

10. 车间的生产负荷包括(　　　)。

　　A. 维修技师的数量　　　　　　　B. 专项技能

　　C. 车间的工位数　　　　　　　　D. 设备的工作能力

11. 汽车维修质量检验工作的职能(　　　)。

　　A. 保证职能　　　　　　　　　　B. 监督职能

　　C. 预防职能　　　　　　　　　　D. 报告职能

12. 一个维修检验员必须有(　　　)。

　　A. 驾驶证　　　　　　　　　　　B. 良好的驾车记录

　　C. 相当的汽车机械知识　　　　　D. 令人愉快的性格

13. 准备结算单的原则是(　　　)。

　　A. 精确　　　　　B. 清楚　　　　　C. 迅速　　　　　D. 详细

14. 售后服务人员定期讨论并修改回访顾客流程的内容包括(　　　)。

　　A. 回访的时间　　B. 回访的对象　　C. 执行回访的人　　D. 回访工具

三、判断题

1. 顾客满意第一定律——杠杆比24倍,就是当听到一个顾客抱怨的背后代表有24个相同的抱怨声音。　　　　　　　　　　　　　　　　　　　　　　　　(　　　)

2. 顾客满意第三定律——扩散比12倍,即一个不满意的顾客对企业造成的损失需要12个满意的顾客创造出的利润才能平衡。　　　　　　　　　　　　　　　(　　　)

3. 顾客满意第三定律——成本比6倍,就是吸引一个新客户的成本是维护老客户的6倍。　　　　　　　　　　　　　　　　　　　　　　　　　　　　　　(　　　)

4. 没有顾客抱怨就表明顾客很满意。　　　　　　　　　　　　　　　(　　　)

5. 质量服务部的运作有两个基本目标:确保维修部提供高优质服务,以及使顾客认识到管理者为保证服务质量所做的努力。　　　　　　　　　　　　　　(　　　)

6. 优秀服务是利润之源。　　　　　　　　　　　　　　　　　　　　(　　　)

7. 中型经销商由维修顾问来负责维护预约系统。　　　　　　　　　　(　　　)

8. 由预约秘书来记录预约内容的,那么他们可以将未来计划放在当前计划的下面。

（　　）

9. 一旦顾客失约,维修顾问要立即将"没有绩效"的现象通知调度员。　（　　）

10. 在约见的前一天晚上打电话给顾客以再次确认约见的日期和时间。这是我们现在所知道的能保证顾客依约而来的最有效的方法。　（　　）

11. 在预约时如果有任何顾客是潜在的新车或二手车购买者,要交一份有说明的表格副本给销售部。　（　　）

12. 有的车辆故障可能需要试驾才能确认,尽量与顾客一起试驾。　（　　）

13. 如果车间容量已满,没有工位实施维修时,时间高峰段的工作调整到不太忙的时候。

（　　）

14. 这一步骤为服务顾问提供了一份清晰、详细的维修工单,使其能够提高维修工作的质量和效率。　（　　）

15. 维修作业完成的时间就是顾客取车的时间。　（　　）

16. 如果用到维修顾问做检验工作,那就要尽量保证他们检验的是他们详细登记过的车辆。　（　　）

17. 如果某个维修厂中,在车辆交到技术工人手中之前已有其他人进行过诊断工作的话,那么无论是谁做的诊断工作,他必须同时负责检验工作。　（　　）

18. 通常,维修部经理会要求对某些特定类型的维修项目进行实地测试。　（　　）

19. 由维修部经理,或者甚至由经销商来对经检验员认可的所有车辆进行调查。（　　）

20. 交车时向顾客说明维修项目需要指出特约店为顾客提供的"免费"服务。（　　）

21. 当顾客过来取车时,和来店接待时一样,此时可以对顾客说:"谢谢您的等待,您的车已经维修完毕。"　（　　）

22. 客户经理要分析客户不满意的根源并由相关部门制订、实施改进方案和实施措施。

（　　）

四、简答题

1. 顾客满意度的含义是什么?

2. 优质服务对维修企业的作用有哪些?

3. 预约系统的优点有哪些?

4. 维修工单填写有哪些要求?

5. 预约顾客来店的原则是什么?

6. 对维修工单填写有哪些要求?

7. 汽车维修检验的目的是什么?

8. 汽车维修质量检验的工作步骤是什么?

9. 汽车维修质量检验的含义是什么?

10. 交车阶段的作用是什么?

11. 如果在交车过程中没有提供结算单,会出现什么情况?

12. 跟踪回访顾客具有哪些优点?

五、论述题

1. 如何使顾客成为回头客?

2. 怎样使顾客满意?

第8章　业务接待及接待礼仪

维修服务管理很大程度上就是与顾客沟通,向顾客推销维修服务。本章主要讲述在进行业务接待过程中的行为规范以及与顾客沟通的方式和技巧。

8.1　业务接待

8.1.1　业务接待的作用

大多数汽车维修企业或专业维修中心(站)都设有业务接待部门。业务接待部门由业务经理、试车员或业务接待员组成,负责承接车辆维修的业务工作,以及与之相关的涉外服务,档案管理等。

业务接待是维修企业进行业务活动的第一个环节,进厂维修的车辆,客户第一个见到的就是业务接待人员。业务接待人员的工作水平及工作质量,不仅对整个企业的维修质量有特别重要的意义,还会影响到客户对企业的第一印象。因此,做好业务接待人员的质量工作,是维修全面质量管理的重要内容。

接待顾客的态度,对企业的形象至关重要,应该尽可能地主动、热情、耐心,因为它会给顾客留下深刻的印象,而顾客的印象直接影响着企业的信誉及营销。从顾客将车开进企业的停车场时起,对顾客的接待就开始了。停车场的位置应尽量靠近顾客接待中心,同时,顾客接待中心的门口当然应该是整洁的,标识要醒目或时尚。顾客进入接待中心后,应该使他立刻感受到友好、真诚的气氛,首先要给他以热情的问候,服务处接待员和顾客谈话时,应做到语气委婉,详细回答顾客的提问,尽量争取顾客的满意。因为,大多数顾客常常自觉或不自觉地通过对企业的认可度和信任度来作出自己的决定。对于走进接待中心的顾客能不能够成为真正的客户,并成为忠实的顾客,或者下次是不是还光顾这家企业,或是更换企业,这一切,顾客服务处接待员有着不可推卸的责任。不满意的顾客还会在其他场所抱怨自己的不满,这种影响会产生不可估量的损失,因此,企业要重视业务接待工作。

8.1.2　业务接待的职责

业务接待的首要职责就是让"顾客满意",完成这一职责的前提是和顾客友好地交谈,包括仔细地倾听,耐心回答,解释相互的关系和权利,给出一个合理且专业的建议。汽车对于大多数顾客来说,在精神上和物质上都占据很高的地位并且常常是他财产的重要组成部分。为此,最好是同顾客一起检查车辆,检查时,应仔细、认真,像对自己车一样爱护顾客的车,这样肯定会赢得顾客的信任。

业务接待人员的工作质量包括两方面的内容,即服务质量和业务质量。

1)业务接待人员的服务质量

服务质量简单地说就是业务接待人员在接待客户时的周到程度,业务接待人员服务质量水平的高低受多方面因素的影响,即:

①个人的自身条件,如个人的性格、性别、气质等。一个性格开朗、热情、气质好的业务接待人员自然会给人留下良好的印象。

②个人的修养。文化素质高,善于交谈,彬彬有礼的接待人员会赢得顾客的好感。

③个人的事业心。一个富有强烈的进取精神和事业心的人,自然能够认认真真做好自己的工作。

④知识技能。作为汽车维修的业务接待人员应懂得市场营销学、消费心理学,同时还应具备汽车维修知识、法律知识等。

⑤社会环境。主要是指行业的主管部门以及有关执法部门对企业的限制程度、支持程度。

⑥企业的管理机制。企业的管理结构主要是指企业本身管理模式以及企业管理者赋予业务接待人员的权限。

⑦竞争对手的情况。一个没有竞争对手的企业是很难把服务质量做到完美。总之,业务接待人员的服务质量容易受个人自身条件的影响,所以加强培训和管理,提高其素质,是提高服务质量的有效办法。业务接待人员的服务质量可以通过客户抱怨、纠纷的频率进行统计考核,也可以通过发放客户满意调查表进行统计考核。

2)业务接待人员的业务质量

业务质量是指业务接待人员完成自身业务工作,使客户达到满意的程度。业务接待的业务质量工作包括以下几项内容:

①做好维修车辆的情况登记。内容包括车辆的牌照号、厂牌、车型、客户名称、地址、联系电话、发动机号、底盘号、颜色等。对于新来客户还应详细查明以前的维修情况,为档案管理打好基础。

②拟订完善的维修方案。在制订维修方案之前,应认真听取用户对车辆的故障陈述和客户的特殊要求,查明故障的真实部位。如对故障情况不明确时,应亲自试车,并与其他人员共同讨论。对于需要解体某些部位或总成才能确定故障时,应与客户商定,得到客户同意后,拟订维修方案。

③开具详细的任务委托书。在拟订维修方案以后,开具任务委托书。任务委托书中的维修内容要详细,力求做到维修项目是检查某个部位,拆装或维修某个零部件。对于只能拆

检后确定故障的情况,业务接待人员应亲自到现场查看,然后补足缺少的内容。

开具的任务委托书应请客户过目,待无异议后,请客户在委托书上签字。

④对客户不能等待接车和当天不能完工的车辆,在办理车辆入厂登记时,应查明车辆中所存物品及其他不愿修理的故障情况,如车上是否有备胎,车身是否有划痕,空调机、收录机是否正常等。对车上有贵重物品的车辆最好请客户带走或自己妥善保管起来,避免出现不必要的纠纷。

⑤业务接待人员应经常到维修现场,以便更多地掌握车辆的维修情况,其中包括更换的零配件情况,故障的发生机理等。这是业务接待人员不断提高故障诊断能力的最有效途径。

⑥对于在维修过程中出现新故障或的确需增加维修项目时,应及时与客户讲清楚,如果客户不在现场,应通过各种方式及时联系客户并如实地告知客户具体情况,避免在结算时费口舌,留下不好的印象。

⑦车辆修竣以后,业务接待人员应查看车辆,确认进厂报修单上所有维修内容已经全部完成,再通知客户接车、结算。

⑧在通知财务结算之前,接待员应把维修中的大致情况和所要花费的维修费用告知客户,这也是赢得客户信赖的重要工作之一。

⑨在通知财务结算时,对于一些小的花费,业务接待人员切不可斤斤计较,特别是对于一些新来的客户应给予一定的优惠,绝不能因小失大,一切应从长计议。

⑩客户结算后,要离开企业时,业务接待人员可不要忘记与客户攀谈几句,道上一声"走好""再见""欢迎再来"的话,送上一件小纪念品。

⑪做好客户档案管理工作。档案管理工作是业务接待人员向企业经营者提供市场情况的重要资料之一。业务接待人员很可能在与客户接触时并没有注意到有关客户的更多信息,通过整理档案,也许会发现很多有用的东西。如果条件允许,收集一些有关客户的情况如客户单位的经营情况,主管领导的情况等内容记入档案之中,这样的档案是非常有价值的。

⑫经常与用户保持联系也是业务接待人员的一项工作内容。在客户离开以后,隔一段时间给客户打个电话,询问一下有关维修车辆的情况以及对本企业工作的反馈,这样会增进与客户的感情。

⑬练就一双"火眼金睛"。业务接待人员应学会擅记人名的本领,在客户第二次来厂时,业务接待人员如果能叫出客户的名字,那么客户一定会非常愿意与你再次合作。

⑭学会与"挑剔"客户打交道的本领。在接待的客户中,有些客户做事很粗犷,对什么事从不斤斤计较,而有些客户做起事来可能很认真,甚至非常"挑剔"。凡是遇到这种客户就更应该认真对待,从接待开始对每一项内容都应仔细、耐心地去做,凡遇到问题及时与之商量,使其无挑理的机会。只要把业务接待工作都做到完美,那么其将是最好的宣传媒介。

业务接待的工作内容是相当繁杂的,但也是非常重要的。业务接待员面对的是双重用户,即企业内部的维修人员和广大客户,而业务接待员在中间起着纽带和桥梁的作用。因此,做好接待工作,将对推行维修全面质量工作起到推动作用。

8.1.3 业务接待的职业道德修养

1）职业道德修养的含义

修养是指一个人在政治、学识、道德、技艺等方面自觉进行的学习、磨炼、涵育和陶冶的功夫，以及经过长期努力所达到的某种能力和素质。

所谓道德修养就是人们为了提高自己的道德素质而在思想品质和道德行为等方面的自我教育、自我锻炼、自我改造。职业道德修养是道德修养的一个重要方面，它是从业人员依据职业道德原则、规范的要求，在职业认识、职业意志、职业情感和职业信念和行为等方面的自我教育、自我锻炼，以提高自己的道德素质，做好本职工作。

2）职业道德修养的内容

（1）职业道德情感的修养

主要是培养热爱本职工作的道德情感、培养热爱集体的道德情感和培养社会主义的职业幸福观。只有热爱本职工作、敬业勤业，热爱自己生活的集体，关注企业的命运，为企业发展做出贡献，内心就会感到无比光荣和自豪，表现在工作上才有积极主动的工作态度，有认真负责的职业行为，有不怕困难、不畏压力的勇敢精神。

（2）职业道德认识的修养

指汽车维修从业人员通过职业道德理论的学习，明确汽车维修服务工作的作用和地位，明确汽车维修从业人员的职业道德规范。

（3）职业道德信念的修养

职业道德信念是产生职业道德行为的内在推动力。道德行为往往是人们的自觉行为，这种行为不是来自行政权力规定"必须做"的，而是来自人的自觉自愿"应该做"的，是为了实现理想目标而自然迸发出来的行为。

（4）职业道德行为习惯的修养

职业道德行为习惯是指在职业活动中，人们在道德意识支配下表现出来的有利于他人、集体和社会的行为，它的养成有一个反复磨炼的过程。在这个过程中，职业行为总会有不完全符合职业道德要求的方面，这就要求不断地自我检查，不断地纠正自己的行为方向。有了一辈子做好事的理想信念，就一定能培养成良好的职业道德行为习惯。

3）职业道德评价的形式

汽车维修业务接待员的职业道德评价，是通过行业舆论、社会舆论、职业传统习惯和人们的内心信念4种形式来进行的。

（1）行业舆论评价

指行业内尤其是本企业内有工作联系的人员通过互相监督、互相评议、互相感染，促进良好的群体意识和职业精神的形成。

（2）社会舆论评价

主要是指汽车维修服务对象,汽车车主对托修车辆维修质量和汽车维修人员的工作水平和道德素质进行评价。

（3）传统习惯的评价

即评价道德行为善恶时,人们总会先看某一行为是否合乎习俗,是否反常,把这作为最起码的标准。从另一个角度看,道德行为往往只有成为人们日常的行为习惯,成为一定社会的道德风尚,才算达到它应有的成就。

（4）内心信念的评价

是指以人的道德信念,即道德责任感来评价人的道德行为。是以良心上的自我谴责或自我满足的形式来进行的,即以强烈的责任感,作为人们对行为进行善恶评价的内在动力和强制力。

8.1.4　业务接待的行为规范

1）站立规范

有很多人不知道怎么站,站起来很不自然,显得懒散不雅观。正确的站立姿势应该是:

女士:抬头,挺胸,收紧腹部,肩膀往后垂,两腿直立,两脚夹角成45°~60°,身体重心落在两个前脚掌上,站的时候看上去有点儿像字母"T",因此人们称为"基本T"或者"模特T"。站立时好像有一条绳子从天花板把头部和全身连起来,感觉很高,身体都拉起来了,这就是正确的站姿。看起来应该是大方、镇定、泰然自若的,手轻轻地放在旁边。

男士:挺胸、抬头、收紧腹部、两腿稍微分开,脸上带有自信,要有一个挺拔的感觉。

2）行走规范

走路要尽量走成一条直线。女士:抬头、挺胸、收紧腹部,肩膀往后垂,手要自然地放在两边,轻轻地摆动,步态要轻盈,不能拖泥带水,要想象有一条绳子从天花板垂下把头和身体连成一条直线,使你的身体向上延伸,走起来要有自信心。在转弯以后,两脚依然要保持"丁"字形。男士的脚步不用太轻,但一定要稳健,抬头挺胸,充满自信。

3）就坐规范

女士:你的腿进入基本站立的姿态,后腿能够碰到椅子,从椅子的左侧进入,轻轻坐下来,两个膝盖一定要并起来,不可以分开,腿可以放中间或放两边,两手叠放于左右腿上,两条腿是合并的,绝不能分开。

男士:膝部可以分开些,但不宜超过肩宽,更不能两腿叉开。如长时间端坐,可双腿交叉重叠,但要注意将上面的腿向回收,脚尖向下。

入座时要轻,至少要坐满椅子的2/3,后背轻靠椅背,身体稍向前倾,表示尊重和谦虚。不正确的坐姿:两腿叉开,腿在地上抖动,腿跷得太高。

4）下蹲规范

女士：下蹲时不要光弯腰，臀部向后撅起，这非常不雅，也不礼貌。正确的方法应该弯下膝盖，两个膝盖应该并起来，不应该分开，臀部向下，上身保持直线，这样的蹲姿就典雅优美了。

男士：没有这样严格。

5）见面规范

见面时在一般情况下，应是男士向女士先打招呼致意，所谓"打招呼男士为先，握手女士为先"。但当对方是客户或上司时应主动招呼。

当对方打招呼时，应立即有所反应，做出既积极又成熟的表示，微笑回应。向对方见面致意时也应保持微笑。

6）握手规范

握手时，伸手的先后顺序是上级在先、主人在先、长者在先、女性在先。伸出自己的手与对方的手相握，同时你的身体应该向前倾。如果你是坐着的，此时有人走来和你握手，你必须站起来。

标准的握手姿势应该是平等式，即大方地伸出右手，用手掌和手指用一点力握住对方的手掌，男士女士同样适用。握手的力度要适当，过重过轻都不宜，尤其握女士的手，不能太重。握手的时间通常是 3～5 s。匆匆握一下就松手，是在敷衍。长久地握着不放，又未免让人尴尬；别人伸手同你握手，而你不伸手，是藐视对方，是一种不友好的行为。无论男女长幼，谁先伸手都可以。握手时，不可把一只手放在口袋。握手的一刹那，应该面带微笑，双目注视对方，显得你非常有诚意，而且充满了友谊。

7）介绍规范

介绍时应按顺序先将男士介绍给女士，将年轻者介绍给年长者，将职位低者介绍给职位高者，将晚到者介绍给早到者。介绍时，最好先用"请允许我向您介绍"或"让我来介绍一下"或"请允许我自我介绍"之类的礼貌用语作引子，这样既不会唐突，也显得彬彬有礼。如果你在介绍他人时，不能准确知道其称呼，则应礼貌地问一下被介绍者"请问你怎么称呼？"否则万一张冠李戴是会很尴尬的。介绍时的姿态应是面向对方，伸出手做出介绍手势，介绍手势是手掌向上，五指并拢伸向被介绍者。千万不能用手指指点，因为这样做太粗俗。当别人介绍到你或对方向你自我介绍后，你应该有所表示，或微笑或握手或点点头，如果你正坐着，应该起立。如有些不便，则点头微笑或者稍欠身表示礼貌。

8）交谈规范

①交谈时应面对面，目光注视对方，距离最好在两米以内，但不要靠得太近。

②交谈时，应用表情、动作或语言对对方的谈话有所反应，让对方感受到你对谈话的

态度。

③交谈时应耐心听对方讲话,不要随便打断对方,另外还可用对方的话来发挥,帮助对方扩展话题,提高交谈兴趣。

④交谈时,你应该想好了再讲话,讲话的速度要慢,可以把话缩短分段,这样听起来有节奏感也有说服力,给人一种有条有理的印象。讲话的措辞应得当,交谈时如赞美对方也要注意恰如其分。

⑤交谈时不要提会使对方反感的话题。即使是敏感的内容,也要以善良真诚的心态和语言去谈论。

⑥交谈时"请""谢谢""对不起"常挂在嘴边,会产生愉快的气氛,这应该成为业务员的口头禅。

⑦交谈时,应称呼对方的职务、职称,如"×经理""×教授"等。无职务、职称时,称"×先生""×小姐"等,而尽量不使用"你"字或直呼其名。

⑧交谈时,对不同的说话对象应有不同的语气,对上司要尊重、谨慎;对同事要用亲切商量的语气;对长辈要恭敬;对客户要亲切尊重。

⑨交谈时,适当地重复对方的话,既能够确定对方谈话内容加深自己的记忆,也可以表示你是认真地在听对方说话。

⑩交谈时应控制自己的情绪和举止,千万不能手舞足蹈。

⑪交谈时如你因故必须离开,应向对方道声"对不起",表示歉意并说明理由以求得谅解。

⑫交谈时,如有些话题你不好意思提起却又不得不提时,不妨用"为了慎重起见"做开场白,这样既不会得罪对方,又能让彼此都能解决问题。

⑬如对方在交谈中显得无礼,你应宽容和克制。

⑭如果对方对你的讲话表现出焦急、不耐烦、心不在焉的神态,你应及时巧妙地转换话题或终止自己的讲话。

⑮交谈时避免用"好""不好"之类的答话,过于简单的答话是拒人千里的表示,结果自然会让对方感到你不愿交谈。

⑯交谈最后,你如果需要强调某个话题,讲话时语尾要清晰,明确有力,这样会给对方留下深刻印象。

9) 名片的使用

①名片不要和钱包、笔记本等放在一起,原则上应该使用名片夹,可放在上衣口袋(但不可放在裤兜里),要保持名片或名片夹的清洁、平整。

②递名片的基本次序是由下级或访问方先递名片,如是介绍时,应由先被介绍方递名片。递名片时,应说些"请多关照""请多指教"之类的寒暄语。

③互换名片时,应用右手拿着自己的名片,用左手接对方的名片后,用双手托住。要看一遍对方职务、姓名等。遇到难认字,应事先询问。在会议室如遇到多数人相互交换名片时,可按对方座次排列名片。

8.2　接待礼仪

8.2.1　身体语言及运用

1）目光

与客户交流时,应注视对方的眼睛,不要不停地眨眼和移动眼神。如果这样做,对方会认为你是不礼貌、不真诚的。在交流中的注视,绝不是瞳孔的焦距收束,紧紧盯住对方的眼睛,这会使对方感到尴尬。交谈时正确的目光应当是自然地注视。道别、握手时,更应该用目光注视着对方的眼睛。

2）微笑

微笑可以表现出温馨、亲切的表情,能有效地缩短双方的距离,给对方留下美好的心理感受,从而形成融洽的交流氛围。面对不同的场合、不同的情况,如果能用微笑来面对,可以反映出自身高尚的修养、待人的诚恳。微笑还是人际关系中的润滑剂,是广交朋友、化解矛盾的有效手段。微笑要发自内心,不要假装。要想象对方是自己的朋友或亲友,就可以自然大方、真实亲切地微笑了。

3）交谈时积极的身体语言

与客户坐在一起交流时,应保持上身前倾,多次点头,保持微笑。

4）安排座次

相对于客户,你坐在或站在什么位置十分重要。通常主宾坐在右侧,主人坐在左侧。如需译员、记录则分别安排坐在主宾和主人的身后。如果会谈桌一端朝向正门,即纵向摆放,则以进门方向为准,右侧为客方,左侧为主方。在会议室安排座位时门口的右侧为客人席,左侧为主人席,远离门口的为上席。

5）距离

每个人都有属于自己的空间区域,不喜欢别人侵入,因此,在社交活动中应注意以下几种情况。

①亲密区域。没有距离约束。

②私人区域。半径在 0.5 m 之间,这个范围适于亲密的朋友、同事和那些与之在一起会让人感觉很舒服的人。私人区域即可接触区域只适于很亲近的朋友和亲属。如果是被并不十分了解的人侵入了这个距离,则会让人感到各种不适,对有些人来说甚至会很痛苦。因

此,被迫闯入别人的这个空间时,应该首先道歉。

③社交区域。半径在 0.5~1 m,这个距离适用于业务、陌生人及正式场合。

④公共区域。半径在 1 m 以上。

根据以上理论,为提高客户进入公司后的舒适感,当客户进入大厅后,业务员应与客户保持 1 m 以上的距离,与客户进行交流时,应保持 0.5 m 以上距离。

8.2.2 与客户沟通的技巧

1)沟通的含义

沟通就是为了达到设定的目标,把信息、思想和情感在个人或群体间传递,并达成共同协议的过程。即把可理解的信息和思想,在两个或两个以上人群中的传递和交换的过程。可以概括沟通的基本内涵:

①沟通是一个完整的行动过程。

②沟通是一种信息的分享活动,双方在传递、反馈等一系列过程中获得信息,包括情感的交流。

③沟通不是一般意义上的单向信息传递,而是通过双向的信息互动、情感交流,使双方认识趋于一致、行动趋于协调。

在维修部门中,接待员通常是以当面交谈和打电话的方式与顾客进行沟通。沟通主要包括 3 个基本要素:

第一,沟通一定要有一个明确的目标。如果大家来了但没有目标,那么不是沟通,而是闲聊。沟通就要有一个明确的目标,这是沟通最重要的前提。沟通时说的第一句话,就是说出你要达到的目的,这是非常重要的,也是你的沟通技巧在行为上的一个表现。

第二,要达成共识、达成共同的协议。沟通结束以后一定要形成一个双方或多方都共同承认的一个协议,只有形成了这个协议才叫作完成了一次沟通。在实际的工作过程中,常见到大家一起沟通过了,但是最后没有形成一个明确的共识,由于对沟通的内容理解不同,又没有达成共识,最终造成了工作效率低下,双方又增添了很多矛盾。在明确了沟通的第二个要素后,应该知道,在和别人沟通结束时,一定要用这样的话来总结:非常感谢您,通过刚才的交流我们现在达成了这样的共识,您看是这样的吗?

第三,沟通信息、思想和情感。沟通的内容不仅是信息,还包含着更加重要的思想和情感。事实上,在沟通过程中,传递更多的是彼此之间的思想,而信息并不是主要的内容。信息是非常容易沟通的,而思想和情感是不太容易沟通的。在平常工作的过程中,如果思想和情感无法得到一个很好的沟通,则会导致互相之间工作不协调、关系不融洽。

2)与顾客沟通的重要性

商业活动中的大多数商业问题及顾客不满的根源都是失败的沟通造成的。顾客满意指数是建立在顾客的感受之上的,而这种感受正是通过沟通中,是否被积极或消极对待所影响着。顾客是企业工作的对象,他们是销售的来源,是盈利的基础,并且是企业能够存在的基础。"销售"意味着给顾客提供服务并使他们满意,提高销量的主要方法是通过学习并灵活运用优秀的沟通技巧。沟通的技巧在于如何巧妙运用读、写、说及听这些基础工具。这些沟通的技巧和其他技巧一样,也是需要学习的。

3）接待顾客的法则

和顾客的每一次接触都是一次建立商业联系的天赐良机,应抓住机会建立与顾客的销售关系。企业多争取一个客户、增添效益,随之而来的是个人的额外加薪、晋升及扩大责任范围等个人机遇。

①问候你的每一位顾客。确认顾客的需求,并做一切你能做到的事情,尽量满足对方。

②如果来了新的顾客,向每一位顾客致以问候,并按次序接待他们,使他们感到亲切、温馨,这是赢得顾客信任的好方法。当你赢得了顾客的信任,就等于掌握了销售的主动权。

③要是电话铃响了,此时你又在忙,可以迅速地接起电话说:"现在我正与一位顾客谈事情,可以稍后给您回电话吗?"眼前的事情办理完后,一定要回拨电话。

④如果你的一位同事打断了你们的谈话,若这将持续30 s以上,应征求顾客意见,获得允许后再去同事那儿。否则,显得对顾客不礼貌,容易引起顾客的不愉快,甚至是反感。

⑤大多数顾客都能理解一个人无法在同一时间内完成两件事,如果顾客在这时得到及时的问候、一杯免费的咖啡,就会在心理上获得一些安慰,他们会耐心等待而不对经销商产生坏印象。实际上,热情的服务将给予顾客一个比较良好的印象。当然,在直接的面谈中,除有秩序地接待顾客外,还要注意服务态度。

顾客来到维修部无疑只有一个原因,他们的汽车有某种需求。记住每位顾客的需求对于企业来说,都是一次商机,哪怕是他们的抱怨也是如此。因此,把每位顾客都视为建立商业联系的机会,应该以热情的态度打下良好的基础。给人留下一种该企业不仅是负责修理汽车,更是为了给顾客提供帮助的印象。维修顾问或维修接待人员的言谈、表情及外表,要以一种积极、热情的态度去和顾客沟通。顾客的满意将会扩大企业的市场份额,提高企业的市场竞争能力。

4）提高沟通技巧

沟通技巧不仅给顾客留下良好的印象,维修顾问也捕捉了商机。

（1）聆听

仔细聆听的秘诀是聚焦,全神贯注于顾客所言,同时应保持与顾客的眼神沟通,一边聆听,一边整理你接收到的信息。辨识出要点,作下记录,这样做让顾客感到对方关切着自己。如果顾客注意到你缺乏专心,同样会分散注意力,使你错过有价值的信息。

（2）观察

观察将为你提供有关顾客的线索。通常,人的心理状态表现在眼神、面部表情上。因此,通过仔细观察顾客的表情,可以大概估计顾客的难处以及欲望;通过观察,可以大致判断顾客购车态度是积极的、中性的还是消极的;通过观察,可以了解到顾客对待自己的汽车是精心护理的,还是粗心大意的。仔细观察顾客及他的汽车,将帮助你比较准确地掌握顾客线索,有助于与顾客的沟通。

（3）提问

用开放式的提问来获得你所需的信息,询问像谁、什么时候、在哪儿及为什么等类似问题。当你能重申顾客的埋怨、处境或需求及他们要求的补救措施时,一切又会回到顾客满意的范畴,这就是提问的技巧。

在销售中,用聆听与观察相结合的方式提问,基本上有以下 3 种形式的问题:概括性的、具体性的、领导性的。

①概括性的问题拥有开放式的回答。它们本质上比较自由开放,这样顾客就有充分的空间来回答。它们通常以"什么"或"怎样"作为开头,"你的问题是什么?""今天我能怎样帮助你?"概括性的提问鼓励顾客谈论:对自己重要的以及自己的真实想法和感受。

②具体性的提问引起顾客的兴趣,转向销售上的诱导。比方说,当你在处理顾客的问题时,问道:"让我们为您出面解决,您看好吗?"具体性的提问索求一个单一话题的详细情况。具体性的问题帮你厘清顾客正在谈论的内容的头绪。这对维修部技术人员来说,获取相关信息显得尤为重要。

③领导性的问题是为了得到想要的答案而设计的。提问的方式应该迫使顾客接近销售这一主题。例如,"您不愿意您的刹车控制器凌驾于您之上吧？是吗？"

（4）检验

寻求反馈信息并验证它,这在与顾客的沟通中十分重要。在维修部中,检验意味着仔细地验证,以此来保证在维修部和顾客间已达成一致共识。对于检验反馈有 3 个目的:

①确认对顾客的抱怨及需求的理解。顾客很有可能没有将自己的需求表达清晰或完整。因此,运用验证技巧来保证顾客已说出了想要说的话,并且你也正确无误地接收到了。当验证顾客的真正意图时,有可能激发顾客对于另外信息的需求,这正是验证的目的。

②确认顾客理解所建议的进行程序。"思维的谈判"是一切书面或口头合同的基础。顾客只有理解到接待员的所言,才能够接受接待员的推荐,并认可维修或服务的进行。

③当彼此的理解准确无误的时候,确认顾客是否同意。如果接待员的理解和顾客共享时,就很容易运用验证技巧来获得顾客的同意,并引导这场交易走向如人所愿的结局。

聆听、观察、提问以及验证技巧都是为了获得顾客信息而采用的方法。但任何一种情形下"推荐"也必须同时运用。为了做到这一点,需要运用理解的技巧。当回答顾客问题时,应清晰、直率并具有逻辑性地解释清楚,并站在顾客的角度来作推荐,这样顾客就很容易明白你的建议或推荐的真正价值。这其中包括 3 个步骤:

a. 在大脑中辨别出作解释的目的。

b. 从顾客的角度出发,在脑海中组织解释、举例及图解说明的内容。

c. 流利地说出你的解释。

向顾客传达的每一条信息都必须有一个明确的目的,有些目的是回答某一个问题,处理某一个异议,展示销售的价值。

（5）解释

需要给顾客解释时,站在顾客的立场上考虑顾客的需求,解决顾客的问题,并最终使顾客受益,同时脑海里要牢牢地记着解释的目的,在心里组织解释的内容,选择出要点并将它们系统地编排起来。给顾客作解释时,尽量使用通俗易懂的语言,避免术语,简而言之,做到真诚。

5)电话交流

电话对维修部及经销商来说,是一种很重要的商业工具。

顾客满意度的高低,很大程度上取决于维修部顾问成功运用电话这个通信工具来建立与顾客之间良好关系的能力。所以,应将电话看作一个积极建立与客户间关系的工具,并充分利用这个工具来建立更融洽的客户关系。

8.2.3　电话礼仪

电话作为现代通信联络手段,在企业经营中起着十分重要的作用。如果你在打电话时比较随意,或者把你自己的个人秉性、感情色彩掺杂在里面,很可能因此会给企业造成不良影响。所以,一个优秀的服务顾问首先应该在电话里表现出良好的职业规范和讲话水平。

通话时要态度谦虚,说电话的声调应表达出诚恳、热情、亲切;注意控制语气语调,通话时语气态度注意配合对方,这样有利于双方愉快交流;在你正在通话时,又碰上客人来访,原则上应先招待来访客人,此时应尽快和通话对方致歉,得到许可后挂断电话。如果电话内容很重要而不能马上挂断时,应告知来访的客人稍等,然后继续通话。如果电话突然中断,应再拨给对方,尤其是由自己拨出的电话时更应尽快再拨。上班时间不应长时间拨打或接听与公司业务无关的私人电话。

1)接电话要领

(1)接听

在电话铃响 3 声之内接起电话,不管是哪个部门的电话铃响都要接,要形成习惯;如果自己正在接待顾客,又没有人接,这时要征得顾客的谅解以后再接电话;如果电话响了 3 声以上,接听电话后要先向对方道歉,说"对不起,让您久等了"之类的话。

(2)自报名称

接起电话后首先要自报公司名称、部门名称以及自己的姓名,并确认对方的姓名。语言要简单明白,语调要彬彬有礼,使打电话的人既能立即知道企业的名字,又能感受到训练有素的员工表现出的职业水准,更能使对方对接电话者及所在企业产生好印象,切忌拿起电话劈头就问:"喂,找哪位?"

(3)寒暄问候

使用礼貌用语对顾客特意打来电话表示感谢。

(4)倾听

耐心倾听顾客的需求,中途不要打断对方,如果线路不清楚,应温和地告诉对方"对不起,电话声音太小,麻烦您重复一遍"。听电话时要记住 5"Wh"(who、when、where、what、why、how,即:谁、时间、地点、事情、原因、处理措施)的要领,这样就不会有疏忽,对顾客陈述的内容表示认同。

若电话刚好是找某人时要注意以下 3 种情况：

①刚好本人接听电话——"我就是,请问您哪位?"

②本人在但不是他接听电话——"他在,请稍候。"

通知被找的人接电话时,应语调平和,称呼其姓名或职务,不能大叫大嚷,唤其绰号或工作以外的称号。

如果来电话者未能马上与他要找的人通话,你应该使他知道你的努力情况,有时,来电话者因为急事或等待太久而着急,显得不耐烦甚至发脾气,你的责任就是尽量化解他的焦躁,如果他要找的人暂时无法与他通话,你应每隔 30 秒就对来电者说一声"对不起,让您久等了,某某正在维修场地上,他马上就过来"。使来电者知道你未冷落他,仍在为他努力,使他感到宽慰。

③他不在办公室——这时应说一声"对不起,他刚好出去。您需要留言吗?"切忌只说一声"不在",就把电话挂上。打电话人需要留言,应清晰地报出姓名、单位、回电号码和留言,但要注意言语简洁,节约时间,接话人应将来电留言放在有关人士桌上以示提醒。或者向对方建议,是否请其他有关人士,比如"对不起,某某不在,购车方面的事您是否需要同我们的另一位业务员谈谈?"

（5）记录

接电话时要养成做记录的习惯,平时就在电话机旁准备一本记录本,认真记下来电者的姓名、企业、电话号码、重要事宜,不清楚的地方可再问一遍对方,以便必要时可再与他联络。电话记录应简洁完整,有必要时向顾客做简单引导性的询问。

（6）确认

在顾客叙述完后,要确认记录的内容有无遗漏,重复顾客叙述的要点。

（7）答复

对顾客提出的问题给予答复,如果对顾客的提问不知如何回答,可找同事或主管帮忙,或确认顾客的姓名及联系方式,可在找到答案后致电对方予以回答,这样做,对方必然会感到满意。

（8）结束

在电话内容结束后,应再次诚恳地感谢顾客打来电话,挂电话时,要确认对方挂断电话后再挂。

2）打电话的要领

（1）准备

在打电话前准备好资料和记录用纸,当对方提出问题时再找资料就很没有礼貌了,而且事情也谈不好,必要的资料事先要准备好放在旁边;理清将要说的事情,安排好说话的顺序。

（2）确认顾客资料

在打电话前要确定顾客的姓名、电话号码;确认约好的时间、地点;确认顾客是否方便接听电话(考虑时间、地点、情况等),要避开清晨、吃饭、深夜等时间。

（3）拨打电话

拨打电话时要脸朝正面，姿势端正，用食指认真地按键。不要用铅笔按键或斜着按键，否则往往容易打错电话，万一打错了电话要说："对不起，打错电话了"，然后再挂电话，切忌不道歉直接挂断。

（4）电话接通时周围的人要保持安静

打电话时周围的人不要私语，电话半径 5 m 内的音响设备音量不要太高。因为在通电话时混入其他高音就会使顾客感到很嘈杂，失去耐心，分散注意力。万一发生此类问题，应郑重地向顾客道歉。公共场所通话要注意控制音量，以免影响他人或泄露公司商业机密。

（5）交谈时要简明扼要

在电话接通后，首先要自报公司名称和自己的姓名，并问候顾客；确认对方是否方便接听电话，谈话可以这样开始："现在与您交谈合适吗？"在交谈时内容应言简意赅，口齿清晰，避免啰唆；事情要讲清楚，表达要易懂，重点突出，讲完后要确认对方是否听明白。

（6）结束通话

通话结束后要向顾客致谢，如："打搅您了，对不起，谢谢您在百忙中接听我的电话，再见。"确认对方挂断电话后再挂，而且电话挂断时要轻。

3）转接电话的要领

①要找的人正在接电话时，可以说："对不起，他正在接电话，请稍等。"或者"对不起，他正在接电话，好像需要很长时间，让他给您回电话好吗？实在抱歉。"

②要找的人不在单位时，可以说："对不起，他现在外出了，××时会回来。"或说："对不起，他外出了，您有什么事？不知我能否代劳，如果您不介意，我可以代您转告他。"如果对方不方便说，应留下对方的姓名和联系方式，以便日后给顾客回电话。

③接待员熟悉企业各部门的人员及分工，以便熟练地将来电者的电话转给有关人员。

④若电话突然中断，应当立刻重新拨通电话并道歉，如："实在对不起，刚才电话断线了。"

总之，在接打电话时要保持声音、语调、态度等令人愉快，使人感到你不仅熟悉业务，而且非常有礼貌，非常称职。

小结：

优秀的接待员应该具有良好的沟通能力，最终达到吸引顾客来店消费的目的。

练习题

一、单选题

1. 以下哪些不是个人的修养？（　　　）

A. 文化素质高　　　B. 善于交谈　　　C. 开朗的性格

2. 企业的管理结构主要是指企业本身管理模式以及企业管理者赋予业务接待人员的（　　　）。

　　A. 权限　　　　　B. 义务　　　　　C. 责任

3. （　　　）是提高服务质量的有效办法。

　　A. 加强监督机制　B. 加薪奖励　　　C. 加强其培训和管理工作

4. 对车辆故障情况不明确时应（　　　）。

　　A. 解体车辆　　　B. 亲自试车　　　C. 告知顾客

5. 业务接待人员不断提高故障诊断能力的最有效途径是（　　　）。

　　A. 和专业人员一起诊断　　　　　　B. 看书学习

　　C. 经常到维修现场，以便更多地掌握车辆的维修情况

6. （　　　）是产生职业道德行为的内在推动力。

　　A. 职业道德信念　B. 职业道德认识　C. 职业道德情感

7. （　　　）是人们对行为进行善恶评价的内在动力和强制力。

　　A. 道德习惯　　　B. 强烈的责任感　C. 传统习惯

8. 女士站立时抬头，挺胸，收紧腹部，肩膀往后垂，前腿轻轻地，重心全部放在（　　　）。

　　A. 后腿上　　　　B. 前腿上　　　　C. 右腿上

9. 下列哪种坐姿不正确？（　　　）

　　A. 两腿叉开，腿在地上抖动，腿跷得太高

　　B. 男士就座时膝部可以分开些，但不宜超过肩宽

　　C. 女士腿可以放中间或放两边

10. 女士就座时从椅子的（　　　）进入。

　　A. 右侧　　　　　B. 左侧　　　　　C. 前侧

11. 握手的时间通常是（　　　）秒钟。

　　A. 2　　　　　　B. 3 ~ 5　　　　　C. 6 ~ 8

12. 以下哪种不符合介绍顺序？（　　　）

　　A. 先将男士介绍给女士　　　　　　B. 将年轻者介绍给年长者

　　C. 将职位高者介绍给职位低者

13. 交谈时应面对面，目光注视对方，距离最好在（　　　）米以内。

　　A. 1　　　　　　B. 2　　　　　　C. 3

14. （　　　）是人际关系中的润滑剂，是广交朋友、化解矛盾的有效手段。

　　A. 微笑　　　　　B. 目光　　　　　C. 肢体语言

15. 入座时应至少坐满椅子的（　　　）。

　　A. 一半　　　　　B. 1/3　　　　　C. 2/3

16. 握手是为了进入以下哪个空间区域？（　　　）

　　A. 私人区域　　　B. 社交区域　　　C. 公共区域

17. 社交区域的半径为（　　　）。

A. 0.5～1 m　　　B. 0.5 m　　　　　C. 1 m 以上

18. 递名片的基本次序是（　　　）。

A. 上级先递名片　B. 被访问方先递名片　C. 先被介绍方递名片

19. 当我们被不认识的人包围时，我们愿与其保持至少（　　　）米的距离。

A. 0.5　　　　　　B. 1　　　　　　　C. 1.5

20.（　　　）的问题拥有开放式的答案。

A. 具体性　　　　　B. 领导性　　　　　C. 概括性

二、多选题

1. 业务接待部可以由（　　　）组成，负责承接车辆维修的业务工作。

A. 业务经理　　　B. 业务接待员　　　C. 客户顾问　　　D. 试车员

2. 哪些是与顾客友好交谈的内容？（　　　）

A. 仔细地倾听　　B. 提出问题　　　　C. 解释相互的关系和权利

D. 给出一个合理的专业性的建议

3. 业务接待人员的工作质量包括两方面的内容，即（　　　）。

A. 服务质量　　　B. 业务质量　　　　C. 态度　　　　　D. 礼貌

4. 业务接待员的个人条件包括哪些？（　　　）

A. 性格　　　　　B. 性别　　　　　　C. 气质　　　　　D. 文化素质

5. 作为一名业务接待员应具备（　　　）知识。

A. 市场营销学　　B. 消费心理学　　　C. 汽车维修　　　D. 法律

6. 业务接待人员的服务质量可以用（　　　）进行统计。

A. 客户的抱怨　　　　　　　　B. 收入提成

C. 纠纷的频率　　　　　　　　D. 通过发放客户满意调查表

7. 职业道德修养的内容包括（　　　）。

A. 职业道德认识的修养　　　　B. 职业道德情感的修养

C. 职业道德行为习惯的修养　　D. 职业道德信念的修养

8. 职业道德评价的形式有（　　　）。

A. 社会舆论评价　B. 行业舆论评价　C. 传统习惯的评价　D. 内心信念的评价

9. 正确的见面规范是（　　　）。

A. 女士向男士先打招呼致意

B. 男士向女士先打招呼致意

C. 对方是客户或上司时应主动招呼

D. 当对方打招呼，应有所反应，作出积极又成熟的表示，微笑回应

10. 交谈时，应用（　　　）对对方的谈话有所反应，让对方感受到你对谈话的态度。

A. 表情　　　　　B. 动作　　　　　　C. 语言　　　　　D. 眼神

11. 交谈时，对不同的说话对象应有不同的语气，以下哪些是正确的？（　　　）

A. 对上司要尊重、谨慎　　　　B. 对同事要用亲切商量的语气

    C. 对长辈要恭敬　　　　　　　　　　D. 对客户要亲切尊重

12. 如果对方对你的讲话表现出焦躁、不耐烦、心不在焉的神态，你应及时巧妙地转换话题或终止自己的讲话(　　　　)。

    A. 巧妙地转换话题　　　　　　　　　B. 终止自己的讲话

    C. 继续谈下去　　　　　　　　　　　D. 劝说对方平静心情

13. 交谈时的积极身体语言为(　　　　)。

    A. 盯住对方的眼睛　　　　　　　　　B. 多次点头

    C. 保持微笑　　　　　　　　　　　　D. 应保持上身前倾

14. 在哪些情况下目光必须注视对方的眼睛？(　　　　)

    A. 交谈　　　　　　B. 握手　　　　　　C. 道别　　　　　　D. 递名片

15. 名片可以放在(　　　　)。

    A. 钱包　　　　　　B. 笔记本　　　　　C. 上衣兜　　　　　D. 名片夹

16. 每个人都有一个空间区域，不喜欢别人侵入。这些空间区域有(　　　　)。

    A. 亲密区域　　　　B. 私人区域　　　　C. 社交区域　　　　D. 公共区域

17. 对顾客提问基本上有3种形式的问题(　　　　)。

    A. 概括性的　　　　B. 抽象性的　　　　C. 领导性的　　　　D. 具体性的

三、判断题

1. 业务接待的首要职责就是让"顾客满意"。　　　　　　　　　　　　　　(　　　)

2. 一个性格开朗、热情、气质好的业务接待人员自然会给人留下良好的印象。(　　　)

3. 没有竞争对手的企业才能把服务质量做到完美。　　　　　　　　　　　(　　　)

4. 对于需要解体才能确定车辆故障的将车辆直接解体。　　　　　　　　　(　　　)

5. 开具后的任务委托书应请客户过目，待无异议后，请客户在委托书上签字。(　　　)

6. 对于在维修过程中出现的新故障或确需增加维修项目时，应及时与客户讲清楚。

    　　　　　　　　　　　　　　　　　　　　　　　　　　　　　　(　　　)

7. 男士正确的站姿应该是挺胸，抬头，收紧腹部，两腿并紧，脸上带有自信，要有一个挺拔的感觉。　　　　　　　　　　　　　　　　　　　　　　　　　　　(　　　)

8. 男士的脚步不用太轻，但一定要稳健，抬头挺胸，充满自信。　　　　　(　　　)

9. 女士就座前腿处于基本站立的姿态，后腿能够碰到椅子。　　　　　　　(　　　)

10. 见面时在一般情况下，应是女士向男士先打招呼致意。　　　　　　　(　　　)

11. 握手时应该女士主动。　　　　　　　　　　　　　　　　　　　　　(　　　)

12. 介绍时的姿态应是面向对方，用手指指向被介绍者。　　　　　　　　(　　　)

13. 当别人介绍到你或对方向你自我介绍后，如果你正坐着，必须起立。　(　　　)

14. 交谈时应控制你自己的情绪和举止，千万不能手舞足蹈。　　　　　　(　　　)

15. 与客户交流时，应紧紧盯住对方的眼睛表示关注。　　　　　　　　　(　　　)

16. 名片可以放在裤兜里。　　　　　　　　　　　　　　　　　　　　　(　　　)

17. 座位的安排通常是主宾坐在左侧，主人坐在右侧。　　　　　　　　　(　　　)

18. 打电话时周围的人不要私语,电话半径 5 m 内的音响设备音量不要太高。　　(　　)

19. 在电话铃响三声之内接起电话。　　　　　　　　　　　　　　　　　　(　　)

四、简答题

1. 业务接待人员的服务质量受哪些方面影响?

2. 业务接待人员怎样与挑剔的顾客打交道?

3. 什么是职业道德修养?

4. 与顾客沟通的重要性是什么?

5. 接待顾客的法则是什么?

6. 沟通的含义是什么?

7. 沟通的三要素是什么?

8. 女士下蹲时有怎样的规范?

9. 正确的站立规范是什么?

10. 在交流中,我们如何运用微笑?

五、论述题

1. 试论业务接待的作用。

2. 如何提高沟通技巧?

第 9 章　汽车服务企业的人力资源管理

9.1　人力资源管理概述

9.1.1　人力资源及其特征

1)人力资源的含义

人力资源(Human Resource,HR)是指一定时期内企业中的人员所拥有的能够被企业所用,且对价值创造起贡献作用的教育、能力、技能、经验、体力等的总称。

2)人力资源的特征

要准确理解人力资源的概念,需要先理解其特征。

(1)能动性

劳动者总是有目的、有计划地运用自己的劳动能力。有目的的活动,是人类劳动与其他动物本能活动的根本区别。劳动者能够按照在劳动过程开始之前已确定的目的,积极、主动、创造性地进行活动。

(2)再生性

从劳动者个体来说,他的劳动能力在劳动过程中消耗之后,通过适当的休息和补充需要的营养物质,劳动能力又会再生产出来;从劳动者的总体来看,随着人类的不断繁衍,劳动者又会不断地再生产出来。因此,人力资源是取之不尽、用之不竭的资源。

(3)增值性

人力资源的再生产过程是一种增值的过程。从劳动者个人来看,随着教育的普及和教育质量的提高,科技的进步和劳动实践经验的积累,劳动者的各种能力会不断提高,从而增加了人力资源存量。

(4)时效性

作为人力资源的劳动能力只存在于劳动者个体的生命周期之中。开发和利用人力资源要讲究及时性,以免造成浪费。

（5）双重性

人力资源既是投资的结果,同时又能创造财富,也就是说人力资源既有生产性,也有消费性。

（6）社会性

由于每个民族（团体）都有自身的文化特征,每种文化都是一个民族（团体）共同的价值取向。民族文化特征是通过人这一载体而表现出来的。由于每个人受自身民族文化和社会环境的影响不同,其个人的价值观也不相同,他们在生产经营活动、人与人交往等社会活动中,其行为可能与民族（团体）文化所倡导的行为准则发生矛盾,也可能与他人的行为准则发生矛盾,这就需要人力资源管理注重团队的建设,注重人与人、人与群体、人与社会的关系及利益的协调与整合,倡导团队精神和民族精神。

9.1.2　人力资源管理

1）人力资源管理的定义

人力资源管理就是指运用现代化的科学方法,对与一定物力相结合的人力进行合理的培训、组织和调配,使人力、物力经常保持最佳比例,同时对人的思想、心理和行为进行恰当的诱导、控制和协调,充分发挥人的主观能动性,使人尽其才,事得其人,人事相宜,以实现组织目标。

可以从以下两个方面来理解人力资源管理。

①对人力资源外在要素——量的管理。对人力资源进行量的管理,就是根据人力和物力及其变化,对人力进行恰当的培训、组织和协调,使二者经常保持最佳比例和有机的结合,使人和物都充分发挥出最佳效应。

②对人力资源内在要素——质的管理。主要是指采用现代化的科学方法,对人的思想、心理和行为进行有效的管理（包括对个体和群体的思想、心理和行为的协调、控制和管理）,充分发挥人的主观能动性,以实现组织目标。

2）汽车服务企业人力资源管理的职能

人力资源管理工作直接影响整个汽车服务企业的经营状况。这种影响可能带来正面效应,也可能带来不利影响,人力资源管理的具体效果如何,取决于人力资源的具体政策、体制设计和贯彻实施。汽车服务企业人力资源管理工作的任务,就是在汽车服务企业内部设计各种有关的企业制度,使之有利于充分发挥员工的智慧和才能,从而圆满地实现汽车服务企业的各种经营目标。通过改进员工的职责、技能和动机,调动员工的积极性,提高其工作效率。人力资源管理工作的主要职能包括以下几个方面。

（1）工作分析

工作分析是指通过一定的方法对特定岗位的信息进行收集和分析,进而对工作职责、工作条件、工作环境以及任职者资格做出明确的规定,然后编写工作描述和工作说明的管理活动。

（2）人力资源规划

人力资源规划的主要工作内容是：根据企业发展经营目标和计划，预测企业在未来的较长一段时间对员工种类（岗位要求）、数量和质量的需求，据此编制人力资源供给计划，通过内部培养和外部招聘相结合的方式进行人力资源供给，以满足企业的人力资源需要，确保企业发展战略的顺利实施。

（3）人员招聘

人员招聘是指企业人力资源管理部门选择合适的招聘渠道和方法，吸引足够数量和质量的人员有意愿加入组织，并选择和录用最适合企业和岗位要求的人员的过程。

（4）员工培训

员工培训是指企业有计划地帮助员工提高与工作有关的综合能力而采取的教育活动，或是企业内部组织培训，或是送员工外出培训和进修。

（5）员工职业生涯管理

员工职业生涯管理是指企业和员工共同探讨员工职业成长计划并帮助员工完成职业生涯发展的一系列活动。它可以满足员工个人成长的需要，也可以实现个人与企业的协调发展，最终给企业带来效益。

（6）薪酬管理

薪酬管理是针对不同的工作岗位或工种，制订合理公平的工资、奖金以及福利计划，以满足员工生存和发展的需要。

（7）劳动关系管理

劳动关系管理包括与员工签订劳动合同，处理员工与企业或员工之间可能出现的劳动纠纷，规范员工的权利和义务，建立员工投诉制度，根据相关的法律法规处理员工管理的问题等。

（8）绩效评价

绩效评价是指衡量和评价员工在确定时期内的工作活动和工作成果的过程。它包括制订评价指标、实施评价、评价后处理等方面的工作。

3）汽车服务企业人力资源开发与管理的特征

（1）地位具有战略性

人力资源在汽车服务企业中的职能和作用至关重要，人力资源管理、市场管理、财务管理和生产管理被视为企业的四大运营职能。在当今市场领先和市场营销人员比重很大，虚拟生产方式出现后对管理的要求非常高的情况下，技术竞争非常残酷，且经营管理、服务人才的作用进一步增加，人力资源开发与管理的作用就显得更为重要。因此，许多汽车服务企业的经营管理层把人力资源看作企业的"第一资源"，把人力资源开发与管理工作放在汽车服务企业战略的高度。由此，人力资源开发与管理部门的地位也随之日益提高，可以说已经处于汽车服务企业发展战略的高度，并能够在一定程度上参与汽车服务企业的决策。

（2）主体具有多元性

在传统的劳动人事管理中,管理者是专职的劳动人事部门人员。这种管理主体具有单一化特征,有着分工明确、责任落实到位的优点,但其管理往往刻板化、行政化,缺乏汽车服务企业中其他方面的支持,而且往往与其管理对象——员工处于对立状态。在现代汽车服务企业人力资源开发与管理活动中,管理主体由多方面的人员所组成。在这一格局下,各个管理主体的角色和职能如下。

①部门经理。他们从事着大量的日常人力资源开发与管理工作,甚至是汽车服务企业人力资源开发与管理的主要内容。

②高层领导者。许多汽车服务企业的高层领导相当重视并且大量参与人力资源开发与管理,在汽车服务企业的宏观和战略层面上把握人力资源开发与管理活动,甚至直接主持人力资源开发与管理的关键性工作,例如参与人才招聘、进行人事调配、决定年终分配等。

③一般员工。在现代汽车服务企业中,广大员工不仅以主人翁的姿态做好本职工作、管理自身,而且还以主人翁的角色积极参与企业管理,并且在诸多场合发挥着管理者的作用,例如在全面质量管理(TQM)中对其他人员错误的纠正、对自己的上级和同级人员的考核评价等。

④人力资源管理部门人员。汽车服务企业人力资源管理部门中的人员,不仅积极从事自身的专职人力资源开发与管理工作,还作为汽车服务企业高层决策的专业顾问和对其他部门进行人力资源管理与指导的技术专家,对整个汽车服务企业的人力资源开发与管理活动进行协调和整合。

（3）内容具有广泛性

随着时代的发展,人力资源开发与管理的范围日趋扩大,其内容也越来越广泛。现代汽车服务企业的人力资源管理工作的范畴除去以往的招聘、薪酬、福利、考核、劳资关系等人事管理内容外,还把与"人"有关的大量内容纳入了其开发与管理范围,诸如机构的设计,职位的设置,人才的吸引,领导者的任用,员工的激励、培训与发展,企业文化,团队建设以及汽车服务企业的发展等。

（4）对象具有目的性

传统的劳动人事管理,是以汽车服务企业的各种工作任务完成为目标,员工个人只是完成汽车服务企业任务的工具。现代汽车服务企业人力资源开发与管理,则是在强调员工的业绩、把对人力资源的开发作为取得汽车服务企业效益的重要来源的同时,也把满足员工的各种需求、保证员工的个人发展作为汽车服务企业的重要目标,其管理是以人为本。可以说,人力资源本身成为人力资源开发与管理工作的目的,是现代管理中人本主义哲学的反映,它有利于人力资源开发与管理工作产生质的飞跃,也有利于汽车服务企业在其他条件具备的情况下取得巨大的效益。

（5）手段具有人道主义性

在"人力资源"的概念提出后,人们对"劳动力"这一生产要素增加了"人"的看法,诸如员工参与管理制度、员工合理化建议制度、目标管理方法、工作再设计、工作生活质量制度、自我考评法、职业生涯规划、新员工导师制、灵活工作制度、员工福利的选择制等,无一不体现了以"人"为考虑要素的原则。因此,与以往的"人事管理"相比,现代人力资源管理是以"人"为中心的,其方法和手段有着诸多的人道主义色彩。

9.2 人力资源规划与工作分析

9.2.1 人力资源规划

1)人力资源规划的内涵

人力资源规划有时也叫人力资源设计,是指在企业发展战略和经营规划的指导下进行人员的供需平衡,以满足企业在不同发展时期对人员的需求,为企业的发展提供符合质量和数量要求的人力资源保障。简单地讲,人力资源规划就是对企业在某个时期内的人员供给和人员需求进行预测,并根据预测的结果采取相应的措施来实现人力资源的供需平衡。

人力资源规划工作对于尚未组建起来的企业要从工作设计入手,通过工作设计与分析来制订工作规范与工作说明书,明确每个岗位的职责与所需人员的素质要求,并以书面的方式予以说明,其内容包括岗位名称、工作内容、考核标准、员工素质要求等。这将为后续的人员招聘与甄选、绩效评价、福利与薪酬设计及员工培训等工作奠定基础。对于已经组建起来的企业,工作分析就是对当前各个职位情况的评价与检查,以检查现有的员工与岗位职责要求是否匹配,以及未来企业发展的趋势对工作岗位的要求;尤其是员工需求预测,通过对内部员工的评价,初步核定内部晋升的候选人,以激励员工的工作积极性,同时根据未来地区经济发展的趋势及劳动力市场、职业市场的状况对可能的外来候选人进行甄选,确保企业的人力资源需要。

2)人力资源规划内容

人力资源规划是预测未来的组织任务和环境对组织的要求,以及为了完成这些任务和满足这些要求而设计的提供人力资源的过程。通过收集和利用现有的信息对人力资源管理中的资源使用情况进行评估预测。人力资源规划的实质是根据公司的经营方针,通过确定未来公司人力资源管理的目标来实现公司的既定目标。

人力资源规划包括以下五个方面的内容。

(1)战略规划

战略规划是根据企业总体发展战略的目标,对企业人力资源开发和利用的方针、政策和策略的规定,是各种人力资源具体计划的核心,是事关企业全局的关键性计划。

(2)组织规划

组织规划是对企业整体框架的设计,主要包括组织信息的采集、处理和应用,组织结构图的绘制,组织调查,诊断和评价,组织设计调整,以及组织机构的设置等。

（3）制度规划

制度规划是人力资源总规划目标实现的重要保证，包括人力资源管理制度体系建设的程序、制度化管理等内容。

（4）人员规划

人员规划是对企业人员总量、人员构成、人员流动的整体规划，包括人力资源现状分析、企业定员、人员需求、供给预测和人员供需平衡等。

（5）费用规划

费用规划是对企业人力成本、人力资源管理费用的整体规划，包括人力资源费用的预算、核算、结算，以及人力资源费用控制。

人力资源规划又可分为战略性的长期规划、策略性的中期规划和具体作业性的短期计划，这些规划与组织的其他规划相互协调联系，既受制于其他规划，又为其他规划服务。

3）人力资源规划的步骤

由于各企业的具体情况不同，所以编写人力资源计划的步骤也不尽相同。下面是编写人力资源计划的典型步骤。

（1）制订岗位编制计划

根据企业发展规划，结合岗位分析报告制订岗位编制计划。岗位编制计划阐述了企业的组织结构、岗位设置、岗位描述和岗位资格要求等内容。制订岗位编制计划的目的是描述企业未来的组织职能规模和模式。

（2）制订人员配置计划

根据企业发展规划，结合企业人力资源盘点报告，制订人员配置计划。人员配置计划阐述了企业每个岗位的人员数量、人员的岗位变动、任职人员空缺数量等。制订人员配置计划的目的是描述企业未来的人员数量和素质构成。

（3）预测人员需求

根据岗位编制计划和人员配置计划，使用各种预测方法预测人员需求。人员需求中应阐明需求的岗位名称、人员数量、希望到岗时间等。最好形成一个标明有员工数量、招聘成本、技能要求、工作类别，以及为完成组织目标所需的管理人员数量和层次的分列表。实际上，预测人员需求是整个人力资源规划中最困难和最重要的部分。因为它要求以富有创造性、高度参与的方法处理未来经营和技术上的不确定性问题。

（4）确定人员供给计划

人员供给计划是人员需求的对策性计划。主要阐述了人员供给的方式（外部招聘、内部招聘等）、人员内部流动政策、人员外部流动政策、人员获取途径和获取实施计划等。通过分析劳动力过去的人数、组织结构和构成以及人员流动、年龄变化和录用等资料，就可以预测出未来某个特定时刻的供给情况。预测结果勾画出了企业现有人力资源状况以及未来在流动、退休、淘汰、升职及其他相关方面的发展变化情况。

（5）制订培训计划

为了提升企业现有员工的素质，适应企业发展的需要，对员工进行培训是非常重要的。

培训计划中包括了培训政策、培训需求、培训内容、培训形式、培训考核等内容。

(6)制订人力资源管理政策调整计划

该计划明确计划期内的人力资源政策的调整原因、调整步骤和调整范围等,其中包括招聘政策、绩效考评政策、薪酬与福利政策、激励政策、职业生涯规划政策、员工管理政策等。

(7)编写人力资源费用预算

其中主要包括招聘费用、培训费用、工资福利等费用的预算。

(8)关键任务的风险分析及对策

每个企业在人力资源管理中都可能遇到各种风险,如招聘失败、新政策引起员工不满等,这些事件很可能会影响企业的正常运转,甚至会对企业造成致命的打击。因此,要对此类风险事先做好应对预案。

9.2.2 工作分析

1)工作分析的含义

工作分析就是全面地收集某一个工作岗位的有关信息,对该工作岗位从六个方面开展调查研究:工作内容(what)、责任者(who)、工作岗位(where)、工作时间(when)、怎样操作(how)以及为什么要这样做(why),然后再将该工作的任务要求和责任、权利等进行书面描述,整理成文,形成工作说明书的系统过程。

工作说明书主要包括以下两方面内容。

①工作描述对岗位的名称、职责、工作程序、工作条件与工作环境等方面进行一般说明。

②岗位要求说明担负该工作的员工所应具备的资格条件,如经验阅历、知识、技能、体格、心理素质等各项要求。

工作说明书为人员招聘提供了具体的参考标准,工作分析则提供了需要招聘人员的工作岗位,之后,招聘与甄选到合适的人员成为企业人力资源管理的一项重要工作。

2)工作分析所需的信息

工作分析是一个描述和记录工作各个方面的过程,它需要收集与工作本身相关的各项信息。一个有效的工作分析应该包括以下内容。

(1)背景资料

背景资料包括企业所在的产业、企业的经营战略、企业文化、组织结构和职业分类等。

(2)工作活动

工作活动是指实际发生的工作活动、工序、活动记录、负责人的职责等。

(3)工作行为

工作行为是指与工作有关的个人行为(如沟通、决策、撰写等)、动作和行为的质量要求。

(4)工作设备

工作设备包括计算机(包括硬件和软件)、安全设施、办公设备、机器和其他工作器具等。

（5）有形和无形的物质

与工作有关的有形和无形物质包括物料、制成品、所应用的知识和所提供的服务等。

（6）绩效标准

绩效标准包括工作标准、偏差分析、各种量度和评估工作成果的方法等。

（7）工作条件

工作条件包括工作环境、工作时间表、激励因素及其他企业和社会环境的条件。

（8）人员条件

人员条件是指与工作有关的知识和技能及个人特性的要求。

3）工作分析的实施过程

（1）工作分析的实施步骤

①成立工作分析工作组。一般包括数名人力资源专家和多名工作人员，它是进行工作分析的组织保证。

第一，工作组需要对工作人员进行工作分析的技术培训，制订工作计划，明确工作分析的范围和主要任务。同时，配合组织做好员工的思想工作，说明分析的目的和意义，建立友好的合作关系，使员工对工作分析有良好的心理准备。

第二，工作组还需要确定工作分析的目标和设计岗位调查方案。在刚开始就应确定工作分析所获得信息的使用目的。信息的用途直接决定需要收集哪些类型的信息，以及使用哪些方法来收集这些信息。在此基础上，对信息调查方案进行设计，不同的组织有其特定的具体情况，可以采用不同的调查方案和方法。当然，如果能够把工作分析的任务和程序分解为若干个工作单元和环节，将更有利于工作分析的完成。

②收集与工作相关的背景信息。工作分析一般应该得到的资料包括劳动组织和生产组织的状况、企业组织机构和管理系统图、各部门工作流程图、各个岗位办事细则、岗位经济责任制度等。

很多组织都会有自己的"定岗、定编、定员"的具体规章制度，这些背景信息将会对下一步的调查和分析过程产生重要的影响。其中一个最重要的作用在于，它能帮助工作分析人员进行有效的清岗工作，即对组织当前所有部门的岗位进行清理。在背景信息的帮助下，通过与该组织人事部门的工作人员进行讨论，分析人员能够清楚地了解组织各个部门的岗位以及各岗位上的人数和大致的工作职责，并可以用一个标准的职位名称来规范各岗位。

③收集工作分析的信息。岗位调查是调查收集与工作相关的资料，为正确地编写岗位说明书提供依据。这个阶段的任务是根据调查方案，对组织的各个岗位进行全方位的了解，收集有关工作活动、职责、特征、环境和任职要求等方面的信息。在信息收集中，一般可灵活运用访谈、问卷、实地观察等方法，得到有关岗位的各种数据和资料。岗位调查是工作分析中十分必要的准备工作，它的真实程度以及准确性，直接关系到工作分析的质量。

④整理和分析所得到的工作信息。工作分析并不是简单机械地积累工作的信息，而是要对各岗位的特征和要求做出全面的说明，在深入分析和认真总结的基础上，创造性地揭示出各岗位的主要内容和关键因素。

⑤编写岗位说明书。岗位说明书在企业管理中的作用非常重要,不但可以帮助任职人员了解其工作,明确其责任范围,还可为管理者的决策提供参考。一般而言,岗位说明书由工作说明和工作规范两部分组成。工作说明是对有关工作职责、工作内容、工作条件以及工作环境等工作自身特征等方面所进行的书面描述。而工作规范则描述了该工作对任职人员的知识、能力、品格、教育背景和工作经历等方面的要求。当然,工作说明和工作规范也可以分成两个文件来写。

(2)岗位说明书的编写与管理

岗位说明书要求准确、规范、清晰。在编写之前,需要确定岗位说明书的规范用语、版面格式要求和各个栏目的具体内容要求。

岗位说明书一般包括以下几项内容。

①岗位基本信息。岗位基本信息也称为工作标识,包括岗位名称、所在部门、直接上级、定员、部门编码、岗位编码等。

②工作目标与职责。重点描述从事该岗位的工作所要完成或达到的工作目标,以及该岗位的主要职责权限等,标准词汇应是:负责、确保、保证等。

③工作内容。这是岗位说明书最主要的内容。此部分内容应详细描述该岗位所从事的具体工作,应全面、详尽地写出完成工作目标所要做的每一项工作,包括每项工作的综述、活动过程、工作联系和工作权限。同时,在这一内容中还可以同时描述每项工作的环境和工作条件,以及在不同阶段所用到的不同工具和设备。

④工作的时间特征。反映该岗位通常表现的工作时间特征,例如,财产保险公司车险查勘理赔岗可能需要值"大夜"(值夜班至第二天早晨八点);在高科技企业中某些岗位需要经常加班;市场营销人员需要经常出差,一般管理人员则正常上下班等。

⑤工作完成结果及建议考核标准。反映该岗位完成的工作标准,以及如何根据工作完成情况进行考核,具体内容通常与该组织的考核制度结合起来。

⑥教育背景和工作经历。教育背景反映从事该岗位应具有的最低学历要求。在确定教育背景时应主要考虑新加入员工的专业和最低学历要求,而不考虑当前该岗位在职员工的学历。工作经历则反映从事该岗位所具有的最起码的工作经验要求,一般包括两方面:一是专业经历要求,即相关的知识经验背景;二是可能需要本组织内部的工作经历要求,尤其针对组织中的一些中高层管理职位。

⑦专业技能、证书和其他能力。此项反映从事该岗位应具有的基本技能和能力。某些岗位对专业技能要求较高,没有相关的专业技能就无法开展工作,如财务主管,如果没有财务、金融等相关基础知识以及相关的基本法律知识,就根本无法开展此项工作。而另一些职位则可能对某些能力要求较高,如市场部主管这一职位,则要求具有较强的公关能力、沟通能力等。

⑧专门培训。此项反映从事该岗位工作前应进行的基本专业培训,否则不允许上任或不能胜任工作。专门培训指员工已经具备了教育水平、工作经历、技能要求之后,还必须接受岗位培训等专门培训。

岗位说明书一般由人力资源部门统一归档并管理。但是,岗位说明书的编写并不是一劳永逸的工作。实际工作中,经常会出现岗位增加、撤销的情况,或者某项工作的职责和内容出现变化。每一次工作信息的变化都应该及时记录在案,并迅速反映到岗位说明书的调整之中。

9.3　汽车服务企业员工招聘与培训开发

9.3.1　员工招聘

1)员工招聘考虑的因素

汽车服务企业生意旺盛或业务发展时,就面临招聘新员工的问题。招聘新员工要考虑增加的业务量或产能所带来的利润能否满足新增员工的工资和福利。因为,对于大多数汽车服务企业来说,劳动力报酬是企业最大的固定支出。因此,员工招聘要考虑以下几个因素。

(1)生产需要

无论从长期还是短期来考虑,招聘员工对企业的发展都会有很大好处,不是可有可无的。少而精、宁缺毋滥是员工招聘的基本原则。

(2)岗位空缺

当有员工辞职或被调到其他岗位,原来的岗位就需要补充新的员工。这时,首先应考虑空缺的岗位对应的工作能否分摊给其他员工,若不能分摊,才考虑招聘员工。

(3)人才储备

一些关键岗位应做好人才储备,否则关键岗位的人员跳槽或因其他原因离开岗位,对企业的打击将是致命的。

(4)企业长期发展规划

如果汽车服务企业有长期的发展规划,就需要提前进行人才规划,做好人力资源的储备。

(5)季节性因素

由于汽车的销售和使用都具有季节性特点,因此,汽车服务企业招聘员工要考虑季节性因素的影响。

2)员工招聘的原则

汽车服务企业在员工招聘的过程中,应主要把握好以下几条原则。

(1)择优、全面原则

择优是招聘的根本目的和要求。择优就是广揽人才,选贤任能,从应聘者中选出优秀者加以录用。做出试用决策前要全面测评和考核,招聘者要根据综合考核成绩,全面精心比较,谨慎筛选,最终做出录用决定。为确保择优录用原则,人力资源部门应事先制订明确而具体的录用标准。

(2)公开、公平的竞争原则

公开是指把招考单位(部门)、岗位种类、招聘数量、报考的资格及条件要求,考试的方法、科目和时间等均向社会通告,公开招聘。

公平就是确保招聘政策要给予所有符合要求的应聘者平等的获选机会。要做到公平,应注意以下两点:一是招聘政策应该制订统一和有效的标准;二是同一岗位对所有应征者都应该使用同样的、与工作有关的各项能力作为录用考核的标准,而与工作无关的能力,不予考虑。

竞争是指通过考试竞争和考核鉴别,以确定应聘人员的优劣和人选的取舍。只有通过公开、公平的竞争才能使人才脱颖而出,吸引真正的人才,才能起到激励作用。

(3)宁缺毋滥原则

招聘决策要树立"宁缺毋滥"的观念。也就是说,一个岗位宁肯暂时空缺,也不能让不合适的人滥竽充数。这就要求人力资源的决策者在做出决策时要广开贤路。

(4)能级原则

人的能量有大小,技能有高低,工作有难易,要求有区别。所以,招聘工作不一定非要录用最优秀的人才,而应量岗量才录用,做到人尽其才,用其所长,这样才能持久高效地发挥人力资源的作用。

(5)全面考核原则

全面考核原则是指对应聘人员的品德、知识、能力、智力、心理、工作经历和经验、已取得的业绩等方面进行全面考试、考核和考查。决策者必须对应聘者各方面的素质条件进行综合性的分析和考虑,最终对应聘者是否满足企业的岗位招聘政策做出判定。

(6)认同的原则

认同是指应征者和企业在招聘过程中对相互价值趋同的认识。在招聘过程中,无论做出怎样的决定,如果应征者和企业能达成一致的认识,双方都将从面试过程中获益。

3)员工招聘的途径

企业招聘员工的途径有很多,主要的途径有以下几个。

(1)广告招聘

汽车服务企业可以借助各种不同媒体的宣传效果,进行覆盖面广泛的信息发布;或者有目标性地针对某一个特定的群体,这就要了解这一群体的生活工作习惯,知道他们平时接触最多的广告媒介,然后在这类媒介上刊登招聘信息。由于广告是广而告之,可能会有许多不合格的应聘者参加报名,这就增加了招聘甄选的工作量——仔细审阅应聘简历,将不合格的应聘者筛选掉。

(2)公共就业服务机构

公共就业服务机构,是由原地方人事、劳动保障部门的就业和人才服务管理机构合并成立的,旨在方便劳动者求职就业和用人单位招聘用人。目前,我国已基本形成覆盖城乡的公共就业服务体系,并基本建成统一规范的公共就业服务制度。

（3）校园招聘会

每年高等院校学生毕业之前的大半年时间里,是许多企业单位获得求职者最多、最集中的时间,也是高等院校集中组织毕业生和企业供需见面的时间。从各个层次的高等院校中,企业可以获得许多很有潜力的应聘者。对于企业而言,选择到哪所院校去招聘,招聘哪些专业的学生,都应该在事前考虑周全,并对派往学校的招聘人员进行培训,增强他们对大学生的甄选能力,并能够很好地塑造企业形象,提高企业的吸引力。另外,企业招聘人员还要帮助毕业生纠正其不切实际的虚高期盼,引导毕业生形成正确的就业观念。

（4）员工推荐

这种方式可能是所有招聘方式中成本最低的,而且经相关研究证明是获取合格应聘者的最好途径。一些企业还制订了这方面的激励政策,对成功推荐新员工的老员工给予奖励。但是员工推荐的缺点在于,可能不会增加员工的类别与改善员工的结构,因为员工推荐的大多数是与其自身情况相似的新人。如果管理层想改善员工结构,员工推荐这种途径就不太可取。

（5）上门求职者

这些求职者主动走进企业的人力资源部门递交简历申请工作,对于这些人有些企业通常予以忽视,认为主动送上门的候选人质量较差,这种认识往往是错误的,因为这类求职者通常是对企业有所了解后,才会主动递交申请,并且这类人的就职愿望比较强烈,被录用后对企业的忠诚度较高。同时,企业是否能够礼貌地对待这些求职者,不仅是对应聘者的尊重问题,还会影响到企业在社会的声誉。

（6）内部搜寻

尽管工资待遇、福利、保险等实际支付都体现了组织对员工工作的认可,并且对许多人而言,进入一个组织最先吸引的条件可能就是薪酬,但是内部晋升,或是面向内部员工的、空缺岗位的公开招聘是增强员工对组织的奉献精神的中心举措,是增强组织凝聚力的关键策略。

4）招聘的程序

汽车服务企业人力资源招聘的过程一般包括下述几个步骤。

①确定人员的需求根据企业人力资源规划、岗位说明书和企业文化确定企业人力资源需求,包括数量、素质要求以及需求时间。

②确定招聘渠道考虑是从企业内部选拔,还是从外部招聘企业所需人员。

③实施征召活动根据不同的招聘渠道,展开征召活动,将以各种方式与企业负责招聘的人员进行接触的人确定为岗位初步候选人。

④初步筛选候选人。根据所获得的资料对候选人进行初步筛选,剔除明显不满足企业需要的应聘者,留下的候选人进入下一轮的测评甄选。

⑤测评甄选。采用笔试、面试、心理测试等方式对候选人进行严格测试,以确定最终录用/聘用人员。

⑥录用/聘用。企业与被录用/聘用者就工作条件、工作报酬等劳动关系进行谈判,签订

劳动合同。

⑦招聘评价。对本次招聘活动进行总结,并从成本收益的角度进行评价。

5)人事测评

当企业获得了足够数量的应聘者之后,需要利用各种工具和方法对应聘者的性格、素质、知识和能力等进行系统的、客观的测量和评价,从而做出录用决策。人员选拔是招聘工作中最关键的一步,也是招聘工作中技术性最强的一步,其难度也最大。

人事测评就是采用科学的方法,收集被测评者在主要活动领域中的信息,针对某一素质测评目标体系做出衡量判断的过程。

选拔性测评是以选拔优秀人员为目的的测评,通过测评,把不同素质、不同水平的人员区分开来。开发性测评是以开发人员素质为目的的测评,是要了解测评对象有哪方面的优势和劣势,从而为测评对象指出努力方向,为组织提供开发依据。考核性测评是以鉴定与验证是否具备某种素质或具备程度大小为目的的测评,它经常穿插在选择性测评中。本书将主要讨论选拔性测评所用到的人事测评技术。

(1)面试筛选

面试是企业招聘最常用的,也是必不可少的一种测评手段。它是评价者与被评价者双方面对面地观察、交流互动的一种测评形式。一项调查表明,99%的企业使用面试作为筛选工具。面试的主要任务是为录用决策解决疑问。通过面试,一般需要了解应聘者的以下情况:应聘动机;对本公司及其应聘职位的了解程度;若是有过工作经验的,需要了解离开原来职位的具体原因;若被录用或聘用,能够报到上班的时间。原来的收入水平以及期望的收入水平、工作经历、表现和专业知识、技能以及接受过的培训,业余生活和爱好;应聘者的优缺点、外在仪表和内在的心理倾向;反应与应变能力;表达能力和情绪控制能力等。

理想的面试包括五个步骤:面试准备、营造和谐气氛、提问、结束以及回顾总结。

(2)笔试

笔试主要用来测试应聘者的知识和技能。现在有些企业也通过笔试(测验)来测试应聘者的性格类型和兴趣爱好。

对知识和技能的测验包括两个层次,即一般知识和技能与专业知识和实际操作技能或能力。一般知识和技能包括一个人的社会文化知识、智商、语言理解能力、数字能力、推理能力、理解能力和记忆能力等。专业知识和技能即与应聘岗位相关的知识和技能要求,如汽车构造知识、二手车评估知识、企业管理知识、人际关系能力、观察能力、沟通能力、市场开发能力等。

(3)能力测试

常用的能力测试方法包括:智力测试,语言能力测试,理解力和想象能力测试,判断、逻辑推理和归纳能力测试,反应速度测试,操作与身体技能测试等。

所谓能力测试,就是在根据应聘岗位而设置的情境下,对应聘者的应变能力、智力、潜能、气质、性格、态度、推理能力、归纳能力等特征进行测度的一种测试方法,目的是判断应聘者的心理素质和能力,从而考查应聘者对招聘职位的适应程度。

(4)评价中心测试

评价中心测试是一种综合性的人事测评方法。评价中心技术综合使用了各种测评技术,其中也包括前面介绍的能力测试和面试的方法,但评价中心的主要组成部分以及它的最突出特点是它使用了情境模拟的测评方法,对被测试者的特定行为进行观察和评价。这种方法通常就是将被测试者置于一个模拟现实的工作情境中,面对设置的各种问题,采用多种评价技术,由多个评价者观察和评价被测试者在这种模拟工作情境中的行为表现及应对方法。

评价中心常用的情境性测评方法有:无领导小组讨论、公文处理练习、模拟面谈、演讲、书面的案例分析、岗位角色扮演等。这些方法都可以用于揭示特定职位所需的胜任特质,从而对被测试者进行测评。现在,有些企业已经将情境模拟性的测评转化成标准化的方式来呈现,使测验的结果能够得到客观的评价。例如,将模拟情境制成视频,根据情境的内容设计一些标准化的选择题,被测试者边看视频边回答问题,然后对他们作答的结果进行客观的计分,并且可以建立常规分析模型加以处理。这种方法可以使情境模拟性测验变得更加容易实施。从组织的角度而言,人事测评可以帮助一个组织有效地选拔和合理地利用人才,做到人尽其才。另外,也能帮助每个员工通过了解他们自己的素质,帮助他们制订和实施自己的职业生涯规划,从而为员工的发展提供机会,这也是对员工的一种激励,从而有利于提高团队的凝聚力。

9.3.2　员工培训与开发

变化是市场永恒的主题,在市场经济大潮中“适者生存”的道理被证明了千百遍。经济的全球化发展使得汽车服务企业间的竞争范围更加广阔,市场变化速度日益加快,面对这种严峻的挑战,汽车服务企业必须保持持续学习的能力,不断追踪日新月异的先进技术和管理思想,才能在广阔的市场中拥有一席之地。

员工培训是企业增强应变能力的必要手段。员工的培训与开发对于企业提高生产效率、提高工作和产品质量以及增强竞争力是至关重要的。员工的培训与开发是企业人力资源管理的重要职能之一,是提高员工素质、拥有高素质人才队伍、帮助企业获得竞争优势的重要工作方面;同时也是开发企业人力资源潜能,帮助员工实现自身价值,提高工作满意度,增强对企业责任感和归属感的重要内容。因此,增加对人力资源的投资,加强对员工的教育培训,提升员工素质,使人力资本持续增值,从而持续提升汽车服务企业业绩和实现战略规划,已成为汽车服务企业界的共识。

1)员工培训与开发的含义

员工培训是一个为员工灌输组织文化、道德理念、提供思路、信息和技能,帮助他们提高素质和能力、提高工作效率,发掘内在潜力的过程。从管理角度看,员工培训主要是使员工学习掌握如何干好所承担工作的相关信息和技能。员工开发则是指通过教育活动使员工掌握目前和未来工作所需的思路、知识及技巧,充分发挥自身的潜能(积极性、创造性),能不断适应新情况、新环境的需要,卓有成效地完成组织任务和目标,所以员工开发又称为员工发展。其实,员工培训与开发就是组织正式员工的综合发展工作,从教育和管理角度来看,是一种在组织目标和岗位任务规定下的,对员工实施继续教育、终身教育,促使员工提高素质,开发人力资源的活动。

广义的员工培训与开发包括企业一般员工的教育与培训(岗前与在岗两种)、管理人员培训与发展(管理开发计划)、员工职业生涯管理等内容。狭义的员工培训与开发则指普通员工教育培训,以及管理人员开发。

2)员工培训的必要性

员工培训对企业发展的重要性已经被越来越多的企业所认识。对于企业来说,最重要的资产是人,而不是机器、设备和资金。被誉为"经营之王"的松下幸之助(日本著名企业家,"松下电器"创始人)认为,"松下是制造人的,兼之制造电器。"日本三洋电器公司也有这样的信条:"三洋首先是生产优质的人,其次再由优质的人生产优质的产品。"由此可以看出,员工培训对企业是非常重要且非常必要的。

员工培训的重要性具体表现在以下几个方面。

①可以使企业适应环境的变化,满足市场竞争的需要。企业所处的竞争环境在快速地变化,原来合格的员工,如果不参加培训,就会随着环境的变化变为不合格。市场竞争,从产品竞争,到销售竞争,到资本竞争,到知识竞争,一步步不断升级,最终是企业人力资源的竞争,企业要在激烈的市场竞争中取胜,必须重视员工培训,这是市场竞争的需要。

②可以提高企业运转的质量和能力,提高劳动效率。接受过职业培训的员工,不仅能够更好更快地掌握新技术和新方法,正确理解技术指标的含义,提高整个企业的工作水平和质量,减少浪费,提高劳动效率,还能更彻底理解企业的方针、政策和管理要求,对企业进行的监督、指挥和协调工作有更深刻的认识。

③可以促使企业员工接受变革。任何企业不可避免地在受到社会、市场、竞争对手以及企业内部的压力时,都会发生不同程度的变化,而且这种变化是经常性的。实践证明,接受训练不多的人,掌握一门新技术是比较吃力的,因而对上述变化就会持反对或拒绝的态度,导致其持消极情绪和不合作的态度,并影响工作的效率和质量。而经常接受培训的人,很容易接受新的事物。因此,员工职业培训一方面促进了企业的变革,另一方面也促进企业员工更容易接受变革的事实。

④可以促使员工认同企业文化。对新成员进行职业培训,可以使他们了解本企业的文化,引导他们的思想文化与企业的思想文化统一起来。另外,培训本身就是企业文化的一部分。例如,IBM公司认为"教育和培训是文化的一部分,而且不应该看作是与其他的人力资源政策和管理相互独立的。"很多注重自身发展的年轻人,就是看中了能够和乐意提供高质量的培训才愿意到IBM工作的。

⑤可以满足职工自身发展的需要。每个员工都有追求自身发展的欲望。这种欲望如不能满足,员工就会觉得没有发展空间、工作没劲、生活乏味,工作没有动力,最终导致员工尤其是优秀员工的流失。即使作为一般员工,每个人也都希望在企业中有成长晋升的机会,这

就需要不断学习。员工不但要熟悉自己的工作,还要了解本专业的最新动态,掌握有关的新技术和新方法,使自己有比较宽的知识面和合理的知识结构。一般来说,对自己的职业道路有长远计划和打算的人,到了一定时期都渴望能有学习的机会,以利于下一步更好地发展。而且,培训对担负一定责任的各级领导者来说更为重要。他们知识面的扩大、视野的开阔、领导水平的提高和决策能力的增强,都需要有效的培训才可以获得。

⑥可以有效激励员工。通过培训可以增强员工的责任感、成就感和自信心。当员工通过企业组织的职业培训感受到自己的价值并得到组织的重用时,就会对工作更加满腔热情,对自己更加充满信心。从这个角度来看,培训本身就是一种重要的激励方式。在很多国际大公司里,公司不仅提供大量的培训,也支持员工个人进行适合自己职业道路的或自己需要的培训,即使这些培训并不在公司的计划之内,或不那么符合公司的既定目标。

3）员工培训形式的分类

员工培训与开发的项目和方式种类繁多,可以从不同角度分类概括。

①按照培训与开发的对象与重点划分在汽车服务企业中,若根据培训与开发的对象层次,可划分为高级、中级和初级培训。若按照培训对象及培训内容特点的不同来分,可以划分为以下类型。

A. 新员工上岗培训。新员工上岗培训又称新员工定向培训、导向培训或社会化培训。主要是指向新聘用的员工介绍企业情况和企业文化,介绍工作任务和规章制度,使新员工了解必要的事情,尽快按企业要求安下心来开始上岗工作的一种培训。

B. 员工岗前培训。员工岗前培训主要包括新员工岗前培训(新员工上岗培训),以及老员工工作岗位变动,走向新岗位之前所接受的培训教育活动。

C. 员工在岗培训。员工在岗培训又称员工上岗后的培训或员工岗上培训,主要是指企业根据工作需要,对从事某些特定岗位工作的员工开展的各种知识、技能和态度等形式的教育培训活动,为员工提供思路、信息和技能,帮助他们提高工作效率的各种培训活动。员工在岗培训可以按员工类别不同分为操作人员培训、技术人员培训、管理人员培训等。

D. 管理人员开发。管理人员开发又称管理开发或管理人员培训与开发,主要对象是企业各级管理人员和一部分准备升为管理人员的准管理人员,通过研讨、交流、案例研究、角色扮演、行动学习等方法,使他们树立正确的管理心态,掌握必要的管理技能,学习和分享先进的管理知识和经验,进而改善管理绩效。

E. 员工职业生涯开发。员工职业生涯开发是以企业所有员工(重点是企业中的关键人才和关键岗位的工作者)在企业中的职业发展为开发管理对象,通过各种教育、训练、咨询、激励与规划工作,帮助员工开展职业生涯规划与开发工作,使个人目标与组织目标结合起来,培养员工的事业心、责任感、忠诚感与献身精神。

②按照培训与开发同工作的关系划分根据培训和开发与员工工作活动的关联状况,员工培训可以分为以下三类。

A. 不脱产培训。不脱产培训也称在职培训,指的是员工边工作边参加培训,主要是在实际工作中得到培训。这种培训方式经济实用且不影响企业的工作与生产,但在组织性、规范性上有所欠缺。

B.脱产培训。脱产培训也就是员工脱离工作岗位,专门到各类培训机构或高等院校接受专业培训。这种培训形式的优点主要是员工的学习时间和精力集中,没有工作压力,知识和技能水平会提高较快,但在针对性、实践应用性、培训成本等方面往往存在弊端。

C.半脱产培训。所谓半脱产培训,是介于脱产培训与不脱产培训两者之间,脱产培训与不脱产培训相结合,可在一定程度上取两者之长,弃两者之短,较好地兼顾培训的质量、效率与成本等因素。但两者如何恰当结合,是一个难点。

③按照培训内容划分根据学习内容与学习过程不同的特点,可以把培训与开发分为知识、技能和态度等三种类型。这种分类法在教育界和培训界被广泛使用。

A.知识培训。知识培训也称知识学习或认知能力的学习,要求员工学习各种有用的知识并运用这些知识进行脑力活动,促进工作改善。知识培训也可按传授知识的性质而分为三类:一是对员工的工作行为与活动效率起基础作用的(数理化、语文、外语等)基础知识的培训;二是与企业的生产经营职能和员工本职工作活动密切相关的理论、技术和实践的专业知识的培训;三是与科技发展、时代特点、企业经营环境和业务特点相关联的背景性的广泛知识的培训。

B.技能培训。技能培训包括对员工的运动技能和智力技能的培训。也有人认为技能培训即是对员工使用工具,按要求做好本职工作,处理和解决实际问题的技巧与能力的培训和开发。运动技能培训也称为肌肉性或精神性运动技能学习,主要是教授员工完成具体工作任务所需的肢体技能,能够精确并按要求进行有关的体力活动,如操作机床、驾驶汽车等。智力技能培训则是教授员工学习和运用可被推广的要领、规则与思维方法,分析问题、解决问题,改进工作并发明新产品、新方法、新技巧等,如设计并改进组织结构和工作程序等。

C.态度培训。态度培训又称态度学习或情感性学习,它主要涉及对员工的价值观、职业道德、认知、行为规范、人际关系、工作满意度、工作参与、组织承诺、不同主体的利益关系处理,以及个人行为活动方式选择等内容和项目的教育与培训。

4)培训与开发国际型人力资源

中国要走向世界,必须有一批和国际接轨的大公司和企业集团,必须培养一批具有国际战略眼光的企业家,必须要和国际的管理和经济接轨。只有这样,我们的企业家才能和国际上的企业家讲同一种语言。一个国家的经济实力和国际竞争力,集中体现在大公司和企业集团的实力和竞争力上。具有国际化竞争力的大公司和企业集团必须有一批具有国际战略眼光的企业家,这也是企业培训应紧紧围绕的一个中心,要根据国家的发展方向和企业战略积极地推动企业培训。

另外,产品市场的日益全球化,迫使企业要求员工要更多地了解影响商业活动的文化与习俗;对倡导全员参与的企业和工作团队而言,必须要求员工具有高超的人际交往能力才能取得成功。因此,培训与开发国际性人力资源已成为企业的一项重要任务。

5)常用的培训方法

培训方法多种多样,内容十分丰富。根据培训目标确定适合的培训方法与技术,能够提高培训效率并降低成本。该书将各种培训方法分为三大类:演示法、传递法和团队建设法。

（1）演示法

演示法（Presentation Methods）是指向参加培训的对象传授知识、技能的过程中,讲授者主动将知识、技能灌输给受训者,而受训者被动地接受这些知识、技能的一种培训方法。常用的演示法有讲授法和视听法两种。

①讲授法。讲授法又称讲解法,是指培训者用语言把知识、技能等培训内容传授给受训者的培训方式,即培训者讲,受训者听并汲取知识。它是一种非常传统的培训方式,也是培训中应用最普遍的一种方法。例如,1957 年,麦当劳为了使所有的加盟者对其标准化有充分的认识,决心开设一个全天候的训练中心,于是在一个分店里的地下室建造了一间教室,配备了必要的教学器材,并且聘请全天专职的教师任教。这样,1961 年 2 月,麦当劳成立了著名的汉堡大学。麦当劳采用的培训方法就是讲授法。

讲授法培训虽然是单向地从培训者到听众,但是不论多媒体等新技术如何发展,这种方法一直是受欢迎的培训方法。它是成本最低、最节省时间,又是按一定组织形式可以有效传递大量信息的培训方法之一。

讲授法不足之处也很明显。它缺少受训者的参与、反馈及与工作实际环境的密切联系。讲授法很难吸引受训者的注意力,因为它强调的是信息的聆听,很难迅速、准确、有效地把握学习者的理解程度。

②视听法。视听法就是利用幻灯片、电影、视频、计算机等视听教材进行培训,它是一种多感官参与的培训方法,其中视频是最常用的方法之一。

视听法可用来展示根据培训需要预先录制的内容,以展示行为、技术或说明问题,还可用来录制和重放受训者在课程中的表现,被广泛用于提高受训者的沟通技能、面谈技能、服务技能等培训中。

由于视听法所用的材料具有可以人为控制播放的方式,受训者能够得到前后连贯一致,不受个人兴趣影响的生动的信息内容,可以让受训者进入很难用语言描述的环境、事件和情景当中,具有客观而真实感强等优点,所以它在单独或与其他方法组合使用上得到了培训讲师的日益重视。

视听法要求讲师在播放视听材料前清楚地说明培训的目的及有关视听培训应该注意的事项,并依据讲课的主题选择合适的教材。视听教学中一般要配合播放内容进行讨论,边看边讨论以提高培训的有效性。讨论后受训者必须做重点总结,谈谈培训后自己的感想及如何将培训后获得的知识（技能）应用于工作中。

用视听法进行培训要特别注意培训设备的准备工作,包括放映机的使用步骤、透明胶片的制作要求、幻灯片和视频资料的制作与运用、音响装置的运用、活动图纸的摆放及处理等,这些问题处理不好,可能会大大影响培训的效果。

（2）传递法

传递法也称内行传授法,它主要是指要求学习者积极参与学习,在专家内行的言传身教、耳提面命,以及个人参与和互动行为过程中,进行培训与开发的一种方式。这类方法有利于开发员工的特定技能,有利于理解技能和行为如何应用于工作当中,可使学员亲身经历一次任务完成的过程,或学会处理工作中发生的人际关系问题。这类方法包括在职培训法、仿真模拟法、案例研究法、商业游戏法、角色扮演法和行为塑造法等。

①在职培训法。如前文所述,在职培训是指新员工或新变换岗位缺乏工作经验的员工,通过观察提问,仿效同事和上级执行工作的做法与行为而进行的学习活动。成功的培训方案通常包括以下要点:一是列出受训者需要学习的所有信息和技能;二是设定学习目标;三是设计一次在职培训(On the Job Training, OJT),让受训者有机会观察称职的员工如何执行每一项重要的工作任务;四是演示任务时,演示员工应该向受训者解释原理和方法;五是让受训者有机会执行每一项重要的工作任务。应该给受训者足够的机会去实践,同时得到必要的反馈。

OJT 是一种广受欢迎的方法,可采用师傅带徒弟、自我指导学习等多种形式。

a. 师傅带徒弟。师傅带徒弟(Apprenticeship)是一种最传统的在职培训方式,这种培训方式既有课堂培训又兼顾工作与学习。最早的师傅带徒弟培训没有一定的方法和程序,新员工只是从观察和体验中获得技能,因而见效相当迟缓。现在的师傅带徒弟培训作为一种在职培训方法,其形式主要由一名经验丰富的员工作为师傅,在工作中带一名或几名新员工。通常在需要手工艺的领域中使用这种培训方式。

师傅带徒弟培训的一个主要优点在于,可让学习者在学习的同时获得收入,这一点是很重要的。因为师傅带徒弟会持续好几年,学习者的工资会随他们技能水平的提高而增加。师傅带徒弟的另外一个优点就是师傅与徒弟之间会形成良好的人际关系,有助于将来工作的展开。

师傅带徒弟培训的缺点是,只对受训者进行某一项技术或工作的培训,随着新技术和新管理方法在企业中的应用,不少员工的技能可能被机器所取代,所培训的技术可能会无用武之地。而其他企业认为,由于学徒只在一项工作中或在一家公司内接受了范围狭窄的培训,出师的学徒也许只具备特定公司所需的技能,不可能获得其他新技能,或其技能不可能适应工作环境的变化,所以不愿意聘用从师傅带徒弟计划中分来的工人。另外,师傅带徒弟中的师傅往往有一种"带会徒弟饿死师傅"的顾虑,因此在传授中总有所保留。

b. 自我指导学习。自我指导学习(Self Directed Learning)是指由受训者自己全权负责的学习,也就是自学。自我指导学习作为一种培训方式是受训者自主、自愿的选择,这种培训中受训者不需要任何指导者,只需按自己的进度学习预定的培训内容。培训者只是作为一名辅助者而已,即培训者只负责评估受训员工的学习情况并解答受训者所提出的问题。培训者不控制或指导学习过程,而完全由受训者自己掌握。自我指导学习是一种注重培训结果的培训方式,至于培训过程,企业并不看重甚至忽略不计。

自我指导学习的优点是,该培训方式让受训者自行制订学习进度并接受有关学习绩效的反馈。对企业而言,自我指导学习只需少量培训人员,降低了与交通及培训教室安排等有关的成本,而且可以在多个地点同时进行。自我指导学习的一个主要不足在于,它要求受训者必须愿意自学,也就是说受训者要有学习动力。

②仿真模拟法。仿真模拟法(Simulation)是指把受训者置于模拟现实的工作环境中,让他们依据模拟情境做出及时反应,分析实际工作中可能出现的各种问题的一种培训方法。

由于仿真模拟法所模拟的环境必须与实际工作环境的构成要素相同,并能够像一定条件下的真实设备或情境一样对受训者的指令和行为做出反应,因此,受训者的决策结果能反映出假设他在该岗位上工作处理各种状况的真实场面,从而可以使受训者便捷并有针对性地学习掌握正确的技能和行为,并修正不正确的技能和行为。仿真模拟法常被用来传授生产和加工技能、管理技能、人际关系技能等。

仿真模拟法的优点在于,受训者能够迅速地掌握实际工作中的操作技能,其实践性非常强。这种方法的缺点是仿真毕竟不是现实,有的受训者对仿真器材认识不足,总认为这是假的,因此态度上不够严谨。

③案例研究法。案例研究法(Case Study)是美国哈佛商学院推出的,最初用于培养工商管理硕士,目前则广泛应用于管理人员的培训,也常用于其他专业人员的培训,是目前世界上在培训界应用最多的培训方法之一。它要求受训者研究分析那些描述现实工作情形和真实经营管理事件的案例。

一方面,案例研究法通过由培训对象针对案例背景材料来分析问题、提出解决问题的各种方案,找出最佳方案,从而达到训练人员分析问题和解决企业实际问题能力的目的。该方法特别适合于开发高级智力技能。这些技能通常是管理者和其他的专业人员所必需的。案例还可使受训者在对情况进行分析的基础上,提高承担具有不确定结果风险的能力。在教员和学员的关系中,教员不仅仅是讲解,他们同时也应学习、听讲、理解。同样,学员也不仅仅是学习,他们也可以讲解、演说、传授。案例讨论为学员开辟了一个讲台,也为教员提供了一个不断学习和提高的机会。

另一方面,为使案例培训更有效,培训环境必须能为受训者提供案例准备及讨论案例分析的机会。由于受训者的参与度对案例分析的有效性具有至关重要的影响,因此,受训者必须愿意并且能够分析案例,然后进行沟通并坚持自己的立场。

④商业游戏法。商业游戏法(Business Games)是指仿照商业竞争的规则,采用游戏的方式开发管理技能的一种培训方法。商业游戏要求受训者收集信息并对其进行分析,然后做出决策。

商业游戏主要用于开发受训者的经营决策能力和管理技能。在商业游戏中,受训者被要求在规定的场景中,必须收集信息,分析情况,仿照商业竞争规则或管理规则,做出决策,推行方案。商业游戏涉及企业经营管理实践、财务管理、市场营销、劳工关系等各个方面。

商业游戏法的优点在于,能够模拟出商战的竞争性质,情境逼真而富有趣味性。应用这种方法,可以增进受训者对制订决策的认识以及开发领导能力、决策能力、合作精神等;还能够帮助培育凝聚力很强的团体,并迅速构建团队的信息框架,具有很强的参与性、活动性和一定的仿真性,并因此激发受训者参与的积极性。然而,这种方法的缺点一是游戏的设计和实施费用较高;二是决策者往往在限制的条件下进行决策,在一定程度上影响其水平发挥。

⑤角色扮演法。角色扮演法(Role Plays)是指在一个模拟的工作环境中,让受训者扮演分配给他们的角色,并给受训者提供有关背景信息,让他们承担相关角色职责的一种培训方法。其目的是给学员提供不同的待人处事的观点和练习处理各种人际关系的技巧,寻求在情绪激动下解决问题的方法。

角色扮演与情境模拟的区别在于,受训者可获得的反应类型及有关背景情况的详尽程度。角色扮演提供的情境信息十分有限,而情境模拟所提供的信息通常都很详尽。情境模拟注重于物理反应,而角色扮演则注重人际关系反应。在情境模拟培训中,受训者的反应结果取决于模型的仿真程度。在角色扮演中,结果取决于其他受训者的情感反应。

角色扮演法是解决行为问题,开发受训者在领导、授权等方面的技能的有效方法。

它可以提供给受训者工作的实验机会,是一种成本低、有趣味又能开发新技能的方式。它也可以训练人们体察他人情绪的敏感性。但是,这种方法在角色设计、表演投入、指导信息、处理交流、行为反馈上要求很高,而且经常会遇到下述问题:角色扮演活动花费时间长,有人视为小孩把戏而不感兴趣;活动的准备和指令不妥;"导演"和"演员"缺乏经验,致使参加者以为没什么效果,浪费时间。

⑥行为塑造法。行为塑造法(Behavior Modeling)也称行为示范或行为模仿,是指向受训者展示一个关键行为的模型,然后给他们提供实践这些关键行为的机会并提供其实践情况的反馈,促使培训成果在实践中转化的一种培训方法。它是以社会学习理论为依据的,该理论强调学习是通过观察示范者演示的行为以及看到示范者如何使用这些行为而受到强化的。行为塑造能够抓住并保持学员的注意力,并提供了有针对性的实践和反馈机会,所以有效性突出,更适合于行为、人际关系和某种技能的学习。

需要指出的是,行为塑造法与角色扮演法相比,虽然同样要求受训者扮演某些角色、演示某种情形,但是行为塑造教给受训者的是"如何正确执行任务"的方法,培训中发生的互动行为是实践而不是"剧情中的角色扮演"。

(3)团队建设法

团队建设法(Gnmp Building Methods),是指以提高团队或群体绩效为目的的培训方法,目的在于提高受训者的技能和团队合作的有效性。团队建设法让受训者共享各种观点和经历,建立群体统一性,了解人际关系的力量,并审视自身优缺点及同事们的优缺点。它包括冒险性学习、团队培训和行动学习。

①冒险性学习。也称野外培训或户外培训,指通过有组织的户外活动来开发团队协作和领导技能的一种团队建设培训方法。它最适用于开发与团队效率有关的技能,如自我意识、问题解决、冲突管理和风险承担。另外还包括一些费力的、富有挑战性的体育活动以及有组织的个人和小组户外活动,如爬墙、攀绳、蹦极、登梯及利用其他辅助设施从两座塔之间的钢丝上走过等。

冒险性学习获得成功的关键之一是,要求团队全体成员共同参与练习,在练习中体验发现妨碍群体有效性的那些障碍和问题,然后对之进行讨论和正确认知;关键之二是,必须根据拟对受训者开发的技能来设计和组织冒险学习的内容;关键之三是,要有一位经验丰富的指导者在练习结束后组织参与者讨论在练习中发生的事情及其与工作情境的联系,讨论体验和学到的东西以及如何把其应用到工作实践中去。

②团队培训。团队培训(Team Training)是指将单个人的绩效协调在一起工作,从而实现共同目标的一种培训方式。一个团队成功与否,取决于其成员个人决策活动中的相互协调、处理潜在危机情况的思想准备,以及团队的绩效三个方面的要素,其中团队绩效又取决

于团队成员的知识、态度和行为三个要素。

团队培训旨在调整团队成员的知识、态度和行为,通过协调个体的活动和绩效来促进团队绩效的提高,从而有效实现团队的共同目标。这对于必须分享信息、协同工作、个人行为与群体绩效密切相关的集体和项目是非常有用的。

团队培训主要有交叉培训、协作培训和团队领导技能培训三种。交叉培训是指让团队成员熟悉并实践其他人的工作,以便在有人离开团队时,其他人能够补位承担起相应的工作。协作培训是指促使团队成员共享信息、分担决策责任、协调行动、合作工作,从而实现团队绩效最大化的培训内容与方式。团队领导技能培训的主要对象是团队领导者或指导人员,主要培训内容包括:如何协调团队成员的活动、如何解决内部冲突、如何培养各种团队技能等。

③行动学习。行动学习(Action Learning)是指给团队一个工作中的实际问题,让他们合作解决并制订出行动计划,然后由他们负责实施这项计划的培训方式。团队的构成可以不断变化,有时在团队中包括一个有问题需要解决的用户;有时团队中包括涉及同一个问题的各个部门的代表;有时团队中的成员来自多个职能部门又都有各自的问题,并且每个成员都希望解决各自的问题。

这种方法由于其"行动"涉及的是员工实际工作中面临的问题,有助于发现妨碍团队有效解决问题的非正常因素,并有利于学习与培训成果向实践高效转化。该方法在欧洲已被广泛采用。

6)新兴的培训方法

现代技术进步加快、产品生命周期缩短以及竞争加剧,这一切对员工的学习提出了更高的要求,终身学习是个人发展不可缺少的学习方式。随着信息技术的发展,大量的信息技术被引进到培训领域。这种情况下,新兴的培训方式不断涌现,如网上培训、虚拟培训、远程学习、培训支持技术等培训方式在很多企业受到欢迎。

(1)网上培训

网上培训(Online Training)又称为基于网络的培训(Web-based Training),是指通过公司的内网(Intranet)、外网(Extranet)或因特网(Internet)对学员进行培训。教师将培训课程存储在培训网站上,分布在世界各地的学员利用网络浏览器进入该网站接受培训。

网上培训与现实培训相比较,有以下几方面的优越性。

①无须将学员从各地召集到一起,大大节省了培训费用。

②网络上的内容易修改,且修改培训内容时,无须重新准备教材或其他教学工具,费用低,可及时、低成本地更新培训内容。

③网上培训可充分利用网络上大量的声音、图片和视频文件等资源,能够增强课堂教学的趣味性,从而提高学员的学习兴趣和效率。

④网上培训的进度安排比较灵活,学员可以充分利用空闲时间进行,而不用中断工作。

网上培训的缺点是:网上培训要求企业建立良好的网络培训系统,这需要投入大量的培训资金,而中小企业由于受资金限制,往往无法承担相关培训设备和技术所需费用;另外,某些培训内容不适用于网上培训方式,如关于人际交流的技能培训就不适用于网上培训方式。

因此,进行网上培训的企业应注意这些问题:网上培训内容形式的设计尽量和站点形式一致;大量利用多媒体技术实现培训信息的传递;确保网络通畅;确保每名学员都掌握了关于网络操作的基本知识;网上培训不能完全代替课堂培训;网上培训的同时不能忽视人际关系的培养。

（2）虚拟培训

虚拟培训是指利用虚拟现实技术(也就是高性能计算机硬件与软件及各类先进的传感器的一种集成技术),生成实时的、具有三维信息的人工虚拟环境。培训学员通过运用某些设备接受和响应该环境的各种感官刺激而进入其中,并可以根据需要通过多种交互设备(如头盔、数据手套和刚性外骨架衣服等)来驾驭该环境以及用于操作的物体,从而达到提高培训对象各种技能或学习知识的目的。虚拟培训特别适用于汽车驾驶员、军事人员、飞行器驾驶员、空中交通管制人员、医务工作人员、体育运动员等方面人才的培训,他们能从这种培训中获得感性知识和实际经验。

虚拟培训的优点在于它的仿真性、超时空性、自主性、安全性。学员在虚拟培训中操作的设备和真正的设备功能一样,操作方法也一样,理想的虚拟环境甚至能够让学员无法辨出真假。虚拟环境具有超时空的特点,它能够将过去世界、现在世界、未来世界、微观世界、宏观世界等拥有的物体有机地结合到一起。在培训中,学员能够自主选择或组合虚拟培训场地或设施,而且学员可以在重复中不断增强自己的训练效果。更重要的是,这种虚拟环境使他们脱离了现实环境培训中的风险。

（3）远程学习

远程学习(Distance Learning)是指通过计算机和网络技术使不同地域的人能够达到同步学习的目的。远程学习适用于为分散在不同地域的企业提供关于新产品、政策、程序的信息以及技术培训和专业讲座。

远程学习通常采用两种技术使人们之间进行双向沟通。一种是受训者的同时性学习,即通过培训设备受训者可以与培训者和其他受训者进行网络沟通。远程学习的另一种方式是通过个人计算机进行的个人培训。只要拥有个人计算机,员工就可以随时接受培训。通过公司的内部网络、视频、教学软件可以分发课程材料和布置作业。而培训者和受训者之间则可以通过电子邮箱、公告栏和电子会议系统进行沟通。视频远程会议通常会配备电话线,可以让观看视频的受训者能通过电话向培训者提问。企业还可以通过卫星网络来开展专业课程和教育课程的培训,使员工可以获得学历文凭和从业资格认证。

远程培训的最大优点在于能为企业节约交通费用。通过这种方式可以使处于不同地区的员工都能获得专家的培训。远程学习的主要缺点在于缺乏培训教师和受训者之间的沟通。要想学习收到良好的成效,必须在培训者和受训者之间形成良好的互动。而远距离学习项目只利用了广播技术来为不同区域的人们提供讲座,因此沟通效果受到影响。

（4）培训支持技术

培训支持技术指借助于先进的电子技术,帮助受训员工了解有关的培训内容,并使他们按照自己的需求来获取有关信息和决策规则等。目前启用的有专家系统、电子会议软件、电子支持系统等新技术来支持培训。

①专家系统。专家系统(Expert Systems)指把专家的知识组织起来,建立一个专家库以解决员工培训中遇到的问题。首先,专家系统必须是具备某个领域的事实资料、图表和规则的知识库;其次,必须具有一种决策能力,可以模拟专家的推理能力,并可从事实和图表中得出结论,来回答问题和解决问题;最后,必须具备一个使用者界面,从而可以为该系统的使用者搜集和提供信息。当受训员工遇到的问题和需做的决策超出其现有知识技能的范围时,就可利用专家系统寻求帮助。专家系统既可以作为培训的支持技术,也可以作为一种信息传递装置。此外,还可利用专家系统来对员工进行专家决策程序的培训。

②电子会议软件。电子会议软件(Electronic Meeting Software)是一种共享资源,是指用软件的形式将培训的有关内容组织到一起,供培训者与受训者共同使用。电子会议软件是一种特殊的应用软件,它可使不同的使用者搜寻、共享和组织信息并可同时在同一份文件上工作。电子会议软件系统把电子邮件、文件管理、电子公告栏等多种形式融合在一起。

与传统培训方法进行比较,新技术培训方法的优势在于,一方面,运用新技术培训方法可以使受训员工在家或办公室接受培训,而且许多新技术培训不受固定时间的限制,大大方便了受训员工;另一方面,受训员工不必集中,可以节省相应的费用。随着新技术的日益发展,远程学习的日益盛行,尽管新技术培训方法的运用才刚刚起步,对其效用的研究也较为有限,然而,如果这些方法具备了良好的学习环境、学习者自行控制、信息共享以及资源互联等特点,那么它们必将能产生良好的成效。

9.4　汽车服务企业绩效评估与薪酬

9.4.1　绩效评估的含义和类型

1)绩效评估的含义

绩效评估是指考评主体对照工作目标或绩效标准,采用一定的考评方法,评定员工的工作任务完成情况、员工的工作职责履行程度和员工的发展情况,并将上述评定结果反馈给员工的过程。

绩效评估包括两方面内容:其一是对个体能力的评估,它便于将个体按能力分类;其二是对工作绩效的评估,即依据工作评估的标准来评估工作人员在现任岗位上的工作绩效。只有将这两方面结合起来,才能更好地选拔和安置工作人员,使他们能在可以充分发挥其才能的岗位上做出更大贡献。

2)绩效评估的目的

绩效评估有以下几个目的。

①为员工的晋升、降职、调职和离职提供依据。

②企业对员工绩效考评的反馈。

③为员工和团队对企业的贡献进行评估。

④为员工的薪酬决策提供依据。

⑤为招聘选择和工作分配的决策进行评估。

⑥了解员工和团队培训和教育的需要。

⑦为培训和员工职业生涯规划效果进行评估。

⑧为工作计划、预算评估和人力资源规划提供信息。

所以,建立员工绩效评估管理系统,是为了使员工的贡献得到认可,并且帮助员工提高工作绩效,最终实现汽车服务企业的发展。

3)绩效评估管理的基本目标

①通过绩效评估管理系统实施目标管理,保证汽车服务企业整体目标的实现,提高在市场竞争环境中的整体工作能力与核心竞争实力。

通过绩效评估管理帮助每个员工提高工作绩效与工作胜任力,建立适应企业发展战略的人力资源队伍。

②在绩效评估管理的过程中,促进管理者与员工之间的沟通与交流,形成开放、积极参与、主动沟通的汽车服务企业文化,增强汽车服务企业的凝聚力。

4)绩效评估管理的基本原则

(1)公开性原则

管理者要向被管理者明确说明绩效管理的标准、程序、方法、时间等事宜,使绩效管理具有透明度,只有这样才能提高员工的工作绩效。目前,很多汽车服务企业都是采用的"背靠背"评估方式,员工不知道自己的缺点,更无从知道如何提高。

(2)客观性原则

绩效管理要做到以事实为依据,对被管理者的任何评价都应有事实依据,避免主观臆断和个人感情色彩,这对管理者的职业道德有着较高的要求。

(3)开放沟通原则

在整个绩效评估管理过程中,管理者和被管理者要开诚布公地进行沟通与交流,评估结果要及时反馈给被评估者,肯定成绩,指出不足,并提出今后应努力和改进的方向。发现问题或有不同意见应在第一时间进行沟通,管理者应该在管理过程中与员工沟通、具体指导,从而提高员工的工作绩效。

(4)差别性原则

对不同部门、不同岗位进行绩效评估时,要根据不同的工作内容制订贴切的衡量标准,评估的结果要适当拉开差距。不搞平均主义,工作绩效高的部门应该提高奖励比例,工作绩效低的部门应该降低奖励比例。

(5)常规性原则

绩效管理是各级管理者的日常工作职责,对下属做出正确的评估是管理者重要的管理工作内容,绩效管理必须成为常规性的管理工作。

（6）发展性原则

绩效管理通过约束与竞争促进个人及团队的发展,因此,管理者和被管理者都应将通过绩效管理提高绩效作为首要目标。任何利用绩效管理进行打击、压制、报复他人和小团体主义的做法都应受到制度的惩罚。

5）绩效评估的基本类型

（1）效果主导型

考评的内容以考评结果为主,着眼于"干出了什么",重点在结果而不是行为过程。由于它考评的是工作业绩而不是工作效率,所以标准容易制订,并且容易操作。目标管理考评办法就是该类考评。它具有短期性和表现性的缺点,对做具体服务工作的员工较适合,但事务性人员不适合。

（2）品质主导型

考核的内容以考评员工在工作中表现出来的品质为主,着眼于"他怎么干"。由于其考评内容如忠诚、可靠、主动、有创新、有自信、有协助精神等,很难具体掌握,故操作性与有效度较差。该类型适合对员工工作潜力、工作精神及沟通能力的考评。

（3）行为主导型

考核的内容以考评员工的工作行为为主,着眼于"如何干""干什么",重点在工作过程。考评的标准容易确定,操作性强,适合管理性、事务性工作的考评。

9.4.2　绩效评估管理的程序

一般而言,绩效评估工作大致要经历制订评估计划、选取考评内容及确定评估标准和方法、收集数据、分析评估、结果运用五个阶段。

1）制订绩效评估计划

为了保证绩效评估顺利进行,必须事先制订评估计划,在明确评估目的的前提下,有目的地选择评估对象、内容和时间。

2）确定评估的标准、内容和方法

（1）确定评估的标准

绩效评估必须有标准,作为分析和考查员工的尺度。一般可分为绝对标准和相对标准。绝对标准如出勤率、废品率、文化程度等以客观现实为依据,而不以考核者或被考核者的个人意志为转移的标准。所谓相对标准,就是采取员工之间相互比较的方法,此时每个人既是被比较的对象,又是比较的尺度,因而标准在不同群体中就会有差别,而且不能对每一个员工单独做出"行"与"不行""好"与"不好"的评价,如企业年终评优,规定各个车间评出一名先进工作者,这个先进工作者的标准就是相对的。

一般而言,评估标准采用绝对标准。绝对标准又可分为业绩标准、行为标准和任职资格标准三大类。

（2）选择考评内容

①选择考评内容的原则。考评内容主要是以岗位的工作职责为基础来确定的,但要遵循以下三个原则。

a.与汽车服务企业文化和管理理念相一致。考评内容实际上就是对员工工作行为、态度、业绩等方面的要求和目标,它是员工行为的导向。考评内容是汽车服务企业组织文化和管理理念的具体化和形象化,在考评内容中必须明确:汽车服务企业在鼓励什么、反对什么,并给员工以正确的指引。

b.要有所侧重。考评内容不可能涵盖该岗位上的所有工作内容,为了提高考评的效率,降低考评成本,并且让员工清楚工作的关键点,考评内容应该选择岗位工作的主要内容进行考评,不能面面俱到。这些主要内容实际已经占据了员工80%的工作精力和时间。另外,对难以考核的内容也要谨慎处理,认真分析可操作性和在岗位整体工作中的作用。

c.不考评无关内容。绩效考评是对员工的工作考评,对不影响工作的任何事情都不要进行考评。比如,员工的生活习惯、行为举止、个人嗜好等内容都不宜作为考评内容出现,如果这些内容妨碍到工作,其结果自然会影响到相关工作的考评成绩。

②对考评内容进行分类。为了使绩效考评更具有可靠性和可操作性,应该在对岗位工作内容进行分析的基础上,根据汽车服务企业的管理特点和实际情况,对考评内容进行分类,如将考评内容划分为"重要任务""日常工作"和"工作态度"三个方面进行考评。

③选择评估方法。在确定评估目标、对象、标准后,就要选择相应的评估方法。常用的评估方法有以下几种。

a.业绩评定表。所谓业绩评定表就是将各种评估因素分优秀、良好、合格、稍差、不合格（或其他相应等级）进行评定。其优点在于简便、快捷,易于量化。其缺点是容易出现主观偏差和趋中误差,等级宽泛,难以把握尺度。

b.工作标准法（劳动定额法）。把员工的工作与企业制订的工作标准（劳动定额）相对照,以确定员工工作业绩。其优点在于参照标准明确,易于得出评估结果。缺点在于标准制订,特别是针对管理层的工作标准制订难度较大,缺乏可量化的指标。此外,工作标准法只考虑工作结果,对那些影响工作结果的因素反映不出来,如领导决策失误等。目前,此方法一般与其他方法一起使用。

c.强迫选择法。此方法要求评估者必须从3～4个描述员工在某一方面的工作表现的选项中选择一个（有时两个）。其优点在于,用来描述员工工作表现的语句并不直接包含明显的积极或消极内容,评估者并不知道评估结果的好坏。其缺点在于,评估者会试图猜想人力资源部门提供选项的倾向性。此外,由于难以把握每一个选项的积极或消极成分,因而得出的数据难以在其他管理活动中应用。

d.排序法。这是一种把一定范围内的员工按照某一标准由高到低进行排列的绩效评估方法。其优点在于简便易行,完全避免趋中或严格或宽松的误差。但缺点在于标准单一,不同部门或岗位之间难以比较。

e.硬性分布法。将规定范围内的员工按照某一概率分布划分到有限数量的几种类型上的一种方法。例如,假定员工工作表现大致服从正态分布,评价者按预先确定的概率把员工划分到不同类型中。这种方法有效减少了趋中或严格或宽松的误差,但问题在于各部门中不同类型员工的概率不可能一致。

f. 关键事件法。关键事件是指那些对部门效益产生重大积极或消极影响的行为。在关键事件法中,管理者要将员工在考核期间内所有的关键事件都真实记录下来。其优点在于针对性强,结论不易受主观因素的影响。缺点在于基层工作量大。另外,要求管理者在记录中不能带有主观意愿,但在实际操作中往往难以做到。

g. 叙述法。评估者以一篇简洁的记叙文的形式来描述员工的业绩。这种方法集中描述员工在工作中的突出行为,而不是日常的业绩。叙述法简单,是比较好的一种评估方法。叙述法的缺点在于,评估结果在很大程度上取决于评估者的主观意愿和文字水平。此外,由于没有统一的标准,不同员工之间的评估结果难以比较。

h. 目标管理法。目标管理法是比较流行的一种绩效评估方法。其基本程序是:监督者和员工联合制订评估期间要实现的工作目标;在评估期间,监督者与员工根据业务或环境变化修改或调整目标;监督者和员工共同决定目标是否实现,并讨论失败的原因,监督者和员工共同制订下一个评估期的工作目标和绩效目标。目标管理法的特点在于,绩效评估人的作用从"法官"转换为顾问和促进者,员工的作用也从消极的旁观者转换为积极的参与者,增强了员工的满足感和工作的自觉性,使员工能够以一种更积极、主动的态度投入工作,促进了工作目标和绩效目标的实现。

3) 收集数据

绩效评估是一项长期、复杂的工作,对于作为评估基础的数据收集工作要求很高。其主要做法包括以下几种。

（1）记录法

维修、服务的车辆数量、维修质量、成本等,按规定填写原始记录和统计表格。

（2）定期抽查法

定期抽查服务的数量、质量,用以评定期间内的工作情况。

（3）考勤记录法

出勤、缺勤情况及原因,是否请假等,记录在案。

（4）项目评定法

采用问卷调查形式,指定专人对员工逐项评定。

（5）减分登记法

按职务（岗位）要求规定应遵守的项目,制订出违反规定扣分方法,定期进行登记。

（6）行为记录法

对优秀行为或不良行为进行记录。

（7）指导记录法

不仅记录部下的各种工作行为,还将其主管的意见及部下的反应也记录下来,这样既可考查部下,又可考查主管的领导工作。

4）评估分析

评估分析的任务是根据评估的目的、标准和方法，对所收集的数据进行分析、处理、综合。具体过程如下。

（1）划分等级

把每一个评估项目，如工作态度、人际关系、出勤情况、责任心、工作业绩等，按一定的标准划分为不同等级。一般可分为 3 ~ 5 个等级，如优、良、称职、不称职。

（2）对单一评估项目的量化

为了能把不同性质的项目综合在一起，就必须对每个评估项目进行量化及不同等级赋予不同数值，用以反映实际特征。例如，优为 10 分，良为 8 分，称职为 6 分，不称职为 2 分。

（3）对同一项目不同评估结果的综合

有多人参与的情况下，同一项目的评估结果可能不相同。为综合这些意见，可采用算术平均法或加权平均法进行综合，得出最终评估结果。

（4）对不同项目的评估结果的综合

有时为达到某一评估目标需要考查多个评估项目，只有把这些不同的评估项目综合在一起，才能得到较全面的客观结论。一般采用加权平均法。当然，具体权重要根据评估目的、被评估人的层次和具体职务来确定。

5）结果运用

有了评估结果，并不意味着绩效评估工作的结束。在绩效评估过程中获得的大量有用信息可以运用到汽车服务企业各项管理活动中。

①通过向员工反馈评估结果，帮助员工找到存在的问题，明确努力方向，这对员工改进工作、提高绩效会有促进作用。

②为人事决策提供依据，如任用、晋级、加薪、奖励等。

③检查企业管理的各项政策，如人员配置、员工培训等方面是否有失误，还存在哪些问题等。

9.4.3 薪酬体系概述

薪酬体系是指薪酬中相互联系、相互制约、相互补充的各构成要素形成的有机统一体。薪酬体系设计是薪酬管理的"骨骼"，以此为基础展开的薪酬管理工作，直接牵动着企业的运营效率。因此，如何成功地设计薪酬体系对企业来说异常重要。

1）薪酬体系的作用与意义

（1）决定人力资源的合理配置与使用

薪酬是用人单位为获得劳动者未来提供的劳动而承诺支付给劳动者的劳动报酬，这种劳动报酬可以是实物形态的，也可以是非实物形态的。

薪酬作为实现人力资源合理配置的基本手段，在人力资源开发体系中起着十分重要的作用。薪酬一方面代表着劳动者可以提供的不同劳动能力的数量与质量,反映了劳动力供给方的基本特征,另一方面代表着用人单位对人力资源需要的种类、数量和程度,反映了劳动力需求方的特征。薪酬体系就是要运用薪酬设计来引导人力资源向合理的方向运动,从而实现企业效益的最大化。

（2）影响劳动效率

传统的薪酬体系,仅具有物质报酬分配性质,忽视了精神激励,很少考虑被管理者的行为特征,难以调动员工的工作积极性。现代薪酬体系将薪酬视为激励劳动效率的主要杠杆,不仅注重利用工资、奖金、福利等物质报酬从外部激励劳动者,还注重利用岗位的多样性、工作的挑战性、取得成就、得到认可、承担责任、获取新技巧和事业发展机会等精神报酬,从内部激励劳动者,从而使薪酬管理过程成为劳动者的激励过程。劳动者在这种薪酬体系下,通过个人努力,不仅可以提高薪酬水平,还可以提高个人在企业中的地位、声誉和价值,从而大大提高员工的积极性和创造性。

（3）关系社会的稳定

在我国现阶段,薪酬是劳动者个人消费资料的主要来源。作为消费性的薪酬,保障了劳动者的生活需要,实现了劳动者劳动力的再生产。因此,在薪酬体系中,如果薪酬标准定得过低,劳动者的基本生活就会受到影响,劳动力的耗费就不能得到完全的补偿;如果薪酬标准定得过高,又会对产品成本产生较大影响,特别是当薪酬的增长普遍超过劳动生产率的增长时,还会导致成本推动型的通货膨胀,一方面会对人民生活直接产生严重影响,另一方面,通货膨胀造成的一时虚假过度需求,还会引发"泡沫经济",加剧经济结构的非合理化。此外,薪酬标准订得过高,还会导致劳动力需求的收缩,失业队伍的扩大,影响到社会的安定。

2）薪酬的主要内容

薪酬的构成具有多层次的内容,并通过不同形式体现出来,其中主要包括三部分内容:基本薪酬、绩效薪酬和间接薪酬。其中基本薪酬对应基本工资,绩效薪酬对应奖金和分红,间接薪酬对应津贴、补贴和福利等。

（1）基本工资

基本工资是指用来维持员工基本生活的工资。它常常以岗位工资、职务工资、技能工资、工龄工资等形式来表现。它一般不与企业经营效益挂钩,是薪酬中相对稳定的部分。

（2）奖金

奖金即奖励或考核工资,是与员工、团队或组织的绩效挂钩的薪酬。它体现的是员工提供的超额劳动的价值,具有很强的激励作用。

（3）分红

分红也称利润分享,是员工对组织经营效益的分享。它常常以股票、期权等形式来表现。它也可看成奖金的第二种形式,即来自利润的绩效奖金,其直接与组织效益状况挂钩。

（4）津贴和补贴

津贴和补贴是对工资难以全面、准确反映的劳动条件、劳动环境、社会评价等因素对员工造成某种不利影响或者保证员工工资水平不受物价影响而支付给员工的一种补偿。人们把与工作相关的补偿称为津贴,如高温费、出差补助等;把与生活相关的叫补贴,如误餐费、交通费、暖气费等。

(5)福利

福利与基本工资和奖金不同,一般不以员工的劳动情况为支付依据,而以员工作为组织成员的身份为支付依据,是一种强调组织文化的补充性报酬。福利按其针对对象的范围,可分为全员性福利和部分员工福利。福利按照其是否具有强制性,可分为法定福利与企业自主福利。法定福利包括基本养老保险、医疗保险、失业保险、工伤保险、生育保险和住房公积金等,简称"五险一金",其中前三项通常称为"三险",为强制险种,是各企事业单位必须按规定严格执行的法定福利。企业自主福利则多种多样,如带薪年假、晋升、培训、免费班车等。组织福利在改善员工对企业满意度方面起着重要的调节作用。

薪酬各部分的构成、功能及特征见表9-1。

表9-1 薪酬的构成、功能及特征

薪酬分类	薪酬构成	功能	决定因素	变动性	特点
基本薪酬	基本工资	保障体现岗位价值	能力、资历	较小	具有稳定性、保障性
绩效薪酬	奖金	对良好业绩的回报	个人绩效、团队绩效、组织绩效	较大	具有激励性、持续性
	分红	对优秀业绩的回报	组织效益	较大	具有激励性、持续性
间接薪酬	福利	提高员工满意度,避免企业年资负债	辞职	较小	针对所有员工满意度,具有保障性、调节性
	津贴和补贴	保障提高员工满意度	工作条件、工作环境、社会评价等	较小	针对所有员工满意度,具有保障性、调节性

9.4.4 薪酬体系设计

1)薪酬体系设计的原则

薪酬作为分配价值形式之一,设计时应当遵循按劳分配、效率优先、兼顾公平及可持续发展的原则。

(1)内部公平性

按照承担的责任大小,需要的知识能力的高低,以及工作性质要求的不同,在薪资上合理体现不同层级、不同职系、不同岗位在企业中的价值差异。

(2)外部竞争性

保持企业在行业中薪资福利的竞争性,以便留住人才和吸引优秀的人才加盟。

(3)与绩效的相关性

薪酬必须与企业、团队和个人的绩效完成状况密切相关,不同的绩效考评结果应当在薪酬中准确地体现出来,实现员工的自我价值,从而最终保证企业整体绩效目标的实现。

（4）激励性

薪酬以增强工资的激励性为导向,通过动态工资和奖金等激励性工资单元的设计激发员工工作积极性;另外,应设计和开放不同薪酬通道,使不同岗位的员工有同等的晋级机会。

（5）可承受性

确定薪酬的水平必须考虑企业实际的支付能力,薪酬水平需与企业的经济效益和承受能力保持一致。人力成本的增长幅度应低于总利润的增长幅度,同时应低于劳动生产率的增长速度。用工资成本的适当增加引发员工创造更多的经济增加值,保障出资者的利益,实现可持续发展。

（6）合法性

薪酬体系的设计应当在国家相关劳动法律法规允许的范围内进行。

（7）可操作性

薪酬管理制度和薪酬结构应当尽量浅显易懂,使得员工能够理解设计的初衷,从而按照企业的引导来规范自己的行为,达到更好的效果。只有简洁明了的制度流程,操作性才会更强,有利于迅速推广,同时也便于管理。

（8）灵活性

企业在不同的发展阶段和外界环境发生变化的情况下,应当及时对薪酬管理体系进行调整,以适应环境的变化和企业发展的要求,这就要求薪酬管理体系具有一定的灵活性。

（9）适应性

薪酬管理体系应当能够体现企业自身的业务特点以及企业性质、所处区域、行业的特点,并能够满足这些因素的要求。

2）薪酬体系设计的基本步骤

薪酬体系设计应根据企业的实际情况,并紧密结合企业的战略规划和文化系统、全面、科学地考虑各项因素,并及时根据实际情况进行修正和调整,遵循按劳分配、效率优先、兼顾公平及可持续发展的原则,充分发挥薪酬的激励和引导作用,对企业的生存和发展起到重要的制度保障作用。一个设计良好的薪酬体系直接与企业的战略规划相联系,使员工能够把自己的努力和行为集中到帮助企业在市场竞争中生存并立于不败之地的方向上去。薪酬体系的设计应该补充和增强其他人力资源管理系统的作用,如人员选拔、培训和绩效评价等。

为实现上述目标,薪酬体系设计必须遵照以上九项原则,细致入微地开展一系列工作。只有这样才能使方案切合实际且具有广泛的接受程度及良好的可实施性。

薪酬体系设计的基本步骤如下。

（1）薪酬调查

薪酬调查是薪酬设计中的重要组成部分。它解决的是薪酬的对外竞争力和对内公平问题,是整个薪酬设计的基础,只有实事求是地进行薪酬调查,才能使薪酬设计做到有的放矢,解决企业薪酬激励的根本问题,做到薪酬个性化和有针对性的设计。通常,薪酬调查需要考虑以下3个方面。

①企业薪酬现状调查。通过科学的问卷设计,从薪酬水平的3个公平(内部公平、外部

公平、个人公平)的角度了解造成现有薪酬体系中的主要问题以及造成问题的原因。

②进行薪酬水平调查。主要收集行业和地区的薪资增长状况、不同薪酬结构对比、不同职位和不同级别的职位薪酬数据、奖金和福利状况、长期激励措施以及未来薪酬走势分析等信息。

③薪酬影响因素调查。综合考虑薪酬的外部影响因素,如国家的宏观经济、通货膨胀、行业特点和行业竞争状况、人才供求状况和企业的内部影响因素,如盈利能力和支付能力、人员的素质要求及企业发展阶段、人才稀缺度、招聘难度等。

(2)确定薪酬原则和策略

薪酬原则和策略的确定是薪酬设计后续环节的前提。在充分了解企业薪酬管理现状的基础上,确定薪酬分配的依据和原则,以此为基础确定企业的有关分配政策与策略,例如不同层次、不同系列人员收入差距的标准,薪酬的构成和各部分的比例等。

(3)职位分析

职位分析是薪酬设计的基础性工作。基本步骤包括结合企业经营目标,在业务分析和人员分析的基础上,明确部门职能和职位关系;然后进行岗位职责调查分析;最后由岗位员工、员工上级和人力资源管理部门共同完成职位说明书的编写。

(4)岗位评价

岗位评价重在解决薪酬对企业内部的公平性问题。通过比较企业内部各个职位的相对重要性,得出职位等级序列。岗位评价以岗位说明书为依据,方法有许多种,企业可以根据自身的具体情况和特点,采用不同的方法来进行。

(5)薪酬类别的确定

根据企业的实际情况和未来发展战略的要求,对不同类型的人员应当采用不同的薪酬类别,例如,企业高层管理者可以采用与年度经营业绩相关的年薪制,管理序列人员和技术序列人员可以采用岗位技能工资制,营销序列人员可以采用提成工资制,企业急需的人员可以采用特聘工资制等。

(6)薪酬结构设计

薪酬的构成要素反映了企业关注的内容,因此采取不同的策略、关注不同的方面就会形成不同的薪酬构成。企业在考虑薪酬的构成时,往往综合考虑以下几个方面的因素:一是职位在企业中的层级;二是岗位在企业中的职能关系;三是岗位员工的技能和资历,四是岗位的绩效,分别对应薪酬结构中的不同部分。

3)薪酬体系设计应注意的问题

(1)公平性

合理的薪酬制度首先必须是公平的,只有公平的薪酬才有激励作用。但公平不是平均,真正公平的薪酬应该体现在个人公平、内部公平和外部公平三个方面。

所谓个人公平就是员工对自己的贡献和得到的薪酬感到满意。从某种程度上说,薪酬是汽车服务企业对员工工作和贡献的一种认可度,员工对薪酬的满意度也是决定其对汽车服务企业忠诚度的关键因素。所谓内部公平就是员工的薪酬在汽车服务企业内部贡献度及工作绩效与薪酬之间关系的公平性。

内部公平主要表现在两个方面：一是同等贡献及同等工作绩效的员工无论他们的身份如何，他们的薪酬应该对等，不能有歧视性的差别；二是不同贡献度岗位的薪酬差异应与其贡献度的差异相对应，不能刻意地制造岗位等级差异。

外部公平是指汽车服务企业的薪酬水平相对本地区、同行业劳动力市场的公平性。外部公平要求公司的整体薪酬水平保持在一个合理的程度上，同时对于市场紧缺人才实行特殊的激励政策，并关注岗位技能在人才市场上的通用性。

（2）重要性

要充分认识到薪酬在汽车服务企业人力资源体系中的重要性，就必须对薪酬进行正确的定位，也就是薪酬能为汽车服务企业做什么，不能做什么。任何一家汽车服务企业的薪酬设计以及体系设立过程都应建立在对此问题进行回答的基础上，而许多汽车服务企业在薪酬体系方面出现失误往往都是由于未能认真思考及对待这一问题。从薪酬体系的实践来看，唯薪酬论和薪酬无用论都是片面的，都是不正确的。

因此，一方面要承认，较高的薪酬对于某些特定人群，尤其是低收入者和文化素质不高的人群还是有较明显的激励作用。但另一方面，又必须清醒地认识到，对于汽车服务企业中的高素质人才而言"金钱不是万能的"，加薪产生的积极作用也同样遵循边际收益递增然后递减的规律，而减薪之前更要考虑人员稳定性问题。

（3）必须处理好短期激励和长期激励的关系

薪酬的激励作用是大家都承认的，但如何处理好薪酬体系的短期激励和长期激励的关系是一个更重要的问题。要处理好薪酬的短期激励和长期激励的关系，应该处理好以下几个问题。

①必须全面地认识薪酬的范畴，薪酬不仅仅是工资（基本工资、岗位工资、绩效工资等），还包括奖金、职务消费、各类补贴以及各类福利，它是一个整体系统。

②在设计薪酬方案时，首要考虑的因素应该是公平性。公平性是薪酬方案激励性和竞争性的基础。

③在处理薪酬各部分的时候，要区别对待。对各类工资、奖金、职务消费应该按岗位和贡献的不同拉开差距，而对于各类福利则应该平等，不能在汽车服务企业内部人为地制造等级待遇。

（4）设计薪酬要处理好老员工与新员工的关系

汽车服务企业的发展是一个长期积累的过程，在这个过程中，老员工是做出了很大贡献的。同时，不断地引进汽车服务企业所需要的各类人才也是人力资源体系的重要工作。因此，在设计汽车服务企业薪酬体系时，既要体现对老员工历史贡献的认同，又要注意避免新老员工薪酬差异过大而造成新员工心理不平衡和人才流失。

（5）克服激励手段单一和激励效果较差的问题

汽车服务企业的薪酬体系设计要注意发挥薪酬的激励作用，然而"金钱不是万能的"，如何克服薪酬在激励方面表现出来的手段单一和效果较差的问题是薪酬设计中的一个重要问题。

员工的收入差距一方面应取决于员工所从事的工作本身在企业中的重要程度以及外部市场的状况，另一方面还取决于员工在当前工作岗位上的实际工作业绩。然而，许多汽车服务企业既没有认真细致的职位分析和职位评价,也没有客观、公平的绩效评价,所以拉开薪酬差距也就成了一种空想,薪酬的激励作用就很难发挥出来。

（6）薪酬制度调整要在稳定的前提下进行

薪酬分配的过程及其结果所传递的信息有可能会导致员工有更高的工作热情、更强烈的学习与创新意愿,也有可能导致员工工作懒散、缺乏学习与进取的动力。因此,汽车服务企业在对薪酬制度进行调整时必须以维护稳定为前提,要注意维护大多数员工的利益和积极性。损害了大多数员工的利益,挫伤了大多数员工的积极性的薪酬制度改革是不可取的。

总之,汽车服务企业薪酬体系是一项复杂而庞大的工程,只有对薪酬体系进行多方面、全方位的设计,才能保证薪酬的公平性和科学性,充分发挥薪酬机制的激励和约束作用,使薪酬成为一种达到汽车服务企业目标的强有力的工具。

练习题

一、单选题

1. 随着教育的普及和教育质量的提高,科技的进步和劳动实践经验的积累,劳动者的各种能力会不断提高,体现了人力资源的(　　)特征。

A. 社会性　　　　　B. 增值性　　　　　C. 再生性

2. 以下哪一项不属于人力资源规划的内容?(　　)

A. 发展规划　　　　B. 组织规划　　　　C. 费用规划

3. 以下哪一项是编写人力资源规划的典型步骤?(　　)

①制订人员配置计划;②制订岗位编制计划;③关键任务的风险分析及对策;④确定人员供给计划;⑤编写人力资源费用预算;⑥制订培训计划;⑦制订人力资源管理政策调整计划;⑧预测人员需求

A. ②①④⑧③⑥⑦⑤　　　　　　　　B. ②⑧①④⑥③⑦⑤

C. ②①⑧④⑥⑦⑤③

4. 以下哪一个不属于评价中心常用的情景测试方法?(　　)

A. 面试筛选　　　　B. 公文处理练习　　　　C. 书面案例分析

5. 按照培训内容划分,根据学习内容与学习过程的不同特点,以下哪一项不属于培训与开发方面?(　　)

A. 知识培训　　　　B. 技能培训　　　　C. 半脱产培训

6. 在一个模拟的工作环境中,让受训者扮演分配给他们的角色,并给受训者提供有关背景信息,让他们承担相关角色职责的一种培训方式是(　　)。

A. 角色扮演　　　　B. 情景模拟　　　　C. 行为塑造

7. 评估分析的任务是根据评估的目的、标准和方法,对所收集的数据进行分析、处理、综合。具体过程是(　　　)。

①对不同项目的评估结果的综合;②对同一项目不同评估结果的综合;③对单一评估项目的量化;④划分等级

A.④③②①　　　　B.④②③①　　　　C.④①③②

8.合理的薪酬制度必须是公平的,以下哪一项不能体现真正公平的薪酬制度?(　　　)

A.外部公平　　　B.内部公平　　　C.平均分配

9.企业在考虑薪酬的构成时,往往需要综合考虑,以下哪一项不是需要考虑的因素?(　　　)

A.岗位在企业中的职能关系　　　　B.岗位员工的技能和资历

C.岗位的男女比例

10.在对员工进行绩效评估考核时,做具体服务工作的员工适合以下哪一种考核方式?(　　　)

A.品质主导型考核　　　　　　　B.效果主导型考核

C.行为主导型考核

二、多选题

1.以下哪些内容是属于一个有效的工作分析应该包括的?(　　　)

A.背景资料　　　B.工作设备　　　C.绩效标准　　　D.人员条件

2.汽车服务企业员工招聘需要考虑哪些因素?(　　　)

A.生产需要　　　B.岗位空缺　　　C.人才储备　　　D.季节性因素

3.按照培训对象及培训内容特点的不同去划分,可以分为以下哪几种类型?(　　　)

A.新员工上岗培训　　　　　　　B.员工岗前培训

C.管理人员开发　　　　　　　　D.员工职业生涯开发

4.以下哪一项不属于常用的培训方法?(　　　)

A.演示法　　　B.传递法　　　C.讲授法　　　D.团队建设法

5.以下哪些培训方法是属于新兴的培训方法?(　　　)

A.冒险性学习　　　B.虚拟培训　　　C.网上培训　　　D.远程学习

6.绩效评估的基本类型主要包括哪几项?(　　　)

A.因素主导型　　　B.品质主导型　　　C.效果主导型　　　D.行为主导型

7.绩效评估的主要做法包括以下哪几种?(　　　)

A.记录法　　　B.定期抽查法　　　C.考勤记录法　　　D.指导记录法

8.薪酬的构成具有多层次的内容,并通过不同形式体现出来,主要包括哪些内容?(　　　)

A.基本薪酬　　　B.绩效薪酬　　　C.间接薪酬　　　D.津贴和补贴

9.通常情况下,薪酬调查需要考虑哪些方面?(　　　)

A.企业薪酬现状调查　　　　　　B.进行薪酬水平调查

C.职工对薪酬的满意度调查　　　　D.薪酬影响因素调查

10.对员工的绩效考核主要包括以下哪些内容?(　　　)

A.对个体能力的评估　　　　　　B.对工作绩效的评估

C. 对工作完成程度的评估   D. 对员工职业规划的评估

三、判断题

1. 人力资源在理论上是取之不尽、用之不竭的资源。   （　）

2. 人力资源既是投资的结果，同时又能创造财富，也就是说人力资源既有生产性，也有消费性。   （　）

3. 岗位说明书一般由人力资源部门统一归档并管理，并且岗位说明书的编制是一劳永逸的工作。   （　）

4. 企业招聘员工的途径有很多种，但是员工推荐因其成本低廉，不属于其中的主要途径。   （　）

5. 常用的培训方法中，演示法是讲授法的一种。   （　）

6. 师傅带徒弟是一种最传统的在职培训方式，这种培训方式既有课堂培训又兼顾工作与学习。   （　）

7. 一般而言，评估标准采用相对标准。   （　）

8. 绩效评估是一项长期、复杂的工作，对于作为评估基础的数据收集工作，要求很高。   （　）

9. 绩效评估的管理工作中，有了评估结果就意味着绩效评估工作的结束。   （　）

10. 薪酬的构成要素反映了企业关注的内容，因此采取不同的策略、关注不同的方面就会形成不同的薪酬构成。   （　）

四、简答题

1. 汽车服务企业人力资源管理的主要职能包括哪几个方面？

2. 汽车服务企业人力资源管理与开发的特征是什么？

3. 汽车服务企业员工招聘的过程中，应主要把握好哪些原则？

4. 企业进行绩效评估的目的有哪些？

5. 绩效评估管理的基本原则是什么？

6. 薪酬体系的作用和意义是什么？

7. 薪酬体系设计的基本原则是什么？

8. 要处理好薪酬的短期激励和长期激励的关系，应该处理好以下几个问题。

9. 薪酬体系的设计应注意哪些问题？

10. 简述薪酬的构成、功能及特征。

五、论述题

1. 被誉为"经营之王"的松下幸之助（日本著名企业家，"松下电器"创始人）认为，"松下是制造人的，兼之制造电器。"由此可以看出员工培训的重要性主要表现在什么地方？

2. 尝试组织一次冒险性学习活动。

第 10 章 汽车服务企业 财务管理

10.1 财务管理概述

10.1.1 财务管理的概念及基本理念

1)汽车服务企业财务管理的概念

汽车服务企业的生产经营活动过程,一方面表现为客户提供优质的服务,另一方面表现为价值形态的资金的流入与流出。企业资金收支活动形成了企业的财务活动,企业的财务活动具体包括企业的筹资管理、投资管理、营运资金管理、利润分配管理四个方面的内容。企业在生产经营过程中,需要与所有者、债权人、员工等发生各种资金往来关系,这就形成了企业的财务关系。

财务管理(Financial Management)是在一定的整体目标下,关于资产的购置(投资)、资本的融通(筹资)和经营中现金流量(营运资金)以及利润分配的管理。

财务管理是企业管理的一个组成部分,它是根据财经法规制度,按照财务管理的原则,组织企业财务活动,处理财务关系的一项经济管理工作。简单地说,财务管理是组织企业财务活动、处理财务关系的一项经济管理工作。

汽车服务企业财务管理具体表现在对企业资金供需的预测、组织、协调、分析、控制等方面。通过有效的理财活动,可以理顺企业资金流转程序和各项分配关系,以确保服务工作的顺利进行,使各方面的利益要求得到满足。

2)汽车服务企业财务管理的基本理念

汽车服务企业财务管理最基本、最重要的理念包括四个方面:资金的时间价值、风险报酬、利率与通货膨胀、现金流转。

(1)资金的时间价值

财务管理中最基本的理念就是资金的时间价值。在一个理想化的完美资本市场中,资金在资本市场中会得到不断升值,也就是说今天的一元钱比明天的一元钱更值钱。资金会随着时间的延续而不断增值,这就是资金的时间价值。树立资金的时间价值观念,可以帮助企业更好地管理资金,提高资金的使用效率,减少资金的浪费。

(2)风险报酬

任何投资都会有风险,不同投资项目的风险与收益是互不相同的。风险越高,其预期收益也越高;反之亦然。在财务管理中,任何财务决策都是在风险与收益的博弈中做出的均衡决策。承担风险的同时,也可能会获得较高的报酬,即风险报酬。

(3)利率与通货膨胀

利率的波动会影响到财务管理活动,对企业的融资成本、投资期望等产生作用。随着我国利率市场化进程的加快,利率的波动将会更加频繁,这将对企业财务管理带来巨大影响。

通货膨胀是经济发展不可避免的后果,对于企业财务工作也会产生巨大影响,对于企业采购成本、人工成本将会带来巨大压力。

(4)现金流转

企业资产的流动性越来越受到重视,其中,现金流量及其流转是重要的一环。财务管理重视的是现金流量而不是会计学上的收入与成本。企业的现金流量必须足以偿还债务和购置为达到其经营目标所需要的资产。现金流量的充足与否将影响到公司的偿债能力。

3)汽车服务企业财务管理的原则

(1)系统原则

财务管理经历了从资金筹集开始,到资金投放使用、耗费,直至资金收回、分配等几个阶段,而这些阶段组成一个相互联系的整体,具有系统性。为此,做好财务工作,必须从各组成部分的协调和统一出发,这就是财务管理的系统原则。

(2)平衡原则

平衡原则包括两个方面的平衡:一是指资金的收支在数量上和时间上达到动态的协调平衡,从而保证企业资金的正常周转循环;二是指盈利与风险之间相互保持平衡,即在企业经营活动中必须兼顾和权衡盈利与风险两个方面。承认盈利一般与风险同在的客观现实,不能只追求盈利而不顾风险,也不能因害怕风险而放弃盈利,应该趋利避险,两方实现平衡。

(3)弹性原则

在财务管理中,必须在准确和节约的同时,留有合理的调整余地,以增强企业的应变能力和抵御风险的能力。在实务中,弹性原则一般体现为实现收支平衡,略有节余。贯彻该原则的关键是防止弹性过大或过小,因为弹性过大会造成浪费,而弹性过小会带来较大的风险。

(4)成本效益原则

企业财务目标是企业价值最大化,其内涵是在规避风险的前提下,所得最大,成本最低。因此,无论在筹资、投资及日常的理财活动中都应进行收益与成本的比较和分析。按成本效益原则进行财务管理时,在效益方面,既要考虑短期效益,又要考虑长期效益;在成本方面,既要考虑有形的直接损耗,又要考虑资金使用的机会成本,更要考虑无形的潜在损失。

（5）利益关系协调原则

企业不仅要管理好财务活动,还要处理好财务活动中的财务关系,诸如企业与国家、所有者、债权人、债务人、企业各部门以及员工个人之间的财务关系,这些财务关系从根本上讲是经济利益关系。因此,企业要维护各方面的合法权益,合理公平地分配收益,协调好各方面的利益关系,调动各方面的积极性,创造和谐的利益分配环境,为同一个财务目标共同努力。

10.1.2　财务管理的内容和目标

1）汽车服务企业财务管理的内容

财务管理是对企业财务活动及所涉及的资产、负债、所有者权益、收入、费用、利润等进行的管理。它包括了从企业开办到企业终止与清算的全部财务活动。

（1）筹资和投资管理

企业应按照社会主义市场经济的要求,建立企业资本金制度,确保资本金保全和完整。要采用科学的方法进行筹资和投资决策,选择有利的筹资渠道和投资方向,以取得良好的筹资效果和投资收益。

筹资也称融资,筹资管理要解决的是如何取得企业所需资金问题。它主要解决四个问题:筹集多少资金;向谁取得资金;什么时候取得资金;获取资金的成本是多少。

投资是指以收回现金并取得收益为目的而发生的现金流出。企业投资主要有两方面:一方面是进行长期投资,即对固定资产和长期有价证券的投资,也称资本性投资;另一方面是进行短期投资,即对短期有价证券、存货、应收账款等流动资产进行的投资。流动资产投资属于营运资金投资。由于长期投资时间长、风险大,决策时应重视资金的时间价值和投资的风险价值,合理确定投资规模、投资方向和投资方式等,使投资收益较高而风险较低。

（2）资产管理

资产管理包括流动资产管理、固定资产管理、无形资产管理、递延资产管理和其他资产的管理。资产管理的目标是合理配置各类资产,充分发挥资产的效能,最大限度地加速资产的周转,它以提高资产可利用率、降低企业运行维护成本为目标,以优化企业维修资源为核心,通过信息化手段,合理安排维修计划及相关资源与活动。通过提高设备可利用率得以增加收益,通过优化安排维修资源得以降低成本,从而提高企业的经济效益和企业的市场竞争力。

（3）成本费用管理

成本费用管理是指对企业生产经营过程中生产经营费用的发生和产品成本的形成所进行的预测、计划、控制、分析和考核等一系列管理工作。加强成本费用管理是扩大生产、增加利润和提高企业竞争能力的重要手段。

（4）综合管理

综合管理包括财务指标管理体系、销售收入和盈利管理、企业终止与清算管理、企业内部经济核算管理和企业资产评估。

2）汽车服务企业财务管理的目标

财务管理是企业生产经营过程中的一个重要组成部分，财务管理的目标应服务和服从企业整体目标，企业财务管理的目标就是企业财务管理活动所期望达到的效果。根据现代财务管理理论与实践，财务管理目标主要有以下几种观点。

（1）利润最大化

在市场经济条件下，企业往往把追求利润最大化作为目标，利润最大化也成为企业财务管理要实现的目标。以利润最大化作为财务管理的目标，能够促进企业加强经济核算、提高劳动生产率、降低成本、提高经济效益。但企业的发展离不开社会的支持，盲目追求利润会导致企业忽视承担的社会责任，忽视企业长远发展等问题。

（2）股东财富最大化

对于股份制公司，企业属于全体股东所有。股东投资的目的就是获得最多的财富增值。因此，企业的经营目标就是使股东财富最大化，财务管理的目标也是股东财富的最大化。

（3）企业价值最大化

股东价值最大化是站在股东的角度考虑企业财务管理目标的。但是，企业的生存与发展除与股东密切相关外，也与企业的债权人以及员工有着密切的关系，单纯强调企业所有者的利益是不合适的。企业价值最大化是指企业通过合理的经营，做出正确的财务决策，充分考虑资金的时间价值和风险，使企业总价值达到最大。这是中外企业普遍公认的合理的财务目标。

（4）相关利益者价值最大化

利益相关者是所有在企业真正拥有某种形式的投资并且处于风险之中的人，企业利益相关者包括股东、经营者、员工、债权人、顾客、供应商、竞争者以及国家。由于契约的不完备性，使得利益相关者共同拥有企业的剩余索取权和剩余控制权，进而共同拥有企业的所有权。对所有权的拥有是利益相关者参与公司治理的基础，也是利益相关者权益得到应有保护的理论依据。

企业不仅仅由单纯的股东或单一的利益相关者构成，而是由所有的利益相关者通过契约关系组成的。也就是说，企业是使许多冲突目标在契约关系中实现均衡的结合点。

（5）社会价值最大化

由于企业的主体是多元的，因而涉及社会方方面面的利益关系。为此，企业目标的实现，不能仅仅从企业本身来考察，还必须从企业所从属的更大社会系统来规范。企业要在激烈的竞争环境中生存，必须与周围的环境维持和谐，这包括与政府的关系、与员工的关系以及与社区的关系等，企业必须承担一定的社会责任，包括解决社会就业、讲求诚信、保护消费者、支持公益事业、保护环境和做好社区建设等。社会价值最大化就是要求企业在追求企业价值最大化的同时，实现预期利益相关者的协调发展，形成企业的社会责任和经济效益间的良性循环关系。

社会价值最大化是现代企业追求的基本目标之一，这一目标兼容了时间性、风险性和可持续发展等重要因素，体现了经济效益和社会效益的统一。

3）汽车服务企业财务管理的作用

（1）财务管理直接影响企业经营决策

企业的经营决策是有关企业总体发展和重要经营活动的决策。决策正确与否，关系到企业的生存和发展。在决策过程中，要充分发挥财务管理的作用，运用经济评价方法对备选方案进行经济可行性分析，为企业管理者正确决策提供依据，保证所选方案具有良好的经济性。

（2）财务管理是企业聚财、生财的有效工具

企业进行生产经营活动必须具备足够的资金。随着生产经营规模的不断扩大，资金也要相应增加。无论是企业开业前还是在生产经营过程中，筹集资金是保证生产经营活动正常进行的重要前提。企业在财务管理中要依法合理筹集资金，科学、有效地利用资金，提高资金使用效率，创造更多的利润。

（3）财务管理是控制和调节企业生产经营活动的必要手段

企业财务管理主要是通过价值形式对生产经营活动进行综合管理，及时反映产、供、销过程中出现的各种问题，通过资金、成本、费用控制等手段，对生产经营活动进行有效的控制和调节，使其按预定的目标进行，取得良好的经济效益。

（4）财务管理是企业执行财务法规和财经纪律的有力保证

企业的生产经营活动必须遵守国家政策，执行国家有关财务法规、制度和财经纪律。资金的筹集必须符合国家有关筹资管理的规定，成本、费用开支必须按规定的开支标准和范围执行，税金的计算和缴纳、利润的分配，都必须严格按税法和财务制度的规定执行。企业财务管理工作在监督企业经营活动、执行财务法规、遵守财经纪律方面承担着重要的使命，应起到保证作用。

10.1.3　汽车服务企业财务管理的基础工作

汽车服务企业财务状况的好坏与企业财务管理工作的好坏有直接联系，而做好财务管理工作的一个重要前提是做好财务管理基础工作。汽车服务企业财务管理的基础工作包括以下几个方面。

1）建立、健全财务管理规章制度

企业财务管理的规章制度，既包括由国家和主管部门统一制订的各种法律法规和条例规章，也包括企业自身为加强财务管理而制订的内部规章制度，它们都是财务管理的实践总结，同时又为实际的管理工作服务。汽车服务企业的制度主要包括：设备、工具管理制度，现金管理制度，费用开支标准及审批制度，材料成本管理制度，配件采购、仓储、领发制度，工资利润分配制度及往来关系管理制度等。

2）建立、健全完整统一的原始记录

汽车服务企业的原始记录是记载企业服务活动开展的最初记录，它是企业各项管理工

作的第一手资料,是组织服务活动进行会计、统计和业务核算以及进行企业决策所不可缺少的条件和依据,也是加强企业财务管理和进行科学管理的保证。

汽车服务企业的各个职能部门与环节,应从其经济活动的特点和实际需要出发,根据加强经济核算,改善服务管理,建立正常汽车服务秩序及简单易行的原则,建立、健全能够正确反映服务活动中的各方面原始数据资料的原始记录。

3)建立、健全相应的定额体系

汽车服务企业的定额是指汽车服务活动过程中,对人力、物力、财力的配备、利用和消耗,以及获得利润应遵守的标准和达到的水平。它的合理性反映了企业的技术进步、服务管理水平的高低。

4)做好各环节的计量工作和信息工作

汽车服务企业计量工作的好坏直接影响到各方面数据资料的准确性,而加强汽车服务企业的计量及统计工作,对改善企业的经济效益和准确计算生产经营成果具有重要意义。

当前,汽车服务企业面临激烈的市场竞争,努力做好信息工作,加强对潜在市场的分析,加强对配件市场、销售量、维修业务量等方面的研究,对企业的经营工作具有十分重要的意义。

10.2 汽车服务企业筹资与投资管理

10.2.1 汽车服务企业筹资管理

资金是汽车服务企业进行生产经营活动的必要条件。企业筹集资金,是指企业根据生产经营、对外投资和调整资金结构的需要,通过筹资渠道和资金市场,运用各种筹资方式,经济有效地筹措资金的过程。

1)企业筹资管理中的几个概念

(1)权益资本与负债资本

①权益资本。权益资本是指投资者所投入的资本金,是企业依法长期拥有、自主调配使用的资金,又称自有资金,主要包括资本公积金、盈余公积金、实收资本和未分配利润等。权益资本主要通过吸收直接投资和发行股票等方式筹集,其所有权归投资者。

②负债资本。负债资本是企业依法筹集并依约使用、按期偿还的资金,包括银行及其他金融机构的各种贷款、应付债券、应付票据等,又称借入资金或债务资金。负债资本主要通过银行贷款发行债券、商业信用、融资合作等方式筹集。它体现了企业与债权人之间的债权债务关系。

（2）资金成本与资金结构

①资金成本。为筹集和使用资金而付出的代价就是资金成本，主要包括筹资费用和资金使用费用两部分。前者如向银行借款时需要支付的手续费、发行股票债券等而支付的发行费用等；后者如向股东支付的股利、向银行支付的利息、向债券持有者支付的债息等。

资金成本是比较筹资方式、选择筹资方案的依据，也是评价投资项目、比较投资方案和追加投资决策的主要经济标准。资金成本还可以作为评价企业经营成果的依据。

②资金结构。广义的资金结构是指企业各种资金的构成及其比例关系。短期债务资金占用时间短，对企业资金结构影响小，而长期债务资金是企业资金的主要部分，所以通常情况下，企业的资金结构指的是长期债务资金和权益资本的比例关系。

2）汽车服务企业筹资管理的目标

（1）企业筹资的目的和要求

企业进行资金筹措的根本目的是自身的生存和发展，通常受一定动机的驱使，主要有业务扩展性动机、偿债动机和混合性动机等几种。

企业筹集资金总的要求是要分析评价影响筹资的各种因素，讲究筹资的综合效果。主要包括确定资金需要量、控制资金投放时间、选择资金来源渠道、确定合理资金结构等。

（2）筹资管理的目标

筹资管理的目标，是在满足汽车服务企业生产经营需要的情况下，不断降低资金成本和财务风险。汽车服务企业为了保证生产服务活动的正常进行或扩大经营服务范围，必须具有一定数量的资金。企业的资金可以从多种渠道、用多种方式来筹集，而不同来源的资金，其可使用时间的长短、附加限制的条款、财务风险的大小、资金成本的高低都不一样。企业应该以筹集企业生产经营必需的资金为前提，以较低的筹资成本和较小的筹资风险获取较多的资金，满足企业生产经营的需要。

3）汽车服务企业筹资的原则

企业筹资是一项重要而复杂的工作，为了有效地筹集企业所需资金，必须遵循以下基本原则。

（1）规模适当原则

企业的资金需求量往往是不断变动的，企业财务人员要认真分析科研、生产、经营状况，采用科学的方法，预测企业的经营对资金的需求数量，确定合理的筹资规模，既要避免因筹资不足而影响生产经营的正常进行，又要防止资金筹集过多而造成资金浪费。

（2）筹资及时原则

企业财务人员在筹集资金时必须考虑资金的时间价值。根据资金需求的具体情况，合理安排资金的筹集时间，适时获取所需资金，既要避免过早筹集资金而形成资金投放前的闲置，造成浪费；又要防止取得资金的时间滞后，错过资金投放的最佳时间，甚至失去投资机会。

（3）来源合理原则

资金的来源渠道和资金市场为企业提供了资金源泉和筹资场所，它反映资金的分布状况和供求关系，决定着筹资的难易程度。不同来源的资金，对企业的收益和成本有不同的影响，企业应认真研究资金来源渠道和资金市场，合理选择资金来源。

（4）方式经济原则

企业筹集资金必然要付出一定的代价，不同的渠道、不同的方式下资金筹集的成本不同，因此，企业在筹资时应对各种筹资方式进行分析、对比，选择经济、可行的筹资方式，确定合理的资金结构，以降低成本和风险。

（5）风险原则

采取任何筹资方式都会有一定的风险，企业要筹资，就要冒风险，但这种冒险不是盲目的，必须建立在科学分析、严密论证的基础上，根据具体情况做出具体分析。在实际生产经营过程中，风险并不一定是越小越好，风险往往跟收益成正比；当然，风险太大也不好。

（6）信用原则

企业在筹集资金时，不论何种渠道、什么方式，都必须恪守信用，这也是财务管理原则在筹资工作中的具体化。

4）汽车服务企业筹资渠道与筹资方式

企业所需资金可以从多种渠道、用多种方式来筹集。筹资渠道是筹措资金来源的方式与通道。筹资方式是指企业筹集资金采用的具体形式。研究筹资渠道与方式是为了明确企业资金的来源并选择科学的筹资方式，经济有效地筹集到企业所需资金。

（1）筹资渠道

①国家财政资金。国家财政资金进入企业有两种方式：一是国家以所有者的身份直接向企业投入资金，这部分资金在企业中形成国家的所有者权益；二是通过银行以贷款方式向企业投资，形成企业的负债。国家财政资金虽然有利率优惠、使用期限较长等优点，但国家贷款的申请程序复杂，并且规定了用途。对于汽车服务企业来说，国家财政资金渠道主要是税务部门的减税、免税政策或税前还贷等优惠政策。

②银行信贷资金。银行贷款是指银行以贷款的形式向企业投入资金，形成企业的负债。银行贷款是我国目前各类企业最主要的资金来源渠道。

③非银行金融机构资金。非银行金融机构资金主要是指信托投资公司、保险公司、证券公司、租赁公司、企业集团、财务公司提供的信贷资金及物资融通等。

④其他企业资金。其他企业资金主要是指企业间的相互投资以及在企业间的购销业务中通过商业信用方式取得的短期信用资金占用。

⑤居民个人资金。居民个人资金是指在银行或非银行金融机构之外的居民个人的闲散资金。

⑥企业内部积累资金。企业内部积累资金是指所有者通过资本公积金、盈余公积金和未分配利润等形式留在企业内部的资金，是所有者对企业追加投资的一种形式，并成为所有者权益的组成部分。

⑦外商资金。在目前对外经济开放的形势下,汽车服务企业可以以发展中外合资的方式来吸收外来资金。

（2）筹资方式

目前,我国企业的筹资方式主要有吸收直接投资、发行股票筹资、发行债券筹资、银行贷款筹资、租赁筹资、商业信用等。

①吸收直接投资。吸收直接投资是指企业在生产经营过程中,投资者或发起人直接投入企业的资金,包括固定资产、流动资产和无形资产,这部分资金一经投入,便构成了企业的权益资本。这种筹资方式是非股份制企业筹集权益资本的最重要的方式。

②发行股票筹资。发行股票是股份制企业筹集权益资本的最重要的方式。股票是股份制企业为筹集自有资本而发行的有价证券,是股东按其所持股份享有权利和承担义务的书面凭证,它代表持股人对股份公司的所有权。根据股东承担风险和享有权利的不同,股票可分为优先股和普通股两大类。

a. 发行优先股筹资。优先股是企业为筹集资金而发行的一种混合型证券,兼有股票和债券的双重属性,在企业盈利和剩余财产分配上享有优先权。优先股具有如下特点:第一,优先股的股息率是事先约定而且固定的,不随企业经营状况的变化而波动,并且企业对优先股的付息在普通股付息之前;第二,当企业破产清算时,优先股的索取权位于债券持有者之后、普通股持有者之前;第三,优先股持有者不能参与企业的经营管理,且由于其股息是固定的,当企业经营景气时,不能像普通股那样获取高额盈利;第四,与普通股一样列入权益资本,股息用税后净值发放,得不到免税优惠;第五,优先股发行费率和资金成本一般比普通股票低。

b. 发行普通股筹资。普通股是指在公司的经营管理和盈利及财产的分配上享有普通权利的股份。代表满足所有债权偿付要求及优先股东的收益权与求偿权要求后对企业盈利和剩余财产的索取权,它构成公司资本的基础,是股票的一种基本形式,也是发行量最大、最为重要的股票。普通股股东拥有并控制企业,具有选举董事会、获取股息和红利收入、出售和转让股份等权利。普通股基本特征包括:第一,风险性。股票一经购买就不能退还本金,而且购买者能否获得预期利益,完全取决于企业的经营状况。第二,流动性。尽管股票持有者不能退股,但可以转让或作为抵押品。正是股票的流动性,促使社会资金有效配置和高效利用。第三,决策性。普通股票的持有者有权参加股东大会,参与企业的经营管理决策。第四,股票交易价格和股票面值的不一致性。股票作为交易对象,也像商品一样,有自己的市场价格。这种不一致性,给企业带来强大压力,迫使其提高经济效益,同时,也产生了社会公众的资本选择行为。

③发行债券筹资。企业债券是指企业按照法定程序发行,约定在一定期限内还本付息的债券凭证,代表持有人与企业的一种债务关系。企业发行债券一般不涉及企业资产所有权、经营权,企业债权人对企业的资产和所有权没有控制权。

债券的种类有不同的划分方法。按照发行区域,可分为国内债券和国际债券;按照有担保,可分为无担保债券和有担保债券;按照能否转换成公司股票,可分为可转换债券和不可转换债券;按公司是否拥有提前收回债券的权利,可分为可收回债券和不可收回债券。债券的基本特征有:第一,期限性。各种公众债券在发行时都要明确规定归还期限和条件。第二,偿还性。企业债券到期必须偿还本息。不同的企业债券有不同的偿还级别,如果企业破产清算,则按优先级别先后偿还。第三,风险性。企业经营总有风险,如果企业经营不稳定,风险较大,其债券的可靠性就较低,受损失的可能性也比较大。第四,收益性。债券持有人可以定期从债券发行者那里获得固定的债券利息,债券的利率通常高于存款利率。债券的收益率并不完全等同于债券的票面利率,而主要取决于债券的买卖价格。

④银行贷款筹资。银行贷款是指银行按一定的利率,在一定的期限内,把货币资金提供给需要者的一种经营活动。银行贷款筹资指企业通过向银行借款以筹集所需资金。贷款利率的大小随贷款对象、用途、期限的不同而不同,并且随着金融市场借贷资本的供求关系的变动而变动。流动资金的贷款期限可按流动资金周转期限、物资耗用计划或销售收入来确定,固定资产投资贷款期限一般按投资回收期来确定。企业向银行贷款,必须提出申请并提供详尽的可行性研究报告及财务报表,获准后在银行设立账户,用于贷款的取得、归还和结存核算。

⑤租赁筹资。租赁是一种以一定费用借贷实物的经济行为,即企业依照契约规定通过向资产所有者定期支付一定量的费用,从而长期获得某项资产使用权的行为。现代租赁按其形态主要分为两大类:融资性租赁和经营性租赁。融资性租赁是指承租方通过签订租赁合同获得资产的使用权,然后在资产的经济寿命期内按期支付租金。融资租赁是企业资金的一个典型来源,属于完全转让租赁。经营性租赁是不完全转让租赁。它的租赁期较短,出租方负责资产的保养与维修,费用按合同规定的支付方式由承租方负担。由于被出租资产本身的经济寿命大于租赁合同的持续时间,因此,出租方在一次租赁期内获得的租金收入不能完全补偿购买该资产的投资。

⑥商业信用。商业信用是指企业之间的赊销赊购行为。它是企业在资金紧张的情况下,为保证生产经营活动的连续进行,采取延期支付购货款或预收销货款而获得短期资金的一种方式。采用这种方式,企业必须具有较好的商业信誉,同时,政府相关部门也应该加强引导和管理,避免引发企业间的三角债务。

企业筹资过程中,究竟通过哪种渠道,采用哪种方式,必须根据企业自身情况来确定。

5)汽车服务企业筹资方式的选择

筹资方式的选择,首先要了解各种筹资方式的优缺点,并对它们加以比较。评价不同筹资方式的优劣,主要从以下几方面入手。

(1)资金成本的高低

资金成本的高低是指汽车服务企业取得资金和使用资金所应负担的成本,用百分率表示。不同筹资方式其资金成本是不同的,应具体情况具体分析。

(2)还本付息风险的大小

各种筹资方式还本付息风险的大小可以从如果企业违约是否会导致投资者采取法律手段,或导致企业破产这两点来衡量;另外,还与筹资期长短有关,在相同条件下,企业偿还债务的时间越短,风险越大。

（3）机动性大小

这是针对筹措借入资金而言的。它是指企业在需要资金时能否及时筹集到，而企业不需要那么多资金时可以随时还款，以及提前还款是否会受到惩罚等。

（4）筹资的方便程度

这可以从企业和企业的投资者两方面加以分析。从企业方面分析，筹资方便程度表现在企业有无自主权通过各种筹资方式取得资金以及自主权的大小；从投资者方面分析，筹资方便程度表现在投资者是否愿意通过该方式提供资金，以及提供资金的条件是否苛刻，手续是否复杂等。

（5）投资者是否对资金的使用范围加以限制

一般来说，投资者对资金的使用方向和范围限制越少，对企业越有利。

（6）资金使用期限的长短

投资者给予汽车服务企业资金的使用期限越长，企业还款压力就越小。如果短期内就要求还款，则对企业会形成短期内的资金压力。

10.2.2　汽车服务企业投资管理

投资是企业开展正常生产经营活动并获取利润的前提，也是企业扩大经营规模、降低经营风险的重要手段。投资按其回收时间的长短可分为短期投资和长期投资。短期投资又可称为流动资产投资，它是指能在一年内收回的投资，主要指对现金、应收账款、存货、短期有价证券等的投资。长期投资是指在一年以上才能收回的投资，主要指对厂房、机器设备等固定资产的投资，也包括对无形资产和长期有价证券的投资。企业在进行投资分析与决策时，需要认真考虑与投资相关的影响因素。一般来说，企业投资应重点考虑的因素有：投资收益的高低、投资风险的大小、投资的约束条件和投资的弹性分析等。

1）现金流量的定义

现金流量也称现金流动量，它是指投资项目在其计算期内因资本循环而可能或应该发生的各项现金收支，其中现金收入称为现金流入量，现金支出称为现金流出量。现金流入量与现金流出量相抵后的差额称为现金净流量，现金净流量也称净现金流量。

在通常情况下，投资决策中所说的现金流量是指现金净流量。现金流量是项目投资决策评价指标的主要依据和重要信息之一。必须注意的是，本书讲的现金流量与财务会计中现金流量表中使用的现金流量，无论是具体构成内容还是计算口径方面两者都存在较大的差异。这里的现金既指库存现金、银行存款等货币性资产，也包括投资方案需要投入或收回的相关的非货币性资产（如原材料、设备等）的重置成本或变现价值。

2）项目投资评价指标

投资决策是对各个投资方案进行分析和评价，从中选择最优方案的过程。为了客观、科学地分析评价各种投资方案是否可行，应使用不同的决策指标，从不同的侧面或不同的角度来评价投资方案。各项指标在大多数情况下对于方案的取舍是一致的，但有时也会出现不一致的情况。所以按某一指标来确定对投资方案的取舍,有时会造成偏差。在投资决策的分析评价中,应根据具体情况采用适当的方法来确定投资方案的各项评价指标,以供决策参考。

项目投资决策评价指标可分为非贴现指标和贴现指标两大类。其区别在于:非贴现指标不考虑资金的时间价值,计算比较简单,又称静态指标,其评价指标有投资回收期(静态)、平均报酬率等;贴现指标考虑资金的时间价值,计算较为复杂,又称动态指标,其评价指标有净现值、现值指数、内部收益率等。在实际运用中,以某一指标作为评价投资方案的标准,又可称该指标法,如净现值法、现值指数法、投资回收期法等。

(1)非贴现指标

①投资回收期。投资回收期(Payback Period,PP)是指投资项目收回全部投资所需要的时间。为了避免发生意外情况,投资者总是希望尽快收回投资,即投资回收期越短越好。投资回收期越短,说明该项投资所冒的风险越小,方案越佳。

回收期 n 可通过下式确定:

$$\sum_{k=0}^{n} I_k = \sum_{k=0}^{n} Q_k \tag{10.1}$$

式中　n——投资年限;

　　　I_k——第 k 年现金流入量;

　　　Q_k——第 k 年现金流出量。

将计算的投资回收期与期望投资回收期进行比较,若方案回收期短于期望回收期,则投资方案可行;否则,方案不可行,应该放弃该项投资。如果几个方案都达到了既定的回收期,且只能选择一个方案时,则应选择回收期最短的方案。

投资回收期计算简单,易于理解,有利于促进企业加快投入资本的回收速度,尽早收回投资。但投资回收期方法有两个缺点:一是忽视了现金流量的发生时间,未考虑货币的时间价值;二是忽略了投资回收期后的现金流量,注重短期行为,忽视长期效益。因此,运用投资回收期对备选方案只能进行初步的评价,必须与其他决策指标结合使用,才能做出较正确的决策。

②平均报酬率。平均报酬率(Average Rate of Return,ARR)是投资项目寿命周期内平均的年投资报酬率。平均报酬率又称平均投资报酬率,有多种计算方法,最常用的计算公式为:

$$\mathrm{ARR} = \frac{\mathrm{NCF}_m}{V} \times 100\% \tag{10.2}$$

式中　NCF_m——年平均现金净流量;

　　　V——原始投资额。

采用平均报酬率进行决策时,将投资项目的平均报酬率与期望平均报酬率相比,如果平均报酬率高于期望的平均报酬率,则可接受该项投资方案;否则,就应拒绝该项投资方案。若有多个可接受的投资方案选择,则应选择平均报酬率最高的方案。

平均报酬率指标的优点是计算简单、明了,易于掌握,并且考虑了整个方案在其寿命周期内的全部现金流量,克服了投资回收期法没有考虑回收期后现金流量的缺点。平均报酬率指标的缺点是忽视了现金流量的发生时间,未考虑货币的时间价值,所以不能较为客观、准确地对投资方案的经济效益作出判断。

（2）贴现指标

①净现值。净现值（Net Present Value，NPV）是投资项目投入使用后的净现金流量按资金成本率或企业要求达到的报酬率折合为现值,减去原始投资额现值以后的余额,即从投资开始至项目寿命终结时所有现金流量（包括现金流出量和现金流入量）的现值之和,其计算公式为:

$$NPV = \sum_{k=0}^{n} \frac{I_k}{(1+i)^k} - \sum_{k=0}^{n} \frac{Q_k}{(1+i)^k} \tag{10.3}$$

式中　n——投资年限;

I_k——第 k 年现金流入量;

Q_k——第 k 年现金流出量;

i——预定贴现率。

净现值指标的优点表现在两方面:一是考虑了货币的时间价值,能反映投资方案的净收益额;二是净现值考虑了投资的风险性,因为贴现率是由公司根据风险确定的预期报酬率或资金成本率制订的。

净现值指标的缺点也有两方面:一是不能动态地反映投资项目的实际收益水平,且各项目投资额不等时,仅用净现值无法确定投资方案的优劣,必须与其他动态评价指标结合使用,才能做出正确的评价;二是贴现率的确定比较困难,而贴现率的高低对净现值的计算结果有重要影响。

②现值指数。现值指数（Present Value Index，PVI）也称获利指数,是投资方案的未来现金流入现值与现金流出现值的比率,其计算公式为:

$$PVI = \frac{\sum_{k=0}^{n} \frac{I_k}{(1+i)^k}}{\sum_{k=0}^{n} \frac{Q_k}{(1+i)^k}} \tag{10.4}$$

从计算公式可见,现值指数大于1,说明方案实施后的投资报酬率高于预期的投资报酬率,投资方案可行;现值指数小于1,说明方案实施后的投资报酬率低于预期的投资报酬率,投资方案不可行。现值指数越大,方案投资价值越好。

现值指数指标的优点是考虑了货币的时间价值,能够真实地反映投资项目的盈亏程度。由于现值指数是未来现金净流量现值与原始投资现值之比,是一个相对数,所以现值指数克服了净现值指标在项目投资额不相等时,无法判断方案好坏的缺点。现值指数指标的缺点与净现值指标的缺点一样,即不能动态地反映投资项目的实际收益水平。

③内部报酬率。内部报酬率（Internal Rate of Return，IRR）也称内含报酬率,它是指能够使未来现金流入量的现值等于未来现金流出量现值的贴现率,或者说使投资方案净现值为零的贴现率。内部报酬率的计算公式为:

$$NPV = \sum_{k=0}^{n} \frac{NCF_k}{(1 + IRR)^k} = 0 \qquad (10.5)$$

式中　NCF_k——投资项目在第 k 年产生的净现金流量；

　　　n——项目预计经济使用年限。

净现值法和现值指数法虽然考虑了时间价值,可以说明投资方案高于或低于某一特定的投资报酬率,但没有揭示方案本身的报酬率是多少。

10.3　汽车服务企业资产管理

资产是企业所拥有或控制的,能用货币计量,并能为企业带来经济效益的经济资源,包括各种财产、债权和其他权利。资产的计价以货币作为计量单位,反映企业在生产经营的某一个时点上所实际控制资产存量的真实状况。对于企业来说,管好用好资产是关系到企业兴衰的大事,必须予以高度重视。

资产按其流动性通常可以分为流动资产、固定资产、长期投资、无形资产、递延资产和其他资产。本书只介绍流动资产和固定资产的管理。

10.3.1　流动资产管理

流动资产与固定资产相对应,是指预计在一个正常营业周期内或一个会计年度内变现、出售或耗用的资产和现金及现金等价物,是企业资产中必不可少的组成部分。流动资产在企业再生产过程中是一个不断投入和回收的循环过程,很难评价其投资报酬率。从这一点上看,对流动资产进行管理的基本任务是:努力以最低的成本满足生产经营周转的需要,提高流动资产的利用效率。

按资产的占用形态,流动资产可分为现金、短期投资、应收及预付款和存货。在汽车服务企业中,流动资产主要指现金及有价证券、应收账款、存货等。本章只介绍现金、应收账款及存货的管理。

流动资产在周转过程中,从货币形态开始,依次改变其形态,最后又回到货币形态,各种形态的资金与生产流通紧密结合,周转速度快,变现能力强。加强对流动资产业务的管理,有利于确定流动资产业务的合法性、合规性,有利于检查流动资产业务财务处理的正确性,揭露其存在的弊端,提高流动资产的使用效益。

1)现金管理

现金是企业占用的在各种货币形态上的资产,是企业可以立即投入流通的交换媒介,它是企业流动性最强的资产。属于现金的项目包括库存现金、银行存款、各种票据、有价证券,以及各种形式的银行存款和银行汇票、银行本票等。

作为变现能力最强的资产,现金是满足汽车服务企业正常生产经营开支、清偿债务本息,履行纳税义务的重要保证;同时,现金又是一种非营利性资产,如果持有量过多,企业将承担较大的机会成本,削弱了资产的获利能力。因此,必须在现金流动性与收益性之间做出合理的选择。

现金管理的目的是保证企业生产经营所需现金的同时,节约使用资金,并从暂时闲置的现金中获得最多的利息收入。

现金管理的内容主要包括编制现金收支计划,以便合理地估算未来的现金需求;对日常现金收支进行控制,力求加速收款,延缓付款,用特定的方法确定理想的现金余额,即当企业实际的现金余额与最佳的现金余额不一致时,采用短期融资、归还借款或投资于有价证券等策略来达到比较理想的状况。

现金收支计划是在预测企业现金的收支状况,并对现金进行平衡的一种打算。它是企业财务管理的一项重要内容。

2)应收账款管理

应收及预付款是一个企业对其他单位或个人有关货币支付、产品销售或提供劳务而引起的索款权。它主要包括应收账款、应收票据、其他应收款、预付货款等。汽车服务企业所涉及有关应收及预付款的业务主要是:企业因提供汽车维修劳务性作业而发生的非商品交易的应收款项,企业购买设备、工具或配件等而发生的预付款项以及其他业务往来及费用的发生涉及的其他应收款项。

汽车服务企业因销售产品、提供汽车维修劳务等发生的收入,在款项收到之前属于应收账款。应收账款的功能在于增加销售、减少存货;同时,也要付出管理成本,甚至发生坏账。近年来,由于市场竞争的日益激烈,汽车服务企业应收账款数额明显增多,已成为流动资产管理中的一个日益重要的问题。为此,要加强对应收账款的日常控制,做好企业的信用调查和信用评价,以确定是否同意用户赊账。当用户违反信用条件时,还要做好账款催收工作,确定合理的收账程序和催债方法,使应收账款政策在企业的生产经营中发挥积极作用。

3)存货管理

库存是指企业在生产经营过程中,为销售或耗用而储存的各种物资。对于汽车服务企业来说,库存主要是为耗用而储备的物资,一般是指汽车维修用的材料、配件等。它们经常处于不断耗用与不断补充之中,具有鲜明的流动性,且通常是汽车服务企业数额最大的流动资产项目。

库存管理的主要目的是控制库存水平,在充分发挥库存功能的基础上,尽可能地减少存货,降低库存成本。常用存货控制的方法是分级归口控制,其主要包括以下 3 项内容。

①在厂长经理的领导下,财务部门对存货资金实行统一管理,包括制订资金管理的各项制度,编制存货资金计划,并将计划指标分解落实到基层单位和个人,对各单位的资金使用情况进行检查和分析,统一考核资金的使用情况。

②实行资金的归口管理,按照资金的使用与管理相结合、物资管理与资金管理相结合的原则,每项资金由哪个部门使用,就由哪个部门管理。

③实行资金的分级管理,即企业内部各管理部门要根据具体情况将资金计划指标进行分解,分配给所属单位或个人,层层落实,实行分级管理。

10.3.2 固定资产管理

1)固定资产的含义及特征

(1)固定资产的概念

固定资产是指使用期限较长、单位价值较高的主要劳动资料和服务资料,并且在使用过程中保持原有实物形态的资产,主要包括房屋及建筑物、机器设备、运输设备和其他与生产经营有关的设备、工具器具等。固定资产是汽车服务企业中资产的主要种类,也是企业赖以生产经营的主要资产,是资产管理的重点。

(2)固定资产的特征

固定资产具有以下4个特征:

①固定资产是指为了生产商品、提供劳务、出租或经营管理而持有的资产。企业使用固定资产所带来的经济利益,具体可表现为通过固定资产作用于商品生产、劳务提供过程并具体表现为产成品的形式,最终通过销售实现其经济利益的流入;或者通过把固定资产出租给他人,企业以收取租金的形式实现经济利益的流入;或者通过在企业的生产经营管理中使用固定资产,并最终改进了生产经营过程,降低了生产经营成本等为企业带来经济利益。

这一特征表明,企业持有固定资产的主要是为了生产商品、提供劳务、出租或经营管理,而不是为了出售。这一点将固定资产与企业所持有的存货区别开来。

②使用寿命超过一个会计年度,而且最终要将其废弃或重置。固定资产的使用寿命是指企业使用固定资产的预计期间,或者该固定资产所能生产产品或提供劳务的数量。通常情况下,固定资产的使用寿命是指使用固定资产的预计期间,比如自用房屋建筑物的使用寿命表现为企业对该建筑物的预计使用年限。对于某些机器设备或运输设备等固定资产,其使用寿命表现为以该固定资产所能生产产品或提供劳务的数量,例如,汽车或飞机等,按其预计行驶或飞行里程估计使用寿命。固定资产使用寿命超过一个会计年度,随着使用和磨损,通过计提折旧方式逐渐减少账面价值。对固定资产计提折旧,是对固定资产进行后续计量的重要内容。

这一特征说明,企业为了获得固定资产并把它投入生产经营活动所发生的支出,属于资本性支出而不是收益性支出。这一点将固定资产与流动资产区别开来。

③固定资产是有形资产。一般情况下,除无形资产、应收账款、应收票据、其他应收款等资产外,资产都具有实物形态,而对于固定资产来说,这一特征则更为明显。例如,固定资产一般表现为房屋、建筑物、机器、机械、运输工具以及其他与生产经营有关的设备、器具、工具等。有些无形资产可能同时符合固定资产的其他特征,如无形资产为生产商品、提供劳务而持有,使用寿命超过一个会计年度,但是,由于其没有实物形态,所以,不属于固定资产。理解固定资产的这一特征,有利于将其与无形资产、应收账款、应收票据以及其他应收款等资产区别开来。

④固定资产的单位价值较高。理解这一特征是为了把固定资产与低值易耗品、包装物等存货区别开来。

固定资产是企业资产中很重要的一部分,它的数额表示企业的生产能力和扩张情况。因此,必须加强对固定资产的管理。固定资产管理的任务是:认真保管,加强维修,控制支出,提高利用率,合理计算折旧等。

2）固定资产的分类

企业固定资产种类繁多,它们在生产中所处的地位不同,发挥的作用也不同。为加强管理和便于核算,应对固定资产进行合理的分类,以便分别反映和监督其收入、调出、使用、保管等情况,考核分析固定资产的利用情况,为经营管理提供必要的信息。

（1）按固定资产的所有权分类

固定资产按所有权可分为自有固定资产和租入固定资产。这种分类可确定企业实有的固定资产数额,反映监督租入固定资产情况。

（2）按固定资产的经济用途分类

固定资产按经济用途可分为生产经营用固定资产和非生产经营用固定资产。这种分类可反映二者之间的比例及其变化情况,以分析企业固定资产的配置是否合理。

（3）按固定资产的性能分类

固定资产按性能可分为房屋,建筑物,动力设备,传导设备,工作机器及设备,工具、模具、仪器及生产用具,运输设备,管理用具以及其他固定资产。这种分类可反映固定资产的构成情况,并能将各类固定资产归口,由各职能部门负责管理,便于分类计算折旧率。

（4）按固定资产使用情况分类

固定资产按使用情况可分为在用固定资产、未使用固定资产和不需用固定资产。这种分类可反映固定资产的使用情况,促使企业将未使用固定资产尽快投入使用,提高固定资产利用率,将不需用固定资产进行及时处理。

（5）固定资产综合分类

在实际工作中,企业的固定资产是按经济用途和使用情况综合分类的,按固定资产的经济用途和使用情况可将企业的固定资产分为七大类。

①生产经营用固定资产。它是指直接参与企业生产、经营过程或直接服务于生产、经营过程的各种固定资产,例如,房屋、建筑物、机器设备、运输工具、管理用具等。

②非经营用固定资产。它是指不直接服务于生产、经营过程的各种固定资产,例如,员工宿舍、食堂、浴室、卫生室、员工活动室等。

③租出固定资产。它是指出租给外单位使用的固定资产。这类固定资产只是将其使用权暂时让渡给承租单位,所有权仍归本企业,由本企业收取租金的收入,应视作经营中使用的固定资产,照提折旧。

④不需用固定资产。它是指本企业现在不需要、准备处理的固定资产。

⑤未使用固定资产。它是指尚未使用的新增固定资产、调入尚待安装的固定资产、进行改扩建的固定资产,以及经批准停止使用的固定资产。由于季节性生产、大修理等原因而停

止使用的固定资产,应作为使用中的固定资产处理。

⑥土地。它是指过去已经估价单独入账的土地。因征用土地而支付的补偿费,应计入与土地有关的房屋、建筑物的价值内,不单独作为土地入账。企业取得的土地使用权不作为固定资产管理,应作为无形资产核算。

⑦融资租入固定资产。它是指企业以融资租赁方式租入的固定资产。在租赁期内,应视同企业自有固定资产进行管理。

3)固定资产的计价

固定资产的价值按货币单位进行计算,称为固定资产的计价。正确对固定资产进行计价,严格按国际标准和惯例,如实反映固定资产的增减变化和占用情况,是加强固定资产管理的重要条件,也是正确计算折旧的重要依据。

为了全面反映固定资产价值的转移和补偿特点,固定资产通常采用以下 3 种计价形式。

(1)原始价值

原始价值也称历史成本或原始成本,它是指企业为取得某项固定资产所支付的全部价款以及使固定资产达到预期工作状态前所发生的一切合理、必要的支出。采用原始价值计价的主要优点在于原始价值具有客观性和可验证性;同时,原始价值可以如实反映企业的固定资产投资规模,是企业计提折旧的依据。因此,原始价值是固定资产的基本计价标准,我国对固定资产的计价采用这种计价方法。

这种计价方法的缺点在于,在经济环境和社会物价水平发生变化时,由于货币时间价值的作用和物价水平变动的影响,原始价值与现时价值之间会产生差异,原始价值不能反映固定资产的真实价值。为了弥补这种计价方法的缺陷,企业可以在年度会计报表附注中公布固定资产的现时重置成本。

固定资产的原始价值登记入账后,除发生下列情况外,企业不得任意变动、调整固定资产的账面价值。

①根据国家规定对固定资产价值重新估价,如产权变动、股份制改造时对固定资产价值进行重估。

②增加补充设备或改良装置。

③将固定资产的一部分拆除。

④根据实际价值调整原来的暂估价值。

⑤发现原固定资产价值有误。

(2)净值

净值也称折余价值,是指固定资产的原始价值或重置价值减去已提折旧后的净额。固定资产净值可以反映企业在一定时期内固定资产尚未磨损的现有价值和固定资产实际占用的资金数额。将净值与原始价值相比,可反映企业当前固定资产的新旧程度。

在传统的会计实务中,折旧是固定资产成本摊销的基本形式。因此,固定资产的账面价值是取得日的初始成本扣减累计折旧后的剩余价值,即尚未摊销的固定资产的获取成本。不同于存货和短期投资等流动资产,固定资产账面价值一般都不考虑市价变动的影响。人们根据持续经营的基本会计假设,认为固定资产是供生产与销售过程中长期使用的,并不需要在短期内出售变现,所以总是坚持以历史成本(原始获取成本)为计价基础。

（3）重置价值

重置价值也称现时重置成本,它是指在当前的生产技术条件下重新购建同样的固定资产所需要的全部支出。按重置价值计价可以比较真实地反映固定资产的现时价值,因此,有人主张以重置价值代替原始价值作为固定资产的计价依据。但是这种方法缺乏可验证性,具体操作也比较复杂,一般在无法取得固定资产原始价值或需要对报表进行补充说明时可以采用重置价值。如发现盘盈固定资产时,可以用重置完全价值入账。但在这种情况下,重置完全价值一经入账,即成为该固定资产的原始价值。

以上 3 种计价标准,对固定资产的管理有着不同的作用。采用原始价值和重置价值,可使固定资产在统一计价的基础上,如实地反映企业固定资产的原始投资,并用来计算折旧。采用折余价值,可以反映企业当前在固定资产上实际占用的资金,将折余价值与原始价值比较,可以了解固定资产的新旧程度。

4）固定资产的日常管理

为了提高固定资产的使用效率,保护固定资产的安全完整,做好固定资产的日常管理工作至关重要。固定资产的日常管理工作主要包括以下几个方面。

（1）实行固定资产归口分级管理

企业的固定资产种类繁多,其使用单位和地点又很分散,为此,要建立各职能部门、各级单位在固定资产管理方面的责任制,实行固定资产的归口分级管理。

归口管理就是把固定资产按不同类别归到相应职能部门负责管理。各归口管理部门要对所分管的固定资产负责,保证固定资产的安全完整。分级管理就是按照固定资产的使用地点,由各级使用单位负责具体管理,并进一步落实到班组和个人。归口分级管理就是要做到层层有人负责,物物有人管理,保证固定资产的安全管理和有效利用。

（2）编制固定资产目录

为了加强固定资产的管理,企业财务部门要会同固定资产的使用和管理部门,按照国家规定的固定资产划分标准,分类详细地编制固定资产目录。在编制固定资产目录时,要统一固定资产的分类编号。各管理部门和各使用部门的账、卡、物要统一用此编号。

（3）建立固定资产卡片或登记簿

固定资产卡片实际上是以每一个独立的固定资产项目为对象开设的明细账目。企业在收入固定资产时设立卡片,登记固定资产的名称、类别、编号、预计使用年限、原始价值和建造单位等原始资料,还要登记有关验收、启用、大修、内部转移、调出及报废清理等内容。

实行这种办法有利于保护企业固定资产的完整无缺,促进使用单位关心设备的保养和维护,提高设备的完好程度,有利于做到账账、账物相符,为提高固定资产的利用效果打下良好的基础。

（4）正确地核算和提取折旧

固定资产的价值是在再生产过程中逐渐地损耗并转移到新产品中去的。为了保证固定资产在报废时能够得到更新,在其正常使用过程中,要正确计算固定资产的折旧,以便合理地计入产品成本,并以折旧的形式收回,以保证再生产活动的持续进行。

(5)合理安排固定资产的修理

为了保证固定资产经常处于良好的使用状态并充分发挥工作能力,必须经常对其进行维修和保养。固定资产修理费一般可直接计入有关费用,但若修理费支出不均衡且数额较大时,为了均衡企业的成本、费用负担,可采取待摊或预提的办法。采用预提办法的,实际发生的修理支出冲减预提费用;实际支出大于预提费用的差额计入有关费用;实际支出小于预提费用的差额冲减有关费用。

(6)科学地进行固定资产更新

财务管理的一项重要内容是根据企业折旧基金积累的程度和企业发展的需要,建立起企业固定资产适时更新规划,满足企业周期性固定资产更新改造的要求。

5)固定资产的折旧管理

(1)固定资产折旧与折旧费

固定资产在使用过程中,由于机械磨损、自然腐蚀、技术进步和劳动生产率提高而引起的价值损耗,应逐渐地、部分地转移到营运成本费用中。这种转移到营运成本费用中去的固定资产价值损耗,称为固定资产折旧。

固定资产的损耗分为有形损耗和无形损耗两种。有形损耗是指由于机械磨损和自然力影响或腐蚀而引起使用价值和价值的绝对损失;无形损耗是指由于技术进步和生产率的提高而引起的固定资产价值的相对损失。

固定资产由于损耗而转移到成本费用中去的那部分价值,应以折旧费的形式按期计入成本费用,不得冲减资本金。固定资产转移到成本费用中的那部分价值称为折旧费。

(2)固定资产折旧的计算方法

固定资产的价值是随其使用而逐渐减少的。以货币形式表示的固定资产自身消耗而减少的价值,就称为固定资产的折旧。

汽车服务企业固定资产的折旧计提方法,主要有以下几种。

①使用年限法。使用年限法是根据固定资产的原值,减去预计残值和清理费用,按预计使用年限平均计算的一种方法,又称为直线法。计算公式如下:

$$固定资产年折旧额 = \frac{原始价值 - (预计残值 + 预计清理费用)}{预计使用年限}$$

$$= \frac{原始价值 - 预计净残值}{预计使用年限}$$

$$= \frac{原始价值 \times (1 - 预计净残值)}{预计使用年限}$$

$$固定资产月折旧额 = \frac{年折旧额}{12} \tag{10.6}$$

预计净残值率是预计净残值与原值的比率,它一般应按固定资产原值的3%~5%确定,低于3%或者高于5%的,由企业自主确定,并报主管财政机关备案。

②工作量法。对某些经常不使用的较大的设备,汽车维修企业可以采用工作时间法计算折旧。其计算公式为:

$$每一项工作量折旧额 = \frac{固定资产原值 \times (1 - 净残值率)}{预计的总工作量} \tag{10.7}$$

$$某项固定资产年(月)折旧额 = 该项固定资产当年(月)工作量 \times 每一项工作量折旧额$$

③双倍余额递减法。双倍余额递减法是以平均使用年限折旧率的双倍为固定折旧率,并按每期期初固定资产折旧价值为基数来计提固定资产折旧的一种方法。它是在先不考虑固定资产净残值的情况下进行计算的。其计算公式为:

$$年折旧率 = \frac{2}{折旧年限} \times 100\% \tag{10.8}$$

$$年折旧额 = 年初固定资产账面净值 \times 年折旧率$$

④年数总和法。年数总和法又称年数合计法或年数比例递减法。它的特点同双倍余额递减法相似,所不同的是:年数总和法计算折旧的基数不变,而年折旧率是随固定资产使用年限逐年变动的,所以其又称为变率递减法。年数总和法的计算公式为:

$$年折旧率 = \frac{折旧年限 - 已使用年数}{年数总和数} \times 100\% \tag{10.9}$$

$$年折旧额 = (固定资产原值 - 预计净残值) \times 年折旧率 \tag{10.10}$$

$$年数总和数 = \frac{折旧年限 \times (折旧年限 + 1)}{2} \tag{10.11}$$

10.4　汽车服务企业成本费用管理

汽车服务企业的经营成本是指企业为了经营和维修服务活动的开展所支出的各项费用。它包括物化劳动的转移价值、生产中所消耗的材料及辅料的转移价值与员工的劳动报酬以及剩余劳动所创造的价值 3 个部分。

实现利润最大化是企业生产经营的目标,而成本费用是衡量企业内部运营效率的重要指标,在收入一定的情况下,它直接决定了公司的盈利水平。成本费用指标在促进企业提高经营管理水平、降低生产经营中的劳动耗费方面起着十分重要的作用。

10.4.1　成本费用管理概述

成本费用管理就是对企业生产经营活动过程中发生的成本和费用,有组织、有计划和系统地进行预测、计划、控制、核算、考核和分析等一系列科学管理工作的总称。

1)成本的概念和分类

(1)成本的概念

任何一个企业在生产经营过程中,必然要耗费一定量的物质资料(包括货币资金)。企业在一定时期内,以货币额表现的生产耗费就是成本费用。成本费用有多种形式,例如,生产中消耗的劳动资料,表现为固定资产折旧费、修理费等费用;生产中消耗的劳动对象,表现为原材料、燃料、动力等费用;劳动报酬,表现为工资、奖金等人工费用;生产经营中的其他耗费,表现为制造费用、管理费用、财务费用等;企业为了销售产品或劳务,还要支付销售费用等。企业在生产经营中为制造产品或劳务所发生的直接材料、直接人工、制造费用等,构成了这些产品或劳务的生产成本;生产经营中所发生的管理费用、财务费用和销售费用等,构成企业的期间费用。

(2)成本项目

按照成本费用的经济用途,可将成本分为直接材料费用、直接人工费用、制造费用和期间费用。

①直接材料费用。直接材料费用是指企业在生产经营过程中实际消耗的各种材料、备品配件以及轮胎、专用工具及器具、动力照明、低值易耗品等支出。

②直接人工费用。直接人工费用是指企业直接从事生产经营活动人员的工资、福利、奖金、津贴和补贴等费用。

③制造费用。制造费用是指在生产经营中发生的那些不能归入直接材料、直接人工的各种费用。

以上3类费用都是计入企业产品成本的费用。

④期间费用。期间费用是企业行政管理部门为组织和管理生产经营活动而发生的管理费用和财务费用以及为销售和提供劳务而发生的进货费用和销售费用等。期间费用不计入产品成本,而是作为费用直接计入当期损益。

a.销售费用是指企业在产品销售过程中发生的费用。它包括销售产品或者提供劳务过程中发生的应由企业负担的运输费、装卸费、包装费、保险费、差旅费、广告费以及专设的销售机构人员的工资和其他经费等。

b.管理费用是指企业为组织和管理生产经营活动所发生的费用。它包括企业行政管理部门在企业经营中发生的或应由企业统一负担的公司经费,如行政管理部门员工工资、折旧费、修理费、低值易耗品摊销、办公费和差旅费等。管理费用还包括无形资产摊销、咨询费、诉讼费、房产税、工会经费、技术转让费、员工教育经费、研究开发费、提取的员工福利基金和坏账准备金等。

c.财务费用是企业在筹资等财务活动中发生的费用。它包括企业经营期间发生的利息净支出、汇兑净损失、金融机构手续费以及筹集资金而发生的其他费用等。

2)成本费用的确认原则

在成本核算时,确认某项资产耗费是否属于成本费用,其基本原则是配比原则和权责发生制原则。《企业会计准则》明确指出:会计核算应当以权责发生制为基础;收入与其相关的成本、费用应当配比。由于企业购置资产完全是为了取得收入,只有资产不断转换为成本或费用,并从收入中得到抵补,企业的生产经营活动才能持续下去。具体来说,这种配比有以下3种方式。

（1）直接配比

如果某项资产的耗费与取得的收入之间具有直接的因果关系,就可直接将发生的资产耗费计入某一项具体的成本计算对象之中,这种方式称为直接配比,如直接材料、直接人工等。直接配比的费用构成生产成本。

（2）间接配比

如果无法满足直接配比时,就需要采用合理的方法,将多种收入共同消耗的费用按一定比例或标准再分配到各种劳动中去,这种配比称为间接配比,如制造费用。

（3）期间配比

将费用与企业一定期间收入相联系,就称为期间配比。

按权责发生制确认成本费用,就是对本期发生的成本费用按其是否应发生在本期为标准来确认的,凡是应在本期发生的成本费用,不论其是否在本期实际支付,均作为本期的成本费用;反之,凡是不应在本期发生的成本费用,即便在本期支付,也不作为本期的成本费用处理。

3）成本费用管理的任务和要求

（1）成本费用管理的任务

成本费用管理的基本任务,就是通过预测、计划、控制、核算、分析与考核来反映企业的生产经营成果,挖掘降低成本和费用的潜力,努力降低成本,减少费用支出。

汽车服务企业成本费用管理工作,要随着企业经营机制的转换,从思想观念到业务技术等方面实现彻底的转变,要由单纯执行性的成本费用管理转化为决策性与执行性并重的成本费用管理。这就要求企业的成本费用管理从传统的反映、监督扩展到成本费用预测、计划、控制、核算、分析与考核上来,实现全方位的成本费用管理;从单方面的生产过程成本管理扩展到企业资金筹集、项目可行性研究、服务方式确定、物资采购供应、生产与控制等一切环节的全过程的成本费用管理;从单纯财务会计部门管理扩展到一切生产、技术、经营部门管理;从仅仅依靠财务会计人员扩展到上自企业领导下至每位员工的全员成本管理。

（2）企业成本费用管理的要求

成本费用管理对企业有以下几个方面的要求。

①努力降低生产消耗,提高经济效益。汽车服务企业的一切经营管理工作,都要围绕提高经济效益这一中心。在市场经济条件下,对于多数企业来讲,微观经济运行的目标就是利润最大化。要实现这个目标,首先取决于企业的生产经营规模,即业务量的大小,但是生产经营耗费的高低,同样处于决定性的地位。其次降低成本与提高业务量都可以增加企业的利润,但降低成本增加的利润比扩大业务量增加的利润获得得更快、更有效。因此,在成本费用管理中,必须努力降低生产消耗,下大力气降低成本,才能显著地提高企业的经济效益。

②实行全员成本管理。汽车服务企业成本费用的形成,与企业的全体员工都有关。因此,要把成本降低的指标和要求落实到企业内部各职能部门,充分发挥各部门在加强成本管理中的积极作用。要把成本费用计划,按照全员成本管理的要求,按部门分别落实责任指标,定期考核执行情况,分析成本费用升降的原因,做到分工明确、职责清晰、奖惩合理。

③划清费用界限,正确计算成本。汽车服务企业必须按照权责发生制原则计算成本。凡是本期应负担的费用,无论其款项是否本期支付,均应计入本期的成本和费用;凡是不属于本期负担的费用,即使款项在本期支付,也不应计入本期的成本和费用。

汽车服务企业的成本核算资料必须正确完整,能够如实反映生产经营过程中的各种消耗。对生产经营过程中所发生的各项费用必须设置必要的生产费用账簿,以审核无误、手续齐备的原始凭证为依据,按照成本核算对象,把成本项目、费用项目按部门进行核算,做到真实准确和完整及时。

④加强成本考核工作。成本考核就是企业对内部各成本责任中心定期考查,审核其成本计划指标的完成情况,并评价其成本管理工作的效果。通过成本考核,可以监督各成本责任中心按时完成成本管理计划,也能全面、准确地了解企业成本管理工作的质量和效果。成本考核以成本计划指标作为考核的标准,以成本核算资料作为考核的依据,以成本分析结果作为评价的基础。

10.4.2　成本预测和成本计划

成本预测是企业为了更好地控制成本,做到心中有数,避免盲目性,减少不确定性,为更准确地进行决策提供依据而对企业发生的各项成本进行预测。成本计划是通过货币形式以及其实际达到的水平为基础,参照计划期的业务量,对计划期内成本的耗费水平加以预先计划和规定。

汽车服务企业的成本预测和成本计划,一般可以参照上期的实际情况,分析本期影响成本的各种因素,考虑其影响程度的大小,制订出基本合理的方案。

1)成本预测

预测是人们根据已知的事物信息,预计和推测事物未来发展趋势和可能结果的一种行为。成本预测就是根据历史成本资料和有关经济信息,在认真分析当前各种技术经济条件、外界环境变化及可能采取的管理措施基础上,对未来的成本水平及其发展趋势所做的定量描述和逻辑推断。

成本预测既是成本管理工作的起点,也是成本事前控制成败的关键。实践证明,合理有效的成本决策方案和先进可行的成本计划都必须建立在科学严密的成本预测基础之上,通过对不同的决策方案中成本水平的测算与比较,可以从提高经济效益的角度,为企业选择最优成本决策和制订先进可行的成本计划提供依据。

汽车服务企业成本预测,就是根据企业成本特性及有关数据资料,结合本企业发展的前景和市场发展趋势,采用科学的分析方法,对一定时期某些业务的成本水平和成本目标进行预计和测算。成本预测的主要内容是进行目标成本预测。

(1)目标成本预测的内容

目标成本是实现目标利润、提高企业经济效益的基础,是在预先确定目标利润的前提下提出的,因而它使目标成本带有很大的强制性,成为不得超过的硬指标。目标成本是市场激烈竞争中的必然产物,企业制订的目标成本必须具有市场竞争力,从而使得目标成本的制订具有先进性和权威性。正常情况下,目标成本应比目前的实际成本要低,是经过努力可以实现的。正确地预测和制订目标成本,对于挖掘企业降低成本的潜力,编制先进可行的成本计划和保证实现企业经营目标具有重要的作用。

目标成本预测需要做大量工作,主要有:进行全面的市场调查,掌握市场需求情况,预测汽车市场的需求数量及其变化规律,掌握汽车及汽车配件等价格变动情况;进行企业内部调查,预测企业生产技术、生产能力和经营管理可能发生的变化,掌握企业生产费用的增减和成本升降的有关资料及其影响因素和影响程度;根据企业内外各种资料和市场发展趋势,预测目标收入,根据目标收入计算目标利润。

(2)目标成本预测的方法

①目标利润法。目标利润法又称倒扣计算法或余额计算法,其特点是"保利润、压成本",先制订目标利润,然后考虑税金、期间费用等项目,推算出目标成本的高低。其测算公式为:

$$目标成本 = 预测经营收入 - 应纳税金 - 目标利润 - 期间费用 \qquad (10.12)$$

②选择某一先进成本作为目标成本。该成本既可以是本企业历史上的最高水平,也可以是按先进定额制订的标准成本。这种方法较简单,但要注意可行性。如果环境条件发生变化,就不能生搬硬套,要及时修正或调整。

③根据本企业上年度实际平均单位成本,或按照市场需要与竞争条件规定的成本,测算出目标成本。其测算公式为:

$$单位目标成本 = 上年度实际平均单位成本 \times (1 - 计划期成本降低率) \qquad (10.13)$$

确定目标成本还必须掌握充分的调查资料,主要有市场需求情况以及所需材料、燃料、零配件价格变动情况,本企业的生产技术、经营管理水平等对生产能力的影响,有关的统计资料、上期成本变化情况的分析等。在调查研究的基础上进行成本预测,使目标成本既先进又切实可行。这样的目标成本就可以作为计划成本,并据以编制成本计划。

2)成本计划

(1)成本计划的作用与要求

成本计划是汽车服务企业进行生产经营所需的费用支出和降低成本任务的计划,是企业生产经营计划的重要组成部分,是进行成本控制、成本分析以及编制财务计划的重要依据。科学的成本计划,可以起到以下作用:

①为企业和全体员工提出增加生产、节约耗费、降低成本的目标。

②为考核和评价企业生产经营管理成果提供重要的依据。

③为实行成本指标分级归口管理,建立和健全成本管理责任制提供基础。

④为编制利润计划提供依据。

编制企业成本计划不是消极地反映企业生产和消耗等方面的情况,而是积极地促进生产、技术、原材料、劳动效率和服务质量的管理部门改善工作,提高企业各方面的管理水平。

为了发挥成本计划的作用,在编制成本计划时,应特别体现下列要求:

①重视成本预测提供的资料。

②符合实现目标利润对成本降低指标的要求。

③遵守国家规定的成本开支范围。

④协调好成本计划指标与其生产技术经济指标之间的平衡与衔接。

⑤成本计划指标的制订要实事求是,既要先进可行,又要有必要的技术组织措施予以保证。

（2）成本计划的编制程序

①收集和整理基础资料。在编制成本计划之前,要广泛收集和整理所必需的各项基础资料,并加以分析研究。所需资料主要包括企业制订的成本降低任务、指标或承包经营的承包指标,企业计划采取的经营决策和经营计划等有关指标,各种技术经济定额、历史成本资料、同类企业的成本资料、企业内部各部门费用计划和劳务价格等其他有关资料等。

②分析报告期成本计划的预计执行情况。合理的成本计划应该是在总结过去经验的基础上制订出来的,因此,应对报告年度计划执行情况进行预计和分析,计算出上年度实际单位成本,与报告年度计划成本相比,与同行业成本对比,找出差距,总结经验,为成本计划提供编制依据。

③成本降低计划任务测算。正式编制成本计划之前,在对报告期成本计划执行情况分析的基础上,根据经营承包指标确定的目标利润、目标成本和成本预测的结果,计算计划成本降低的合理幅度,反复研究降低成本的措施,寻求降低成本的途径。

④编制成本计划。编制成本计划有以下两种方法。

a.企业统一编制。以企业财务部门为主,在其他部门配合下,根据企业经营计划的要求,编制出企业的成本计划。

b.分级编制。把企业确定的目标成本、成本降低率以及各种关键性的物质消耗指标与费用开支标准下达到各生产部门;各生产部门根据下达的指标,结合本部门的具体情况,编制出各自的成本计划;企业财务部门根据各生产部门上报的成本计划,进行汇总平衡,编制整个企业的成本计划。经过批准,再把成本计划指标分解,层层下达到各生产部门,据以编制出各部门的经营成本计划。

10.4.3　成本控制

广义的成本控制是指管理者对所有生产作业所采取的手段,目的是以最低的成本达到预先计划的质量和数量。它是成本管理的同义词,包括了一切降低成本的努力。

狭义的成本控制是指运用以成本会计为主的各种方法,预定成本限额,按限额开支成本和费用,以实际成本与成本限额相比较,衡量企业经营活动的成绩和效果,并以例外管理原则纠正不利差异,提高工作效率,实现甚至超过预期成本限额的要求。

1）成本控制的意义和途径

（1）成本控制的意义

成本控制的根本目的是挖掘降低成本的潜力,努力降低生产经营成本,提高企业的经济效益。企业进行成本控制,具有以下意义。

①可以降低物化劳动和活劳动的消耗量,减少企业的资金占用量,节省人力、物力和财力。

②在价格因素不变的情况下,降低成本就意味着增加利润,从而增加了股东的收益,同时,也为国家创造了利益,并为企业的发展和员工待遇的进一步提高创造了更好的物质条件。

③成本的降低,意味着企业在与竞争对手的竞争中占得了先机,有条件通过降低价格的方式吸引客户,扩大市场的占有率,获得更多的收入。

④通过成本控制,可以提供有益的信息,用以分析企业耗费的结构和水平,找到企业存在的问题,并不断地加以改进。

(2)成本控制的途径

汽车服务企业的成本控制,可以通过以下途径实现。

①提高全员的劳动生产率,劳动生产率的提高,意味着在相同的时间和相等的固定费用下,可以提供更多的服务,获得更多的收入。

②节约各种材料的消耗。

③提高设备的利用效率。

④提高服务的质量,减少返工和不必要的消耗。

⑤加速资金的周转,减少资金的占用。

⑥节约其他开支,严格执行国家的财经纪律和企业董事会的决定。

企业进行成本控制的途径有以上几种,这些途径的使用往往与汽车服务企业的内部管理密不可分,内部管理完善,必然促使企业成本控制水平的提高,因此,成本控制不仅仅是财务部门的事情,而应该将它作为所有部门的事情,全员动手,共同控制。

2)成本控制的基本程序

(1)制订成本控制的标准

应根据成本预测与成本计划,制订出控制的标准,确定标准的上下限。

(2)揭示成本差异,分析差异产生的原因

将企业实际消耗和标准消耗进行比较,计算成本差异,并分析产生差异的原因。

(3)反馈成本信息,及时纠正偏差

为了及时反馈信息,应建立相应的凭证和表格,确定信息反馈的时间和程序,并对反馈的信息进行分析,揭示差异产生的原因,并及时加以纠正,明确纠正的措施、执行的人员及时间,以达到成本控制的目的。

3)成本控制与分析方法

成本控制要坚持经济性原则和因地制宜原则。推行成本控制而发生的成本不应超过因缺少控制而丧失的收益。对成本控制系统必须进行针对性设计,以适应特定企业、部门、岗位和成本项目的实际情况,不可照搬别人的做法。

成本控制主要包括标准成本控制和目标成本控制等内容。

（1）标准成本控制

标准成本控制是通过标准成本系统实现的。标准成本系统是为克服实际成本计算系统的缺陷,提供有助于成本控制的确切信息而建立的一种成本计算和控制系统。标准成本系统并不是一种单纯的成本计算方法,它把成本的事前计划、日常控制和最终产品成本的确定有机地结合起来。

"标准成本"一词在实际工作中有两种含义。

一种是指单位产品的标准成本,它是根据单位产品的标准消耗量和标准单价计算出来的,其计算公式为:

$$单位产品标准成本 = 单位产品标准消耗量 × 标准单价$$

另一种是指实际产量的标准成本,它是根据实际产品产量和单位产品标准成本计算出来的,其计算公式为:

$$标准成本 = 实际产品产量 × 单位产品标准成本 \qquad (10.14)$$

标准成本按其制订所根据的生产技术和经营管理水平,可分为理想标准成本和正常标准成本。理想标准成本是指在最优的生产条件下,利用现有的规模和设备能够达到的最低成本。正常标准成本是指在效率良好的条件下,根据下期一般应该发生的生产要素消耗量、预计价格和预计生产经营能力利用程度制订出来的标准成本。在制订这种标准成本时,把生产经营活动中一般难以避免的损耗和低效率等情况也计算在内,使之符合下期的实际情况,成为切实可行的控制标准。

在标准成本系统中,广泛使用正常标准成本。实际运行中,这种标准是要经过努力才能达到的。从具体数量上看,正常标准成本应大于理想标准成本,但应该小于历史平均成本水平。

标准成本系统可以事先提供具体衡量成本水平的适当尺度,给有关部门提出努力的目标,能够发挥事先控制的作用。通过差异分析,可以评价和考核工作的质量和效果,为业绩评价提供依据。

（2）目标成本控制

目标成本是指根据预计可实现的销售收入扣除目标利润计算出来的成本。"目标成本"是20世纪50年代出现的,是成本管理和目标管理相结合的产物,强调对成本实行目标管理。目标成本的制订,从企业的总目标开始,逐级分解成基层的具体目标。制订时强调执行人自己参与,专业人员协助,以发挥各级管理人员和全体员工的积极性和创造性。

①目标成本控制的要点。

a.初步在最高层设置目标,并以此作为一切工作的中心,起到指导资源分配、激励员工努力工作和评价经营效果的作用。总目标将来要转化为分公司或部门的目标,一直到最底层的目标,但它是试验性的,下级在拟订考核的子目标时,可对其进行修订。如果强制分派任务,不可能唤起承诺意识。

b.依据组织结构关系将总目标分解,明确每个目标和子目标都应有一个责任中心和主要负责人,并明确其应完成的任务和应承担的责任。

c.拟订目标的过程在一定程度上是自上而下和自下而上的反复循环过程,在循环中发现问题,总结经验,然后及时解决。

②目标成本控制的方法。目标成本是根据预计销售收入和目标利润计算出来的,即目标成本＝预计销售收入－目标利润。通过预计目标利润就可以初步确定目标成本。目标成本可采用目标利润率法和上年利润基数法确定。

a. 目标利润率法。

$$目标利润 = 预计销售收入 \times 同类企业平均销售利润率 \tag{10.15}$$

或

$$目标利润 = 本企业净资产 \times 同类企业平均净资产利润率 \tag{10.16}$$

或

$$目标利润 = 本企业总资产 \times 同类企业平均资产利润率 \tag{10.17}$$

采用目标利润率法的理由是:本企业必须达到同类企业的平均报酬水平,才能在竞争中生存。有的企业使用同行业先进水平的利润率进行目标成本预计,其理由是,别人能办到的事情我们也应该能办到。

b. 上年利润基数法。

$$目标利润 = 上年利润 \times 年利润增长率 \tag{10.18}$$

采用上年利润基数法的理由是:未来是历史的继续,应考虑现有基础(上年利润);未来不会重复历史,要预计未来的变化(利润增长率),包括环境的改变和自身的进步。

按上述方法计算出的目标成本只是初步设想,提供了分析问题合乎需要的起点,它不一定完全符合实际,还需要对其进行可行性分析。

练习题

一、单选题

1.(　　)是对企业生产经营过程中生产经营费用的发生和产品成本的形成所进行的预测、计划、控制、分析和考核等一系列管理工作。

A. 成本费用管理　　B. 资产管理　　　C. 综合管理

2. 以下(　　)体现了企业与债权人之间的债权债务关系。

A. 负债资本　　　B. 权益资本　　　C. 资金成本

3. 以下(　　)还可以作为评价企业经营成果的依据。

A. 负债资本　　　B. 权益资本　　　C. 资金成本

4. 企业财务人员在筹集资金时必须考虑资金的时间价值,此项内容考虑的是汽车服务企业筹资的哪项原则?(　　)

A. 方式经济原则　　B. 筹资及时原则　　C. 来源合理原则

5. 以下哪个不属于债券的基本特征?(　　)

A. 偿还性　　　B. 收益性　　　C. 流动性

6. 以下哪个不属于用投资回收期法进行项目投资决策评价的缺点?(　　)

A.忽视了现金流量的发生时间,未考虑货币的时间价值。

B.忽略了投资回收期后的现金流量,注重短期行为,忽视长期效益。

C.计算复杂,不便于理解,不利于促进企业加快投入资本的回收速度。

7.以下哪一项不属于固定资产的计价方式?(　　　)

　　A.现行市价　　　　　B.净值　　　　　　C.原始价值

8.根据固定资产的原值,减去预计残值和清理费用,按预计使用年限平均计算的一种方法,是属于固定资产的哪一种计算方法?(　　　)

　　A.双倍余额递减法　　　　　　　B.使用年限法

　　C.工作量法

9.以下哪项费用不计入当期损益?(　　　)

　　A.销售费　　　　B.管理费　　　　C.制造费

10.成本控制的基本程序是(　　　)。

①反馈成本信息,及时纠正偏差;②制订成本控制的标准;③揭示成本差异,分析差异产生的原因

　　A.②③①　　　　　B.③①②　　　　　C.①②③

二、多选题

1.汽车服务企业财务管理最基本、最重要的理念包括以下哪几个方面?(　　　)

　　A.资金的时间价值　　　　　　　B.风险报酬

　　C.利率与通货膨胀　　　　　　　D.现金流转

2.汽车服务企业财务管理的内容有哪些?(　　　)

　　A.筹资和投资管理　　　　　　　B.资产管理

　　C.成本费用管理　　　　　　　　D.综合管理

3.汽车服务企业的筹资渠道有哪些?(　　　)

　　A.国家财政资金　　B.银行信贷资金　　C.居民个人资金　　D.外商资金

4.根据股东承担风险和享有权利的不同,股票可以分为(　　　)。

　　A.优先股票　　　B.社会公众股票　　C.记名股票　　　　D.普通股票

5.普通股票的基本特征主要包括(　　　)。

　　A.风险性　　　　B.流动性　　　　C.期限性　　　　D.决策性

6.以下属于流动资产的是(　　　)。

　　A.汽车　　　　　B.应收账款　　　　C.现金管理　　　　D.存货管理

7.固定资产具有哪些特征?(　　　)

　　A.固定资产的单位价值较高。

　　B.固定资产是有形资产。

　　C.使用寿命超过一个会计年度,而且最终要被废弃或者重置。

　　D.为了生产商品、提供劳务、出租或经营管理而持有的资产。

8.以下哪些是计入企业产品成本的费用?(　　　)

  A. 直接材料费用 B. 直接人工费用 C. 制造费用   D. 期间费用

9. 以下属于目标成本预测方法的是(　　)。

  A. 目标利润法 B. 直接人工费用 C. 制造费用   D. 期间费用

10. 以下属于成本控制途径的是(　　)。

  A. 节约各种材料的消耗

  B. 提高设备的利用效率

  C. 提高服务的质量,减少返工和不必要的消耗

  D. 加速资金的周转,减少资金的占用

三、判断题

1. 任何投资都会有风险,不同投资项目的风险与收益是互不相同的。风险越高,其预期收益也越高;反之亦然。(　　)

2. 投资是指以收回现金并取得收益为目的而发生的现金流出。(　　)

3. 负债资本是指投资者所投入的资本金,是企业依法长期拥有、自主调配使用的资金,又称自有资金,主要包括资本公积金、盈余公积金、实收资本和未分配利润等。(　　)

4. 通常情况下,企业的资金结构指的是短期债务资金和权益资本的比例关系。(　　)

5. 银行贷款是一种以一定费用借贷实物的经济行为,即企业依照契约规定通过向资产所有者定期支付一定量的费用,从而长期获得某项资产使用权的行为。(　　)

6. 商业信用是指企业之间的赊销赊购行为。(　　)

7. 筹资是企业开展正常生产经营活动并获取利润的前提,也是企业扩大经营规模、降低经营风险的重要手段。(　　)

8. 现金流量也称现金流动量,其中现金收入称为现金流入量,现金支出称为现金流出量。现金流入量与现金流出量相抵后的差额称为现金净流量,现金净流量也称净现金流量。(　　)

9. 净现值指标的缺点表现在它没有考虑货币的时间价值,不能反映投资方案的净收益额。(　　)

10. 现值指数越大,方案投资价值越好。(　　)

四、简答题

1. 什么是财务管理?

2. 汽车服务企业财务管理的原则有哪些?

3. 汽车服务企业财务管理的目标有哪些?

4. 汽车服务企业财务管理的作用有哪些?

5. 汽车服务企业财务管理的基础工作包括哪几个方面?

6. 企业筹资是一项重要而复杂的工作,为了有效地筹集企业所需资金,必须遵循哪些基本原则?

7. 汽车服务企业筹资方式的选择,首先要了解各种筹资方式的优缺点,并对它们加以比

较。评价不同筹资方式的优劣,主要从哪几方面入手?

8. 固定资产的日常管理工作主要包括哪几个方面?

9. 成本费用管理对企业有哪些方面的要求?

10. 成本控制的意义有哪些?

五、论述题

试对一个企业进行目标成本控制分析。

第 11 章　汽车服务企业的信息管理

11.1　汽车服务企业汽车质量信息反馈

在新技术所创造的激烈竞争中,信息技术已不仅仅是提高企业竞争力的工具和手段,更是驱动企业改进业务流程的重要能力因素。它们使不可思议的企业能力的实现成为可能,并大大地提高了企业竞争的起跑线。

信息反馈方面,定期回访客户,了解客户的心理及需求,倾听客户的意见,认真做好记录,建立客户档案,可为经销商带来新的商机。在工业社会里,战略资源主要是资本,而在现代信息社会里,信息成了主要的战略资源。因此,及时掌握信息是一切市场营销者的第一要务。强有力的市场营销信息系统,对于企业监视市场变化,为营销决策提供全面、迅速、准确、有效的信息,增强企业的市场竞争力具有重要意义。信息系统是现代企业市场营销不可缺少的重要工具。

11.1.1　汽车质量反馈单

汽车服务企业的另一个角色是情报工作者。负责向汽车厂家提供客户的信息,包括客户公司或个人的信息,以及购买的车辆信息,这些信息是厂家开发市场、改进产品的重要依据。汽车厂家从客户的索赔申请中,就可以总结出比较完整的客户档案信息和市场信息。厂家还可通过各种专门调查表,收集更多的信息。

所谓质量反馈单,就是客户的新车使用了一段时间之后,服务站对客户的使用状况的调查表。厂家可以通过这张表了解客户对新车的基本评价,包括质量、性能、价格、服务等评价。图 11-1 所示为营销信息系统构成。

图 11-1　营销信息系统的构成

11.1.2　汽车质量反馈的意义

1）汽车产品的质量保证

（1）质量保证工作的内容

质量保证是售后服务工作的核心，内容包括以下几个方面。

①受理用户的索赔要求，并向企业反馈用户质量信息。售后服务网络的第一线是受理索赔，作出赔偿决定，由售后服务总部赔偿，鉴定科对赔偿进行复核，然后综合分析，向企业的设计、生产、销售等部门反馈质量动态和市场趋势等信息。质量保证带有极强的政策性和技术性。用户有《中华人民共和国产品质量法》《中华人民共和国消费者权益保护法》等法律法规的保护，有国家技术监督部门的监督和社会舆论的保护，这就要求汽车生产企业的生产经营活动必须遵守有关的法律和法规，并接受社会舆论的监督。从技术方面看，因汽车的复杂性使其故障和事故后的状况千差万别，故障和事故的责任认定没有一个明确的界限，交通管理部门和技术监督部门很难简单地用法令的形式来处理，往往会出现用户和企业或经销商纠缠不清的现象。西方国家目前都采取强制车险的办法，这样，一般行车事故都由保险部门统一处理，减少了对企业的负担。在所有企业的质量保证管理规定中都明确，只对企业本身质量原因的直接损坏零件赔偿，不负担相关损失的赔偿，并保留最终技术仲裁权。

②汽车召回与汽车"三包"。目前针对市场质量管理的法规主要有：汽车召回和汽车"三包"。召回是在汽车使用过程中发现的一些可能造成人身、财产安全的缺陷，这些缺陷主要由设计制造不当所致，发现后以召回的方式来消除缺陷，确保用户的使用安全。召回解决的是某一批次中同一性质的不合理危险，一般由制造商出面公布，汽车经销商和维修商出面免费为用户解决。"三包"针对的是个别的、偶然的、不具有普遍代表性的问题，一般只由汽车经销商和维修商出面解决。只有汽车产品的认证、召回和"三包"三种制度相互支持、相互补充，才能对公共安全、产品质量进行完全的管理。汽车"三包"涉及消费者、经销商和厂家

三方的利益。对于经销商来说,下有消费者的投诉,上有厂商的强硬态度,处于两难境地。对于厂商来说,"三包"规定的出台使他们有了具体的规章可循,但真正的挑战在于产品和服务质量。从表面上看,汽车召回和"三包"都是为了解决汽车出现的一些质量问题,维护消费者的合法权益。但两者在问题的性质、对象、范围和解决方式等方面是有区别的,具体如下。

a. 性质不同。汽车召回的目的是消除缺陷汽车的安全隐患和给全社会带来的不安全因素,维护公众安全。汽车"三包"的目的是保护消费者的合法权益,在产品责任担保期内,当车辆出现质量问题时,由厂家负责为消费者免费解决,减少消费者的损失。

b. 对象不同。召回主要针对系统性、同一性与安全有关的缺陷,这个缺陷必须是在一批车辆上都存在,而且是与安全相关的。"三包"规定是解决由于随机因素导致的偶然性产品质量问题的法律责任。对于由生产、销售过程中各种随机因素导致产品出现的偶然性产品质量问题,一般不会造成大面积人身伤害和财产损失。在"三包"期内,只要车辆出现质量问题,无论该问题是否与安全有关,只要不是因消费者使用不当造成的,经销商就应当承担修理、更换、退货的产品担保责任。

c. 范围不同。"三包"规定主要针对家用车辆。汽车召回则包括家用和各种运营的道路车辆,只要存在缺陷,都一视同仁。国家根据经济发展需要和汽车产业管理要求,按照汽车产品种类分步骤实施缺陷产品召回制度,首先从 M1 类车辆(驾驶员座位在内,座位数不超过 9 座的载客车辆)开始实施。

d. 解决方式不同。汽车召回的主要方式是:汽车制造商发现缺陷后,首先向主管部门报告,并由汽车制造商采取有效措施消除缺陷,实施召回。汽车"三包"的解决方式是:由汽车经营者按照国家有关规定对有问题的汽车承担修理、更换、退货的产品担保责任。在具体方式上,往往先由行政机关认可的机构进行调解。

(2)质量保证的工作要点

汽车产品的质量保证是企业吸引用户购买产品的一个重要条件。产品的质量保证工作要点有以下 3 个。

①准确。即对用户反映的情况,必须先经过核实,然后再作出处理。也只有在此基础上,才能向企业反馈回可靠的质量信息,以利于企业对产品的设计或生产迅速进行改进。

②快速。这样可以尽量地缩短用户等待的时间,使用户的损失减至最小,也使用户不快的心理得以缓和,增强对企业和产品的好感。

③宽厚。如果是产品质量缺陷,生产企业有责任帮助用户恢复产品的技术功能,使用户免于承担损失,同时也维护了企业和产品的信誉。

日本的丰田公司以优良的售后服务在全世界获得广大的市场。在车型投放市场 3 个月之内,公司便迅速了解该车的使用及质量情况。在此期间,卖出的车辆如发生故障,则全部免费修理。必要时,在车辆修理期间,可借给用户代用车,费用全部由公司承担,尽可能不损害用户的利益。从 1967 年起,丰田公司率先在日本将新车型的保证期定为 2 年或 5 万千米。雪铁龙公司认为,做好产品销售和售后服务与采用新的生产技术同样是企业生存的关键条件。该公司不惜付出巨大的代价来提高其声誉,在保证期内免费为用户检修汽车,更换有缺陷的零部件。进入 20 世纪 80 年代以来,雷诺公司由于受到竞争对手强大的压力,为扭转载货车销售滑坡的局面,从提高产品质量和改进售后服务入手。他们调查发现:售后服务的好坏主要取决于服务网点密度、提供配件的速度、维修人员的技术水平及车辆保证合同的内容。公司认为售后服务是一种推销手段,也是密切与用户联系的一条重要途径,保证期满后,还应与用户保持相当长时期的联系,以便发现质量问题进行改进。

(3)公司产品质量担保的内容

①质量担保期限,从领取行车证之日起算,为期××月(或××千米)。

②车辆出现故障,只有特约维修站有权受理质量担保申请,而且故障一旦出现,用户应立即与特约维修站联系并由维修站排除。所发生的一切费用,均由维修站向汽车公司结算。

③对售出的汽车及配件进行质量担保。

④如果出现的故障在非特约维修站修理过,已装上未经汽车公司许可的零件或未按汽车公司许可的方式对车辆进行了改装、顾客没有遵守车辆的使用规定(使用说明书、维修保养计划等),汽车公司将不承担质量担保。

(4)客户质量索赔及处理

质量保修应由专人负责。质量保修专职人员(索赔员)的任职条件及工作职责如下:

①索赔员的任职条件。对质量保修有正确的认识,对工作认真负责;熟悉、掌握质量保修工作业务知识;具有3年以上的汽车维修实践经验,具有对汽车故障进行检查和判断的能力。索赔员需经培训合格,并发给合格证书,才能正式进行工作。

②索赔员的工作职责。对待用户要热情、礼貌;对每一辆属于质量保证范围内的故障车辆进行检查,并作出质量鉴定;严格按质量保修条例为用户办理质量保修申请;严格按有关规定填报技术信息,以及质量保证的有关报表、报告,并按要求提供索赔文件;主动搜集并反馈有关车辆使用的质量、技术信息;积极向用户宣传质量保修政策,为用户提供使用、技术等方面的咨询服务。

(5)质量保修工作流程

①用户至特约维修站报修。

②业务接待员听取用户的反馈及报修内容。

③业务接待员对车辆进行初步检查,根据故障情况及用户反映的情况,分为普通报修车及申请索赔车。

④申请索赔车辆交由索赔员检查鉴定。

⑤确属索赔范围车辆由索赔员登记有关车辆数据。

⑥修理工作结束后及时在索赔件上挂上标签。

⑦用户凭修理订单领取车辆,所有属于质量保修范围内的均免费修埋。

⑧每天工作结束后,由索赔员根据当天的修理情况,填写好故障报告并将带有标签的索赔件放入索赔件仓库。

⑨定期向售后服务科寄发"故障报告单"。

⑩定期完成"索赔申请单"寄往售后服务总部。

⑪所有的索赔件保持原样,按有关规定处理。

⑫根据计算机清单,定期向总部结算索赔费用。

（6）收集产品使用质量信息

故障报告是获得使用质量信息的最重要来源，能准确地反映情况，并且信息反馈速度快。通过维修站获取质量反馈信息是最为简便快捷的方法。这些反馈信息通过分析和总结，有助于供货厂家对产品设计作出更改或是在售后服务领域内采用新的故障解决办法。所有的质量问题应按要求填写故障报告，并按规定时间与供货厂家联系。在填写故障报告时，作为证明应将损坏件保存下来，这是为了尽快找出损坏的原因。

（7）进行技术服务

随着科学技术的发展，汽车产品已经成为高、精、尖技术的代言人。汽车企业首先要对技术服务人员和商业人员进行专业培训，内容涉及介绍、讲解汽车的技术性能、维护知识等，然后通过售后服务网络对用户进行技术培训、技术咨询、技术指导、技术示范等。现在汽车养护越来越受到重视。汽车保养是指保持和恢复汽车的技术性能，保证汽车具有良好的使用性和可靠性，这是一项技术含量很高的复杂工作，必须由专业人员来操作。汽车在运行中，由于机件磨损、自然腐蚀和其他原因，技术性能将有所下降，如长期缺乏必要的维护，不仅汽车本身的寿命会缩短，还会成为影响交通安全的一大隐患。及时正确的保养会使汽车的使用寿命延长，安全性能提高，既省钱又免去许多修车的麻烦。售后服务部门要定期提醒客户进行汽车保养，以改善汽车的使用状况，为用户带来实惠。

（8）塑造企业形象

售后服务部门是企业的一个窗口，是企业形象的直接体现。售后服务部门应该建立统一的企业形象标准，如悬挂汽车企业的厂徽、厂标、厂容、厂貌的标准化、统一化。色彩、着装的标准化，厂房、厂区建筑的规范化和设备的标准化。

由于汽车使用的复杂性，致使售后服务部门涉及的业务范围很广，如道路交通管理、保险、税务、工商、银行、其他的零部件制造商等，售后服务部门必须在这些领域广泛开展公共关系活动，以保证售后服务工作的顺利进行。在与用户交往上，应该选用有丰富的技术知识和良好人际交往能力的人做业务接待。

售后服务虽然属于服务性的工作，但它与普通意义上的"服务"不同，因为它有很高的技术含量。如果一个业务接待员不具备技术知识，就很难赢得用户的信任，也直接影响了客户对企业的信任，这一点对企业是至关重要的。另外，还要加强其他售后服务工作人员的教育管理和业务培训，使他们从心理上真正地把用户当作上帝，为他们提供及时、快速、周到、热情的服务，在用户心中树立一个良好的企业形象。

2）开发市场，改进产品

在当今激烈竞争的汽车市场上，企业要想持久地占领市场，仅仅依靠现有产品是绝对不行的，企业产品必须不断推陈出新，才能适应经常变化的市场需求。因此，不断研究和开发新产品，是企业战胜竞争对手的秘密武器。为此，企业新产品开发应做到"人无我有，人有我优，人优我专"和"改进、开发、预研"的统一。

任何一种车型，由于生命周期规律的作用，都不可避免地会进入衰退期，此时，必须推出换代产品；另外产品在使用过程中，也可能会暴露出各种新问题，影响着用户的满意程度。

为此,企业必须经常对在产汽车品种实施改进措施,不断完善和提高企业产品的质量和性能水平。实践表明,企业对在产汽车不断地进行技术革新,走"量变到质变"的产品发展道路是可取的,而那种平时不进行革新,在失去竞争力后再停产走"垂直换型和转产"道路的企业,其行为是不可取的。

企业对在产汽车(老产品)改进的方法有很多,但通常都是根据用户在使用过程中暴露的问题,营销部门将故障(不属于用户使用不当造成的故障)信息反馈给企业的产品部门或设计部门,修改产品设计或改进制造工艺,从而不断地提高老产品的综合技术水平。有的改进项目是由产品部门根据科学技术的发展,将新技术成果应用到本企业的产品上。有的改进项目是营销部门根据竞争对手的先进水平提出改进意见,由产品部门负责实施。

11.1.3 质量情况反馈规定

汽车服务企业直接面对客户,最了解客户的需求,掌握着第一手的客户信息、质量信息及客户对汽车制造厂质量、服务评价的信息。所以,汽车服务企业反馈的信息是汽车制造厂提高产品质量、调整服务政策的重要依据。

每一个汽车服务企业都应该组织一个质量检查小组,由经理带领,会同索赔员、服务顾问、备件管理、车间主任和技术骨干,对进入汽车服务企业维修的所有车辆的质量信息进行汇总研究,技术分析,排除故障试验,并向汽车制造厂索赔管理部定期作出反馈。汽车制造厂售后服务部门将为提高汽车产品的质量,提高各汽车服务企业的维修水平定期发布技术通信和召开质量、技术研讨会。同时,汽车制造厂索赔管理部将把质量情况反馈工作作为对汽车服务企业年终考核的一项标准,并对此项工作做得出色的站点加以嘉奖。

为了让各汽车服务企业的质量研究工作统一有序地进行,各汽车服务企业应做好以下工作。

(1)重大故障报告

各汽车服务企业在日常工作中如遇到重大的车辆故障,必须及时、准确、详尽地填写《重大故障报告单》,立即传真至汽车制造厂索赔管理部,以便汽车制造厂各部门能及时作出反应。重大故障包括影响汽车正常行驶的,如动力系统、转向系统、制动系统的故障;影响乘客安全的,如主、被动安全系统故障、轮胎问题、车门锁止故障等;影响环保的故障,如排放超标、油液污染等。

(2)常见故障报告和常见故障排除意见

各汽车服务企业应坚持在每月底对当月进厂维护的所有车辆产生的各种故障进行汇总,统计出现频率最高的10项故障点或故障零件,并对其故障原因进行分析,提出相应的故障排除意见。各站需在每月初向汽车制造厂索赔管理部提交上月的常见故障报告和常见故障排除意见。

(3)用户质量抱怨反馈表

各汽车服务企业应在用户进站维修、电话跟踪等与用户交流过程中,积极听取用户对汽车制造厂的意见,并作相应记录。意见包括某处使用不便、某处结构不合理、某零件使用寿命过短、可以添加某些配备、某处不够美观等。各站需以季度为周期,在每季度末提交用户情况反馈表。

11.2 汽车市场需求信息反馈

我国汽车工业正处于迅速发展时期,呈现出市场需求大,市场上推出的新车型多、市场竞争日趋激烈,潜在客户中持币待购者众多,对车型的挑剔十分严格等特点。为此汽车企业必须进行市场分析,对市场的现状、今后的走向进行调查,用以指导本企业产品开发和生产,达到适应市场、服务于消费者,以及企业发展的目的。

11.2.1 汽车市场调研

市场是企业所有经营活动的起点。市场调研是营销管理的起点,是伴随着市场产生、发展而出现的如何认识市场、分析市场的科学管理工作。

1)市场营销调研的概念

市场营销调研作为一种营销手段,对于许多经营企业来说已成为一种竞争武器。自1919 年美国柯蒂斯出版公司首次运用成功,市场营销调研在世界范围内迅速扩展开来,并由最初的简单收集、记录、整理、分析有关资料和数据,发展成为一门包括市场环境调查、消费心理分析、市场需求调研、产品价格适度、分销渠道、促销方法、竞争对手调查、投资开发可行性论证等在内的综合性学科。

市场营销调研又称市场调研、市场调查、市场买卖调查、买卖调查、市场研究,其实质就是运用科学的方法,有计划、有目的、有系统地收集、整理和研究分析有关市场营销方面的信息,并提出调研报告,总结有关结论,提出机遇与挑战,以便帮助管理人员了解营销环境,发现问题与机会,并为市场预测与营销决策提供依据。

2)汽车市场调研的内容

按调研内容划分,汽车市场调研包括:①市场营销环境调研;②营销组合策略调研,如调查价格走势、产品开发与技术发展趋势、产品与售后服务质量状况等;③竞争对手调研;④用户购车心理与购买行为调研等。

按产品是否已经进入市场划分,汽车市场调研包括:①产品进入市场前调研,此类调研主要应弄清目标市场是什么,如何进行产品定位,主要竞争对手是谁,他们的营销策略怎样,市场结构与购买特点如何,有哪些有利与不利因素,以及生产发展趋势等问题,并最终提出主要研究结论、对策和建议;②产品进入市场后调研,此类调研应着重对本企业产品的市场规模、市场结构、市场占有率、与竞争对手相比在营销组合策略上存在的差距,以及营销环境的新变化等作出调研,重点在于比较研究,找出企业市场营销的不足之处,为改进营销工作服务。

按汽车市场商品消费目的的不同划分,汽车市场调研包括:①消费者市场调研;②生产者市场调研。

按汽车市场调研的地域空间层次的不同划分,汽车市场调研包括:①国际性市场调研;②全国性市场调研;③地区性市场调研。

3)汽车市场调研的步骤

汽车市场调研一般可分为调研准备、调研实施、分析整理资料、统计处理和调研总结5个阶段。

(1)调研准备

市场调研第一步要做的工作就是调研准备,即分析初步情况,明确调研目标,确定指导思想,限定调查的问题范围。也就是要弄清楚为什么要调查?想要知道什么?得到结果以后有什么用途?企业市场营销涉及的范围很广,每次调研活动不可能面面俱到,而只能就企业经营活动的部分内容展开调研。例如,调研是为了企业制订市场营销的战略规划,还是为了改善企业市场营销活动的效果等。如果调研的目标和指导思想不明确,调研肯定就是盲目的,调研效果就会欠佳。调研目标一般应由企业营销综合职能部门提出,由主管领导批准。调研目的和指导思想一经确立,调研工作小组在以后的调研活动中应始终围绕本次调研的总体目标和指导思想进行工作。

在明确了市场调研的目标之后,就应成立专门对该次市场调研负责的调研工作小组,这可使调研工作有计划、有组织地进行,否则调研效果就会欠佳。目前,国内外许多大的企业和组织,根据生产经营的需要,大都设立了专门的市场调查部门。组织市场调查已成为这类企业固定性、经常性的工作。企业当然也可借助企业外部的市场调查机构进行市场调查。此类机构大体上有3种类型:①综合性市场调查公司,这类公司专门搜集各种市场信息,承接各种市场调查委托,具有涉及面广、综合性强的特点;②咨询公司,这类公司服务的范围更广;③广告公司的调查部门,广告公司大都设立了调查部门,从事与广告活动有关的、必要的市场调查工作。

在工作小组成立后,要对市场进行状态与问题分析。状态与问题分析是指在调查之前,详细了解企业的各种情况和所处的社会经济环境。在此基础上,分析企业所面临的问题,从而确定调查什么,哪些是没有了解充分的等,并在此基础上,提出问题与假设,提出命题、概念、指标、变量等。

接下来就要进行市场调研的调研方案和调研程序的制订,具体如下:①确定调查手段与抽样方法。在状态与问题分析之后,通过对研究假设的分析,确定所采用的调查手段及相应的抽样方法。例如,如果在状态与问题分析时发现,企业对消费者对产品的态度与需求情况不清楚,应该选择问卷法和访问法;如果发现企业对竞争产品的策略不明,可以选择观察法和访问法;如果是企业仅仅对产品的价格不了解,可以采用实验法等。②调查设计与抽样。确定了调查手段与抽样方法之后,要进行调查设计与实施抽样。这个阶段要通过试调查以确定调查方案是否合理,能否反映调查目的等,同时还要确定抽样方法,是选择概率抽样,还是非概率抽样,如果选择概率抽样,具体用哪种方法。

(2)调研实施

进行实际调查是市场调研的正式实施步骤。为了保证调查工作按计划顺利进行,如有必要应事先对有关工作人员进行培训,而且要充分估计出调研过程中可能出现的问题,并要建立报告制度。课题组应对调查进展情况了如指掌,做好控制工作,并对调查中出现的问题及时采取解决或补救措施,以不至于拖延调查进展。以上方面对于采取派调查人员外出调查方式更为重要。在这一步骤内,调查者还必须具体确立收集调查信息的途径,因为有些问题可以利用第二手资料。当需要进行调查获取第一手资料时,应具体确定被调查对象或专家名单,对典型调查应具体确定调查地点或其他组织名单。

(3)分析整理资料

资料整理阶段主要包括资料审核、复核问卷、数据编码、数据录入等。

(4)统计处理

在资料整理之后,一般采用计算机进行统计处理。在市场调查中,计算机统计一般是用通用的 SPSS 或 SAS 软件来进行。

(5)调研总结

调研报告是市场调研的必然过程和最终结果。调研报告编写的程序应包括主题的确立、材料的取舍、提纲的拟订和编写报告。在编写调研报告时,要注意紧扣调研主题,力求客观、简明扼要并突出重点,使企业决策者一目了然;要求文字简练,避免或少用专业的技术性名词,必要时可用图表加以形象说明。在调研结束后,要针对调研的内容进行追踪调研,以确定调研结果的真实性和有效性;同时还要调研没有解决的问题,进行补充调研。

例:某中档轿车市场调查

中档轿车市场调查问卷

1. 下列选项中您认为中档轿车销售最受影响的因素是(　　　)。

　　A. 经销商所在地理环境　　　　B. 经销商的规模　　　C. 代理品牌

　　D. 售前和售后配套服务　　　　E. 经销商的知名度

2. 下列选项您认为经销商应该提供的服务是(　　　)。

　　A. 整车售卖　　　B. 牌照全包　　　C. 零配件供应

　　D. 售后维修服务　　E. 信息反馈　　　F. 其他

3. 您对下列中档轿车感兴趣的品牌是(　　　)。

　　A. 国产品牌:奇瑞、长安、吉利、红旗、长城

　　B. 日本品牌:本田、凌志、三菱、丰田、马自达、尼桑

　　C. 美国品牌:进口别克、克莱斯勒、林肯、欧宝威达

　　D. 欧洲品牌:雷诺、雪铁龙、大众、奔驰、宝马、沃尔沃、奥迪

　　E. 其他品牌:大宇蓝龙

4. 下列您比较关注的汽车促销活动是(　　　)。

　　A. 降价　　　　B. 送礼　　　　C. 折扣　　　　D. 保险优惠

　　E. 长保修期　　F. 赠品　　　　G. 驾驶培训　　H. 代办年检

5. 您认为中档轿车界定的根据是(　　　)。

　　A. 价格,范围为 20 万~50 万元

B. 品牌,如本田雅阁、红旗、帕萨特

C. 排气量,排气量在 1.7 ~ 2.3 L

6. 您购买中档轿车时主要考虑的因素是(　　　)。

　A. 质量　　　　B. 价格　　　　C. 品牌　　　　D. 款式(颜色,外观)

　E. 耗油指标　　F. 维护保养服务　　G. 乘坐的舒适程度

7. 您认为未来几年销售中档轿车的数量将会(　　　)。

　A. 每年都有较大幅度的提高　　　　B. 每年都有较小幅度的提高

　C. 基本不变　　　　　　　　　　　D. 每年都有较小幅度的减少

　E. 每年都有较大幅度的减少

8. 您得到有关汽车信息的一般渠道是(　　　)。

　A. 展示厅　　　B. 报纸　　　　C. 杂志　　　　D. 电视

　E. 广播　　　　F. 新闻报道　　　G. 展销会　　　H. 亲朋好友推荐

9. 您的个人及家庭情况:

(1)性别:□男　□女

(2)年龄:□18 岁以下　□18 ~ 29 岁　□29 ~ 39 岁

　　　　□39 ~ 49 岁　□49 ~ 60 岁　□60 岁以上

(3)婚姻:□已婚　□未婚

(4)文化程度:□初中以下　□高中　□大专　□本科及以上

(5)职业:□工人　□公务员　□科技文卫人员　□企业职员

　　　　□企业管理人员　　□其他

(6)家庭平均月收入:□2 000 元以下　　□2 001 ~ 5 000 元

　　　　　　　　　□5 001 ~ 10 000 元　□10 000 元以上

11.2.2　市场需求测量与预测

1)衡量市场需求与有效市场

开展市场调研的主要目的是确定市场机遇和风险。企业在制订任何市场策略前,必须仔细评价每一个机会,慎重衡量与预测每个机会潜在的规模、成长潜力和利润空间。财务部门利用销售预测筹集投资和经营所需的现金;制造部门用以估算产能;采购部门用以订购正确数量的零部件;人事部门用以确定所需的员工。如果预测远离实际,可能出现库存积压,或由于供不应求而使企业获利减少。

(1)需求衡量

需求衡量可以按不同产品层次、不同空间层次、不同时间层次进行。一个企业可作出一个特定轿车产品的短期预测,以便汽车生产商订购原材料、计划生产工作和安排短期融资。销售商也可以为汽车生产商的产品作出一个区域需求的预测,以便决定是否进行区域销售。

(2)市场类型

市场可分为潜在市场、有效市场、目标市场和渗透市场。每一市场的规模由特定市场的产品购买人数而确定。潜在市场是指那些对已经在市场上出售的产品(如别克凯越轿车)有一定兴趣的顾客群体。有效市场是由对某一种产品感兴趣、有固定收入、有购买能力的潜在市场顾客所组成。显然,有效市场比潜在市场小,是潜在市场的一部分。

目标市场是企业决定要在有效市场上追求的市场。例如,美国通用汽车公司可能决定将别克君威轿车的市场营销和配销努力集中到中国,中国市场就成为其目标市场。上海通用别克凯越在上市前,就将其产品定位在中级车市场,并将一些中小型企业中高层经理,以及政府、机关的一些中层干部作为目标消费群体。渗透市场是指那些已经买了本企业汽车的顾客群体。各类市场顾客群体的界定是动态的,如果一个企业对它目前的销售情况不满意,可以降低潜在顾客的合格标准;可以向其他有效市场拓展;可以降低价格以扩大有效市场的规模;还可以用大量广告使不感兴趣的消费者变为感兴趣者,从而扩大潜在市场。

2)需求衡量的有关概念

(1)市场需求

市场需求是在一定时期、一定地理区域、一定生产环境、一定营销环境和一定营销方案下,愿意购买某个汽车的特定顾客群体的总数量,它是随外界条件的变化而变化的变量。因此,也被称为市场需求函数。如在一定时期内,劳动者就业率和收入可能有较大差异,因而导致不同。

(2)市场预测

根据汽车市场过去和现在的资料,以及市场宏观环境和微观环境的状况,运用科学方法和逻辑推理,对未来发展趋势进行估计和推测,定性或定量估计出市场的发展前景,被称为市场预测。市场预测是汽车企业经营决策的前提和依据,市场预测可使汽车企业更好地适应市场变化,提高竞争能力。

(3)市场潜量

市场潜量是在一个既定的环境下,行业营销努力达到无穷大时,市场需求无限接近的量。市场预测指出的是预期的市场需求,不是最大的市场需求。如果想要达到最高需求水平,必须经过非常“高”的行业营销努力才能达到,并且以后再进一步增加营销努力,其刺激需求的效果微乎其微。

(4)企业需求

企业需求是企业在营销努力基础上估计的市场需求份额,取决于该企业的产品、服务、价格、促销等与竞争者的关系。如果其他因素相同,则企业的市场份额取决于它的市场费用在规模和效益上与竞争者的关系。

(5)销售预算

销售预算是对预期销售量的一种保守估计,它主要为当前采购、生产和现金流量决策服务。销售预算要考虑销售预测和需求,以规避过度投资的风险。销售预算一般略低于企业预测。

(6)销售潜量

销售潜量是当企业相对于竞争者的营销努力增大时,企业需求所能达到的极限。当然,企业是针对市场潜量确定需求极限。当企业取得100%的市场,即该企业已成为市场的垄断者,企业销售潜量和市场潜量相等。在绝大多数情况下,企业销售潜量低于市场潜量,即使是企业的营销费用超过竞争对手相当多时也是如此。其原因是每个国家几乎都有相关法规,不允许行业垄断,每个企业都有竞争对手;每个竞争企业又都有一定的忠实购买者,这些人对其他企业怂恿他们离开的努力很少有反应。如在我国已经生产销售了几十年的桑塔纳轿车,很多专家认为其技术落后,应该被淘汰,但目前仍占有相当的市场份额,主要原因在于其有大量的忠实消费者。

3)估算当前需求

营销主管需要估计总市场潜量、地区市场潜量、实际销售额和市场份额。

（1）总市场潜量

总市场潜量是在一定的时期内、在一定的行业营销努力和一定的环境条件下,一个行业所有公司所能获得的最大销量（数量或金额）。一个常用的估计公式为:

$$Q = nqP \tag{11.1}$$

式中　Q——总市场潜量;

n——在一定的假设下,特定产品（市场）的购买者数量;

q——一个购买者的平均购买数量;

P——每一产品的平均价格。

（2）地区市场潜量

企业应选择最佳的区域并在这些区域最适当地分配它们的营销预算。因此,它们需要估计不同国家,以及一个国家不同地区的市场潜量。一般企业都采用市场组合法估计市场潜量。市场组合法要求辨别在每一市场上的所有潜在购买者,并且对他们潜在的购买量进行估计。如果企业有一张全部潜在购买者的清单和他们将购买产品的可靠估计,则可直接应用该法,可惜这些条件往往是不能获得的。另外,也可以按收入增长和需求弹性计算市场潜量。

（3）实际销售额和市场份额

除估计总的潜量和地区潜量外,企业还需要知道发生在市场上的实际销售额。也就是说,它还必须辨认竞争对手和估计竞争者的销售额。汽车行业协会经常会公布各公司每年/每季度的销售量和销售额。每家公司都可以利用这个渠道估算自己在本行业中的绩效。假如一个公司在一年中增加了5%的销售额,而行业销售额的年增长率为10%,那么,这个公司实际上正在丧失行业中相应的地位。

4)估算未来需求

在大多数市场上,总需求和企业需求并不稳定,于是,可靠的预测成了企业成功的关键。预测失误可能导致存货过多、牺牲性的减价或由于缺货而丧失销售机会。需求越不稳定,预测的准确性就越是关键,预测过程就越复杂。企业销售额预测通常经过3个阶段,即宏观经济预测→行业预测→企业销售预测。预测要求对通货膨胀、失业率、利率、消费者开支和储蓄、企业宏观经济投资、政府支出、净输出,以及与本企业有关的其他重要因素和事件进行预测,产生一个全国总产出的预测,应用这种预测数据结合其他环境指标,便可预测行业销售额。然后,企业把假设在行业销售中能达到的一定数量的份额作为它的销售预测的基础。

许多大的汽车公司有自己的计划部门,它们使用高级数理技术来执行这些任务。有的也向其他公司购买预测市场所必需的资料,这些公司有:①营销研究公司,通过会见顾客和分销者,与其他有见识的人士预测未来;②专业预测公司,对特定条件下的环境作长期预测,如人口、自然资源和技术;③未来学研究公司,产生推测性的预测方案。

一般市场销售预测的方法有以下5种。

(1)购买者意向调查法

市场总是由潜在的购买者构成的,预测就是预估在给定的条件下潜在购买者的可能行为。如果购买者有清晰的购买意图,愿意付诸实施,并能告诉访问者,则这种调查就特别有价值。

(2)销售人员意见综合法

在不能直接与顾客见面时,企业可以通过听取销售人员的意见估计市场需求。

绝大多数汽车企业在使用销售人员的估计时都要做些调整。销售人员往往是有偏见的观察者,他们可能是天生的悲观主义者或乐观主义者;他们也可能由于最近的销售受挫或成功从一个极端走向另一个极端;此外,他们通常不了解较大的经济发展和影响他们地区未来销售的企业营销计划;他们可能瞒报需求,以达到使企业制订低定额的目的;他们也可能没有时间去作出审慎的估计,或可能认为这不值得考虑。

为了促使销售人员作出较好的估计,企业可向他们提供一些帮助或鼓励。如为销售人员提供一份他过去为企业所作的预测与实际销售的对照记录,提供企业在商业前景上的设想及企业欲追求的利益等。吸引销售人员参加预测有许多好处。销售人员在市场发展趋势上可能比其他人更具敏锐性;通过参与预测过程,销售人员会对销售定额充满信心,从而激励他们达到目标;他们的预测还可产生按产品、地区、顾客和销售人员为细分参量的销售估计。

(3)专家意见法

企业也可以利用诸如代理商、销售商、供应商及其他一些专家的意见进行预测。

专家意见法的主要优点是:①预测过程迅速,成本较低;②在预测过程中,可以得到各种不同的观点,从而为最终决策提供更多的依据;③如果缺乏基本的数据,可以运用这种方法加以弥补。主要缺点是:①专家意见未必能反映客观事实;②责任较为分散,估计值的权数相同;③一般仅适用于总额的预测,而用于区域、顾客群、产品大类等预测时,可靠性较差。

(4)市场测试法

直接市场测试特别适用于新产品的销售预测、为产品建立新的分销渠道或地区的情况。

(5)时间序列分析法

以过去的资料为基础,利用统计分析和数学方法分析预测未来需求。这种方法的依据是:①过去的统计数据之间存在着一定的关系,而且这种关系利用统计方法可以揭示出来;②过去的销售状况对未来的销售趋势有决定性影响,销售额只是时间的函数。

科学的预测,要有科学的程序。不同的预测,程序的繁简有所不同,但一般来讲,程序和过程是相互接近的。

11.3 汽车服务企业竞争对手信息反馈

所谓"知己知彼,百战百胜",企业在制订竞争战略和策略之前,首先要弄清谁是自己的竞争者,他们的营销目标和营销策略是什么,其优势和劣势又是什么等问题。只有准确地掌握了这些信息,企业才能够制订出正确的竞争对策。

11.3.1 竞争者识别与分析

1)识别竞争者

企业要制订发展战略,使其在竞争中获取更大的成功,首先必须要了解竞争对手的战略。因此对竞争对手的分析同对目标顾客的分析一样重要。

(1)识别谁是竞争对手

看上去识别竞争对手很容易,似乎只有经营范围类似,规模相当的企业才是企业的竞争对手,而这恰恰是犯了"竞争者近视病",有可能忽略许多大小不一、现实或潜在的竞争对手。

(2)了解竞争者的目标

确定谁是企业的竞争对手之后,还需了解他们在市场上追求的目标是什么。人们经常认为每位竞争者都在追求利润最大化、市场占有率和销售增长等。而实际上,大多数竞争对手和自己一样,在追求一组目标,各目标之间有轻重缓急、侧重点的不同,通常企业会为各项目标规定一个合理且可行的期望值。如美国公司多以最大限度增加短期利润为目标;日本公司则主要以最大限度提高市场占有率为目标。企业还应随时了解竞争对手进入新的细分市场或开发新产品的目标,以便预先有所防备或制订应对措施。

(3)确认竞争者的战略、优势与弱点

一般来说,多数行业中相互竞争的企业均可分为采用不同战略的群体。企业可通过了解竞争者的产品质量、特色、服务、定价和促销策略等,判断由哪些公司组成哪些战略群体和这些战略群体之间的差异如何。

每位竞争对手能否有效地实施其战略并达到目标,取决于他们的资源与能力、优势与弱点。企业可通过收集每位竞争对手过去的重要业务数据,如销售额、市场占有率、投资收益率、生产能力利用情况等分析其优势和不足;也可通过向中间商、顾客调查来了解竞争者的实力;还可以通过追踪调查竞争者的各项财务指标的变化情况,特别是利润和周转速度的变化来了解竞争者。

(4)竞争者的反应模式

公司的战略和策略行动,必将引起竞争对手的某种反应,公司只有事先能较准确地估计到竞争者的反应,采取适当的措施,方可保证自身战略目标顺利地达到。

竞争者的反应模式首先受行业竞争结构的影响,如在寡头垄断和垄断竞争的行业,竞争者的反应不可能一样；其次受竞争者的目标、优势和劣势的影响。此外,各竞争者都有自己的经营哲学、企业文化、传统信念,这种心理状态形成的惯性也是公司要研究的。

常见竞争者的反应模式可归纳为以下几种。

①从容不迫型。即竞争者没有反应或反应不强烈。公司主要应弄清楚他们反应不强烈的原因：是因为没有作出强烈反应所需的资源实力；还是因为企业信念,对自己经营前景和顾客的忠实性充满信心；抑或仅因为反应迟钝。

②选择型。即竞争者可能仅对某些方面的攻击行为作出反应,而对其他方面的攻击不予理会。如有的公司对产品更新、质量创优反应强烈,而对削价竞争不予理会；另一些公司对削价竞争反应强烈,绝不甘拜下风但对广告费用的增加不作反应,认为不会构成威胁。

③强烈型。也有个别竞争者对任何有碍于他的进攻都会作出迅速而强烈的反应,而且对抗到底。这类公司当然一般都具有相当实力,其强烈的反应也是向竞争者表明其坚定的态度,以使其他公司轻易不敢发动攻击。

④随机型。这类竞争对手的反应难以捉摸,而且无论根据其资源实力、历史还是其他方面的情况,都很难预见其如何反应。

2）竞争者层次分析及竞争地位划分

(1) 竞争者层次分析

公司的竞争者主要有以下 4 个层次。

①直接竞争者。即以相似价格向相同顾客提供类似产品或服务的公司。

②同类产品的竞争者。即公司把凡是生产相同产品或同类产品的公司都视为自己的竞争对手。

③提供相同服务的竞争者。即公司把所有提供相同服务产品的公司都视为自己的竞争者。如汽车制造商不仅要把同行公司视为自己的竞争者,还把生产自行车、摩托车的公司视为自己的竞争对手。

④争取同一消费基金的竞争者。即公司把所有那些为争取同一笔消费基金的公司都视为自己的竞争对手。如汽车制造商的竞争者可能要扩大到房产公司、国外度假旅游服务公司、珍宝经营公司等。

(2) 竞争地位的划分

分析了竞争对手,企业还需要对自己在行业中的竞争地位有确切的了解和估计,方可决策竞争策略。关于竞争地位的划分有多种,这里介绍一种,即将所有竞争企业划分为 4 种类型：市场主导者、市场挑战者、市场追随者和市场补缺者。

①市场主导者。很多行业里都有一家公司被认为是市场主导者。它在行业内享有最高的市场占有率,并在新产品开发、定价、促销强度、分销覆盖面等方面起着主导作用,从而深深地影响着行业内其他企业的营销活动。如美国通用公司,其一方面享受着处于第一的荣耀,另一方面也是那些不甘落后的竞争企业进攻的众矢之的。一旦稍有疏忽,就可能被夺去第一的宝座而沦为第二名、第三名。主导公司如打算保证其优势地位,需要采取以下措施：扩大整体市场规模；保护自己已有的市场；提高市场的占有率。

一般来说,在竞争公司的进攻下,领先企业不可能全面地防守。真正解决问题的方法是分辨出哪些是应不惜代价防守的阵地,哪些是可以放弃而风险不大的领域,然后集中使用资源,达到战略目标。

②市场挑战者。挑战型的企业大多在行业中处于第二、第三位,甚至更低的名次。它们的共同之处是决心向主导企业或其他竞争者发动进攻,夺取更大的市场占有率。它们与市场追随者的唯一区别在于后者宁可维持现状,避免引起任何争端。广汽本田的新雅阁,被有关人士认为是在"一手握着品牌大旗,一手又举起价格屠刀"的营销战略思想下杀入汽车市场的。

挑战者的决策主要由两方面内容组成:一是确定进攻对象和目标;二是选择适当的进攻策略。挑战者企业可选择下述三类企业中的一类企业作进攻对象,重要的是一定要有明确的目标。攻击市场主导者,是比自己还强大的对手,因此攻击的风险很大,当然成功的吸引力也很大;攻击与自己实力相当者,主要是那些经营不善或资源不足的企业,以争夺他们的顾客;攻击一些仅在有限细分市场上从事经营活动的小企业。在美国,主要通过企业吞并实现,甚至可通过合并若干小企业使自己成为一流的大企业。菲利普·科特勒在他的《市场营销管理》和《新竞争》两书中借用了军事战略家们常用的术语,将进攻策略归纳为五种:正面进攻、侧翼进攻、包围进攻、迂回进攻和游击式进攻。

③市场追随者。并非所有在行业中处于第二位或第三位的企业都可以或愿意充当挑战者。实践证明,成功地采取追随战略的企业也能获取高额利润。市场追随者策略的核心是寻找一条避免触动竞争者利益的发展道路。但追随并不等于被动地挨打,况且,追随者又是挑战者的攻击目标,因此,追随者还要学会在不刺激强大竞争对手的同时保护好自己。

④市场补缺者。市场补缺者基本属于行业中的小企业,它们不与那些大中企业竞争,而专营那些大公司忽略或是不屑一顾的小市场,也能为市场提供有用的产品或有效的服务,并获得不菲的利润。市场补缺者成功的关键因素是专业化。有专业化的技术、人才、产品和促销手段。

11.3.2　汽车市场的竞争策略

每个企业都要依据自己的目标、资源和环境,以及在目标市场上的地位,来制订竞争战略和策略。即使在同一企业中,不同的产品也应有不同的竞争战略与策略,不可强求一律。

1)竞争战略

概括地讲,企业的竞争战略有以下几种基本形式。

(1)成本领先战略

企业努力降低产品生产和分销成本,从而使自己产品价格低于竞争者的价格,以迅速扩大销售量,提高市场占有率。如日本丰田汽车公司在20世纪六七十年代就一直采取此种战略,不断提高了丰田汽车在国际汽车市场上的竞争地位。

(2)差异性战略

企业大力发展别具一格的产品项目,以争取在产品或服务等方面比竞争者有独到之处,从而取得差异优势,使顾客愿意接受较高价格。如世界上那些生产名贵汽车的汽车公司就一直采用此种竞争战略。

（3）集中战略

集中力量为某一个或几个细分市场提供最有效的服务,更好地满足一部分顾客的特殊需要,从而争取到局部的竞争优势。

上述3种战略,企业如果专一执行某一种,效果越好,执行得越彻底,获益越大;相反,企业如果不专一执行某一种战略,没有明确的竞争战略,而采取模棱两可的中间战略,则效果肯定不佳。因为企业企图面面俱到,结果反而面面俱损。除以上战略外,还有创新取胜、优质取胜、技术取胜、服务取胜、速度取胜及宣传取胜等战略战术。

2）竞争策略

由于各个汽车企业在汽车市场上所处竞争地位不同,所以不同类型的企业应采取不同的竞争策略。

（1）市场领先者的竞争策略

在行业中处于领先地位的企业,具有最高的市场占有率,一般是行业中的导向型企业。作为市场领先者来说,其营销战略重点更多的是维持其市场份额和保持其市场地位,在此基础上,进一步扩大市场份额。

市场领先者一般有以下3种主要的竞争战略。

①领先企业找到扩大市场总需求的方法。在同行业的产品结构不变的情况下,当市场规模扩大时,市场领先者得到的好处会大于同行业其他企业。这种战略又包括新市场战略、市场渗透战略、地理扩展战略、产品新用途战略等。

②企业应采取较好的防御措施和有针对性的进攻,来保持自己的市场地位。这种战略主要包括阵地防御、侧翼防御、反击式防御、收缩防御等。

③在市场总规模不能有效扩大的情况下,市场领先者也应随市场情况的变化及时调整企业的营销组合,努力在现有市场规模下扩大自己的市场份额,这种战略的主要做法有:产品创新、质量策略、多品牌策略、增加或大量广告策略、有效的销售促进等。

由于汽车工业本身是一种垄断竞争行业,在我国目前情况下,市场领先企业主要采取的是进攻策略。进攻的对象一般应选择实力比自己差的中小企业,尤其是生产主机的中小型厂家,通过兼并、联合等多种形式推进汽车工业走向集中,最终形成只有少数几家大型企业集团有序竞争的汽车工业格局。这是被世界汽车工业发展反复证明过的有效竞争策略,也是符合汽车工业客观发展规律的。

（2）市场挑战者的竞争策略

市场挑战者是市场占有率位居市场主导者之后而在其他竞争对手之前的企业,市场挑战者是市场中最具进攻性的企业。市场挑战者可以选择两类战略策略,即进攻策略或固守策略。市场挑战者如要发起挑战,首先必须确立自己的战略目标和挑战对象,其次要选择适当的进攻策略。

①确立战略目标和挑战对象。战略目标的确立是同挑战对象的选择紧密相连的。对不

同的挑战对象,应有不同的挑战目标。对于挑战者来说,可以选择的挑战对象及相应目标有以下几种。

a. 市场主导企业。这种挑战富有刺激性,挑战者应认真分析成功的机遇和失败的风险。挑战企业应抓住市场主导企业的某些弱点展开猛烈攻击,或者在填补市场主导企业留下的某些真空方面作出成绩。因而挑战所达到的目标一般不可能给市场主导企业以全面的打击,而只能从局部给以重创。随着本企业与市场主导企业实力对比的改变,适时地再调整竞争战略,从而实现企业以弱胜强的长远目标。在世界汽车工业史上不乏此类案例。如通用汽车公司早已在20世纪20年代就超过了福特汽车公司。时过半个世纪,日本汽车工业又为全世界上了一堂漂亮的"军事课",一跃登上了"大哥大"宝座,令欧美强国目瞪口呆。

b. 实力相当者。"商战如兵战"没有永久的朋友,只有永久的利益。如果挑战企业同市场主导企业实力悬殊,为免遭"以卵击石",企业也可向实力相当者开刀,与其展开针锋相对的竞争或攻其不备。"两虎相争勇者胜"企业与实力相当者竞争,关键是信心要足,决心要大,意志要强,要有持久作战的思想准备。而对此类竞争者,企业既可以击败对手,也可以打击对手作为竞争的目标,这应视有关政策、法律及企业的需要而定。例如,"反垄断法"可能会限制一个行业企业数目过少的情况,或者企业认为对手的存在可以为自己带来某些好处,比如实力相当者的存在可以牵制一部分更强大对手的力量;实力相当者的失败可能导致失败者投靠更强大对手,反而给自己带来更大的威胁;实力相当者的存在可以为自己在产品开发、市场开拓等方面作出贡献等。当企业以击败对手为目标时,应迅速扩大战果;当以打击对手为目标时,企业则应适可而止。

c. 弱小企业。这是一种"鱼吃虾"的战略,企业将实力不如自己的竞争对手逐出竞争领域,或收编成自己的一部分。需要说明的是,在现阶段我国汽车企业都能够很容易地找到实力与自己相当或较差的企业,除几家大企业难以评价谁的实力更强外,多数企业都能找到比自己强的企业。在我国汽车工业大发展的今天,各个企业应认真选择好自己的竞争对手,确立正确的竞争目标,抓住发展的有利时机,以使本企业获得更大的发展。

②选择进攻策略。主要有两种可供选择的进攻策略。

a. 正面围堵进攻。进攻者针对对手的强项或全方位大规模地展开进攻,此种竞争策略适合针对实力相当或弱小的对手,常用方法有:产品对比、价格战、采用具有攻击性的广告等。

b. 侧翼或迂回进攻。集中优势力量攻击对手的弱点(有时也可采用"声东击西"的方法),或者避开对手的锋芒间接地攻击对手,如发展新产品取代现有产品,或实行多角经营等。

市场挑战者也可在下列条件下采取固守策略:

a. 当所在行业的市场需求呈总体缩小或是衰退时。

b. 估计竞争对手会对所遭受的进攻作出激烈反应,而本企业缺乏后继财力难以支持长期消耗战时。

c. 企业已有更好的投资发展领域并已开始投资,但前景不明朗。

d. 主要竞争对手调整了战略或采用新的战略目标,一时不能摸清对手的战略意图和战略指向时。

（3）市场追随者的竞争策略

由于这类企业不需自己投资研制新产品,获利能力一般并不差。这类企业多属实力不强的中小企业。例如,我国汽车行业的非骨干企业,它们通常是生产与骨干企业类似的产品,甚至是购买骨干企业生产的零部件从事装配生产。它们通常也有两种策略。

①紧跟模仿。这种策略即在企业营销活动的各个方面尽可能多地模仿市场领先型企业,行动上亦步亦趋,但以不触怒市场领先者为限。

②有差异模仿。这种策略即模仿者只在一些主要方面模仿市场领先型企业,而在其他方面又保持差别,或自成特色。常见的市场追随者多执行此策略。追随者经营上不同于假冒伪劣者,它属于正常的经营者,其产品有自己的品牌和商标,产品上注明制造企业名称等。而假冒者则隐瞒实情,冒充其他企业名称及产品商标,旨在以假乱真,以次充好,属于不正当经营。

此类企业的竞争性策略主要是寻找竞争对手所忽略的市场空隙,致力于在空隙中生存和发展。它们只要仔细经营,通过为用户提供满意的产品和服务,通常可以获取较大的投资收益率,且利润率常常超过大型企业。在我国汽车市场上,目前还存在着众多的中小型企业。从长远看,此类企业应向着市场补缺者发展。据资料介绍,美国、日本和俄罗斯在20世纪70年代末,专用汽车的年产量分别占普通型汽车产量的65%、60%和46%。如美国有近千家专用汽车厂,其中约有一半企业职工不足20人,每种专用车的年平均订货水平只有3辆。其他汽车发达国家大体上也表现出类似特征。由此看来,生产特种、专用汽车是这批中小企业的出路,但应注意其产品必须是名副其实的专用汽车。那种旨在投机取巧将普通车辆名称改换专用汽车名称的做法,实乃是自欺欺人。同时,专用汽车并不意味着产品质量差,档次低,中小型企业对此应有正确的认识。

11.4　汽车服务企业汽车信息反馈平台的建立与完善

在信息经济时代,信息就是生产力。现代汽车服务企业如何将企业的客户信息、车辆信息、技术信息、配件信息、员工信息、竞争对手信息、政策信息、资金信息、设备信息等纵横交错的信息,用计算机网络平台加以管理,加以分析,为决策提供可靠依据,这是为企业提高工作效率、降低成本、增强竞争力的一种科学的管理方法和管理手段。

11.4.1　信息系统建设的方法和内容

1）架构网络平台实现资源共享

如何合理有效地将企业人、财、物等资源更好地优化配置,是企业经营的根本之道。传统企业经营管理以金字塔形直线管理模式为主,纵向上由职能部门对所属业务进行垂直管理。这样的管理模式在传统企业运作中具有一定的积极作用。但是随着新经济时代的到来，它的副作用也日益明显，即横向上各部门之间缺乏有效的信息交流手段，纵向上信息的下行和反馈行为滞缓，不能高效率地组织好信息资源。所以，利用现代信息技术来改善传统企业的生产经营管理模式，就必须架构一个供大家共享资源的平台，即信息网络平台。实现的方法就是进行计算机网络建设，并与数据库和应用软件开发相配套。

目前，内联网作为一种利用互联网技术组建企业内部网络的先进技术，已成为企业各部门之间信息查询的通用平台，是实现企业信息化最重要的途径。这种解决方案在实际应用中是切实可行的，目前已有成功的先例可以借鉴。尤其是计算机网络系统结构已从过去的终端/主机模式、客户/服务器模式发展到现在的浏览器/Web 服务器模式。由于浏览器/Web 服务器概念，实现了开发环境与应用环境的分离，使开发环境独立于用户前台应用环境，便于用户的使用。在业务应用方面，达到将企业各部门业务信息管理系统构筑到网络平台之上，帮助企业实现决策支持。在内部信息发布方面，达到把企业的新闻消息、重大事件、生产行为、决策信息快捷准确地发布到内部网上，每一名关心企业发展的职工都可以在第一时间了解企业里的有关情况。

2）开展电子商务

（1）电子商务的概述

电子商务是传统产业面临的新的经济环境、新的经营战略和新的运作方式。电子商务的目标是利用互联网技术，优化产品供应链及生产管理，优化用户服务体系，完成传统产业的提升与转化。它包括以下内容：①企业应用现代信息技术——互联网；②通过优化生产及供应链来降低成本；③通过更加直接和广泛的客户服务来扩大市场覆盖面；④基于互联网经济的新兴公司的产生，以及利用互联网优化传统企业的运作方式，达到传统企业向新经济的转型；⑤电子商务的最终目标就是在新经济环境下，形成企业新的核心竞争力。

所以，电子商务是一种新的商务活动形式，它采用现代信息技术手段，以通信网络和计算机装置替代传统交易过程中的纸介质信息载体的存储、传递、统计、发布等环节，从而实现企业管理和服务交易管理等活动的全过程在线交易。电子商务不是单纯的技术概念，也不是单纯的商务概念，而是依靠互联网支撑的企业商务过程。

（2）电子商务的特点

①书写电子化，传递数据化（这发生在企业与企业之间，以及企业内部）。

②降低店面租金成本。

③减轻商品库存压力。

④很低的行销成本。

⑤经营规模不受场地限制。

⑥支付手段高度电子化。

⑦便于收集客户信息（数据库建设）。

⑧特别适用于电子信息产品的销售。

把整个百货商店里的商品做成网页，然后让消费者点击购买，这就是电子商务。值得指出的是,电子商务绝不是把现实生活中的买卖一模一样地搬到网上。因为这样的电子商务并没有增加或者减少什么,好像它与传统商务的区别只是在于一个是信息的,另一个是实物的。传统商务基于工业社会,工业社会的商务属于迂回经济;电子商务基于信息社会,而信息社会的商务属于直接经济,由此,电子商务产生价值。把百货商店照搬到网上,只是把工业生产方式照搬到网上,骨子里仍是传统商务,或者说只是迂回的电子商务。

走电子商务之路可以提高企业的供应能力、订单的管理和处理能力,最大化地利用人力资源,从而增强商务的基础建设;增加业务收入市场份额,搜寻新的市场空间,增强区域和全球的合作伙伴关系;保持和取悦用户,提高客户服务能力和水平,交叉相关销售;降低内部成本,加速现金流动,削减中间环节,降低通信成本,保持竞争地位,满足业务伙伴的需求;保护市场份额,利用网络刺激市场。

3)启动上网工程

企业上网是企业信息化的重要内容,企业网站在现代及未来的信息社会将成为不可缺少的企业识别标志之一,有人将其形象地称为企业的电子商标。由于互联网在全球迅速普及,上网人数呈几何级增长,一些具有前瞻性的企业纷纷启动上网工程,建立门户网站,这样不仅可以展示企业形象,提高知名度,更有助于加强企业与社会之间的信息联系、沟通及互动交流。

企业上网包含两方面的含义,一是企业登录互联网,浏览查询各类信息,帮助企业了解外部世界,从而快捷准确地寻找到有价值的信息。主要有两种途径可以实现这项工作,即拨号接入和专线接入,企业可根据自己的实际情况来选择。二是企业在互联网上建立自己的网站和主页,让众多的上网者了解企业的有关情况,达到宣传自己,提高影响力的目的。

4)信息化建设的内容

信息化建设并不是一个单纯的技术问题,而是一项系统工程,它不仅包括了计算机软硬件技术、网络技术,更重要的是在信息化的过程中,必须对企业的管理制度、组织机构、运行机制进行深层次的变革,必须融入现代化思想,应用现代化管理方法,提高职工的整体素质。交流、协作、控制是现代化企业办公管理的目标,企业的内部网络应能实现如下功能:采集、加工、传递、查询、分析各类业务系统信息数据,员工之间、部门之间、企业之间的信息交流与协作,人事、档案、公文、会议等办公管理,企业资源管理,财务管理,工作、项目、任务管理与监控,客户信息管理、技术支持、售后服务、产品维护等管理,互联网信息、卫星信息的自动采集与查询,企业信息发布,以及各类互联网网上行销行为,对各类业务数据、办公信息、外来信息的分析处理,电子商务等。基本可以概括为以下几个方面。

(1)办公自动化

办公自动化、信息化(OA 系统)实现信息传递、信息类资源的共享、电子邮件、公文流转、工作日程安排、小组协同办公、工作流程自动化。

(2)业务处理自动化

业务处理自动化、实时化(企业的 MIS 系统、辅助决策系统)实现企业业务管理下的计划管理、项目管理、财务管理、人力资源管理等为主要内容的基础管理业务处理活动自动化和信息化。

（3）生产自动化

设计、生产过程自动化、信息化，侧重于生产过程自动化、信息化、制造资源规划（MRP）、企业资源规划（ERP）、计算机集成制造系统（CIMS）的建设。

（4）客户服务网络化

利用信息系统及时了解客户信息并以最快的速度提供令客户满意的服务。客户服务自动化在国外已被作为公司发展最为重要的一部分，虽在国内刚刚起步，但其重要性正在被越来越多的企业认识。

11.4.2 网络平台构架后的汽车商务营销

1）明确的定位

用户访问一个网站，常常不是要购买商品，只是查询信息。只要他们在此找到了有用的信息，觉得有"价值"，他们才会回访。企业的着眼点，应该是为他们提供"价值"。

2）合理的推广

利用一切机会推广站点，搜索引擎很好，它有很明确的目标市场；选择合适的关键字很重要，能使用户更容易找到你的站点；自我推广也是非常有效的，在名片上印上 URL；若是商店，就在橱窗上广而告之你的店"触网"了；给别人写电子邮件时，信尾一定别忘了签上网址。另外，行之有效的办法就是友情链接、传统广告、报纸软推广。总之，哪儿有你的潜在用户，就打到哪儿去。

3）积极收集反馈信息和网站信息

尽可能地提供表格和电子邮件地址，以便用户留下反馈意见：他们想从这里得到什么？他们对网页和图片有什么意见？另外一些问题也应给予关注：服务器能承担网站访问量吗？如果是在线商店，在访问统计报告中，有多少用户来访问，又有多少用户真的购买了？

4）根据反馈信息适时调整业务

如果懂得善用，客户反馈信息无异于免费的业务咨询，愤怒的投诉尤其能让你获益匪浅。对于在线营业的网站来说，既然用户肯花时间留下反馈，那么隐含的信息就是"我想从你那里订货，这里的信息就告诉你如何能让我掏钱"。有人抱怨速度慢，那就检查图片是不是太多、服务器是不是有问题；有人在不停地询问相关产品，可能该考虑是否需要扩大产品范围了。或许他们觉得程序太复杂不愿订购，那就列出常见问题解答，提供技术支持。

总之，当今市场营销的弊病之一就是无法做到网上和网下一体化。只要网上网下紧紧结合起来，构建的电子商务就将是完善的。

11.4.3　汽车服务企业计算机管理

现在,只有了解计算机管理系统能够提供哪些管理功能,才可以对计算机管理软件有一个明确的认识,以便选择计算机管理软件。在此,就以"一汽启明 DSERP 系统"为例,来介绍一个软件是如何解决企业的实际问题的。

1)客户关系管理

(1)防止客源流失

业务员只能看到自己或允许查看的有限的客户资料与业务数据,即使业务员的流动也无法带走其他业务员的客户数据,同时原来的客户数据也会完好地保存在数据库内,继续为公司所用。

(2)便于业绩考核

系统自动通过客户名称、证件号码、联系电话、手机等信息判断提示记录的相同性,有效杜绝业务员间相互争抢客户、争夺销售业绩。

(3)有效监督指导业务员工作

业务员对客户的所有联系活动都有记录,一方面有效监督业务员工作情况,另一方面根据业务员联系客户的进展情况予以工作指导。

(4)全面提高服务质量

通过对车辆档案跟踪、特殊日期等资料为客户提供体贴的保养、保险、年检提醒及温馨的节日、生日关怀,从而提高服务质量、提升客户满意度与忠诚度。

(5)为营销策划提供准确数据

通过记录分析客户特征、购车意向、意见反馈等数据,为营销策划提供准确的决策数据,如客户来源、客户区域、年龄段、意向价位、关注内容等分布情况制订广告策略、促销政策等。

2)车辆管理

(1)车辆采购

记录车辆采购渠道、所购车型、配置、颜色、数量、价格、选配内容等信息,并随时可查看采购合同履行情况且可根据实际情况更改采购合同数据。

(2)车辆入库

车辆采购入库、销售退货入库、车辆移入入库。详细记录入库车辆基本信息,包括车型、配置、颜色、底盘号、发动机号、保修卡号、合格证号、随车附件、入库仓库等信息,并可打印输出车辆入库单。

(3)车辆出库

销售出库、采购退货出库、车辆移出出库等。主要功能是根据业务单据进行出库确认,打印输出出库单,减少车辆库存数量。

(4)车辆库存

查询在库车辆及车辆基本信息。

（5）车辆附加

在出厂配置基础上增加或更换某些汽车部件，增加汽车价值。

3）车辆销售管理

（1）车辆订购

没有现货提供给客户时，系统提供车辆订购功能，主要记录需要的车型、配置、颜色等基本信息，记录车辆价格、付款方式、交货时间等基本约定。有代办的要记录代办项目及收费情况，有赠品的还可进行相关数据的录入。系统还提供订购单、订购合同等打印输出功能。

（2）车辆销售

记录客户及所购车辆详细信息，以及定价、优惠、合同价与实际价、付款方式、车辆流向、车辆用途、业务员等基本信息。有代办的要记录代办项目及收费情况，有赠品的还可进行相关数据的录入。系统还提供销售单、销售合同等打印输出功能。

（3）销售代办

根据合同约定，替客户代办相关项目、登记对方单位、代办成本的数据，便于财务付款及单车收益核算。

（4）合同查询

查询订购合同及销售合同的履行情况，包括是否选车、钱是否付清、销售代办是否完成、发票是否已开、车辆是否出库等。

（5）财务管理

根据采购、销售等业务完成定金、车款、代办款等收款工作及车辆采购、车辆附加、销售代办产生的付款工作，对销售车辆开具销售发票及进行收益核算。

4）业务管理

（1）资料文档

管理公司及业务上的相关资料及文档，支持格式包括 Word、Excel、jepg、PowerPoint、BMP等，可以方便管理公司合同、规章制度、车辆信息等资料和文档。

（2）商家档案

记录关注商家的基本信息，包括名称、地址、经营车型、联系人、联系电话等信息。

（3）销售询价

记录市场调查的基本信息，包括车辆售价、有无货源、货源基本情况等信息，并可按日期、车型等条件进行查询。

5）统计查询

系统提供报表涵盖车辆采购、订购、销售、车辆入出库、车辆库存、财务收付、客户管理等相关数据报表，包括采购合同台账、车辆销售台账、车辆入出库明细表、车辆库存报表、客户档案表、车辆库存周期、车辆销售收益、财务收付款明细表、销售业绩统计表等。

练习题

一、单选题

1. 对客户数据库的分析能解决汽车产品( )问题。

  A. 目的性　　　　B. 针对性　　　　C. 消费性

2. 公司的销售报表和客户数据库提供的数据被称为( )。

  A. 结果数据　　　B. 调查数据　　　C. 分析数据

3. 营销系统信息来源最重要的途径之一是( )。

  A. 信息员　　　　B. 客户　　　　C. 销售顾问

4. ( )是汽车生产商和销售商科学预测与决策的基础。

  A. 产品定位　　　B. 生产研发　　　C. 市场调研

5. 汽车的品种、数量等要以( )为导向。

  A. 市场需求　　　B. 价格定位　　　C. 企业规模

6. 所谓( )是指从数据中提炼出当前需要调查结果,对主要数据变量要进行数理统计方面的工作,从而得出趋势性的结论。

  A. 收集　　　　B. 分析　　　　C. 总结

7. 信息价值由( )的可靠性和准确性以及管理层对调研结果的接受程度而定。

  A. 调研计划　　　B. 调研过程　　　C. 调研结果

8. ( )可以获得完善的调研资料,便于剖析事物变化的实质。

  A. 重点调研　　　B. 典型调研　　　C. 全面调研

9. ( )是指调研者直接进入市场通过试验而获取资料的方法。

  A. 实践调研法　　B. 采访法　　　C. 观察法

10. 个性化用户以私家车及仅仅拥有( )台车的企事业单位为主,定期到我公司进行维修保养。

  A. 一　　　　　B. 两　　　　　C. 一两

11. 客户的信息必须建立详细,具有( ),可以保证在回访的过程中,很便捷地与客户进行联系。

  A. 详尽性　　　　B. 可读性　　　　C. 时效性

12. 信息员到车间维修现场进行回访,与顾客进行面对面的交谈称为( )。

  A. 现场回访　　　B. 现场交流　　　C. 现场对话

13. 按常规,超过( )个月未来的客户,视为流失客户。

  A. 一　　　　　B. 二　　　　　C. 三

14. 确认作业效果,于用户车辆交接完毕( )日内必须 100% 跟踪,与用户取得联系,了解车辆情况。

  A.3   B.2   C.1

15.销售服务店的区域市场由汽车销售公司( )划分。

  A.企划部   B.区域部   C.办公室

16.轿车销售公司授权的品牌专卖店应与( )紧密配合。

  A.生产厂商 B.区域代表 C.地方经济

17.销售服务店应在每周末下班前将( )反馈给汽车销售公司市场部。

  A.市场信息报表 B.车辆销售报告单 C.客户信息反馈表

18.销售服务店应在顾客提车当天将( )通过 VE-I 软件发给汽车销售公司数据库。

  A.客户信息反馈表   B.客户信息跟踪卡

  C.车辆销售报告单

19.信息反馈部门必须做好跟踪服务记录,使用( )对跟踪服务的情况进行详细记录。

  A.客户信息反馈表   B.客户信息跟踪卡

  C.车辆销售报告单

二、多选题

1.营销信息系统的内容有( )。

  A.内部报告系统   B.营销情报系统

  C.营销调研系统   D.计算机化的营销决策支持系统

2.收集信息的方法基本有( )和( )、( )等。

  A.公司的销售报表   B.客户数据库

  C.营销情报系统   D.营销调研和营销决策分析

3.服务企业在市场调研活动中除可以聘用专业咨询公司提供服务外还可以利用( )方式进行市场调研。

  A.委托调研 B.利用互联网 C.深入市场 D.利用竞争对手的资源

4.汽车市场营销调研的内容包括( )。

  A.市场需求调研   B.产品定位调研

  C.市场产品调研   D.市场经营条件调研

5.市场经营条件调研包括( )。

  A.资源状况 B.市场环境 C.技术发展状况 D.竞争对手

6.市场产品调研包括( )。

  A.产品状况 B.汽车销售 C.流通渠道 D.汽车市场竞争程度

7.汽车市场营销调研目标有( )。

  A.探索性调研 B.描述性调研 C.因果分析调研 D.行业性分析

8.汽车市场营销调研方案应作出( )等方面的决策。

  A.调研方法 B.联系方法 C.抽样方法设计 D.应用的调研工具

9. 汽车市场营销调研的方式可分为（　　　）。

A. 全面调研　　　B. 重点调研　　　C. 典型调研　　　D. 抽样调研

10. 常用的汽车市场营销调研方法有（　　　）。

A. 观察法　　　B. 搜索法　　　C. 采访法　　　D. 实践调研法

11. 客户档案信息的分为（　　　）。

A. 小客户　　　B. 大客户　　　C. 普通客户　　　D. 个性化客户

12. 客户回访的方式有（　　　）。

A. 信函　　　B. 电话　　　C. 网络　　　D. 现场回访和实地走访

13. 客户回访的方式有（　　　）。

A. 信函　　　B. 电话　　　C. E-mail　　　D. 现场回访和实地走访

14. 客户信息按照客户实际情况进行分类, 可分为（　　　）。

A. 公务用车　　　B. 商务用车　　　C. 私家车　　　D. 出租车

15. 客户信息按照消费行为动机进行分类, 可分为（　　　）。

A. 权威至上者　　　B. 怀疑论者　　　C. 务实主义者　　　D. 廉价者

16. 销售服务店内部的信息简报内容应包括（　　　）等。

A. 企业经营状况　　　B. 重要活动　　　C. 先进事例　　　D. 市场情况

17. 市场信息的分类方式有（　　　）。

A. 按信息种类分类　　　　　B. 按信息的内容分类

C. 按信息的来源分类　　　　　D. 按信息的反馈途径分类

三、判断题

1. 营销信息系统是指由人、设备和程序组成的一个持续的、彼此关联的结构。（　　　）

2. 为了确保信息的有效性, 必须遵循目的性、可靠性、时效性、全面性、经济性。（　　　）

3. 营销调研是对企业所面临的特定营销环境的有关资料及研究结果作系统的调查、分析、解决的活动。（　　　）

4. 调研问题的大小和难易程度决定了调研的成本。（　　　）

5. 汽车生产和经营经常强调"以产定销"的生产经营方针。（　　　）

6. 案头资料也称二手资料, 是指经别人收集和整理过的资料。（　　　）

7. 原始资料是指调研人员通过发放问卷、面谈、抽样调查等形式收集到的第一手资料。（　　　）

8. 原始资料的收集由于成本较低、时间较短。（　　　）

9. 汽车市场营销调研的数据收集阶段是一个成本非常低的阶段。（　　　）

10. 汽车市场营销调研的数据收集阶段是一个最容易出错的阶段。（　　　）

11. 大用户是以企事业单位为主, 拥有车辆超过 5 台以上, 定期到我单位进行维修保养。（　　　）

12. 因为客户的通信方式以及车辆的身份会经常发生变化, 为了及时有效地掌握客户及车辆的信息, 就必须不定期对客户档案进行维护。（　　　）

13. 进行客户回访时,应尽量避免拨打用户手机。 （　　）

14. 电话回访是最容易引起客户反感的一种回访方式。 （　　）

15. 权威至上者这类客户群必须到专业服务站,接受正规的专业化服务,使用原厂配件。
（　　）

16. 务实主义者这类客户的要求是在保证质量的前提下,价格适中即可。 （　　）

17. 务实主义者这类客户出现小毛病会到路边小店维修,所有配件也要必须选用质量稍好的副厂件,而且认为很划算。 （　　）

18. 廉价者这类客户群是从来不会去专业服务站去维修的。 （　　）

19. 销售服务店的客户反馈信息应按汽车销售公司规定的时间和格式反馈给汽车销售公司相关部门。 （　　）

20. 销售服务店的信息反馈部门必须使用汽车生产厂编制并提供的软件。 （　　）

21. 怀疑论者这类客户一般不了解汽车性能或汽车维修行业,疑心较重或有过受骗的经历,一旦获得了这样的客户信任,他们也会变成 A 类客户。 （　　）

22. 每个季度末对客户档案进行统计,一方面有新增客户,另一方面将流失客户档案进行封存。 （　　）

23. 营销信息系统开始和结束于信息的使用者。 （　　）

24. 营销信息系统中的内部报告系统用于日常的计划、管理和营销控制。 （　　）

四、简答题

1. 营销信息系统的定义及其任务。

2. 营销信息系统各部分的功能。

3. 市场营销调研的概念及汽车企业市场调研的主要任务。

4. 汽车市场营销调研报告的内容。

5. 信息反馈管理流程。

6. 建立客户档案信息的目的。

7. 分析客户档案的目的。

8. 具体解释客户信息按照资信情况进行分类。

9. 信息反馈管理部门岗位人员职能。

10. 信息反馈管理部门岗位人员要求。

五、论述题

汽车市场营销调研的步骤分析。

参考文献

[1] 张国方. 汽车营销[M]. 北京：人民交通出版社，2003.

[2] 陈永革. 汽车市场营销[M]. 北京：高等教育出版社，2005.

[3] 栾志强，张红. 汽车营销管理[M]. 北京：清华大学出版社，2004.

[4] 栾志强，张红. 汽车营销实务[M]. 北京：清华大学出版社，2005.

[5] 李文义. 汽车市场营销[M]. 北京：人民交通出版社，2004.

[6] 全国汽车维修专项技能认证技术支持中心. 汽车零配件供应与经销[M]. 北京：科学教育出版社，2004.

[7] 刘振楼. 汽车及配件营销[M]. 北京：人民交通出版社，2004.

[8] 宋润生. 汽车营销基础与实务[M]. 广州：华南理工大学出版社，2006.

[9] 曹红兵. 汽车及配件营销[M]. 北京：电子工业出版社，2008.

[10] 李江天. 汽车销售实务[M]. 北京：人民交通出版社，2008.

[11] 李富仓. 汽车电子商务[M]. 北京：人民交通出版社，2005.

[12] 鲍贤俊. 汽车维修业务管理[M]. 北京：人民交通出版社，2005.

[13] 卢燕. 汽车服务企业管理[M]. 北京：机械工业出版社，2008.

[14] 贾永轩. 汽车经销商管理[M]. 北京：机械工业出版社，2006.

[15] 刘可湘. 汽车服务企业经营与管理[M]. 北京：人民交通出版社，2004.

[16] 周永江. 汽车品牌营销[M]. 北京：机械工业出版社，2008.

[17] 宓亚光. 汽车售后服务管理[M]. 北京：机械工业出版社，2007.

[18] 莫远. 汽修和汽配企业的计算机管理[M]. 北京：机械工业出版社，2004.

[19] 高玉民. 汽车服务企业营销策略[M]. 北京：机械工业出版社，2005.

[20] 孙凤英，袁俊奇. 汽车及配件营销[M]. 北京：高等教育出版社，2005.

[21] 边伟. 汽车及配件营销[M]. 北京：机械工业出版社，2007.

[22] 张毅. 汽车配件市场营销[M]. 北京：机械工业出版社，2007.

[23] 刘同福. 汽车服务企业管理10类制度[M]. 北京：机械工业出版社，2008.

[24] 郑浩然. 4S汽车专卖店建设管理全书[M]. 北京：当代中国音像出版社，2003.

[25] 高玉民. 汽车特约销售服务站营销策略[M]. 北京：机械工业出版社，2005.

[26] 张国方. 汽车服务工程[M]. 北京：电子工业出版社，2004.

[27] 王宇宁. 网络化汽车服务[M]. 北京：电子工业出版社，2005.

[28] 潘义行,张惠兰.汽车维修销售管理实务[M].上海:复旦大学出版社,2007.

[29] 陈永革.汽车市场营销[M].北京:高等教育出版社,2003.

[30] 李恒宾,张锐.汽车服务企业经营管理[M].北京:北京交通大学出版社2013.

[31] 卢圣春,马卫强.服务企业经营与管理[M].北京:化学工业出版社2011.

[32] 厉承玉,王鹏权,杨海鹏.汽车营销[M].武汉:湖北科技大学出版社,2012.